Every Family Has A Story

EVERY FAMILY HAS A STORY
Copyright © 2022 by Julia Samuel
First published in Great Britain in 2022 by Penguin Life
All rights reserved.

Korean translation copyright © 2025 by Sideways Publishing Company
Korean translation rights arranged with Lutyuens & Rubinstein LLP
through EYA Co.,Ltd

이 책의 한국어판 저작권은 EYA Co.,Ltd 를 통해
Lutyuens & Rubinstein LLP 와 독점 계약한
도서출판 사이드웨이가 소유합니다.
저작권법에 의하여 한국 내에서 보호를 받는 저작물이므로
무단 전재 및 복제를 금합니다.

Every Family Has A Story
모든 가족엔 이야기가 있다

사랑과 상실,
치유와 성장의 드라마

줄리아 새뮤얼 지음 · 이정민 옮김

SIDEWAYS

캐서린과 레이철에게, 사랑을 담아

추천사

작가이자 심리치료사인 줄리아 새뮤얼의 글이 그토록 깊은 공감을 불러일으키는 이유는 그녀 특유의 솔직함 때문이다. 새뮤얼은 자신의 불완전함을 인정한다. 상대방과 거리를 두지도, 권위적인 태도를 취하지도 않는다. 그녀는 다른 사람의 이야기에 귀 기울이면서도 자기 감정에 솔직하며 때로는 자신이 마주한 상황이 벅차다고 기꺼이 인정한다. 그녀의 사랑스럽고 세심한 면모가 이 이야기에 활기를 불어넣는다. 새뮤얼의 마법은 여전히 유효하다.

― 《더 가디언 The Guardian》

이 책에 소개된 여덟 가족의 이야기를 통해 우리는 모든 관계에서 솔직함, 자기 성찰, 그리고 소통이 중요하다는 사실을 깊이 이해하게 된다. 탁월한 정직함이 돋보이는 매력적인 책이다.

― 《데일리 메일 Daily Mail》

새뮤얼은 내담자들로부터 날카로운 통찰을 이끌어내는 데 탁월하다. 그녀는 우리에게 심리치료사가 어떻게 일하는지를 속속들이 보여준다. 다양한 가족 구조와 딜레마를 아우르며 가족이 된다는 것의 의미를 섬세하고 눈부시게 고찰하는 이 책은 분명 많은 사람의 공감을 불러일으킬 것이다.

― 《퍼블리셔스 위클리 Publishers Weekly》

우리가 스스로를 이해하기 위해선 먼저 자신의 가족을 깊이 들여다봐야 한다는 사실을 일깨워주는 책이다. 본질적이고 지성이 넘치며, 다정하다. 『모든 가족엔 이야기가 있다』는 심리치료가 여전히 중요한 이유를 알려주는 증거이며, 줄리아 새뮤얼이 작가이자 치료사로서 얼마나 뛰어난 역량을 지녔는지 보여주는 작품이다.

— 알랭 드 보통 (소설가, 『왜 나는 너를 사랑하는가』 저자)

줄리아 새뮤얼은 '가족은 어떻게 작동하는가?'라는 중요한 주제를 특유의 따뜻함과 공감, 지혜로 풀어낸다. 그녀의 글은 언제나처럼 우아하고 다정하며, 스토리텔링적인 탁월함도 갖추고 있다. 이 책을 읽는 모든 사람은 자신과 자신의 뿌리, 그리고 가장 사랑하는 사람에 대한 깊은 통찰을 얻게 될 것이다.

— 레이철 클라크 (영국의 공중보건 의사, 『아버지의 죽음 앞에서』 저자)

줄리아 새뮤얼은 지혜롭고 따뜻한 마음을 지닌 사람이다. 나는 그녀가 쓴 모든 글을 사랑한다. 그녀가 세상을 바라보는 독특하고 너그러운 방식을 모든 독자, 나아가 모든 사람이 경험해 보기를 바란다.

— 캐시 렌첸브링크 (작가, 『안녕, 매튜』 저자)

줄리아 새뮤얼은 가족이 구성되는 방식, 그들의 이야기와 경험이 여러 세대에 걸쳐 어떤 영향을 미치는지를 놀라울 만큼 선명하게 통찰한다. 이 책은 모든 가족을 위한 책이다. 우리는 『모든 가족엔 이야기가 있다』를 통해 우리 가족 안에 존재하는 힘을 인정하고, 우리의 아픔을 들여다볼 용기를 얻게 된다. 모든 이야기가 너무 생생하게 제시되어서 나는 완전히 빠져버렸다. 이 책은 사랑에 관한 이야기다. 사랑은 우리가 지혜롭고 올바르게 활용만 하면 놀라운 힘을 발휘한다.

— 캐스린 매닉스 (완화 의료 컨설턴트, 『내일 아침에는 눈을 뜰 수 없겠지만』 저자)

매혹적이다…. 줄리아 새뮤얼의 따뜻한 작업은 언제나 나를 일깨우고, 위로하며, 사유하게 만든다.

— 판도라 사익스 (저널리스트, 《선데이 타임즈》·《보그》·《엘르》 칼럼니스트)

이 책은 아주 훌륭하고, 지성이 넘치며 공감을 불러일으킨다. 매우 유용한 내용들이 아름다운 문장으로 쓰였다. 가장 흥미로웠던 점은 줄리아가 내담자와 상호작용하는 방식이다. 줄리아는 여러 가족과의 상담 작업에 깊이 관여하면서 그들과 함께 변화해 나간다. 마치 우리가 이 책을 읽으면서 변화를 느끼는 것처럼 말이다. 모든 가족은 어려움에 처했을 때 꺼내볼 수 있도록 이런 책한 권쯤은 곁에 두고 있어야 한다.

— 거밴드라 호지 (저널리스트)

줄리아 새뮤얼이 이 책에서 만난 가족들은 우리의 모습과 다르지 않다. 그들은 완벽하지 않고 모순투성이며, 때로는 버거울 만큼 복잡하지만 그럼에도 사랑하지 않을 수 없는 사람들이다. 그녀의 글은 솔직하고 따뜻하다. 그리고 깊은 통찰이 담겨 있다. 그녀는 평범한 사람에게서 특별함을 발견한다. 그녀에게는 그들 스스로도 알지 못했던 놀라운 면모를 이끌어내는 능력이 있다. 새뮤얼의 글을 만날 수 있어서 진심으로 감사하다.

— 라파엘라 바커 (소설가)

차례

- 추천사 006
- 들어가며 014

치료 ··· 029

윈 가족 ··· *Wynne Family*
정체성에 관하여   038

싱과 켈리 가족 ································ *The Singh and Kelly Family*
부모가 되는 일에 관하여   090

톰슨 가족 ··· *The Thompson Family*
독립과 유대에 관하여   136

테일러와 스미스 가족 ······················· *The Taylor and Smith Family*
새롭게 구성된 가족에 관하여   180

브라운과 프란시스 가족 ················· *The Browne and Francis Family*
상실에 관하여   232

로시 가족 ··· *The Rossi Family*
트라우마에 관하여   280

버거 가족 ··· *The Berger Family*
대를 잇는 사랑에 관하여   322

크레이그와 부토스키 가족 ·· *The Craig and Butowski Family*
이별에 관하여   366

결론 ·· 413
가족의 건강한 삶을 위한 12가지 토대 ·································· 422
가족의 간략한 역사 ··· 438

- 부록 449
- 감사의 말 459
- 참고문헌 463

★ 본문 중 각주는 모두 역주이다.

내가 가족에 매료되는 이유는 단 하나다.
가족은 중요하기 때문이다.
가족은 자녀들의 삶과 그들의 결과에
영향을 미치는 단 하나의 주요한 요인이다.
아이들은 신뢰할 수 있는 가족의 사랑을
성인기까지 가져가 자신의 감정적, 물리적,
영적 삶의 기반을 강화함으로써
행복하고 건강하며
생산적인 생활을 영위한다.

나는 자신의 몸속에서, 마음속에서
반복되는 메시지에 갇힌 채
스스로와 가족에게 상처 주고 있는
이들을 향해 다음과 같이
큰 소리로 외치고 싶다.
"그 잘못은 당신에서부터 시작된 게 아니고,
심지어 당신 부모에게서
시작된 것도 아닙니다."

들어가며

모든 가족에는 고유한 스토리가 있다. 사랑과 상실, 기쁨과 고통의 이야기가.

내 가족은 여러 특권을 누렸지만 트라우마도 많았다. 하지만 그에 관한 이야기는 입 밖에 꺼내지 않았다. 난 우리 가족 안에 무슨 일이 있었고, 무슨 일이 일어나고 있으며, 어떻게 대처해야 하는지에 관한 서사를 알지도 못했고 이해도 하지 못했다. 부모님은 청년 시절에 제2차 세계대전을 겪었다. 아버지는 해군에 복무했고 어머니도 농업 지원 부인회[1] 소속이었다. 하지만 전쟁 자체가 이

---

1   제1차 세계대전 당시 창설된 영국의 민간 조직. 군대에 징집된 남자들을 대신해 농업에 여성들을 투입하기 위해 만들어졌다. 농업 지원 부인회Women's Land Army에서 일하는 여성들은 통칭 'Land Girls'라고 불렸다.

분들의 상처는 아니었다. 어머니는 스물다섯 살 무렵 부모님과 두 형제를 그야말로 순식간에 잃었다. 아버지 역시 젊은 시절에 부친과 형제를 갑작스레 여의었다. 두 분의 아버지는 모두 제1차 세계대전에 참전하셨다.

그 시대를 살았던 대다수의 사람들, 그리고 베이비붐 세대가 보여주는 것처럼 이들은 살아남고 번식하라는 요구에 충실히 따랐다. 투지와 끈기, 기개가 상당했다. 생존을 위해 이들이 할 수 있는 거라고는 모든 걸 잊고 앞으로 나아가는 것뿐이었다. 말하지 않고 생각하지 않으면 상처받을 일도 없다는 격언에 충실하게 따랐다. 약점을 숨기고 내색하지 않으며 연기를 잘해야 한다는 건 나의 유년기는 물론 동 세대 사람 대부분의 신조 같은 것이었다. 하지만 사랑과 상실이 우리 내면에 남긴 지문은 눈에 보이지 않을 때, 오히려 그럴 때 한층 더 복잡해졌다. 항상 눈으로 확인할 수 있는 건 아니었지만 그 지문은 여전히 복잡하고 질감이 느껴졌으며, 고통스러웠다.

이 같은 행동이 트라우마의 유산이라는 사실은 종종 간과된다. 트라우마에는 언어가 없고 시간 개념 또한 없다. 트라우마는 우리 몸에 아슬아슬하게 잠재돼 이를 유발한 사건이 발생한 지 수십 년이 지나도 언제든 점화될 수 있다. 감정 처리를 허용하지 않는 것이다. 내게 트라우마는 잃어버린 수많은 퍼즐 조각을 의미했다. 나는 돌아가신 내 조부모님, 이모와 삼촌의 흑백 사진을 들여다보며 과연 그들이 어떤 사람이었을지 가늠해 보고는 했다. 그분들에 대해 아는 바가 전혀 없었기 때문이다. 외할아버지 사진도 올해에야 처음 볼 수 있었다. 알려지지 않은 비밀이 너무나 많아서 나는 지금 내 부모님을 돌아보며 의문을 제기한다. 부모님은 무엇을 알고 계셨을까? 무슨 생각을 하셨을까? 당신들의 감정을 알기는 하셨을까? 부부로서 당신들에게 중요한 것들에 관해 이야기를 나눠 본 적은 있을까? 그와 같은 비밀을 서로 공유했을까? 적어도 내가 듣는 곳에서 그랬던 적은 없는 게 분명하다.

나는 단서를 찾기 위해 끊임없이 관찰하고 들었다. 결국 이러한 요소는 내가 심리치료사로 성장하기에 완벽한 조합이 되었던 것이다. 나는 눈에 보이는 것 이면에서 어떤 일이 벌어지고 있는지 늘 호기심이 많았고, 치열하게 귀 기울였으며, 간절하게 알고 싶었다. 단서를 찾기 위해 먼지까지 뒤지는 탐정처럼 말이다.

내 부모님은 돌아가셨다. 그분들에 대한 나의 사랑과 이해는 이 책을 쓰면서 달라졌고 또 점점 더 자랐다. 중요한 관계가 모두 그렇듯 두 분은 내 안에 살아 있으면서 지금도 나를 이루고, 나에게 영향을 미친다. 나는 부모님께 감사한 마음이 크다. 살아가는 데 중요한 여러 스킬, 행동과 존재 방식을 가르쳐주셨으니 말이다. 그 덕분에 부모님이 내게 주신 놀라운 기회의 혜택을 지금까지도 누리고 있다.

내가 이 책을 쓰게 된 건 지금까지 만난 클라이언트가 하나같이 자신들의 가족에 초점을 두고 있었기 때문이다. 그들은 자신들이 왜 가족과의 관계에 어려움을 겪는지, 그럼에도 왜 그들을 사랑하는지, 질문과 질문 사이의 모든 것을 알고 싶어 했다. 나도 내 클라이언트들과 다르지 않다. 나는 치료를 통해 내 가족의 시작과 현재를 탐구하며 지금에 이르기까지의 퍼즐을 맞춰 왔다.

가족, 그리고 오늘날 가족의 역할

부부와 그들의 자녀를 의미하는 '핵가족'이라는 단어로는 영국에 거주하는 1,900만 가족을 더 이상 설명할 수 없다. 오늘날 가족은 상당히 다양한 형태를 띤다. 한부모 가족, 동성 가족, 입양 가족, 대가족, 폴리아모리[2] 가족, 재혼 가족, 무자녀 가족, 혈연관계가 없는 친구로만 이루어진 가족까지 포괄한다.

과거의 가족은 아이를 낳아 기르는 것이 최고의 목표이자 기능이었다. 그런데 직접 경제활동을 하고 자녀를 적게 낳는 여성이 늘며 사회적으로 큰 변화가 일어났다. 수명이 길어지면서 자녀를 양육하는 데 드는 시간도 성인의 수명 대비 그 비중이 절반으로 줄었다. 그 결과 우리는 과거에 비해 가족 안에서 성인으로 보내는 기간이 더 길어졌고, 그로 인한 부담을 짊어지거나 혜택을 누릴 시간도 늘었다. 사람들은 이렇게 다양한 가족 모델 안에서 자신만의 유전자, 환경과 경험에 따라 고유한 반응을 나타낸다.

---

2   비독점적 다자 연애. 비혼자 집단과 기혼자 집단에서 동시에 여러 명의 성애 대상을 가질 수 있는 경우를 가리킨다. '많다'는 뜻의 그리스어 폴리poly와 '사랑'을 뜻하는 라틴어 아모르amor의 합성어로 동시에 여러 상대에게 성적, 감정적 끌림을 느끼는 사랑의 형태 혹은 연애 관계를 뜻한다.

나는 이렇게 다양한 가족의 이면을 들여다보며 무슨 일이 있었는지 발견하고 질문을 던지고 싶었다. 가족에 엄청난 적대감을 가지면서도, 한편으로는 여전히 가족이 번창하는 비결은 무엇일까? 가족의 붕괴를 예측할 수 있는 요소는 무엇일까? 우리 가족이 우리를 더 심한 궁지로 몰아넣는 이유는 무엇일까?

이 책의 목표는 이러한 질문의 답을 찾고 이해도를 높이는 것이다. 완벽한 가족을 만드는 방법을 찾으려는 게 아니다. 그런 건 존재하지 않는다. 실제로 가족은 내적, 외적 스트레스 요인에 따라 기능하거나 역기능하는 다양한 스펙트럼 위에 존재한다. 대신 나는 여덟 가족의 경험담을 들려줄 것이다. 이들은 여러 세대를 관통하는 문제 상황에 놓여있었다. 한 세대가 다음 세대에 미치는 영향력은 간과되는 경우가 많다. 현재 세대에서 풀리지 않은 스트레스 요인은 다음 세대로 전해져 삶의 압박 강도를 높일 수 있다.

가족은 지속적으로 변화를 겪는다. 가족이 워낙 복잡하고 어려운 문제인 이유가 바로 여기 있다. 가장 위 세대는 고령이라는 문제에 직면해 있고, 그들의 성인 자녀는 자신들의 자식이 어른이 되어 집을 떠나는 상황에 대처해야 한다. 그리고 이들의 어린 자녀는 성인으로 성장하는 과정에 적응해야 한다. 오늘날에는 안정(결혼), 확장(출산), 수축(자녀의 독립), 와해(배우자 사망)라는 생애주기의 표준 4단계가 결코 모두에게 적용되지 않는다. 부부관계가 이혼으로 끝나버리기도 하고, 자녀들은 독립하지 않거나 독립했다가 몇 년 후 다시 돌아오기도 하며, 부부 사이에 자녀가 아예 없는 경우도 많다. 이어지는 여러 이야기를 통해 우리는 가족이 뭉쳐야 할 때도, 한 발짝 물러나야 할 때도 있다는 사실을 알게 될 것이다. 가족으로서 이렇게 차이를 인정하면서도 조화를 이룰 줄 알아야 안정을 구축할 수 있다.

내가 가족에 매료되는 이유는 단 하나다. 가족은 중요하기 때문이다. 가족은 자녀들의 삶과 그들의 결과에 영향을 미치는 단 하나의 주요한 요인이다. 아이들은 신뢰할 수 있는 가족의 사랑을 성인기까지 가져가 자신의 감정적, 물리적, 영적 삶의 기반을 강화함으로써 행복하고 건강하며 생산적인 생활을 영위한다. 최고의 가족이란 우리가 자신으로 존재할 수 있는 안전한 공간이다. 가족 구성원은 온갖 약점과 모순을 지닌 나를 여전히 사랑하고 깊이 이해해주는 존재이기도 하다. 이상적으로 말한다면, 좋은 가족이란 우리가 어떻게 발달해 왔는지 충분히 알려져 있으면서 우리가 주위의 인정을 받으며 성장할 수 있는 공기와도 같은 것이다.

우리가 잘 살아가기 위한 핵심은 관계에 있다. 관계의 질에 따라 우리 삶의 질이 결정된다. 존 볼비John Bowlby의 애착 이론attachment theory을 공부한 심리치료사로서 나는 우리의 모든 "관계 문제relational stuff"가 가족으로부터 시작된다는 사실을 안다. 가족은 우리가 타인과 관계를 맺는 일은 물론 가족뿐 아니라 자신, 사랑, 우정과 일 등 우리 삶의 모든 요소와 관련된 감정을 관리하는 중심적 요소다. 가족이라는 체계를 따르든 거역하든 우리의 신념과 가치관의 기초는 가족을 통해 입력되어 있다. 가장 중요한 건, 우리 자신의 가치가 가족에 의해 정립된다는 점이다. 그런 면에서 나 자신의 가치에 대한 믿음은 선천적으로 결정된다고도 할 수 있다.

저명한 소아과 전문의이자 정신분석가 도널드 위니콧Donald Winnicott이 말한 것처럼 '충분히 좋은' 가족은 우리 삶의 기반이 되고, 삶의 고비마다 우리를 안정적으로 지탱해 주는 토대가 된다. 제대로 기능하는 가족이 있다면 역경에 처했을 때 의지할 수 있을 뿐만 아니라 그로부터 공동체적 지원을 받을 수도 있다. 외부 세계가 분열되고 나만 고립되었다고 느껴질 때 가정과 가족은 우리를 치유하고 다시 힘낼 수 있는 안식처가 되어준다.

가족 구성원은 지금 우리 눈에 보이지 않을 수도 있다. 그렇지만 그들은 유전적으로는 물론, 기억과 무의식을 통해서도 우리의 일부를 이룬다. 배우자나 친구와 마찬가지로 우리는 결코 자신의 가족을 떠날 수 없다.

평범함과 특별함은 동의어다

내가 소개할 가족들은 특별하기도 하고 평범하기도 하다. 나는 삶의 특정한 국면에 놓인 어떤 가족을 선택하든 그 이면에 무엇이 숨겨져 있는지, 어떤 것이 정보를 제공하고 또 영향을 주었는지에 대해 상당히 많은 부분을 배울 수 있다고 믿는다. 그건 '유치원의 유령ghosts from their nursery'일 수도 있고, 유년기의 영향일 수도 있으며, 부모와 조부모일 수도 있다. 혹은 이전에는 들여다볼 용기조차

낼 수 없었던, 그들의 자녀를 통해 마주하게 되는 자신의 어떤 면모일 수도 있다. 우리가 발견하는 건 그들만의 고유한 뭔가일 테지만, 거기엔 우리 모두에게 친숙한 면도 있을 것이다.

나의 클라이언트는 물론 다른 모든 가족 또한 자신에 관해 더 깊이 있는 진실을 발견함으로써 혼란스러운 삶을 헤쳐 나갈 방향성과 자신감을 얻게 될 것이다.

나는 가족이 입 밖에 꺼내는 내용 대부분이 별로 중요하지 않을뿐더러 오히려 중요한 건 침묵 속에 묻힌다는 사실에 흥미를 느낀다. 결국 우리의 상상력은 미지의 두려운 곳으로 향한다. 자기 스스로에게 빈틈과 추정으로 가득한 이야기를 하게 되는 것이다. 나는 가족의 서사가 여러 대에 걸쳐 계승된다는 사실을 알고 있는 만큼 그와 같은 비밀과 침묵이 어떤 힘을 갖고 우리에게 영향을 미치는지에 관하여 특별한 관심을 가진다. 난 우리 안에서 거부된 것, 어두운 무언無言의 공간으로 추방된 것일수록 점점 더 부패되어 적대적으로 바뀌고 위험해질 수 있다는 사실을 이해하게 되었다.

클라이언트들이 나를 찾아온 건 과거의 상처가 아닌, 현재의 고통 때문이었다. 하지만 우리는 그들의 현재가 과거와 촘촘하게 엮여 있다는 사실을 발견했다. 나는 트라우마가 한 세대에서 다음 세대로 어떻게 대물림되는지 분명히 확인할 수 있었다.

트라우마를 유발한 사건이 그 세대에서 제대로 해결되고 처리되지 못하면 그 고통을 마주할 누군가가 등장할 때까지 세대를 거쳐 계속 전해진다는 이론이 있다. 후성유전학 Epigenetics, 즉 트라우마가 우리의 운영체제에 영향을 미치는 유전자의 화학적 실체를 어떻게 변화시키며 그에 따라 우리 뇌의 편도체 영역이 싸움, 도피, 동결 중 어떤 반응을 보이는지에 관한 연구도 나에게는 익숙하다. 만약 트라우마가 제대로 처리되지 못하면 해당 사건이 발생한 지 수십 년이 지나도 편도체 영역이 적색경보 상태에 머물러 있게 된다. 예를 들어, 로시 가족이 자살 트라우마를 해결하지 않았다면, 손자 세대 중 한 명은 설명할 수 없는 두려움이나 신체 이미지와 감각에 사로잡혀 자신에게 뭔가 문제가 있다고 믿었을 것이다. 나는 로시 가족의 사례를 통해 정신적 상처가 반드시 자신에게서 시작되는 것은 아니며, 따라서 그것이 우리의 개인적 실패가 아닐 수 있다는 교훈을 얻었다. 또 고통을 해결하고 처리함으로써 미래 세대를 보호할 수 있다는 사실도 알게 되었다.

여덟 가족은 우리 모두가 그렇듯 삶의 힘겨운 과제에 직면해 있었다. 그들이 겪은 건 죽음, 질병, 이별처럼 가족에게 가장 큰 변화를 일으켜서 위기를 초래하기도 하는 문제였다. 과거에 매달리고 미래를 두려워하는 인간의 성향 때문에 가족의 변화는 위협적이면서도 흥미로울 수 있다. 그래서 각 구성원은 그에 대해 상반된 반응을 보이기도 한다. 이들은 가족을 소중히 가꾸고 삶의 다른 요구보다 우선순위에 두었으며, 위기 상황에 단합하기 위해서는 엄청난 헌신이 필요하다는 사실을 보여주었다. 전환기의 가족에는 우리의 가장 깊은 사랑, 인내, 자기 인식, 시간, 노력, 그리고 거의 모든 상황에서 돈이 필요하다는 것도 입증해 주었다. 나는 우리 자신에 대한 가장 개인적이고 은밀한 사항일수록 보편적 관점에서 광범위하게 해석될 수 있다고 믿는 만큼 특정 가족에서 일어나는 일의 사소한 부분까지 조명하고자 했다.

세대

다양한 가족과 작업하는 건 갈수록 더 매력적으로 느껴졌다. 우리의 삶이 분리돼 있지 않고 서로 연결된 데다 상호의존적이기 때문이다. 변화의 과정은 공동의 작업이라는 생각도 들었다. 나는 이 작업을 통해 가족의 관리 능력은 그냥 주어지는 것이 아니라 각 구성원을 잇는 연결의 질과 선의에 따라 결정된다는 사실을 깊이 이해하게 되었다.

조부모와 부모는 심지어 자녀가 성인이 된 이후에도 좋든 나쁘든 영향을 미칠 수 있다는 사실도 새롭게 깨달았다. 이 책에 제시된 사례 연구에서 알 수 있듯, 가족은 단순한 개인의 집합체가 아니다. 고유의 서사를 지닌 구성원 한 명 한 명이 한데 모여 가족이라는 공동체와 존재 방식을 창출한다. 가족은 출생, 청소년기, 성인기와 노년기에 이르는 우리의 생애주기가 인간 발달의 주요 맥락으로 작동한다는 것을 보여준다. 우리는 각 세대의 서로 다른 스토리와 이들이 서로에게 어떤 영향을 미치는지 살펴봄으로써 자신을 이해하기 시작한다.

이어지는 각 장에서 제시하는 것처럼 가족은 살아있는 한 세대,

세 세대, 심지어 다섯 세대의 정서 체계를 붙들어 주는 뼈대다. 부모와 조부모를 필두로 한 가족 구성원 모두가 이 같은 정서 체계를 어떻게 관리하느냐에 따라 삶의 큰 변화나 트라우마를 유발할 정도의 상실에 직면했을 때 얼마나 잘 회복할 수 있는지가 결정된다.

우리는 감정 체계가 논리적이지 않다는 사실을 알고 있다. 자녀·부모·조부모가 지극히 사소해 보여도 자칫 트라우마를 유발할 수 있는 사건에 맞부딪혀 좌절하지 않기를 바라지만, 항상 바람대로 되는 건 아니다. 우리의 정서 체계는 안전하다거나 위험하다는 등의 메시지를 우리 몸에 흘려보내 기쁨을 느끼고 욕구가 충족되도록 하는 데 그 목적이 있다. 여기서 중요한 건 고통스러운 감정이든 즐거운 감정이든 우리 안에서 자유롭게 흘러넘칠 수 있다는 사실을 아는 것이다. 감정이 차단될 때 정서 체계는 무너지기 시작하며, 가족 안에 생긴 이 같은 균열은 다음 세대로 대물림된다. 부모가 자녀 앞에서 무심코 하는 행동을 통해 계속 전해지는 것이다.

제 기능을 못하는 가족은 다양한 특징과 수준의 문제점을 안고 있다. 대개 긍정적이기보단 부정적으로 소통하고, 가족 구성원 간에 호의나 배려, 지지는 기대하기 힘들다. 어려움에 대처하는 방법을 모르기 때문에 갈등의 골은 몇 달, 몇 년, 심지어 몇 세대가 지날 때까지 계속 깊어질 수 있다. 이런 가족은 옳고 그름을 정해놓고 경직된 방식으로 사고하며, 열린 마음으로 소통하기보다 늘 폐

쇄적 태도를 보인다. 해결책이 보이지 않는 경우엔 행동이나 심리를 예측할 수 없어 다른 가족 구성원을 고통에 빠트리기도 한다. 마치 그들이 버림받고 덫에 갇힌 것처럼 느끼게 만드는 것이다. 어떨 때는 상대방이 그토록 갈망하던 사랑과 관심을 듬뿍 쏟아 주지만, 어느 순간 아무 이유 없이 모든 걸 거둬들여 언제 다시 애정을 받을지 하염없이 기다리도록 만든다.

이처럼 제 기능을 못하고 경직된 극단적 형태의 가족은 내게 본연의 모습을 드러내지 않는 경우가 많다. 지지와 통찰이 누구보다 필요한 사람이야말로 정작 도움을 요청할 확률은 가장 낮으며, 때로는 접근조차 불가능하다는 사실 때문에 나는 깊은 고민에 빠지고는 한다.

가족이라는 체계가 우리의 서사와 감정만을 담는 건 아니다. 가족은 누가 어떤 역할을 하고 누가 권력자인지 등등 각 구성원 간의 연결 및 행동 패턴 또한 설정한다. 그뿐만 아니라 무엇을 전달할 수 있고 무엇이 금기시되며 어떤 행동이 허용되는지 등의 규칙과 신념을 구축하기도 한다. 가족의 역학 관계가 부정적인 경우 특정 구성원에게 문제가 생기거나 개인과 집단의 뿌리가 병들 수 있다. 가령 아버지의 권위가 약하면 자녀가 군림하려 드는 식이다. 가족 구성원 간 역학 관계는 함께 만드는 것이기에 이는 모두에게 영향을 미친다. 그러므로 그땐 권위가 약한 아버지만 다루기보다 가족 전체의 역학적인 관점에서 관계를 풀어나가는 게 중요하다. 가족은 모두가 함께할 때 변화를 맞이할 수 있기 때문이다.

가족의 문제가 특정 구성원의 행동을 통해 표출되는 경우도 있다. 예를 들어 가족 중에 돈 문제를 해결할 수 있는 사람이 없으면 자녀 중 한 명이 통제에 관한 문제를 겪을 수 있다. 변화와 위기를 구시대적 방식으로 해결하려 나섰다가 오히려 수렁을 더 깊이 파는 경우도 적지 않다. 이런 문제에 관해선 가족 구성원 모두의 이해가 필요하다. 때로는 단순한 이해를 넘어 적극적으로 변화하고 다르게 행동할 수 있도록 도움을 주기도 해야 한다. 이들 가족과 작업할 때 나는 '요주의 인물'만 살피기보다 모든 구성원의 패턴을 확인해 문제를 일으키는 원인을 찾아내고자 한다.

내 클라이언트가 가족 문제를 겪고 있다면, 그에게 대물림된 패턴과 행동을 관찰함으로써 무엇을 고쳐야 할지 알아낼 수 있다. 예상치 못했던 작은 변화만으로 상황이 해결되는 경우도 적지 않다. 예컨대 나와 상담했던 원 가족이 우울증에 걸린 아들을 위해 해야 하는 일은 〈모던 패밀리Modern Family〉[3] 시리즈를 다 같이 정주행하는 것뿐이었다.

사랑의 중요성

사람이 자신의 감정을 관리할 수 있으려면 무엇보다 가족의 사

---

[3] 미국 로스앤젤레스 교외에 사는 서로 다른 세 가족의 이야기를 시트콤 형식으로 풀어낸 드라마. 2009년부터 2020년까지 미국의 ABC 방송사에서 방영되었다.

랑이 든든하게 뒷받침되어야 한다. 서로 주고받고 표현하며, 묵묵히 지켜주고, 때때로 놓아주거나, 때로는 무너졌다가 회복하는 등 모든 형태의 사랑이 필요하다.

가족 내 분열과 시련의 근원에는 사랑이라는 한정된 자원을 두고 시기하거나 경쟁하는 일이 자리하고 있다. 이는 불행과 상처, 형제자매와 부부의 싸움, 혹은 세대 간 경쟁의 형태로 나타난다.

본성과 양육 중 무엇이 중요한가에 대한 논쟁은 지금도 여전히 계속된다. 우리는 지능, 운동신경과 성격 등 유전적 특성을 타고나며 그 잠재력이 환경에 따라 온전히 발현될 수도, 혹은 그냥 묻혀버릴 수도 있다는 사실을 알고 있다. 우리가 어떤 가정에 태어날지, 부유할지 가난할지, 어떤 역사나 패턴을 지녔을지, 정신적으로 건강할지 아닐지 등 그야말로 무작위로 주어지는 '운'이 양육의 질에 영향을 미친다. 하지만 실제 삶의 질을 결정짓는 건 우리의 핵심 정체성이다. '나는 사랑받는 존재이고 소속돼 있어. 이 가족이 나의 집이고 내게, 혹은 그들에게 무슨 일이 생기든 안전한 곳이야.'라는 믿음 말이다.

나의 개인적 경험과 이 책에 등장하는 가족들에게서 배운 교훈에 따르면, 생물학적 가족이든 그렇지 않은 가족이든 우리가 자신에게 하는 이야기들이 바로 우리가 누구인지를 결정한다. 진실한 이야기를 들을 때 우리는 자신이 사랑받고 소속돼 있다고 믿는다. 그리고 유전이나 혈연 따위와는 상관없이 풍요로워진다.

가족은 엉망이고, 혼란스러우며, 불완전하다. 우리는 가장 사랑하고 아끼는 대상에게 가장 상처받고, 가장 가혹하게 대하며, 가장 심각한 실수를 저지른다. 하지만 가족이 우리의 안팎에서 단단히 뿌리내리고 있을 때 우리가 가장 풍요로워질 수 있는 것도 사실이다. 따라서 그만큼 노력하고 아픔과 갈등을 감안할 가치가 있다. 그런 신념이 있다면, 가족은 세상이 발칵 뒤집혀도 우리를 지켜주는 힘이 된다. 아무리 멀리 떨어져 있어도 우리 존재의 중심에 자리하고 있는 가족은, 온갖 무질서와 광기가 판치는 세상에서도 우리 안의 평정을 되찾게 해준다.

이를 위해 우리가 할 수 있는 최선은 우리의 마음과 정신, 그리고 우리가 쓰는 시간에 관해 가족을 최우선 순위에 두는 것이다.

치료

　나는 가장 개인적이고 어려운 문제를 책에 담을 수 있도록 허락해 준 모든 분께 크게 빚졌다. 여기서는 이야기의 방식으로 담겼지만, 그들의 실제 서사가 본인에게는 가장 내밀한 사생활이라는 점을 잊어선 안 된다. 그들에게는 단순한 '이야기'가 아닌 것이다. 그럼에도 그들이 관대한 마음으로 용기 내 공개한 데는 자신의 가족 이야기를 통해 다른 이들이 각자의 가족에 대한 통찰을 얻고, 나아가 상처를 치유하기를 바라는 마음이 담겨있다. 나는 비밀이 보장되는 치료 공간에서 클라이언트와 치료사가 모은 지혜야말로 아직 개발되지 않은, 모두를 위한 소중한 자원이라고 믿는다.

　사생활 보호를 위해 여기서 클라이언트의 실명은 제시하지 않았다. 일부 사연은 재구성되었고 한 가족을 제외하고는 모두 2020-2021년 팬데믹 기간에 줌Zoom으로 만났다. 코로나19의 영향은 클라이언트에게 물리적 영향을 끼친 경우에만 언급했다. 코로나19는 많은 어려움을 낳았지만 치료 과정에서 예상치 못한 긍정적 결과를 도출하기도 했다. 무엇보다 합의된 시간 동안 더 많은 사람을 만나볼 수 있다는 현실적 장점이 있었다. 상담실에 나 이외에 두 명 이상 더 들어와야 하는 상황에서 상담 동선 및 스케줄을 짜는 일은 생각보다 훨씬 번거로웠기 때문이다. 한편 원격 치료가 특히 노인 세대에 생각만큼 위협적이지 않다는 사실도 깨달았다. 어르신들이 안전한 집 안에서 차 한 잔을 갖다 두고 스크린을 통해 다른 가족과 나를 만나면서 중요한 이슈를 치열하게 논의하는 데 익숙해질 수 있었던 것이다. 세션이 끝나면 나는 줌 회의실에서 퇴장했지만 다른 분들은 그대로 남아 논의를 이어가기도 했다. 그렇게 이어진 대화야말로 최고의 경험이었을 것이라는 생각에 내게도 그 내용을 귀띔해 달라고 주기적으로 요청했지만, 지금껏 피드백이 온 적은 한 번도 없었다. 줌으로 대화하면 클라이언트의 신체가 보내는 신호를 알아차릴 수 없고, 연결돼 있다는 느낌을 받을 수 없으며, 상대방의 눈보다 코를 더 많이 보게 된다는 단점이 있는 건 사실이다. 그러나 이 모든 걸 넘어서는 장점도 있었다. 지금껏 그래왔듯 앞으로도 클라이언트를 내 방에서 직접 만날 테지만 가족 모두가 참여하는 작업에서는 이 방법을 고수할 예정이다.

여기 등장하는 가족 중 다수는 치료를 위해 나와 오랫동안 만난 분들이다. 그 밖의 가족은 다양한 관점을 제시해 주는 사례여서 선택하기도 하고(버거 가족the Bergers이나 싱·켈리 가족the Singh·Kelly family), 특별한 어려움을 겪은 경우라서 선택하기도 했다(크레이그 가족the Craigs). 각 이야기는 개별적으로 받아들여도 좋고, 차례차례 연결 짓는 방식으로 받아들여도 좋다. 이 이야기들의 공통점은 난관에 봉착했을 때 하나같이 가족 모두가 도움을 요청할 용기를 냈다는 점이다. 그들은 새로운 방식으로 대응해야 한다는 사실을 인식한 것이다.

반대로 가족 문제로 고통과 두통에 시달리는데 정작 가족은 치료에 참여하지 않는 클라이언트의 이야기를 들어보면, 부모나 형제자매가 문제의 원인을 살피기는커녕 자신은 아무 잘못이 없다는 입장에서 한 발짝도 물러나지 않는 경우가 많다. 자신의 생각만 고수하는 건 부정적 패턴에 갇힌 가족의 특징이다. 이 책에 등장하는 가족들을 통해, 건강한 가족은 자신의 관점을 바꾸고 조절함으로써 더욱 긴밀하고 안정적인 관계를 구축하는 역량을 얻을 수 있다는 사실을 알게 될 것이다. 우리의 치료는 이렇게 중요한 기술을 탐구하고 심지어 실전에 적용해 볼 수 있는 아주 중요한 기회였고, 지금도 대체로 그렇다. 자신의 감정을 허용하고 또 관리하는 방법을 기꺼이 배우려는 이들의 능력은 세대가 바뀌어도 삶의 도전 과제를 힘차게 헤쳐 나가도록 해주는 강력한 요인이었다.

이를 염두에 두고 대니얼 골먼Daniel Goleman의 『*EQ 감성 지능 Emotional Intelligence: Why It Can Matter More Than IQ*』을 살펴보면 좋을 것이다. 골먼은 감성 지능을 '자신의 감정을 식별하고 평가하며 통제하는 능력'이라고 정의한다. 현대 가정생활에서 지속적으로 일어나는 스트레스에 휘둘리지 않으려면 자기 감정에 대해 잘 알아야 한다. 무엇을 느끼고, 또 왜 느끼는지에 관하여 스스로에 대한 인식을 키워가야 하는 것이다. 이렇게 자신을 인지하면 압도되는 상황 속에도 내 안엔 다른 감정과 기분이 존재하며, 현재의 상태가 계속 이어지는 건 아님을 알아차릴 수 있다. 이를 통해 마음 챙기기를 실천해서 균형을 되찾는 연습도 할 수 있다. 화나는 대로 감정을 표출하는 대신 잠시 밖으로 나가 더 나은 판단력을 발휘함으로써 평정심을 되찾는 것이다. 그럼으로써 관계를 위해 감정과 언어를 걸러내는 훈련을 하는 일도 가능해지며, 타인의 생각과 느낌에 공격하는 대신 공감해 줄 수 있다. 이처럼 자신을 진정시키고 타인도 자신처럼 행동하는 걸 보면 강요하지 않아도 가족 체계에 사랑이 넘친다는 사실을 누구든 믿을 수 있다.

가족 치료는 일대일 치료보다 대개 강도가 높다. 모든 경험이 구성원 수만큼 배가되기 때문이다. (원치 않더라도) 자녀가 처한 상황에 대한 책임감을 놓지 못하는 부모에게는 특히 더 힘들 수 있다. 자녀의 비판이나 고통에 대해 들으려면 마음을 단단히 먹어야 한다. 그와 같은 감정을 마주하는 데는 용기와 헌신이 필요하다. 고통스러운 진실은 깊은 상처를 남기지만 예상치 못한 긍정적 결과가 생길 수도 있다. 나는 저만의 강렬한 감정을 과감하게 받아들여 서로의 관계를 변화시키도록 허용하는 가족이야말로 전환의 국면에 들어선 뒤 극적으로 도움이 되는 경험을 할 수 있다고 믿는다. 안타깝지만 고통은 변화의 원동력이다. 고통을 피하면 변화 또한 맞이할 수 없다. 각자의 장애물을 식별하고 경험하며 처리하려는 새로운 의지가 가족의 새로운 패턴을 구축해 줄 것이다.

나는 심리치료의 한 형태인 가족 체계 치료사family-systems therapist가 아니다. 그 이론에 기반해 작업을 진행하기는 하지만 말이다. 나는 상담할 때 그 가족 구성원과 강한 애착을 형성해 신뢰를 구축하는 걸 목표로 한다. 그래야 치료가 좋은 결과를 낼 수 있기 때문이다. 치료는 부계父系적 관점보다 모계母系적 관점에서 이루어지는 경우가 더 많다. 내 치료에는 여성이 더 많은데, 이를 보면 상담 치료를 받는 전체 남성의 수가 얼마나 되는지 가늠할 수 있다. 치료를 원하는 남성이 늘고 있기는 하지만 여전히 여성에 비하면 훨씬 적은 편이다.

클라이언트들은 다양한 형태로 상담을 진행한다. 관리 차원에서 1년에 몇 번만 찾아오는 부부가 있는가 하면 같은 이유로 월 1회씩 상담하는 가족도 있다. 혼자 하는 상담은 일주일 혹은 격월에 한 번씩 진행하는 게 보통이다. 치료가 끝난 뒤에도 클라이언트가 자신의 삶에 관한 새 소식을 들려주거나 크리스마스카드를 보내주면 고마운 일이지만, 그런 기대를 하지는 않는다. 그래도 그들의 이야기는 여전히 내 안에 살아있다. 내 인생의 모든 중요한 관계가 그랬던 것처럼 그들은 나를 형성하고 영향을 미친다.

치료는 영원히 계속되는 게 아니다. 항상 끝이 존재한다. 상담 과정을 돌아보면 보면 클라이언트가 이제 치료를 끝낼 준비가 되었음에 합의하는 시기가 찾아온다. 심리치료 없이도 자신의 삶을 살아갈 힘이 생긴 것이다. 이들은 역경과 상실 앞에서 강한 회복탄력성을 발휘하고 책임감 있는 태도로 앞으로 나아갈 능력을 갖췄다. 부모님, 배우자 혹은 어떤 사건에서 비롯된 상처를 인정했지만 원망의 굴레에 갇히지는 않았다. 치료는 상처를 지우는 게 아니라 상처에 적응하고 성장하며 변화하는 방법을 배우도록 도와주는 것이다.

  클라이언트와의 이별은 치료 과정에서 중요하고 필수적이며 핵심적인 요소다. 우리가 처음 맺은 계약의 일부인 치료의 종료가 그들에게 충격으로 다가가지 않는 일은 중요하다. 이별은 예정돼 있으며, 대개는 서서히 일어나는 경향이 있다. 상담 과정에서 워낙 친밀하고 의미 있는 관계를 구축하는 만큼 이별은 항상 슬플 수밖에 없다. 그래서 때로는 친구로 지내고 싶은 유혹이 들기도 하지만 그건 바람직하지 않다. 나의 클라이언트였던 이들과 다른 관계를 맺고자 할 때 가장 중요한 건 그들에게 폐를 끼치지 않는 것이다. 치료, 그리고 치료로 생겨난 내면의 여유를 존중하고 또 보호하기 위해서는 명확한 선을 지키는 게 가장 좋다. 나는 이따금 이전 클라이언트와 직업적으로 다른 인연을 맺기도 했다. 내 나름의 전문성을 발휘해 해롭지 않은 관계가 되었지만, 그래도 보통은 그러지 않는다.

본문에서 나는 나의 수련감독자supervisor에 대해 수차례 언급했다. 모든 치료사는 자칫 발생할 수 있는 오류로부터 클라이언트를 보호하기 위해 치료에 감독 절차를 포함한다. 이것이 상담사에게는 배움의 장이 될 수 있다. 클라이언트에게 다가서는 과정에서 드는 자신의 생각, 감정과 행동을 돌아볼 기회를 제공하기 때문이다. 나의 감독자는 내가 존경해 마지않고 사랑하는 데다 없어선 안 될 동료다. 나는 그녀에게 치료 과정에서 일어나는 나의 윤리적 의문, 실수, 딜레마나 분노는 물론 좋은 치료 결과에 대한 만족감까지 모든 걸 터놓을 수 있었다. 그녀가 없었다면 나는 효과적으로 일할 수 없었을 것이다. 다른 사람과 함께 일하다 보면 온갖 의문, 갈등에 더하여 나 자신의 문제까지 불거지는데, 이때 현명하고 믿을 수 있는 사람이 옆에 있으면 상황을 직시하는 데 큰 도움이 된다.

개인이 아닌 집단을 상대로 작업하고 글을 쓰는 건 심리적으로 곡예를 하는 것과 마찬가지였다. 각 구성원의 삶에서 가족 전체에 영향을 미치는 부분 이외에 나머지는 모두 배제해야 했기 때문이다. 나와 상담을 진행한 이들 대부분은 심리치료가 처음이었지만 이를 통해 많은 것을 깨닫고 유대감을 느꼈다. 그들은 자신을 들여다보고 골치 아픈 문제에 맞설 수 있는 이 기회를 반겼고, 나는 책임감 있는 태도로 갈등을 살피며 더 큰 통찰을 얻고자 노력했다. 자신의 두려움을 드러내고 고통스러운 감정을 경험하는 건 쉽지 않은 일이었지만 강력한 치유의 기회를 선사했다. 클라이언트들이 여러 가지를 새롭게 이해하게 되면서 그들의 에너지가 달라지는 걸 확인할 수 있었다. 심리치료의 핵심은 나 자신, 그리고 상대방의 이야기를 새롭게 들을 기회라는 사실에 있다. 타인의 말을 잘 듣고 누군가 내 이야기에 귀 기울여 주는 일에는 마법 같은 힘이 존재한다.

나와 함께 작업한 가족들은 여러 복잡한 문제를 통과해 왔다. 그들은 막대한 상실을 겪은 뒤 해결되지 않은 의문을 가슴에 품고도 또 한 번 사랑하는 법을 배울 수 있는 능력을 발견했다. 나는 그 과정을 지켜보며 희망에 대한 강인한 의지를 갖고 있다면 삶의 불확실성을 받아들이는 능력이 확산된다는 사실을 알게 되었다.

상담이 끝나면 나는 늘 우리의 대화를 돌아보며 기록한다. 제삼자의 입장에서 작업을 들여다보는 것이다. 우리가 얼마나 치열하게 상담에 임했는지 가늠하는 한편, 내담자와 치료사의 입장을 계속 오가며 명확한 통찰을 얻기 위해 노력한다. 이는 내담자와 나의 생각을 함께 살펴보기 위한 작업이다. 심리학자 댄 시겔Dan Siegel은 이를 '마음 통찰mindsight'이라고 부르는데 나도 내 클라이언트를 상대로 비슷한 작업을 수행한다. 한 발짝 물러나 내 생각을 그들에게 제시함으로써 새로운 관점에 눈뜨게 해주려는 것이다. 우리는 새로운 정보를 통해서 과거의 자신이 틀렸다고 판명되더라도 자기 안엔 그 결정을 지지하는 경향이 남아 있다는 사실을 행동과학을 통해 알고 있다. 익숙한 패턴과 안전을 혼동하는 것이다. 이렇게 미묘한 문제를 알아차리려면 나 같은 외부인의 시각이 필요하다. 상담은 클라이언트가 자신을 더 깊이 있는 관점에서 바라보고 틀에 박힌 서사를 버림으로써 현재의 상황과 서로 간의 관계에 대해 새로운 관점을 획득하게 해주는 통로가 된다.

치료에 얼마나 많은 시간이 소요될지, 결과가 어떨지는 누구도 예측할 수 없다. 참고로 내가 만난 가족은 대부분 6회에서 8회의 세션을 진행했다. 가족의 패턴이나 역학 관계가 얼마나 깊게 뿌리박혀 있는지 생각하면 나타나는 변화의 속도나 수준은 상당히 고무적이라 할 수 있었다. 시간이 없어서 치료를 못 받는다는 사람이 있으면 나는 (웃는 얼굴로) TV 시리즈를 보는 것보다 시간이 덜 걸린다고 귀띔해 주었다.

자신을 돌아보기 위해서 시간을 따로 낸다는 게 얼마나 어려운 일인지 잘 안다. 그렇지만 상담 치료는 지금의 가족과 그 후손을 위한 예방책으로 강력한 힘을 발휘할 수 있다.

윈 가족
The Wynne Family

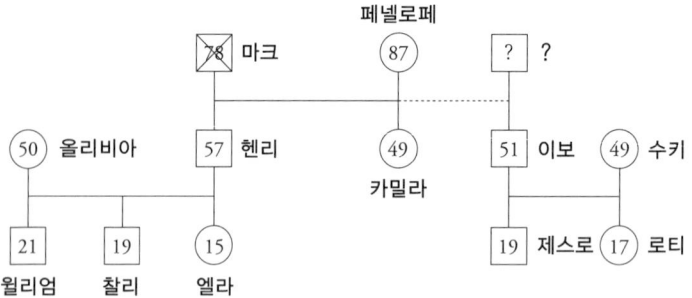

윈 가족

The Wynne Family

정체성에 관하여

나는 누구인가? 유전자의 조합인가
아니면 내가 만든 창작품인가?

사례개요

이보 윈Ivo Wynne은 51세의 캐비닛 생산자로 49세의 미국 태생 다큐멘터리 제작자 수키Suky를 아내로 두고 있다. 두 사람에게는 두 명의 자녀, 열아홉 살 제스로Jethro와 열일곱 살 로티Lottie가 있다. 이보가 나를 찾아온 건 자신이 아버지인 마크의 친자가 맞는지 확신할 수 없어서였다. 그는 이 당혹스러운 의문을 마주하곤 어떤 행동을 취하는 게 가장 좋을지 결정하는 데 도움을 받길 원했다. 이 문제를 본격적으로 알아볼지 아니면 현재의 불확실성을 떠안고 살아갈지 분명히 하고자 했던 것이다. 이보에게는 형인 57세의 헨리Henry, 그리고 여동생인 49세 카밀라Camilla가 있었다. 이보의 아버지 마크Mark는 5년 전 돌아가셨고 이후 87세의 어머니 페넬로페Penelope는 술로 마음을 달래다 알코올중독자가 되어 가까스로 일상을 이어가고 있었다. 우리는 내 상담실에서 만났다.

"저는 쉰한 살이고, 저의 의지와는 상관없이 생물학적 아버지가 누군지 찾아야 한다는 사실을 알고 있어요. 말도 안 되게 들리겠지만 어린 시절 아버지가 제게 관심을 거의 주지 않았다는 것이 저는 조금도 이상하지 않았습니다. 저는 운동신경이 좋아서 스포츠 경기는 무조건 이겼고, 제가 속한 크리켓 팀의 주장이기도 했습니다. 친구들이 '스포츠의 날인데 네 아빠는 왜 너를 보러 한 번도 안 오셔?' 하고 물어보면 저는 '아, 아빠는 무척 바쁘셔.'라고 둘러댔는데 솔직히 그게 잘못되거나 이상한 일이라고 생각하지 않았어요. 아는 게 그뿐이었으니까요."

이보의 이야기를 들으며, 나는 혼란도 혼란이지만 그의 적갈색 눈동자에 깊이 새겨진 고통을 엿볼 수 있었다. 미남형 얼굴에 뒤로 쓸어 넘긴 갈색 웨이브 헤어, 그리고 매부리코에 걸쳐진 디자이너 브랜드의 안경은 그가 귀족 가문 출신이라는 인상을 주었다. 그가 다리를 꼬는 방식, 움직일 때 팔다리가 그려내는 우아한 라인이야말로 고귀한 혈통의 말[馬]을 연상시켰다. 부모의 역사를 아는 건 우리 정체성의 근본적인 부분을 차지한다. 만약 이보의 사례처럼 부모의 지위가 높다면 그로 인한 상실감은 아마 또 다른 차원의 복잡성을 띨 것이다.

나는 이보에게 그의 이야기를 더 들려달라고 했다. 그는 장인匠人으로서 고급 주방용품과 가구를 디자인하는 회사를 운영하고 있었다. 그 얘기를 들으니 새삼 그의 손에 눈길이 갔다. 아름다운 것들을 만들어내는 손이었다. 내 일은 결과물이 눈에 보이는 종류가 아니어서 나는 늘 뭔가를 만드는 이들을 동경해 왔다. 하지만 이내 다시 그의 이야기에 집중해야 했다.

  이보는 삼 남매 가운데 둘째였다. 아버지가 돌아가신 뒤 아버지의 직위와 재산은 형인 헨리가 모두 물려받았다. 아내와 세 자녀를 둔 57세의 헨리는 물려받은 부동산을 개조해 수익사업을 하려는 중이었다. 여동생 카밀라는 "언제나 골칫거리"였다. 이 조합에서 나는 형제간의 온갖 신경전을 상상했다. 장남이 모든 걸 물려받으면서 이보는 자연히 '잉여'가 되어 '차남 증후군second-son-itis'에 시달리게 됐을 것이다.

  49세의 카밀라는 부계사회에 태어난 상류층 여성의 (바라건대) 마지막 세대에 속했다. 교육의 목표가 자신의 커리어가 아닌, 좋은 집안과의 결혼이었다는 의미다. 그녀는 연애를 수없이 했지만 지금은 혼자 가족 소유 저택에 살면서 파트타임 경매사로 일하고 있다. 돌아가신 아버지와는 각별한 사이였다. 삼 남매는 모두 부모와 떨어져 유모와 함께 생활하는 경직된 환경에서 자랐다. 헨리와 이보는 일곱 살에 예비학교prep school[1]에 입학해 기숙사 생활을 했고 카밀라는 열한 살에 기숙사에 들어갔다. 세 사람은 모두 끔찍한 체벌에 시달렸는데, 그처럼 가혹한 환경에서 살아남기 위해 자신의 취약함과 감정 같은 건 가리고 억눌러야만 했다. 그 어린 나이

---

[1]   명문 사립 중등학교 진학을 목표로 만들어진 영국의 사립 초등학교. 학교에서 중등학교 입학시험을 미리 준비시키기 때문에 예비학교라고 불린다.

에 말이다.

이보가 내게 말했다. "아버지께 두 번 도움을 청해봤어요. 한 번은 수면제를 주셨고, 다른 한 번은 함께 이탈리아로 휴가를 가자고 제안하셨죠…. 아버지는 이야기를 들어주고 함께 있어주는 법은 모르는 분이었지만 그런 해결책을 제시해 준 것만으로도 저를 사랑하셨다고 생각해요. 한 번 제 손을 잡아주신 적도 있는데 어머니가 자살을 시도한 이후 병원에 계셔서 보러 갈 때였죠."

충격을 가라앉히기 위해 나는 심호흡했다. 트라우마가 되었을 만한 경험을 그가 너무 담담하게 말했기 때문이다. 당시 몇 살이었는지 묻자 그는 "15살"이라고 답했다. 나는 이 경험이 그에게 얼마나 큰 상처가 되었을지 깊이 이해하면서, 고통에 직면했을 때 그가 처음 보인 반응에 대해 기록했다. "들여다보지 않고 건너뛴다." 그러고는 다른 감정이 수면 위로 올라오기를 기다렸다.

이보는 자신의 엄지손가락을 나머지 손가락으로 감싸더니 앞뒤로 돌리면서 아득한 표정으로 눈물을 글썽였다. 그가 여전히 외면하고 있는 어머니의 자살 시도는 언급하지 않았고 아버지에 대한 기억만 이야기했다. "아버지가 치매에 걸리셨을 때 손을 잡아드린 적이 있어요. 느낌이 좋았죠…. 아버지는 저를 알아보지 못하셨지만요…." 그는 미소를 띠며 눈물을 흘렸다. "아버지와 가까워진 기분이었어요." 이보는 이내 기침하더니 다시 부자父子 사이의 거리감으로 화제를 돌렸다. "아버지는 제 생일이나 가운데 이름을 모르셨을 거예요. 제가 뭘 좋아하는지, 친구들은 누구인지 등등 저에 대해서는 아는 게 없으셨죠…. 하지만 제 상처는 그게 아니에요. 아버지가 제게만 유독 차가우셨다는 거죠. 형 헨리와 카밀라한테는 그러지 않으셨는데 말이에요." 그는 고개를 숙이더니 민망한 듯 말했다. "아버지는 저와 눈을 맞추는 법이 없었어요." 긴 침묵이 흐르는 동안 그의 말에 담긴 절망감이 느껴졌다.

나는 수면 아래로 내려가 보고 싶었다. 이보의 어린 시절에 잠재된 역학을 더 깊이 탐구하고 싶었다. 그리고 아이가 스스로 채택하고 부모가 강화하는 자신의 역할이 가족 구성원의 행동에 가장 큰 영향을 미칠 수 있다는 사실을 떠올렸다. 이러한 아이의 역할은 한 가정 안에서 가족의 체계를 안정시키기 위해 형성되는 경우가 많다. 당시 나는 원 가족에서는 누가 어떤 역할을 맡고 있는지 확실히 알지 못했다. 이보가 '조용한 아이'이고, 헨리가 '해결사'였던 것일까? 이는 본래의 원가족 안에서는 제대로 기능했을지 몰라도 자식들이 모두 성인이 되어 다른 가족 체계에 들어간 지금은 더 이상 맞지 않는 데다 심지어 분열을 초래할 수도 있었다. 그런 일이 생겼을 땐 관계의 조절을 위하여 필요한 게 무엇인지를 알아보는 열린 자세가 중요하다.

세 자녀가 한집에서 같은 부모 밑에 자라더라도 그들은 전혀 다른 유년기를 보낼 수 있다. 나는 "오빠는 손 하나 안 갔는데 애는 왜 이리 어려운지 모르겠어요. 하나부터 열까지 똑같이 키웠는데 말이에요."라는 부모들의 하소연을 자주 듣는다. 하지만 각 자녀가 보이는 고유한 반응은 부모로부터 형성되고, 각 사건에 관한 기억 역시 바로 그러한 반응에 의해 구축된다.

헨리는 조직적이고 야심 찬 데다 리더십이 강한 사람으로, 장남의 전형적인 특징을 모두 갖추고 있었다. 가문의 후계자라는 사실은 그에게 권력과 자존감을 부여해 주었겠지만 동시에 부모의 기대와 동생들의 시샘을 받아야 하는 부담도 있었을 것이라고 나는 짐작했다.

이보 같은 둘째는 분류하기가 어렵긴 하지만, 그들은 손위 형제에 대한 반응으로 성장한다. 가령 큰아이가 착하면 둘째는 관심을 끌기 위해 고약하게 굴고는 하는 것이다. 나는 불안정하면서도 성공적인 삶을 사는 것처럼 보이는 이보에게 이런 법칙이 어떤 식으로 작용했는지는 아직 알아내지 못했지만, 한 가지가 궁금했다. 친자가 아니라는 사실을 알면서도 그것을 비밀로 묻고 아이를 키우는 심정은 어땠을까?

아버지인 마크는 이보에게 잘못이 없다는 걸 알면서도 그를 보면 분노와 질투부터 혐오에 이르기까지 다양한 감정으로 불타올랐을 게 분명하다. 그래서 이보를 아예 보지 않으려고 했을 것이다. 헨리와 카밀라도 이를 알아차렸을 테고 그 때문에 스트레스도 받았겠지만, 이보가 그만큼 부모의 관심을 받지 못하는 걸 아마도 보너스로 여겼을 가능성이 컸다.

나는 카밀라가 특히 흥미로웠다. 보통 막내는 부모가 규칙을 느슨하게 적용하기 때문에 손위 형제들보다 '특혜를 누리기' 마련이다. 그래서 다정하고 재미있고 느긋한 경향이 있지만, 반면에 더 크고 빠른 데다 더 많이 아는 손위 형제를 따라잡으려고 노력하는 경우도 적지 않다. 물론 카밀라에 대해서는 더 많은 정보가 필요했지만, 나는 그녀가 막내이다 보니 헨리와 이보에 비해 분명 수월한 부분이 있었을 거라고 생각했다. 그러나 그녀는 남성이 특권을 누리고 여성은 저평가되는 가부장 사회에서 살아남아야 했다. 이를 위해 아버지의 관심사인 식물학, 문학과 가족사를 공부했고 덕분에 그와 친밀감을 쌓을 수 있었다. 하지만 그런 노력도 그렇게 큰 성과로 이어진 것 같지는 않았다. 카밀라는 재미있고 사랑스럽기보다는 예민하고 신경질적인 아이였으니 말이다. 원 가족의 관계와 맥락을 살피며 심리 가계도를 그려본 결과 나는 오빠들이 카밀라의 자신감을 무너뜨렸다는 가설을 세우게 되었다. 사실상 괴롭힘이나 다름없는 형제간의 치열한 경쟁 구도는 학교에서 발생하는 갈등과 경쟁 못지않게 폐해가 크지만 간과되는 경우가 많다.

᎒ ᎒ ᎒

이보의 유년기를 염두에 둔 채 나는 상담을 통해 얻고 싶은 게 무엇인지 그에게 물었다. "지금까지 저는 묻어두는 일의 귀재였어요." 그가 잠시 말을 멈추더니 웃어 보였다. "제가 괜히 어머니 아들이 아니에요. 어머니는 부정의 여왕이거든요. 오랫동안 저는 아버지가 제 친부가 맞는지 의심하게 만드는 얘기를 듣거나, 그런 대화를 나눠왔어요. 그 질문은 언제나 제 마음 한구석에 자리 잡고 있었죠. 불쑥 아버지를 뵈러 가면 아버지가 늘 어색해하셔서 멀게만 느껴졌어요. 소속감을 느낄 수가 없었죠. 어릴 적에 형과 카밀라는 서로에게 잔인하게 굴었지만 저를 괴롭힐 때는 환상의 호흡을 자랑했고요. 둘이서 저를 묶어놓고 빗으로 때리거나 배설물 같은 진흙으로 제 얼굴, 귀와 코를 덮어 버리기도 했죠. 이 밖에도 수없이 많은 공격을 가했어요. 제가 못생겼다고 놀리고 멍청하다고도 했죠. 카밀라가 제게 '너는 보기만 해도 역겨워.'라고 했던 게 기억나요."

나는 그가 묘사한 어린 시절의 잔혹함, 그리고 말할 때 드러난 감정의 결여에 다시 한번 놀랐고 동시에 가슴이 뒤틀리는 듯한 기분에 휩싸였다. 어린 남자아이가 무방비 상태로 그와 같은 공격에 시달리는 모습은 머릿속에 떠올리는 것조차 너무나 힘들었다.

부모의 방임이 이들 남매의 내면에 대사 작용을 일으켜 분노와 자기혐오를 낳았고, 아이들이 이를 서로에게 표출했다는 생각이 들었다. 이제 이보는 점점 천천히 말하기 시작했고 덕분에 그의 말과 감정이 연결될 여지가 생겨났다. 나는 그가 내가 짓는 표정을 읽고 내 감정을 알아챘는지 궁금했다. 감정은 전염성이 있으니 말이다.

"그때는 어떻게 말해야 할지 몰랐지만 돌이켜보면 제가 원했던 건 안전하다는 느낌, 그리고 소속감이 전부였어요. 하지만 결코 이룰 수 없었죠. 저희는 부모님에게서 관심과 애정을 받지 못해 지금까지도 위험한 환경에 처해 있다고 할 수 있지만, 다들 높은 지위의 부모님이 있고 궁전 같은 집에 살면 아주 운이 좋은, 꿈같은 삶을 사는 사람이라고 단정 짓기 마련이죠."

나는 이보의 얼굴에서 상처와 억눌린 분노를 보았다. 그는 과거의 기억에서 오는 불편함 때문인지 턱을 단단히 괴고 있었다. 그가 자신의 몸에 쌓여있는 여러 겹의 스트레스를 온전히 표현한 건 이번이 처음인 듯했다. 나는 그의 경험을 들으며 내가 얼마나 충격받았는지 그에게 말해주었다. 그가 형제들로부터 끔찍한 학대에 시달리는 모습을 떠올리자 그들에게 분노가 치밀었고 그를 보호해 주고 싶었다고 언급했으며, 또 한편으로는 그렇게 폭력적으로 행동한 형제들도 고통스럽기는 마찬가지였을 거라고 인정했다.

그렇게 풍족한 환경에서 자란 아이들이 이 정도로 방치돼 있었다는 사실은 나를 혼란스럽게 만들었다. 계급과 특권도 우리를 고통으로부터 보호해 주지는 못한다. 우리가 계급, 특권 같은 말에 가지는 선입견 때문에 그 사실을 얼마나 의식하지 못하는지에 관해서 이보와 나는 놀라지 않을 수 없었다. 우리 사회는 사람을 판단할 때 그들이 느끼는 감정이 아닌 겉보기를 기준으로 삼는 경향이 있다. 예컨대 큰 차는 부富를 상징하고 사람들은 이를 행복으로 쉽게 연결 짓곤 한다. 그렇지만 차주의 슬픈 눈빛은 정작 다른 이야기를 하고 있는 경우도 많다. 나는 이보가 그런 관점을 내면화한 것 같다고 말했다. 그는 내 말에 무너지지 않으려는 듯 숨을 참으며 고개를 끄덕였다.

심리적 관점에서 볼 때 이 남매 중에 부모로부터 안정적이고 믿을 수 있는 사랑을 받은 이는 아무도 없었다. 이들은 모두 불안정한 유년기를 견디기 위해 부정적으로 대처하는 메커니즘을 구축했는데, 심지어 부모의 부족한 사랑까지 조금이라도 더 차지하기 위해 서로 경쟁하며 싸워야 했다. 이게 가장 잔인한 지점이었다. 건강한 가족은 싸움을 통해 현명하게 의견을 표출하는 일과 상처를 주는 일 사이의 차이를 배운다. 주변의 신뢰할 수 있는 어른으로부터 싸울 때 말할 수 있는 것과 말할 수 없는 것이 무엇인지를 배울 수 있기 때문이다. 반면 이 가족은 주변 어른들의 지도나 중재 없이 순전히 상대방에게 상처 주기 위한 공격법만 배웠다. 둥지 속 어린 새들이 애벌레를 먼저 잡기 위해 서로 쪼아대는 것처럼 말이다.

이보는 지친 기색이 역력했지만 계속하고 싶어 했다. "저의 첫 여자친구는 제 가족과 가까운 지인으로부터 아버지가 제 친부가 아니라는 얘기를 들었어요. 그녀는 제 형 헨리에게 이에 대해 물어봤고 형은 헛소문이라며 부인했어요. 둘은 그 일로 말다툼을 벌였죠. 저는 형의 말을 믿었고 굳이 신경 쓰지 않았어요. 대학 시절에 어머니가 학교로 저를 보러 오신 적이 한 번 있었어요. 처음이자 마지막이었죠. 어머니는 일상적인 얘기를 늘어놓으시다가 차에 올라 출발하기 전 이렇게 말씀하셨어요. '마크가 네 친부가 아

건강한 가족은 싸움을 통해
현명하게 의견을 표출하는 일과
상처를 주는 일 사이의 차이를 배운다.
주변의 신뢰할 수 있는 어른으로부터
싸울 때 말할 수 있는 것과
말할 수 없는 것이 무엇인지를
배울 수 있기 때문이다.

니라고 생각하는 건 안다만 그는 네 친부가 맞아. 맹세컨대 그게 사실이다.' 이후 저는 그 질문을 완전히 묻어버리고 제 삶을 살았어요. 그런데 한 달 전, 그 첫 번째 여자친구가 저를 닮은 한 남성의 사진을 제게 이메일로 보내왔어요. 누군가의 집에서 발견했다면서요. 그분은 저와 닮기도 했지만, 제 아들 제스로와 마치 복제인간처럼 똑같이 생겼더라고요."

나는 이보가 하는 말을 놓치지 않으려 애썼지만 유독 쉽지 않았다. 이보는 스트레스가 쌓일수록 말하는 속도가 빨라졌기 때문이다. 그에게 잠시 쉬면서 지금껏 한 이야기를 정리해 보자고 요청하는 게 좋을지 갈등했지만, 그냥 두기로 했다. 그 부분은 다음 상담에서 얼마든지 다룰 수 있었기 때문이다. 이보가 성토했다. "저는 그녀에게 분노가 치밀었어요. 그런 사진을 어떻게 그렇게 뜬금없이, 아무것도 아닌 것처럼 보낼 수가 있죠? 심지어 그걸 형하고 카밀라한테까지 보냈더라고요. 저한테 확인도 하지 않고 말이에요! 가볍게 보낸 이메일 한 통으로 제 삶을 무너뜨리다니 정말이지 믿을 수가 없었어요. 이후 형이 제게 전화해서 그와 통화하다가 크게 싸우기도 했고요. 언제나처럼 우리 사이의 오랜 앙금이 터져 나온 거죠. 우리는 둘 다 누가 더 심한 욕설로 상대방을 화나게 할 수 있는지 경쟁했어요. 정말이지 끔찍했죠. 저는 수도 없이 그랬던 것처럼 전화를 세차게 끊어버렸고요. 형이 진짜 싫고 다시는 얘기하고 싶지 않다고 생각했어요. 그런데 그 다툼 이후 더 이상 그 문제를 부정할 수가 없게 됐죠."

그 순간부터 제가 뭘 읽거나 보거나 듣거나 하나같이 아버지와 아들에 관한 것으로 귀결됐어요. 저는 뭔가에 집중하기는커녕 자지도, 먹지도 못했고 술만 계속 마셔댔죠…. 역시 저는 괜히 어머니 아들이 아니었어요…. 지난 몇 주간 우울감 속에서 허우적댔어요. 매일이 힘들었고 문제를 직면할 수 없었죠…. 하루를 나기도 힘들었어요…. 안 하면 안 되는 일만 최소한으로 하며 버텼으니 살아 있었다고도 할 수 없죠. 한마디로 대응하지 않은 거에요. 저는 그 문제를 어떻게 받아들이면 좋은지, 또 제가 뭘 해야 하는 건지 알고 싶어요. 실제로 아버지가 제 친부가 아니라면 저는 누구일까요? 그 사실이 저를 어떻게 변화시킬까요? 거울을 보면 똑같은 얼굴인데, 저 자신이 전혀 다른 사람처럼 느껴져요. 저는 이 코가 아버지를 닮은 거라고 생각했고 이렇게 아버지와 연결돼 있다는 게 늘 좋았어요. 수학을 잘한 것도 아버지를 닮아서였고요. 부모님께 애착은 별로 없었지만, 저의 자아상 sense of self이 상당 부분 부모님으로부터 기인한다는 사실을 이제야 깨달았어요. 부모님의 유전자, 나를 낳으시기까지의 두 분의 역사, 심지어 끔찍한 인생사까지요. 아버지의 가족은 정치와 농업으로 자산을 구축했고 노퍽 Norfolk에 저택을 지었기 때문에 노퍽은 항상 저의 근간이었어요. 노퍽의 냄새, 지형, 저의 본가, '제' 조상의 초상화 등 이 카운티 전체가 제 바탕이 되었죠. 그 모든 걸 버려야 할까요? 아버지는 제가 친자가 아니라는 걸 아셨을지도 모르지만 저를 친자식처럼 키우셨어요. 만약 제가 아버지의 생물학적 아들이 아니라면 아버지는 여전히 제 아버지일까요? 저는 제 가족의 절반을 잃게 되는 걸까요? 친가 쪽 사촌은 전부 사라지는 건가요? 이제 저는 어디에, 또 누구에게 속할까요? 제 자녀들은요? 걔들의 생물학적 유산은요?"

질문이 쏟아졌다. 이 문제가 이보를 얼마나 심각하게 뒤흔들어놓고 있는지 알 수 있었다. 그를 가장 잘 돕고 싶다는 조급함에 숨이 막혀왔다. 이 모든 질문에 대한 답을 찾을 수는 없겠지만, 우리는 이 문제가 이보에게 어떤 의미를 지니는지에 관하여 향후 몇 주간 함께 마주할 수 있을 거라는 데 동의했다.

나는 클라이언트의 문제를 연구해 정확한 정보를 확보하고 심리적으로 최적의 지원을 제공하려 한다. 내가 배운 바에 따르면 자신이 어디에서 왔는지 아는 것은 발달상 매우 중요하다. 1990년대에 마셜 듀크Marshall Duke 박사와 로빈 피부시Robyn Fivush 박사(부록 454페이지 참조)는 청소년이 자신의 가족에 대해 얼마나 알고 있는지 측정하는 '알고 있는가?Do you know?' 척도를 개발했다. 이들은 가족사를 더 많이 아는 청소년일수록 자존감은 높고 문제 행동을 보이는 비율은 낮으며, 자신이 속한 세상에 영향을 미칠 수 있다고 믿는 자기효능감은 높다는 사실을 발견했다. 이보는 자신의 뿌리에 대해 평생 확신하지 못했다. 그런데 이제 그가 자란 곳을 지탱하던 벽돌의 절반마저 쑥 빠져버렸다. 나는 발걸음을 조심스레 내디뎌야 한다는 사실을 알았다.

나는 이보가 유년기에 당했던 학대와 방임의 수준을 객관적으로 평가하고, 그의 대처 메커니즘 역시 완전히 파악해야 할 필요가 있었다. 어린 시절의 스트레스와 트라우마는 인지, 사회성 및 정서 발달을 저해한다. 이는 우리가 성인이 되었을 때 건강 문제로 표출되기도 한다. 실제 연구 결과 유년기의 심리적 문제가 우울증, 중독, 자살은 물론 암에서 심장병에 이르는 다양한 신체적 질병과도 직접적 연관이 있는 것으로 나타났다. 나는 빈센트 펠리티Vincent Felitti 박사와 롭 안다Rob Anda 박사가 공동 개발한 '유년기의 부정적 경험Adverse Childhood Experiences' 질문지를 사용하기로 했다(부록 449페이지 참조). 이보의 답변은 그가 심리적으로 얼마나 취약했는지 잘 드러내 줄 것이다.

이 질문지의 열 가지 항목은 '부모나 집안의 다른 어른이 당신을 밀거나 붙잡거나 뺨을 때리거나 물건을 던진 적이 자주 있었는가?'부터 '먹을 것이 부족하고 더러운 옷을 입어야 하며 보호해 줄 사람이 없다고 느낀 적이 자주 있는가?'에 이르기까지 다양했다.

'예'라고 답할 때마다 1점씩 올라갔으며 점수가 높을수록 위험 요소가 높다는 걸 의미했다. 이보는 5점이었다. 이는 이보가 안정감을 느낄 수 있도록 우리가 천천히 이 과정을 진행하면서 안전한 관계를 구축해야 한다는 뜻이었다. 또한 다루기 까다로운 친부 문제에 접근하기 전에 이보가 자신의 감정을 관리할 수 있는 심리적 자원도 개발해야 했다.

이보는 수치심, 분노, 죄책감 같은 고통스러운 감정으로부터 자신을 보호하기 위해 무감각이라는 방어기제를 개발했다. 그런데 새로운 대처 방법을 확보하지도 못한 채 이 같은 감정을 경험하도록 내던져진다면 그는 완전히 무너져 내리거나 심지어 자살에까지 이를 위험이 있었다. 그만큼 우리의 초기 상담 단계는 매우 중요했다. 나는 내가 수년간의 경험으로 다져진 상담사라는 사실에 감사했다. 덕분에 나는 이보가 스스로 얼마나 취약하다고 느끼든 간에 그를 지지해 줄 수 있다는 자신이 있었다. 내가 그의 치료 결과를 통제할 수 있는 건 아니었지만 나는 그에게 필요한 것을 충족시켜 줄 수 있었고, 그것만으로 충분했다.

중요한 건 이보가 질문지에 답하면서 그가 얼마든지 다른 방법으로 고통에 대응할 수 있다는 사실을 깨닫도록 돕는 것이었다. 마침내 이보는 내가 그의 편이고 그를 진지하게 받아들이고 있다고 느끼기 시작했다. 그때까지만 해도 그의 감정은 중요하지 않다고 치부되거나 무시되기 일쑤였다. 이따금 이보가 나를 바라보는 눈빛을 보면 내가 뭔가 험한 말을 할 거라고 예상한다는 걸 알 수 있었다. 그러다 내가 그런 말을 하지 않으면 그는 안도의 한숨을 내쉬며 받아치려고 준비했던 날카로운 말들을 내려놓았다.

이보는 자신이 "부정하는 데 선수"라고 했다. 그를 만날 때마다 나도 그 말을 실감할 수 있었다. 부정은 애도 절차의 첫 번째 단계이다. 이보에게는 이것이 어린 시절 그를 보호하기 위한 무기이자 상실의 심각성을 알리는 신호였다. 그의 상실은 누군가의 죽음이 아니라 '살아있는 상실living loss', 즉 아버지의 아들이라는 정체성에 대한 믿음의 상실이었다. 이 같은 상실이 안전하지 않은 환경에서 일어났기 때문에 그의 슬픔은 제대로 표현될 수 없었다. '안전한 장소'는 이보가 진정하는 데 도움이 됐다. 그는 고요하고 평화로운 느낌을 주는 곳을 떠올린 뒤 그곳을 자신이 경험한 풍경, 소리와 향기로 가득 채우고 심호흡했다. 우리는 '컨테이너' 이미지를 개발하기도 했는데 이는 그가 나와 함께 있지 않을 때 무서운 이미지들을 가둬둘 수 있는 강철 상자가 되기도 했다.

우리가 함께 개발한 도구는 그에게 자신을 외부와 차단하는 것 이외의 다른 방법을 제공했다. 이 도구를 통해 그는 불편한 감정을 경험하고 이를 조금이라도 표현한 뒤 자기효능감을 발휘해 스스로를 진정시킬 수 있었다. 얼핏 자신을 닫아버리는 방식과 별다를 바 없이 들릴 수 있지만 엄연한 차이가 존재한다. 그동안 이보는 고통스러운 감정을 아예 차단해 버려서 그의 감정은 해소되지 못한 채로 그의 시스템 안에 계속 살아있었다. 하지만 이 방법을 사용하면 괴로운 감정을 분출하고, 분출을 통해 감정이 변화되는 것을 느끼고, 그러면서도 거기에 압도되지 않는 능력까지 키울 수 있었다.

이러한 도구는 이보가 마음을 여는 데 중요한 역할을 했다. 그는 자신의 감정을 표현할 단어를 찾으며 자세를 고쳐 앉기도 하고, 긴 다리를 꼬기도 하면서 엉뚱한 얘기를 꺼내고는 했다. 고개를 푹 숙인 채 아무 말을 하지 않을 때도 있었다. 오래전 지금과 꼭 같이 행동했을 꼬마 이보의 모습이 눈에 선했다. 그러자 내 안의 다정함이 고개 들어 그를 위로해 주고 싶은 마음이 솟구쳤다. 우리는 안정화 기법을 사용해 그의 고통스러운 기억을 소환해 보았다. 그를 괴롭게 했던 최초의 기억은 기숙학교 첫 학기 때였다. 꼬맹이 이보는 하얀 벽으로 둘러싸인 큰 방의 침대 열두 개 중 하나에서 울지 않으려고 안간힘을 써야 했다. 당시 그의 나이는 고작 일곱 살이었다! 어려도 너무 어릴 때였다.

기숙학교의 심리적 영향에 대한 연구는 거의 찾아볼 수 없으며, 그나마 있는 것들도 논란의 대상이다. 하지만 닉 더펠Nick Duffell 등 일부 학자들은 '기숙학교 생존자들'이 20대, 심지어 30대가 된 뒤에야 '기숙학교 증후군boarding-school syndrome'을 겪는 경향이 있다고 주장한다. 그에 따르면 기숙사 학생들은 학교에서 버림받은 데 대한 보호 기제로 학습된 일련의 대응 방식을 가지고 있는데, 이는 살면서 맞이하는 여러 관계와 상황에 따라 이따금 심각한 심적 고통으로 이어지기도 한다.

기숙학교에 대한 이보의 기억은 추위로 가득했다. 침대에서 몸을 일으키고 발을 내디딜 때마다 돌바닥의 냉기가 그대로 전해져 왔다. 이보의 설명에 따르면, 그는 마음 열기와 거리 두기를 오가며 고통을 견디는 능력을 어느 정도 조절할 수 있었다. 상담 치료에는 '인내의 창window of tolerance'이라는 개념이 있다. 클라이언트들이 익숙한 구역을 벗어나 인내의 한계에 도달할 수 있도록 돕고 싶은 게 우리 치료사들의 마음이다. 내담자들이 고통을 느끼고 표현하며 그 정도로는 죽지 않는다는 걸 깨닫게 하려는 것이다. 고통을 분출함으로써 그로부터 좀 더 벗어날 수 있음을 알기 때문이다.

그러면 인내의 극한이 확장돼 관용의 영역이 넓어지고, 결과적으로 그들은 고요함, 심지어는 어떤 안도감까지 느낄 수 있게 된다.

　　　　▲ ▲ ▲

　여러 차례의 상담 끝에 이보와 나는 혼자서 친부 문제를 끌어안고 있는 건 가족의 여느 비밀이 그렇듯 감당이 되지 않을 뿐만 아니라 독이 될 수 있다는 데 동의했다. 이보는 처음부터 이 사실을 알고 지지해 준 아내 수키와 무척 친밀했다. 미국인인 수키는 영국의 계급제도를 건강한 회의주의적 관점에서 바라봤지만, 이 제도가 이보의 정체성에 있어서는 중요한 역할을 한다는 사실도 인정했다. 이보와 수키는 그들의 자녀 제스로, 로티와 함께 이야기를 나누기로 했다. 이 일은 아이들의 조상 문제이기도 했기 때문이다. 이메일에서 본 사진이 결정적 증거라고 할 순 없는 만큼 헨리, 카밀라와의 DNA 검사도 필요했다. 그래야 그들이 친남매인지 이부형제인지 정확히 알 수 있을 테니 말이다. 하지만 검사를 진행하는 게 나을지 아니면 진실을 모르는 채로 살아가는 게 나을지는 이보도 나도 확신하지 못했다. 나는 진실이 아무리 가혹하더라도 거짓보다는 낫다고 늘 믿어왔다. 하지만 이보는 진실을 알지 못한 채 51년을 살아왔다. 만일 자신이 아버지의 친아들이 아니라는 사실을 알게 되면, 과연 그는 그 심리적 고통을 감당할 수 있을까?

　결국 진실을 아는 것보다 모르는 것의 무게가 더 버거웠다. 헨리와 카밀라 모두 확실한 답을 원했기 때문에 세 사람은 모두 DNA 샘플을 보냈다.

　길고 긴 3주간의 기다림이 끝나고 11월의 어느 추운 날 아침, 이보는 유전자 검사 연구소에서 이메일을 받았다. 열어보기 싫은 마음을 가까스로 억누르고 결과를 읽었을 때 그는 심장이 철렁 내려앉는 기분이었다고 말했다. 그가 헨리, 카밀라와 DNA의 23%를 공유하는 이부형제로 밝혀진 것이다. 그는 분노에 찬 눈빛으로 나를 돌아봤다. "결국 이메일이 사실이었어요. 젠장, 젠장, 젠장! 소리치고 싶어요." 분노가 격해질수록 그의 목소리는 차분해졌다. "어떻게 해야 할지 모르겠어요. 나의 근본이자 핵심, 눈에 보이지는 않지만 구체적인 무언가를 나는 잃어버렸어요…. 거대한 망치로 얻어맞은 기분이에요." 그는 양손에 얼굴을 파묻고 몸을 벌벌 떨면서 계속 똑같은 말만 반복했다. "이제 어떡하죠?"

　나는 고통에 몸부림치는 그의 곁에 가만히 앉아있는 수밖에 없었다. 그의 내면을 휘젓는 폭풍을 내 안에서도 느낄 수 있었다. 나는 심호흡으로 겨우 평정심을 유지하며 그에게 정말 유감이라고 말했다. 태풍이 휘몰아치는 고통스러운 세션이었다.

　우리의 안정화 기법에도 불구하고 이보는 폭음과 혼돈의 소용돌이에 빠져들었다. 천식을 앓으면서 담배까지 다시 피우기 시작했다. 그는 상담 약속에 모습을 드러내지 않기도 했고 전날 마신 술이 아직 깨지 않은 모습으로 나타나기도 했다. 나는 극도의 죄책감과 걱정 속에서 내 수련감독자를 찾아갔다. 우리가 진실을 너무 빨리 마주한 게 분명했다. 이보는 아직 들을 준비가 되어있지 않았던 것이다. 나는 치료사들이 이따금 내담자를 충분히 안정시키지 못한 채 치료 절차를 너무 빨리 진행한다는 사실을 트라우마 분야의 유명한 전문가 바벳 로스차일드Babette Rothschild에게 배운 적이 있었다. 나의 감독자는 이번에 벌어진 일이 로스차일드가 말한 상황과 비슷하다는 데 동의하고 나도 이보처럼 자책하게 될 수 있다고 경고했다. 그래서 마음을 가라앉히고, 나 자신을 책망하기보다 그를 도울 방법에 집중해야 한다고 격려해 주었다. 우리는 이보의 친구들로 이루어진 네트워크를 구축하고, 고통이 심할 때 그를 달래줄 수 있는 요가나 명상 등의 행동 요법도 만들었다. 그가 자살 충동을 느끼는지도 확인했으며 그의 주치의, 그리고 아내 수키와의 만남 약속도 잡기로 했다. 극심한 고통이 자살로 이어진다는 것은 비약처럼 들릴 수도 있지만, 그는 어머니의 자살 시도를 겪었고 유년기의 기억도 부정적이었던 만큼 그 위험성이 높았다. 나는 그의 안전을 위해 모든 가능성을 열어두고 싶었다.

나는 이보에게 계속되는 음주가 걱정된다고 말했고 혹시 자살 충동에 시달리진 않는지 질문했다. 그는 내가 마치 성가신 교사라도 되는 듯 불같이 화내며 손을 내저었다. 그의 이런 반응이 마음 아팠지만, 연민을 갖고 그와 계속 연결되어 있어야 한다는 사실을 나는 알고 있었다. 그는 자살 위험이 있었기 때문에 이 모든 과정에서 내가 곁에 있다는 걸 느끼도록 해주는 게 중요했다. 그를 극도로 걱정하는 나의 마음이 전해져 소외감 따위는 스며들 틈이 없도록 해줘야 했다. 이보가 모친의 행동이 낳은 무고한 희생자라는 것을 우리 모두 알고 있었음에도 그는 자신이 부끄럽고 잘못된 존재라고 느꼈다. 게다가 이보는 그의 가족이나 주위의 모든 지인 역시 자신을 다르게 볼 거라고 생각하고 있었다.

태풍에도 수명이 있었다. 다행히 이보에게 한껏 휘몰아친 태풍은 결국 잦아들었다. 이보는 완전히 기진맥진해 있었다. 이후 좀 더 평온해진 그는 그 폭풍이 지난 수십 년간 자신 안에 자리 잡고 있었던 것 같다고 말했다. 부정으로 일관해 온 지난 세월이 그의 안에 마치 퇴적물처럼 쌓여있었을 테고, 그 감정을 한 번은 날려 버려야 했다는 의미였다. 그는 여전히 술을 마시고 담배도 피우지만 자신이 이제 잠을 잘 수 있고, 집중할 수 있으며, 감동적이게도 두 자녀와 더욱 친밀해졌다는 것을 느낄 수 있었다. 결국 그를 안정시킨 건 나의 도구가 아닌 가족의 사랑이었다.

이보는 지금껏 자신을 방어벽으로 둘러싼 채 두 자녀와 일정한 거리를 유지해 왔지만 이제 아이들이 그의 가슴속으로 완전히 들어왔다. 아이들은 주로 포옹을 통해 체현된 사랑의 힘을 보여주었다. 계속해서 그를 안아준 것이다. 제스로는 이보의 생물학적 아버지가 '정자 기증인'에 지나지 않는다고 말해주었고, 로티 역시 다음과 같이 격려해 주었다. "변한 건 아무것도 없어요, 아빠. 아빠는 이런 결과가 나오기 전과 100% 똑같은 사람이에요." 노퍽이 자신의 뿌리가 맞는지 묻는 이보의 질문에는 유쾌하게 웃으며 이렇게 대답했다. "바보같이 굴지 마요, 아빠! 당연히 맞죠! 지금껏 그래온 것처럼 모든 추억과 시간은 온전히 아빠 거예요." 아이들은 영리했고 특유의 연약한 모습으로 이보를 무장해제시키는 광경은 환상적이었다.

이보는 특히 제스로에게 감동받았다. "제스로는 열다섯 살 때 2년간 자기 방에 문까지 잠그고 처박혀서 게임만 한 적이 있어요. 저희도 걱정이 컸죠. 녀석이 살기 싫다는 말까지 했으니까요. 어떻게든 도움을 받도록 해주고 싶었지만 제스로는 아무도 만나지 않겠다며 자신만의 동굴로 숨어버렸어요. 그나마 기적은 〈모던 패밀리〉를 함께 보자는 수키의 제안을 아이가 받아들인 거였어요. 우리는 11개 시즌, 총 250회를 거의 매일 밤 함께 시청했습니다. 얘기를 많이 나누지는 않았지만, 제스로가 항상 수키와 제 사이에 앉았고 그렇게 우리는 차츰 가까워졌어요. 이후 녀석은 1년 만에 20센티미터나 자라서 지금은 키가 178센티미터예요. 작년에 대학에 입학한 뒤로는 완전히 딴사람이 됐고요. 이전에 친구를 사귀는 건 상상도 못했는데 지금은 친구가 한 트럭 정도 될 걸요…."

사람을 치유하는 것이 무엇인지는 아무도 예측할 수 없다. 〈모던 패밀리〉는 정서적으로 부담스럽지 않으면서도 가족이 함께 집중하고 서로 연결감을 느낄 수 있는 틀을 제공해 주었다.

제스로가 십대 시절 겪은 불안에 대해 이보가 진작 얘기하지 않은 게 나는 그리 놀랍지 않았다. 이보는 아빠로서 걱정은 됐어도 그 문제를 그다지 심각하게 받아들이지는 않았을 것이다. 그런데 그를 둘러싸고 있던 보호막이 벗겨지면서 이제 그는 모든 감정에 더욱 활짝 열릴 수 있었다.

일전에 했던 말다툼의 앙금이 여전히 남아있던 헨리는 이보를 찾아가 윈 가문의 자산을 돌려달라고 요구했다. 이보는 더 이상 윈 가문의 일원이 아니라는 뜻이었다. 나는 충격 받았지만 이보는 아니었다. 심지어 가족들이 분명 그렇게 나올 거라고 수키에게 귀띔까지 해놓은 상태였다. 그는 자신의 가족이 어떤 사람들인지 정확히 알고 있었다.

그런 요구를 헨리가 했다는 게 특히 아이러니였다. 그렇지 않아도 그는 가족 자산의 대부분을 손에 거머쥔 상태 아닌가. 이보는 헨리가 멋대로 주장할 수는 있을지언정 실제로 재산을 가져갈 권한이 있는 건 아니기 때문에 그의 요구를 거절할 때 짜릿했다며 웃었다. 이보는 헨리가 거슬리기는 했지만, 그를 자신 같은 희생자로 만들 생각은 없었다. 얼마간 소원하더라도 결국 다시 잘 지낼 것이라는 사실도 알고 있었다. 그것이 바로 이 가족의 패턴이었다. 누군가 폭발해 크게 다투고, 몇 달간 서로 말도 안 섞다가 한 명이 먼저 화해의 제스처를 취하는 패턴 말이다. 물론 진지하게 토의되거나 해결되는 건 아무것도 없다. 다만 분노의 파일에 최근의 불화를 추가한 뒤 그대로 살아갈 뿐이다.

이보가 말을 이었다. "그런데 그 후 제가 기억하는 한 생애 최초로 헨리가 제게 진심 어린 사과의 편지를 썼어요. 덕분에 우리는 화해했죠. 형과 한층 가까워진 것 같아요…. 좋은 일이죠. 사실 꽤 놀랍기도 하고요."

나는 헨리가 처음엔 돈을 내놓으라고 했던 것이 그로서는 자동으로 튀어나온 반응이라고 해석했다. 이보를 향한 그의 공격은 결핍에서 비롯되었을 가능성이 크다. 부모의 사랑이라고는 느낄 수 없는 환경에서 가문의 자산은 사랑을 대신했고, 헨리는 가능한 것을 얻고자 반사적으로 움직였던 것이다. 그는 많은 것을 물려받았지만 그렇다고 내면의 결핍까지 채워진 건 아니었다. 헨리가 무엇에 영향을 받아 이보에게 사과를 하고, 그간 유지해 왔던 가족의 패턴까지 바꾸게 됐는지는 알 수 없다. 추측건대 헨리의 아내가 이보를 향해 연민을 보이며 그에게 무언가 이야기한 게 아닐까 싶다. 아마 그 대화가 이보와 헨리를 연결하는 새롭고도 중요한 다리 역할을 했으리라. 이보는 이제 유전적으로는 형제들과 더 멀어졌지만 정서적으로는 한층 가까워질 수 있을 것이다.

몇 주 후 지난 상담 내용을 돌아보며 이보와 나는 그의 가족이 마치 덫에 걸리듯 직위와 땅, 돈과 지위 같은 것에 상당한 가치를 부여하면서 정작 가족들은 중시하지 않았다는 사실을 확인했다. 그들은 '물질'을 사람보다 더 믿을 만하다고 여겼다. 하지만 저널리스트 아트 부흐발트Art Buchwald가 적었듯, "인생 최고의 가치는 물질이 아니다." 이 가족 구성원에게 물질은 전시하거나 돈을 주고 살 수 있는, 신뢰도가 높은 자산이었던 반면 사람은 잠재적 위험 요소라고 여겨졌다. 내게 상처를 주고, 나를 떠날 수 있다는 점에서 사람은 물질보다 훨씬 위험한 상품이었다.

그의 가족과 비교하기 위해 나는 상담을 진행한 적 있는 한 이

민자 가족을 예로 들었다. 이들은 '물질'이라고는 그다지 갖지 못했지만 세상의 다른 무엇보다 가족을 소중히 여겼다. 가족을 위해서라면 모든 걸 희생할 준비가 돼 있었다. 사람이 이들의 자산이자 안전망이었고 생존을 위한 필수 요소였다. 혼자서는 낯선 땅에서 살아갈 수 없다는 사실을 알고 있었기 때문이다. 그렇듯 긴밀한 유대와 사랑으로 연결된 존재 없이는 우리 중 누구도 제대로 살아갈 수 없다.

인간으로서 우리는 뭔가를 신뢰할 수 있어야 하는데, 만약 주변의 사람들을 믿을 수 없으면 물질로 눈을 돌리게 되는 것이라고 이보와 나는 결론지었다. 이렇게 가족 구성원은 뒷전이고 그 밖의 것들을 더 중요하게 여기는 것이 제 기능을 못하는 가족의 특징 중 하나다.

많은 논의 끝에 이보는 상담 시간에 그의 형, 동생 그리고 어머니까지 초대하기로 마음먹었다. 더불어 나는 이보에게 아버지 마크의 사진을 찾아서 그에게 실제로 이야기하듯 편지를 써보라고 제안했다. 이보가 깨달은 것처럼 생물학적 친부는 이미 잃었을지 몰라도 아기 때부터 알아 온 아버지, 그리고 그 아버지와의 관계는 결코 잃을 수 있는 게 아니기 때문이다. 그의 아버지는 완벽한 아버지와 거리가 멀었고, 이보가 자신의 친자가 아니라는 사실을 분명 알고 있었을 테지만 그럼에도 성姓을 물려주고 비용을 지원하는 등 이보를 누가 보더라도 친자식처럼 키웠다. 생의 말년에는 이보와 좀 더 가까워지기도 했다.

  이제 우리에게 남은 건 이보의 돌아가신 아버지를 애도하고, 이보가 새로운 버전의 아버지를 마음에 품을 수 있도록 돕는 일이었다. 이제 이보는 아버지를 다른 시각으로 바라보게 된 것 같았다. "제가 성장해 독립하고 사회생활도 잘 해내면서 아버지를 찾지 않을수록 우리는 가까워졌어요. 서로에게서 무엇인가를 발견하기도 했죠. 말씀하신 적은 없지만 아버지는 제가 자랑스러우셨던 것 같아요. 저에 대한 감정이 다른 형제들과는 달랐겠지만 당신만의 방식으로 저를 사랑하셨다는 걸 알아요. 사랑을 어떻게 표현할지 모르셨던 것뿐이죠."

  이처럼 따뜻하지만 대개 부재중인 아버지의 모습은 나와 내 세대에는 익숙하다. 아버지는 그저 그런 시대를 살았을 뿐이다. 감정을 이해하지도, 표현하지도 못했을 뿐더러 오히려 자신의 감정에 겁을 먹었다. 나는 마크가 이보 때문에 얼마나 혼란스러웠을지 충분히 상상할 수 있었다. 아내의 부정을 입증하는 살아있는 증거이지만, 정작 이보에게는 아무 잘못이 없었다. 심지어 아이가 잘해 나가고 있으니 분노, 수치심, 사랑, 자부심 같은 온갖 감정이 그의 안에서 교차했을 것이다.

  나는 이보의 어머니 페넬로페와 여동생 카밀라가 우리와 만나는 데 동의했다는 것에 놀라기도 했고 다소 긴장하기도 했다. 헨리도 오겠다는 의지를 보였지만 삼 남매가 모두 참석하면 어머니가 위협을 느껴 공격 태세를 취할 우려가 있으니 논의 끝에 두 사람만 초대하기로 결정했다.

나는 두 사람과의 대화를 통해 얻고 싶은 게 무엇인지 이보에게 단도직입적으로 물었다. 그는 언제나처럼 방어막 이면의 진심에 도달하기까지 시간이 좀 걸렸지만, 곧 의식적인 통제에서 벗어난 듯한 아득하고 앳된 목소리로 이렇게 말했다. "두 사람과 한방에 있더라도 입을 열기 전에 질식할 것 같은 감정을 느끼지 않고 싶어요."

나는 고개를 끄덕이며 생각했다. 이 문장 하나에도 많은 이야기가 담겨 있지만 그건 추후에 다룰 수 있을 거라고 말이다.

이보가 말을 이어갔다. "어머니가 진실을 밝히고 설명을 해주셨으면 좋겠어요. 사과해 주시면 좋겠지만 이야기의 전말을 아는 게 더 중요해요…. 그리고 카밀라는… 모르겠어요. 카밀라는 불행하죠. 문제가 있는 사람은 문제를 일으키는 법이니까요. 저는 동생이 왜 그리 고약하게 구는지 이해해요. 카밀라가 저를 공격하거나 제 고통을 즐기는 일 없이 이 문제에 대해 이야기해 보고 싶어요. 제가 어떤 기분일지 조금이라도 이해해 주면 성공이겠지만 솔직히 그럴 것 같지는 않아요."

이보, 페넬로페와 카밀라까지 함께하기로 한 날의 아침이 밝았다. 신경이 곤두섰다. 이보를 보호하고 싶었고, 동시에 그가 원하고 또 필요로 하는 대화를 끌어내지 못할까 봐 두려웠다. 지팡이에 몸을 의지한 페넬로페가 숨을 거칠게 내쉬고 치자나무 냄새를

풍기며 내 방으로 들어섰다. 그녀의 작은 체구가 먼저 눈에 들어왔다. 이보는 어머니가 "상당히 아름답고 평온하며 자연스러운 데다 늘 웃으신다."라고 설명했었다. 실크 숄, 금색 체인에 커다란 십자가가 달린 목걸이를 두르고, 화장기 없는 얼굴에 반짝이는 파란 눈으로 나를 바라보는 그녀는 확실히 강렬한 인상을 풍겼다.

카밀라는 키가 컸고, 메이크업은 '흉한 것'이라는 어머니 생각에 잘 따른 듯했다. 심지어 자신을 가꾸지 않는다는 생각이 절로 들 만큼 자연스러운 모습이었다. 희끗희끗한 머리는 포니테일로 대충 묶고 큰 체격은 헐렁한 셔츠와 바지로 가렸다. 안색이 창백했고 볼에는 실핏줄이 터져 있었으며 눈동자는 놀라울 만큼 파랬다. 그녀는 어디 앉을지 묻는 대신 재빨리 밖으로 나갈 수 있도록 문 앞의 의자에 자리 잡았다.

모음을 우아하게 발음하는 페넬로페 특유의 억양은 내게 지나간 시대를 떠올리게 했다. "아, 여기 오느라 난리도 아니었어요. 차도 많이 막히고 주차하기도 끔찍하고 말이에요." 이보는 오른손으로 자신의 왼손 엄지손가락을 쥐고 코르크 마개처럼 돌리며 어머니와 바닥 사이의 허공을 바라보다 문득 내게 애원하는 눈빛을 보냈다. "이 시간을 제발 망치지 말아주세요."라고 하는 것 같았다. 압박감에 나는 숨이 살짝 가빠졌다. 카밀라도 긴장하기는 마찬가지였다. "고약한 여동생"이라고 해서 나는 카밀라가 친자식이라는 우월감에 자신만만할 것이라고 예상했지만 오히려 그녀는 눈도 전혀 맞추지 않은 채 의자 끝에 걸터앉아 있을 뿐이었다.

나는 내가 이해한 사실을 나열하는 것으로 상담을 시작했다. '형제간 유전자 검사 결과 마크는 이보의 생물학적 아버지가 아니라는 사실이 분명해졌다, 이보가 어릴 때 이에 대해 질문했지만 어머니는 거짓말을 했고, 지금 이보가 궁금한 건 자신의 친부에 대한 진실뿐이다'라고 말이다. 나는 페넬로페에게 직접 물었다. "이보의 아버지는 누구인가요?"

우리는 모두 페넬로페를 바라봤고 카밀라가 강하고 깊은 목소리로 덧붙였다. "그래요, 엄마. 지난 수십 년간 거짓말만 해왔는데 이제 진실을 말해 봐요."

페넬로페가 카밀라를 쳐다봤다. "너는 예전에도 협박만 하더니 지금도 협박을 하는구나."

내가 개입해 대화가 다툼으로 번지는 걸 막으려 했지만 페넬로페가 말을 이어갔다. "알링턴Allington[삼 남매가 유년기를 보낸 알링턴 홀Allington Hall]은 정말 멋진 곳이었어. 너희는 재밌는 어린 시절을 보냈지. 배럿 양이 우리 집에 처음 온 날 아침, 나는 그녀가 쓸모 있을 거라는 걸 알았어. 너희는 아침이면 이리저리 돌아다니면서 소란을 피워 우리를 깨웠지만, 그날 아침 너희의 침대맡에는 사과와 레모네이드 한 잔이 놓여 있었지…"

카밀라와 이보는 서로 이렇게 속삭이는 듯한 눈빛을 나눴다. "오늘은 이러기로 하셨네." 내가 다시 한번 질문하자 페넬로페는 "기억 안 나요."라고 답하고는 질문과 전혀 무관한 이야기만 늘어놨다. 그녀는 자신이 어린 시절 살았던 집, 하인의 수, 젊었을 때 파리에서 지낸 기억 등을 꺼내 놓았다. 때로는 길을 잃고 도랑에 빠진 것처럼 중얼댔지만 이내 옛 시절의 또 다른 일화를 끄집어냈다.

이보가 끼어들었다. "엄마, 전 엄마한테 화나지 않았어요. 엄마가 나쁘다고 생각하지 않지만 진실은 알고 싶어요." 페넬로페는 대답하는 대신 팔에 난 발진을 벅벅 긁었다.

카밀라가 말했다. "엄마, 긁지 마요. 더 심해지잖아." 페넬로페는 아랑곳하지 않았다.

나는 페넬로페의 방어벽이 상당히 강력하게 둘러쳐져 있어서 우리 중 누가 뭐라고 말하든 그녀에겐 들리지 않는다는 사실을 깨달았다. 그녀는 마치 침략군을 피하기 위해 요새처럼 쌓은 탑 안에 들어가 있는 것 같았다. 심지어 여든일곱의 나이까지 습관처럼 술을 마셔온 걸 보면 고집도 보통이 아닌 게 분명했다.

돌파구는 카밀라의 발언에서 나왔다. "오빠한테 말은 하지 못했지만, 난 친부가 로버트라는 걸 알고 있었어."

페넬로페는 힘들게 몸을 일으켜 어깨에 스카프를 두르더니 이보의 허벅지를 두드리며 말했다. "오, 너석Oh, bugger[페넬로페 같은 배경을 가진 사람들이 자신을 방어할 때 전형적으로 사용하는 애정 어린 단어, 프랑스 억양으로]. 맞아." 그러고는 걸어 나갔다.

상담 시간 90분 중 고작 30분이 지났는데 나는 제자리 마라톤이라도 뛴 것 같았다. 이보가 말했다. "세상에, 정말 이상했어[뭔가를 이해하지 못했거나 극복할 수 없을 때 그가 항상 사용하는 표현이었다]."

카밀라가 의자 등받이에 엉덩이를 붙이고 앉았다. "뭐, 최소한 인정은 하셨네요." 그 말은 사실이었다. 이보는 이제 친부가 누군지 알게 되었다. 방 안 분위기는 한결 가벼워졌고 카밀라와 이보는 어머니가 얼마나 못 말리는 분인지 친근하게 농담을 주고받았다. 이보는 친부가 아니어서 다행인 다른 사람들의 목록을 짓궂게 나열하기도 했다.

어느 순간 카밀라가 갑자기 목소리 톤을 바꾸더니, 이보는 아버지의 암과 심부전을 물려받지 않아 총알을 피한 셈이라고 비꼬듯 말했다. 이보가 짧게 답했다. "그만해."

"뭐?" 이렇게 쏘아붙이는 카밀라의 대답에서 두 사람이 어린 시절부터 사소한 공격과 방어를 반복하며 만들어낸 균열을 느낄 수 있었다.

친부가 누구인지 밝힌 사람이 어머니가 아닌 카밀라였다는 사실이 이보에게 어느 정도 영향을 미쳤겠지만, 지금은 그 문제를 파고들 때가 아니라고 판단했다.

어머니에 대해 질문할 때마다 이보는 삼 남매의 경직된 성장 환경, 그리고 워낙 바빴던 부모님에 대한 이야기만 반복했다. 이보는 세 남매가 십 대가 될 때까지 부모님과 식사 한 번 함께한 적 없다고 했다. 감당할 수 없는 감정은 철저히 부정하는 법을 배웠다는 것 이외에, 어머니가 그를 어떻게 키웠던 건지 나는 전혀 알 수가 없었다.

카밀라는 더 많은 이야기를 했다. 분노 지수도 높아져 있었다. "방금 보셨겠지만 엄마는 예나 지금이나 히스테리컬한 드라마 퀸

drama queen[2]이에요. 변덕은 죽 끓듯 하고 항상 모든 관심을 독차지해야 직성이 풀리죠. 엄청 재밌는 사람이지만 술도 많이 마시고 감정도 격렬해요. 한마디로 예쁘지만 쓸모없는 엄마죠. 물론 워낙 아름다워서 바람피울 기회도 더 많았어요. 예전부터 제게는 일관되게 차가웠고요. 한 번도 예쁘다는 말을 해 준 적 없죠. 항상 스스로가 뚱뚱하고 못생겼다고 생각하게 만들어요. 제가 뭔가를 먹을 때마다 엄마가 짓는 특유의 표정이 있거든요. 그래서 저는 먹는 걸 통제해야 한다는 강박이 있어요. 물건에 집착하는 경향도 있고요. 절대 울지 않았고 땀도 흘리지 않았어요. 똥도 안 쌌고 아팠던 적도 없어요…. 억눌려 있다고 할 수 있죠…."

내가 뭔가를 말하려는 찰나 그녀가 덧붙였다. "그렇다고 저를 가엾게 여기거나 제가 피해자 코스프레를 한다고 생각하지 않았으면 좋겠어요."

그 말에 나는 본래 하려던 말을 삼켰다. 어떻게 반응해야 할지 알 수가 없었기에 나는 다시 상담의 기본으로 돌아가 그녀가 내게 한 말을 되짚어 주었다. 카밀라는 어느 정도 만족한 듯 고개를 끄덕였다. "네, 그랬어요."

이보가 끼어들었다. "엄마는 너한테 너무 심했어. 엄마랑 넌 편안했던 적이 한 번도 없는 것 같아. 엄마가 구시대적이라 그랬을

---

[2] 멜로 드라마의 주인공처럼 행세하는 여자라는 뜻으로 어떤 상황이나 사건에 대해 지나치게 과장하거나 호들갑을 떠는 사람을 비꼬는 말이다.

수도 있지만, 사랑한다는 말 한 번 해준 적이 없잖아. 엄마는 너를 안아준 적도 없었지. 물론 종종 네 손을 잡고 손가락으로 쓰다듬어 주긴 했지만. 아무튼 나도 몇 시간이고 혼자서 책을 읽어야 했던 기억이 나."

카밀라가 답했다. "너는 엄마가 널 봐주지 않는다고, 네가 존재하는 건 엄마를 기쁘게 하기 위해서라고 생각했어. 그러지 못하면 성가신 존재일 뿐이라고." 여기서 카밀라가 대상화한 '너'는 그녀 자신을 뜻한다는 걸 알 수 있었다. '나'라는 주어를 삼가는 건 엄마와의 모든 상호작용에 거리를 두는 방법인 듯했다.

이보는 어머니에 대한 연민이 있었다. 이보의 어머니는 실망스러운 외모의 딸보다 두 아들에게 좀 더 친절했다. 그녀는 동일인이지만 각자에게 '다른' 어머니였던 것이다. 나는 아름다운 이 여성의 위선에 대해 생각해 보지 않을 수 없었다. 타고난 아름다움을 믿으면서 자신의 딸은 스스로 뚱뚱하고 못생겼다고 믿게 내버려둔 그 위선을 말이다.

나는 카밀라가 아버지와 친밀한 관계였다는 사실을 이보에게 들어 알고 있었지만 그녀에게 아버지 이야기를 해달라고 청했다. "아빠는 절 예뻐했어요. 아빠와 어색했던 건 사실이었지만 함께 야생화 찾기 같은 걸 할 때는 말이 필요 없었죠. 그저 우리가 함께하고 있다는 사실, 그리고 참고서를 꺼내 페이지 사이에 꽃을 끼워 넣는 의식을 즐겼을 뿐이에요. 아빠는 그림에 재능이 뛰어났어요. 지금도 나는 아빠의 소중한 노트를 여러 권 갖고 있고요. 비오는 날 우리는 진흙을 뒤집어쓴 채 돌아와서 핫초코와 크럼핏crumpet[3]을 먹었어요. 찌는 듯이 더운 날엔 집에서 만든 레모네이드를 마셨고요." 카밀라가 어느 때보다 생기로 반짝이며 말했다.

이보는 약간 쓸쓸한 표정으로 고개를 끄덕이다 카밀라의 말에 동의하는 듯 미소도 지었다. "뭐라도 말해주는 사람이 없었어요. 아빠는 엄마를 화나게 할까 봐 벌벌 떨었죠. 엄마가 화나면 다들 고달팠거든요. 그래서 아빠는 진작에 지는 법을 배웠어요. 우리는 '다른 얘기 하자'라는 가족들의 말에 익숙했어요. 정치나 고양이, 날씨 등에 대해서는 얘기할 수 있었지만 정작 중요한 얘기는 꺼낼 수도 없었죠." 이보와 카밀라는 어머니의 기분이 가장 중요했다는 사실에 동의했다. 그들의 아버지는 어머니 앞에서 늘 나약하기 짝이 없었다.

나는 목소리 톤을 바꿔 두 사람에게 진심으로 공감한다는 뜻을 내비쳤다. 방식의 차이는 있을지언정 두 사람 다 안정적인 유년기를 보내지 못했다는 데도 동의했다. 안정은커녕 불안하기 짝이 없는 유년기가 분명했다.

※ ※ ※

---

[3]   잉글랜드의 전통 팬케이크. 반죽을 7~8센티미터 크기의 틀에 넣어 작게 구운 후 녹인 버터나 마멀레이드를 얹어 먹는 음식이다.

나는 이들이 받은 양육의 맥락을 살펴보는 게 중요하다고 생각했다. 이들의 고통을 축소하려는 것이 아니라, 부모님이 어떤 사람이었고 그 인격이 어디에서 비롯되었는지를 파악해 그들도 나름의 최선을 다했다는 걸 느끼도록 해주고 싶었다. 나는 이보와 카밀라의 부모님 세대 사람들이 대부분 타인과 관계 맺는 데 서투르다고 알려주었다. 제1차 세계대전에 참전했던 부모 밑에서 성장한 데다 제2차 세계대전을 직접 겪은 세대였던 만큼 무뚝뚝한 태도로 일관하는 게 그들의 생존에 필수적인 메커니즘이었다.

나는 부모님의 어린 시절에 대해 이야기해 달라고 요청했다. 자신들의 부모님이 견뎌야 했던 어려운 유년기를 들려주며 카밀라와 이보는 한결 부드러워졌다. 제1차 세계대전에 참전했던 할아버지는 포탄의 공포에 망가진 채로 돌아왔다. 아버지 마크의 형은 1944년에 전사했고, 마크는 탁월한 RAF Royal Air Force[4] 조종사였다. 그는 용감한 군인이었지만 동시에 아내를 무서워하는 남편이었다.

페넬로페는 여섯 살 때 아버지를 잃었다. 스물세 살 때는 어머니가 침대에서 숨진 채 발견됐다는 전화를 받아야 했다. 페넬로페는 '내가 왜 어머니를 찾아가지 않았을까'라는 죄책감에 시달렸던 것 같다. 그녀의 어머니는 알코올중독자였다. 부검 결과 어머니의 사

---

4   1918년 4월 1일에 창설된 영국 공군. 제1차 세계대전 중 영국은 육군과 해군에 속해있던 항공대를 합병해 공군으로 독립시켰다.

인이 간경변으로 밝혀졌으니 알코올의존증이 3대째 이어지고 있는 셈이었다. 페넬로페가 어머니를 찾아뵙지 않았던 데에는 여러 가지 타당한 이유가 있었을 것이다.

페넬로페는 어린 나이에 웨일스Wales로 몸을 피했지만 그곳도 끔찍하기는 마찬가지였다. 자신의 몸을 맡겼던 가족이 웨일스어를 사용하는 데다 페넬로페의 배급 식량까지 가로채 그녀는 항상 추위와 허기에 시달려야 했다. 이보와 카밀라는 페넬로페가 거짓말을 할 때도 많다고 입을 모았기 때문에 어디까지 믿어야 할지 알 수 없었지만, 한 가지 확실한 건 마크와 결혼한 뒤로 페넬로페가 두 오빠와 멀어졌다는 사실이었다. 카밀라와 이보에 따르면 페넬로페는 유년기의 모든 것에서 벗어나 최대한 현재의 삶에만 충실하길 원했다. 나는 페넬로페의 발달이 멈췄다고 평가했다. 그녀의 변덕은 아무도 그녀에게 귀 기울여 주지 않았던 어린 시절에서 비롯된 게 분명했다. 부모가 됐지만 여전히 어린아이의 발달 상태에 머물러 있으면서 자녀에게 말 못 할 고통을 가하는 이들이 수없이 많았다.

나는 이보와 카밀라가 말해준 두 가족이 여러 세대에 걸쳐 다양한 트라우마를 겪었지만 이를 전혀 인지하지 못했고, 그래서 치료받지 못했다고 정리했다. 트라우마는 숨도 못 쉴 만큼 끔찍한 경험에 대한 정서적 반응으로 규정된다. 두뇌에서 언어가 도달할 수 있는 범위를 초월해 각인되므로 인지적 처리가 불가능하다. 게다가 트라우마를 겪은 사람들은 그 일을 당연히 잊고 싶어 하기 때문에 그에 관해 일절 말하지 않는다. 대신 트라우마는 두뇌를 변화시켜 그것을 겪는 이는 향후 세상을 위험한 곳으로 인지하게 된다. 처리되지 않은 트라우마에 대한 방어기제로 사람들은 마크처럼 마음의 문을 완전히 닫거나 페넬로페처럼 약물과 알코올에 의존해 자신을 무뎌지게 만든다.

이보에게도 음주 습관이 있는 만큼 나는 유전성 알코올중독에 관한 연구를 살펴봤다. 알코올 중독이 유전과 직접 연관돼 있다는 사실을 입증하는 건 복잡한 문제다. 여러 유전자의 변이 조합이 관여하기 때문이다. 현재로서 가족의 중독 문제는 다른 모든 유전적 문제와 마찬가지로 환경과 유전적 소인 사이의 상호작용이라는 견해가 지배적이다. 가족 내 여러 세대에 걸친 중독의 역사를 되짚으면서 자신만이 가진 위험 요소 역시 주의해야 한다는 것이다. 가령 다른 관계나 우선순위보다 유독 술을 마시고 싶은 욕구가 제어되지 않는 경우는 그러한 위험 요소에 해당된다고 볼 수 있다.

마크와 페넬로페가 트라우마를 대하는 방식에는 남다른 측면이 있었다. 이들은 유머와 유쾌한 감정 이외에 다른 감정을 표현하는 건 역겹거나 '뻔하다'고 생각했다. 상처를 표현하는 일도 '약한 것'이라고 여겼다. 우리는 보호자의 대처 메커니즘을 거울삼아 어려움을 관리하는 방법을 배운다. 이보가 술과 담배에 의존해 고통을 달래는 건 당연한 일이었다.

나는 헨리와 이보, 카밀라가 가족의 부와 지위를 누릴 수 있는 안정적인 환경에서 태어났음에도 부모와의 관계가 늘 예측 불가능했던 것이 트라우마의 원인이 됐다고 말해주었다. 어머니는 감정 기복이 심한 데다 알코올중독이었고, 아버지는 대개 집에 계시지 않았다. 물론 그들의 부모는 분명 그들을 사랑했고 심지어 애정을 표현할 때도 있었지만 가족을 위해서 단단한 기반을 제공할 능력은 부족했다.

카밀라가 큰소리로 웃으며 자조적으로 말했다. "내 마음이 이렇게 조각난 게 아마 그래서인가 봐요. 그 자식이랑 이혼하고 혼자 이 지경으로 사는 것도 전혀 놀랄 일이 아닌 거죠. 난 본래 아름다운 정원이 있는 시골집에서 남편, 아이들과 함께할 줄 알았는데 내가 믿은 모든 이들이 날 떠났어요. 정말 큰 충격이었죠[그녀는 전남편, 그리고 가장 친한 친구 중 한 명과 더 이상 교류하지 않는다]. 헨리 오빠의 아내인 새언니가 날 알링턴에 오지 못하게 했던 것도 마찬가지고요." 긴 침묵이 이어졌다. "달라지고 싶지만 방법을 모르겠어요…"

카밀라는 자신이 이렇게 고통을 털어놓고 있다는 사실에 충격을 받은 듯했다. 그녀가 왕성한 에너지로 끊임없이 위험을 살피는 게 느껴졌다. 역설적으로, 이는 그녀가 따뜻함이나 보살피는 태도는 갖추지 못했다는 것을 의미했다. 그녀는 습관처럼 코를 손으로 문질렀다. 자신은 아이도 없이 혼자 사는데 오빠들의 삶은 그토록 행복해 보이는 게 얼마나 힘들었을지 공감이 갔다. 심지어 새언니까지 마음에 들지 않았으니 더했을 것이다. 카밀라는 고개를 끄덕이다가 무심한 웃음을 지었다. "제 모든 생각의 기저에는 이런 감정이 자리해 있어요. 존재의 무작위성과 무의미함, 심지어 이를 증폭시키는 대량 실업, 기후변화와 다른 모든 것에 대한 생각이요."

이보 역시 웃음을 터뜨렸다. "고마워, 카미. 힘이 되네." 하지만 이보도 카밀라의 상처에 아파한다는 사실을 알 수 있었다.

카밀라는 어머니 페넬로페처럼 화제를 돌려 이제 다음으로 뭘 해야 하는지 물었다. 그리고 친부인 로버트를 만나보면 어떻겠느냐고 이보에게 제안했다. 이보는 로버트를 떠올리는 것만으로 통증이 느껴진다는 듯 얼굴을 찌푸렸다. "난 엄마와의 문제를 해결하기 위해 최선을 다했어. 덕분에 진실을 알게 됐고. 이제 그냥 내 삶을 살고 싶어." 카밀라는 이보의 생각에 동의하지 않았지만 두 사람은 상담을 마치고 함께 맛있는 점심을 먹으러 나섰다. 술을 마시면 어떡하나 살짝 걱정도 됐지만 이 남매가 사춘기 어린아이가 아닌 중년의 성인이라는 사실을 다시 떠올렸다.

두 사람이 사무실을 나서는 모습에 마음이 좀 놓인 나는 공원을 한 바퀴 돌며 머리를 식혔다. 카밀라 생각을 많이 했다. 상담이 카밀라 안에서 어떤 충동을 일으켜 주길 바랐다. 새로운 방식으로 욕구를 충족해서 앞으로는 더 행복해지겠다는 충동 말이다.

▲ ▲ ▲

이보는 상담 후 얼마 지나지 않아 어머니를 만났지만 페넬로페는 그들이 나눈 대화와 관련해 아무런 내색도 하지 않았다. 그는 어머니로부터 과거에 대한 설명을 전혀 끄집어낼 수 없었다. 페넬로페는 견고한 요새에서 잠시 빠져나온 듯 보이다가도 이내 다시 그 안에 숨어버렸다. 이보는 더 이상 그녀에게 요구할 수 있는 게 없음을 알아차렸고, 그 사실에서 어떤 안도감마저 느꼈다. 이제 자신의 친부가 누구인지 알게 되었으니 앞으로 어떻게 할지는 오직 그에게 달려있었다. 이보는 통제가 가능한 자신의 일로 도피했다. 직접 만든 주방 의자 세트를 내게 뽐내기도 했다. "일과 사랑, 사랑과 일이 존재의 모든 것Work and love, love and work is all there is"이라는 지그문트 프로이트Sigmund Freud의 말이 떠올랐다. 이보는 그가 잘 살아가는 데 중요하게 기여하는 주체 의식을 느끼기 위해 일에 몰두했고 자신의 가족에게 의지했다.

수키와 아이들의 지지가 중요한 역할을 했다. 이보는 수치심이 묻어나는 풀 죽은 목소리로 이렇게 말했다. "지난 몇 주간 쉽지 않았어요. 툭하면 폭발하고 성질을 부리는 어머니의 안 좋은 면이 제게도 있나 봐요." 나는 그에게 스스로 달라질 수 있다고 느끼는지 물었다. 그는 그렇게 믿지만, "너무 깊이 박혀 있는 성향이라 변하기가 힘든 것 같다."라고 답했다. 우리는 그의 가족과 함께 상담을 한번 진행하기로 결정했다.

전통적으로 상담 치료에 클라이언트의 가족 구성원이 돌아가며 참여하는 경우는 드물고, 나 또한 지난 수십 년간 이 같은 관행을 따라왔다. 그런데 최근 나 자신, 그리고 내 가족과 자연계의 모든 요소가 서로 얽혀 연결돼 있음을 깨달으면서 나의 관점이 달라졌다. 이보가 자신의 친부에 관한 진실을 받아들일 수 있었던 것은 그가 무너져 내릴 때 그를 붙들어 준 가장 가까운 사람들 덕분이었다. 우리는 다 같이 만날 시간을 정했다.

그 상담을 떠올릴 때마다 마치 나의 기억 저장소에서 햇살을 끄집어내는 듯한 기분이 든다. 물론 까다로운 순간도 있었지만, 이보의 어머니와 함께한 상담과 비교했을 때 우리가 나눴던 대화의 질, 방 안 공기에 모두 놀라운 차이가 있었다.

상담실에 들어서는 이보는 긴장되는 듯 수줍어하면서도 밝은 모습이었다. 수키가 뒤를 따랐다. 그녀는 자리에 앉으면서 풍성한 금발의 머리칼을 어깨 뒤로 넘겼다. 딱 맞는 셔츠와 청바지, 플랫슈즈의 캐주얼한 차림으로 내 눈을 바라보며 따뜻하고 환한 미소를 지었다. 제스로와 로티는 약간 경계하는 듯했지만 미소를 지으며 호기심에 가득 찬 눈빛으로 나를 바라보았다. 나는 둘의 젊음, 그리고 상처받지 않고 열려있는 마음에서 나오는 온기에 마음이 따뜻해졌다. 내가 일터에서 마주치는 사람은 대부분 상처투성이였는데 말이다. 누가 누구를 빼닮은 건지 가늠해 보고 싶었지만 실패하고 말았다. 제스로는 아빠를 닮은 것 같았고, 로티도 아빠의 눈을 닮았지만 호리호리한 운동선수의 체격은 엄마로부터 온 듯했다.

나는 그들에게 이보의 소식을 들은 뒤 어땠는지 질문을 던졌다. 수키가 먼저 말하고 싶은 눈치였지만 나는 아이들을 향해 고개를 돌렸고 제스로가 먼저 입을 열었다. "이게 얼마나 아무 일이 아닌지 설명할 필요도 없어요. 아빠가 최고의 유전자를 물려받은 게 분명하잖아요. 아빠는 어느 누구보다 재미있고 똑똑하다고요." 사촌들에 대한 감정이 달라졌는지 묻는 질문에도 제스로는 아니라고 다시 한번 단호하게 답했다. 서로 사랑하는 가족이니 달라질 건 없다고 했다.

로티는 제스로와 아버지를 번갈아 바라보며 나직하게 말했다. "아빠, 사랑해요. 너무 혼란스럽고 어려운 일이겠지만 우리에겐 달라질 게 아무것도 없어요. 할머니에게 화가 좀 나기는 하지만요."

이보의 얼굴은 아이들이 불어넣어 준 사랑으로 상기됐다. 그는 아이들에게 생물학적 성이 다른데 윈이라는 가족 성을 쓰는 게 불편하지는 않은지 물었다. 아이들은 부모보다 이분법적으로 사고하는 경향이 덜한 세대라 그런지 이 문제에 전혀 개의치 않았다. 그들의 아버지는 언제나 윈이었고, 그 이름으로 자신들을 키워 왔으니 달라질 건 아무것도 없었다.

제스로가 덧붙였다. "제가 음악에 재능 있는 건 아빠가 마크 할아버지로부터 그 재능을 물려받았기 때문이에요."

이보는 뿌듯한 듯 미소 지었다. "아버지는 음악에 대한 열정이 대단하셨어. 난 어려서 노래를 잘했는데 이제는 그게 내 삶을 빛나게 해주는 요소가 됐지. 내게 음악은 아주 중요해…. 이런 재능이 아버지로부터 왔다는 사실을 알고는 깊이 감사했단다." 이보가 자신의 추억을 이야기하며 얼굴에 화색이 돌고, 또 그 기억이 제스로 안에서 살아나는 모습은 감동적이었다.

다큐멘터리 프로듀서로 일하던 수키는 안정적이고 따뜻한 분위기를 풍겼다. 이보 같은 사람들은 종종 자신의 어머니와 비슷한 사람과 결혼하는 실수를 저지른다. 하지만 그는 그런 선택을 하지 않았다. 어떤 에너지인지 설명하기는 어렵지만, 수키는 자신의 몸과 마음을 다해 온전히 들을 줄 아는 사람이었다. 이렇게 치열하게 관심을 기울이는 태도가 사람을 편안하게 해주었다. 본래 이보의 삶에는 빠져 있던 애정 어린 연결감을 그녀가 느끼게 해주었다는 걸 알 수 있었다.

내가 그동안 이보에 관하여 이해한 바를 이야기하자 수키가 내 말을 되뇌었다. "진짜 흥미로운 건 선생님이 말씀하신 게 이보의 정체성이라는 거예요. 이보의 자아 인식과 내면 구조는 부모님이 주신 DNA로 구성돼 있지만 사실 그게 전부는 아니죠. 그의 가족, 그리고 주위 사람들과 얽히고설킨 관계도 큰 지분을 차지하니까요. 우리가 그를 어떻게 대했는지, 그를 사랑했는지, 그에게 잔인하게 굴었는지, 혹은 무관심했는지, 그를 잊어버리거나 신뢰하지 않았는지 등등의 모든 행동이 지금의 그를 만든 거예요. 그의 일상 경험 역시 그를 형성하고요." 이보는 고개를 끄덕였다. 한층 행복해 보였지만 여전히 긴장되는 듯 앉아서도 가만있지 못했다.

나는 더 의논하고 싶은 얘기가 있는지 가족 모두에게 물었다. 로티가 잠시 머뭇대더니 말했다. "아빠, 어떻게 하면 아빠가 덜 폭발할 수 있을까요?" 수키는 이보의 다리를 쓰다듬으며 로티에게 구체적으로 말해달라고 부탁했다. 로티는 가령 잔뜩 화난 이보가 주방으로 달려가 그 자리에 누가 있든 소리부터 질렀다는 등의 몇 가지 사례를 나열했다.

이보는 경직된 모습이었다. 상처받고 화난 듯했지만 이곳은 상담실이었다. 내가 함께 있었기 때문에 그는 머릿속에 떠오른 첫마디를 삼킬 수밖에 없었다. 그는 수키에게 말했다. "내가 갑자기 욱하는 거 알아…. 나도 달라지고 싶지만 그럴 수 있을지 모르겠어."

이번엔 내가 유용하게 쓰일 차례였다. 나는 그들이 한 가지 약속을 해줄 수 있을지 궁금했다. 사람이 특정한 감정을 느끼는 것은 누구도 막을 수 없지만, 그들이 가족으로서 어떤 감정에 대처하는 새로운 방식을 찾아볼 수는 있었다. 내가 그들에게 제안한 것은 순간적으로 분출하고 싶은 감정과 말, 행동 사이에 일정 공간을 확보하고, 그 공간에서 심호흡하고 속도를 늦추면서 자신을 돌아보는 방법이었다. 예컨대 잠시 자리를 옮긴 뒤 물을 한 잔 마시고 돌아온 후, 하고 싶은 말을 구성하는 단어를 찾으면 된다. 이때 자신의 느낌과 원하는 바가 잘 담겨 있되 공격의 뉘앙스는 배제된 단어를 찾는 게 중요하다. 이 방법은 단순하지만 폭발의 위기를 넘기는 데 효과적이어서 어린아이들에게 종종 사용되고는 한다.

잠시 후 이보의 분노가 가라앉자 그의 상처가 드러났다. 그는 아이들 뒤편의 벽을 바라보다 눈물을 참으며 천천히 입을 열었다. "세상에, 아빠가 할머니랑 똑같구나. 이런, 정말이지 그러고 싶지 않은데 말이야…." 그는 손가락으로 관자놀이를 꾹 눌렀다. "너희만 기다려준다면 아빠도 노력해 볼게." 로티가 방을 가로질러 가서는 가엾은 아빠에게 가장 필요한 포옹을 해주었다.

이번엔 제스로가 다음 이야기를 꺼냈다. 로버트 가족과 교류하고 지내면서 그들이 어떤 분들인지 알아보고 가능하면 새 사촌도 갖고 싶다는 이야기였다. 이보는 다소 풀이 죽었지만 여전히 단호한 태도로 그건 안 된다고 선을 그었다. 수키는 나긋한 목소리로 로버트의 가족은 아이들의 가족이기도 한데 이들을 막을 권한이 있는지 물었다. 이보는 그건 아니라고 인정했지만 지금까지의 변화와 혼돈만으로 충분하며 더 이상의 혼란은 겪고 싶지 않다고 잘라 말했다. 제스로와 로티는 그를 이해했고 이 문제는 나중에 다시 고민해 보기로 했다.

나는 이보의 가족을 향해서 내가 그들을 상담하며 이해한 바를 요약해 말해주었다. 이들은 강하고 제대로 기능하는 가족으로서 서로 사랑하며 함께 균열의 시기를 지나왔다. 어찌 보면 이 균열이 그들을 더 가깝게 만들어 주었다고도 할 수 있다.

나중에 알게 된 사실이지만, 수키는 벽에 별 차트를 걸어 놓고 가족 중 누군가 화를 참을 때마다 별을 붙여 주었다고 한다. 이는 가족들에게 유머 감각을 일깨움과 동시에 화를 다스릴 수 있는 동기부여도 되어주었다. 나를 만나면서 이 가족은 서로 간의 불만뿐 아니라 깊은 유대감 역시 확인할 수 있었고 선조들의 실수를 되풀이하지 않기로 굳게 마음을 먹을 수 있었다.

로티와 제스로는 활짝 웃는 얼굴로 긍정적인 에너지를 내뿜으며, 다소 지친 아빠와 지혜로운 엄마에게 피자를 먹으러 가자면서 상담실을 나섰다. 이 가족은 상담 치료에 대한 보상으로 음식을 선택한 것이다. 상담에서 배운 것들을 내면화하기 위해 누군가는 일기를 쓰고, 또 누군가는 파트너나 친구와 대화를 나눈다. 윈 가족의 기억 저장소에는 그런 방식 대신 맛있는 음식을 함께 먹는 선택지가 있었다.

　이보는 위태로운 시기에 나를 찾아왔다. 자신을 키워준 아버지가 친부가 아니라는 사실을 알게 된 건 그야말로 청천벽력이었다. 그는 자기 정체성의 핵심을 차지한 뭔가가 죽었다고 느꼈다. 게다가 본인은 알기를 원하지도 않았던 사실이었기 때문에 고통은 가중되었다. 다른 이들이 그의 감정이나 바람은 무시한 채 일방적으로 '진실'을 알아야 한다고 주장했다. 나는 이보가 간절하게 호소했던 걸 기억한다. "그 문제가 내 존재의 구석구석까지 침투해 들어와 다른 감정이 들어설 공간은 1센티미터도 남기지 않았어요. 사랑이나 연결감은 더더욱이요." 이런 상황을 해결하기 위해서는 변화의 고통을 감수해야 했다. 이보는 상담을 통해 자연스러운 밀고 당기기를 겪으며 이 문제를 받아들일 수 있었다. 그리고 자신의 새로운 정체성을 조금씩 인식하게 되었다. 변화는 우리 생각보다 더디게 일어난다. 하지만 그 변화로 인해 이보는 평생 아버지로 알아왔고 또 사랑해 온 마크 옆에 친부를 위한 작은 공간을 마련할 수 있었다.

　이보는 그 모든 것에 분명히 대처하고 있었다. 가정과 직장에서의 책임과 역할을 더욱 잘해냈다. 어머니, 형제와의 관계는 연결과 단절을 반복하는 이전 패턴으로 돌아갔다. 하지만 중요한 건 삐걱댈지언정 이보가 이 가족에 소속감을 느낀다는 사실이었다. 그는 더 이상 아웃사이더가 아니었다. 이보는 친구들에게 자신의 소식을 전하기도 했는데, 몇몇은 진지하게 받아들였고 다른 몇몇은 그냥 웃어넘겼다. '낳은 부모'와 '기른 부모'라는 유구한 쟁점에 흥미를 보이는 이들도 있었지만 정작 이보를 다른 사람으로 느끼는 친구는 아무도 없었다. 이 사실이 그의 자신감을 북돋워 주었다.

이보의 유년기에 시작된 수많은 문제는 여전히 풀리지 않은 채 남아있다. 그는 지금도 담배를 피우고 술도 너무 많이 마신다. 도저히 감당할 수 없는 감정들 때문에 술, 일, 담배, 음식과 바쁜 일과에 의존하는 문제가 상담 내내 다뤄졌다. 다 부모님을 보고 배운 것들이었다. 우리 중 대다수도 가족이나 자신을 돌아보면 비슷한 방어기제를 활용하는 모습을 발견할 수 있을 것이다. 나는 고착된 패턴을 바꾸고자 하는 동기는 정서적으로 풍요로울 때 비로소 우리 안에 깃들 수 있다고 믿는다. 하지만 이보는 이렇게 말했다. "솔직히 저는 직면할 수가 없어요."

물론 이보의 경우 그의 내면에는 그럴 만한 메커니즘이 구축돼 있지 않았다. 부모님으로부터 고통을 처리하는 방법을 배우지 못했기 때문이다. 그의 부모님이 그를 그렇게 키웠다. 지금이야 부모의 가르침 이외에 어려움을 해결하는 여러 좋은 방법을 배울 수 있지만 그런 방안들엔 분명 한계도 존재한다. 나는 최근에 사람이 달라질 수 있는 확률은 어떤 여건에서 높아지는지를 정리한 이론을 살펴봤다. 리처드 벡하드Richard Beckhard 교수는 현재 상황에 대한 불만, 변화의 비전, 그리고 첫발을 내디딜 수 있는 용기가 바뀌

우리 중 대다수도
가족이나 자신을 돌아보면
비슷한 방어기제를 활용하는 모습을
발견할 수 있을 것이다.
나는 고착된 패턴을 바꾸고자 하는 동기는
정서적으로 풍요로울 때 비로소 우리 안에
깃들 수 있다고 믿는다.

는 일에 대한 저항보다 커야 한다고 제시했다. 다시 말해 누군가가 일구고자 하는 변화, 그리고 변화의 청사진이 그 자신을 노력하고 싶게 만들어야 한다는 것이다. 물론 이보가 이걸 봤더라도 아마 자신은 달라질 수 없다고 말했을 게 분명하다.

위기 상황은 이보의 마음을 열었다. 그는 달라지기는 했지만 그 이상의 노력을 쏟아부을 순 없었다. 변화가 요구하는 심리적 노력을 왜 기울여야 하는지 이해하지 못했다. 마음속 깊이 자리한 상처, 그리고 심리적 외상의 흔적을 극복하기 위해 고통을 감수하는 건 그의 능력 밖에 있는 일이었다. 그는 위기를 극복하기 위해 할 만큼 했고, 그걸로 충분했다.

미국 심리학자 제임스 프로차스카James Prochaska 박사와 카를로 디클레멘테Carlo DiClemente 박사는 직접 고안한 변화의 단계 모형에서 바퀴 모델wheel model을 제시한다. 이 모델은 사전 숙고pre-contemplative에서 시작해 준비preparation와 행동action과 유지maintenance, 그리고 종료exit 또는 재발relapse의 순서로 굴러간다. 여기서 중요한 건 행동 변화가 여섯 단계로 이루어진다는 사실이다. 이보는 변화가 가져올 혜택이 현재의 행동에서 비롯되는 고통보다 더 큰지 저울질하는 '숙고' 단계에 있는 듯했다. 하지만 갈등이 해결되지 않다 보니 변화에 나설 준비까진 할 수 없었다. 사람들 중에는 수년, 심지어 평생을 숙고 단계에서 벗어나지 못하는 이들도 있다. 고민과 내키지 않는 마음 사이를 계속 왔다 갔다 하거나 심지어 숙고 이전의 부정 단계로 회귀하는 경우도 흔하다.

전문가들은 대부분 유전과 환경이 한 사람의 품성과 성과를 결정짓는 데 똑같이 작용한다고 믿지만, 둘 중 뭐가 더 중요한지를 둘러싼 질문은 계속 이어지고 있다. 어쩌면 이 질문 자체가 잘못된 것일 수 있다. 삶과 운의 무작위성을 기억하는 한 우리를 존재하게 하고 또 형성하는 복잡하고 다양한 힘을 간단하게 풀어낼 방법은 없으니 말이다. 나는 이보가 자신의 삶을 위해 내린 가장 위대한 결정은 수키와 결혼한 것이라고 생각한다. 유전자와 행운, 환경과 양육 가운데 그의 이 결정에 영향을 미친 요소는 과연 무엇일까?

문제는 우리가 어디서 왔고 자신이 누구인지, 또 자신이 어떤 과제와 기회에 직면해 있는지 고려할 때 최적의 결과를 내기 위해서 어떻게 하면 우리 자신을 가장 잘 지원할 수 있는가 하는 것이다. 우리가 만들어 나가는 관계가 우리의 건강, 부, 행복에 근본적 영향을 미친다는 증거는 명확하다. 따라서 사회와 공동체와 가족, 그리고 우리 모두는 자신의 관계를 삶을 지탱하는 최우선 순위에 놓을 책임이 있다.

싱과 켈리 가족
The Singh and Kelly Family

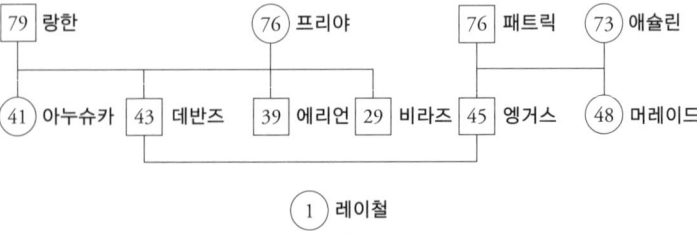

싱과 켈리 가족

The Singh and Kelly Family   부모가 되는 일에 관하여

삶의 중대한 변화를 맞이하는 방법:
입양으로 부모 되기

사례개요   43살의 변호사 데반즈 싱Devanj Singh과 45살의 아일랜드 출신 그래픽 디자이너 엥거스 켈리Aengus Kelly는 부부다. 15년간 동거해 온 두 사람은 2014년 동성결혼이 합법화되자마자 결혼했다. 아이를 입양하기로 결정한 뒤 둘은 이 같은 인생의 중대사에 다양한 지원이 뒤따라주기를 바랐다. 자신들의 딸인 레이철Rachel이 오기 전은 물론, 온 이후에도 데반즈와 엥거스는 상담을 통해 많은 도움을 받고자 했다. 데반즈는 가족에게 커밍아웃하는 데 다소 어려움을 겪었지만 지금은 엥거스까지 그의 가족 구성원들과 모두 사이좋게 잘 지내고 있다. 이 부부의 역사에 트라우마를 유발할 만한 상실이나 결핍은 전혀 없기 때문에 그들의 딸을 포함한 세 식구가 모두 좋은 결과를 얻을 것으로 예상되었다.

이 가족을 직접 만나기 전 내 무지를 인식하게 된 순간이 있었다. 나는 내 부족한 지식이 그들에 대한 편견으로 작용할까 두려

웠다. 내가 동성 부부와 작업해 본 적이 거의 없었기 때문이다. 치료사로서 새로운 영역에 진출한다고 생각하자 배움의 설렘과 실수의 두려움이 동시에 밀려들었다. 처음 든 생각이 고작 성姓에 관한 궁금증이라는 것도 놀라웠다. 결혼 이후 이들은 두 개의 성을 같이 썼을까, 아니면 본래 자신의 성만 유지했을까? 만약 입양에 성공했다면 자녀는 누구의 성을 따를까? 이 같은 자문의 옳고 그름을 떠나, 나는 이 부부를 당당하게 만나려면 정보가 더 필요하겠다고 생각했다. 또한 내가 가족 입양 전문가가 아닌 만큼 내 전문 분야를 넘어선 영역에서 일하려면 더 많이 배우고 눈을 크게 떠야 한다는 사실도 깨달았다.

나는 여러 연구 논문들, 영국 입양회와 코람Coram[1] 같은 입양 단체, 성소수자 관련 서적을 파고들며 시간을 보냈다. 모신 자이디Mohsin Zaidi가 자신의 동성애 성향을 발견하고, 사랑하는 무슬림 가족에게 진실을 털어놓기까지의 어려움과 그 극복의 과정을 담은 『순종적 소년A Dutiful Boy』 같은 회고록도 읽었다. 영국 통계청 ONS의 연구에 따르면, "동성 가족 유형 중 동성 부부가 가장 빠른 증가세를 보이고 있다. 동성 결혼과 입양은 영국에서 비교적 새로운 영역이라고 할 수 있으며, 2019년 영국 내 동성 가족은 21만 2

---

1 영국에서 최초로 설립된 아동 자선 단체. 1739년부터 지금까지 활동을 이어오고 있으며 입양, 아동 및 청소년을 위한 무료 법률 서비스, 전문가 지원 등의 서비스를 제공한다.

천 가구로 2015년 이후 약 40% 증가한 것으로 나타났다." 2005년 영국에서 입양 및 아동법이 제정된 이후 동성 부부와 독신인 성소수자도 합법적으로 입양을 할 수 있게 되었다. 양성애자, 게이, 트랜스젠더와 레즈비언 커플이 입양하는 아동 수도 매년 증가해 2020년에는 입양아 5명 중 1명이 성소수자 가족을 만났다.

이런 데이터와 그것이 나온 시기를 보고 나는 자신을 질책하지 않을 수 없었다. 내가 소속된 이성애자 세계에만 지나치게 매몰돼 이 법이 통과됐다는 사실을 알고도 성소수자 개인과 가족에게 얼마나 거대한 변화가 일어난 것인지 미처 인식하지 못했기 때문이다. 이제 적절한 배경지식을 갖추게 된 나는 데반즈와 엥거스를 안정적으로 맞이할 수 있게 되었다.

데반즈와 엥거스는 여유로운 태도로 상담실에 들어서더니 마치 전에도 수없이 그랬던 것처럼 어디 앉을지 잠시 의논한 뒤 자연스레 의자에 몸을 맡겼다. 첫 상담 시간에는 보기 드문 자신감이었다. 데반즈는 큰 키에 우아한 정장과 깔끔한 파란색 셔츠를 입고 검은색 머리를 뒤로 넘긴 단정한 모습이었다. 그는 갈색 피부에 조각처럼 잘생긴 얼굴로 환하게 웃어 보였다.

엥거스는 직업이 직업인 만큼 티셔츠와 치노 팬츠, 운동화로 좀 더 캐주얼하게 입었다. 창백한 피부와 주근깨, 잘 다듬어진 수염과 빛나는 황갈색 머리카락이 눈에 띄었다. 자리에 앉기 무섭게 이제야 여기가 어딘지 깨달았다는 듯 황급히 고개를 돌리더니 새파란 눈으로 초조하게 날 바라보았다.

그가 물었다. "그래서, 이제 뭘 하면 되나요?"

나는 나와의 상담을 통해 얻고 싶은 게 뭔지부터 이야기해 보자고 말했다. 두 사람에게 본능적으로 호감이 들었다. 상담이 어떻게 진행될지는 알 수 없었지만, 그들이 발산하는 에너지만으로도 흥미로운 시간이 될 거라는 확신이 생겼다. 게다가 앞으로 우리 사이에 신뢰가 충분히 쌓여 미지의 영역을 얼마든지 탐험할 수 있을 것만 같았다. 나는 그들이 치료에서 무엇을 원하는지 알고 싶었다.

엥거스의 말투에는 아일랜드 억양이 살짝 섞여있었다. 어린 시절 아일랜드에서 행복한 휴가를 보낸 적이 많은 나로서는 마음이 절로 따뜻해졌다. 나는 우리가 상대방에게 보이는 반응이 좋은 쪽으로든 나쁜 쪽으로든 자기 삶의 경험에서 비롯된다는 사실을 알고 있다. 우리가 타인에게 반응하는 방식은 정작 내 눈앞의 사람과 아무 관련이 없다고 해도 과언이 아니다.

엥거스는 두 사람이 한 번도 서두른 적은 없다고 말했다. 이들은 15년간 동거했고 2014년에 법이 바뀐 이후 결혼했다. 모든 일이 차근차근 이뤄졌지만 시간이 흐르면서 둘은 부모가 되고 싶다는 결정에 이르게 되었다.

우리는 이 문제가 내 전문 분야가 아니라는 데 동의했고, 내 역량이 부족할 경우 두 사람은 다른 치료사에게 가기로 합의했다. 이들의 의사 결정 과정을 이해하는 것도 중요했지만 그보다 선행돼야 하는 건 그들의 뒷배경을 아는 것이었다. 우리는 과거를 마

나는 우리가 상대방에게 보이는 반응이
좋은 쪽으로든 나쁜 쪽으로든
자기 삶의 경험에서 비롯된다는
사실을 알고 있다.
우리가 타인에게 반응하는 방식은
정작 내 눈앞의 사람과
아무 관련이 없다고 해도 과언이 아니다.

치 선물꾸러미 혹은 짐꾸러미처럼 지고 다니는 존재와 같다. 과거는 우리의 현재를 비롯한 삶의 모든 측면에 영향을 미친다. 사람들이 나를 찾는 이유가 과거의 상처 때문인 경우는 드물다. 그 상처가 현재를 아프게 하기 때문에 찾아오는 것이다. 이들의 욕구를 정확히 채워주기 위해서는 두 사람이 삶을 바꿔놓는 결단을 하기까지의 맥락을 알아야 했다. 엥거스와 데반즈는 입양이 여러 방면에서 적응이 요구되는 중대한 전환기적 사건이라는 사실을 인식하고 있었다. 이러한 인식은 앞으로 이 부부의 삶이 풍요로워질 수 있다는 걸 보여주는 지표이기도 했다. 도움이 가장 필요한 사람들이 정작 이러한 지원을 받지 않는 현실을 고려하면 이들의 결정은 더욱 의미심장했다.

데반즈는 두 사람의 역사를 간략하게 설명하는 엥거스를 웃으며 바라봤다. 이들은 15년 전 프라이드Pride² 만찬에서 처음 만났다. "엥거스를 만난 순간 모든 게 제자리를 찾았어요." 그때까지 데반즈는 누군가를 만나서 자신의 짝을 찾았다고 생각해도 상대에게는 답신을 받지 못하는 등 가혹한 시간을 보내고 있었다. 싱글로 지낸 지도 오래였다. 엥거스의 경우 진지한 연애를 몇 번 하긴

---

2   성소수자의 권리 증진 및 평등을 위한 행사. 보통 성소수자 인권의 달인 6월에 전 세계적으로 다양한 축제가 개최되며 집회, 행진, 댄스파티, 만찬 등이 함께 열린다. 성소수자 인권의 달은 1969년 6월 미국 뉴욕의 스톤월 주점에서 성소수자들이 경찰의 단속에 맞서 시위를 벌인 것을 기념해 만들어졌다.

했지만 운명의 상대로 느껴지는 사람은 아무도 없었다. 데반즈는 자신의 집에서 함께 식사하지 않겠느냐는 엥거스의 메시지에 응할지 말지 고민했다. 그래도 둘 다 '밀당'이나 "일주일 정도 있다가 답할까?" 따위의 고민은 하지 말자는 생각이었다.

이내 엥거스가 데반즈의 동네에 집을 빌렸고 얼마 지나지 않아 두 사람은 살림까지 합쳤다. 성향은 분명 극과 극이었지만 공통점도 많았다. 일단 가족을 상당히 중시했고, 가치관도 비슷했다. 상호 간의 이해와 존중, 유머가 바탕이 된 우정을 누릴 줄 알았고, 함께 대화를 나누며 현실적인 문제를 해결함으로써 서로 친밀감을 유지하려는 노력이 필요하다는 사실도 이해했다. 좋은 관계는 자동으로 갱신되는 게 아니기 때문이다.

두 사람이 모두 다중 문화권 출신이라는 사실이 특히 흥미로웠다. 한 명은 인도와 아일랜드의 유산을, 다른 한 명은 힌두교와 기독교 신앙을 물려받은 것이다. 각자의 배경이 다르기 때문에 '우리를 위한 규범은 무엇인가?', '우리 중 권력은 누가 갖는가?' 같은 의문들로 신념의 충돌이 일어날 위험도 있었다. 엥거스가 웃으며 말했다. "우리끼리 잘 해결해요." 이들의 유대감을 느낀 나는 부부가 행복하고 건강한 관계를 오래도록 지속할 가능성을 탐색하기 위해서 서로에게 던질 수 있는 질문을 떠올렸다. 심리학자 앤 발로우Anne Barlow 교수가 고안한 열 가지 질문 중 첫 번째, "우리는 서로 잘 맞는가Are we a good fit?"가 그것이었다. 이들의 점수는 높게 나왔을 테고 이는 다행스러운 일이었다. 입양 허가를 받기까지는 깊이 있고 서로 지지를 아끼지 않는 유대가 필요하기 때문이다. 나중에 데반즈가 말했던 것처럼, "입양은 저희에게 마치 '마음의 실험' 같았습니다."

나는 두 사람에게 전에 심리치료를 받아본 적이 있는지 물었다. 엥거스는 고개를 저으며 가볍게 답했다. "아니요."

데반즈는 지난 기억을 더듬기 위해 시동이라도 걸듯 머리를 뒤로 쓸어 넘겼다. 그는 10년 전 본인이 겪은 위기에 대해 이야기해주었다. "어느 날 아침 울면서 일어났어요. 출근할 생각만으로 죽을 것 같았죠. 그래서 엥거스 말대로 병가를 내고 수영을 하러 갔어요. 돌이켜보면 일이 스트레스였던 게 아니라 다른 어떤 존재가 되어야 한다는 압박감이 있었던 것 같아요. 저는 몇 년간 엥거스 이외에 아무와도 솔직한 대화는커녕 말 한마디 제대로 나눈 적이 없었거든요. 꽤 끔찍한 경험이었어요. 직접 겪어보지 않으면 알 수 없죠. 일할 때는 뭔가를 결정하는 게 너무 힘들었고 이메일에 답장조차 할 수 없었어요. 일이 밀려 집에서까지 잔무를 처리하는 일상이 반복됐고 결국 장시간 노동에 일 생각만 하게 됐어요." 나는 그에게 숨이 막혔을 것 같다고 말했다. 고개를 끄덕이는 그를 바라보며 고통스러운 기억을 떠올리는 데서 오는 슬픔을 느낄 수 있었다. "시간이 흐르면서 내가 누군지 알지 못하면 결정을 내리는 게 힘들다는 사실을 깨달았어요. 그땐 내가 무엇을 느끼는지 알 수 없었죠. 나 자신을 잃어버린 거예요."

데반즈는 본연의 자신, 그리고 스스로 되어야 한다고 생각하는 자신 사이에서 심적인 괴리를 경험했다. 그런 감정이 엥거스와 함께 있을 때는 잠잠하다 세상에 자신을 드러내야 할 때만 고개를 들었다.

내가 그 감정의 기원이 무엇인지 묻자 데반즈는 자신의 성장 환경에 대해 설명했다. 인도에서 실크 무역에 종사한 그의 가족은 세대를 거듭하며 비즈니스를 성공적으로 이끌어 왔다. 1960년대 당시 10대였던 아버지 랑한Ranghan은 부모님과 함께 뭄바이Mumbai에서 영국으로 건너왔다. 데반즈의 할아버지에 이어 아버지가 사업을 유럽으로 확장했고, 이렇게 탄탄한 재력은 이들이 다른 문화권에 적응하는 데 중요한 보호막이 되어 주었다. 내가 이해한 바에 따르면 랑한은 부모님과 갈등을 겪으면서 자신의 인도적 유산과 서구적 라이프스타일을 접목하고 조율해 낼 수 있었다. 데반즈는 아직 어려움을 겪고 있지만, 랑한에게는 서구 문화에 동화되는 게 그리 복잡한 일이 아니었다는 뜻이다. 그는 자신의 정체성에 큰 비중을 차지하는 힌두교 신앙을 독단적이지 않은 수준에서 유지했다. 극도로 열심히 일했고, 여행도 매우 많이 다녔으며, 다양한 글로벌 이슈와 아이디어에 관심을 가졌다. 헌신적이고 성실한 아버지로서 장남 데반즈를 포함한 네 자녀, 즉 세 명의 아들과 한 명의 딸에게 최고만 주기를 원했다. 하지만 과묵한 성격이어서 집에서는 말이 별로 없었다. 네반즈는 아버지가 "'내가 원하는 건 고요한 삶뿐이야'라고 머리에 문신을 새겨놓은 것 같았다."라고 설명했다.

역시 가업에 종사했던 어머니 프리야Priya는 집안의 모든 일을 책임지고 있었다. 데반즈가 위기를 겪고 이를 해결하기 위해 치료까지 받게 된 건 아버지보다 어머니로부터 비롯된 면이 더 컸다.

"우리는 모두 어머니가 할 일을 정해주는 대로 따르면서 자랐어요. '넌 이 시험을 봐야 해. 열심히 노력하면 A를 받을 수 있을 거다.' 그러셨거든요. 대학이나 직업 문제도 마찬가지였죠. '이 길만 따라가면 된다.'라는 식이었어요. 어머니는 진작 제가 가업을 잇는 것으로 제 미래를 정해두셔서 변호사가 되기 위해 분투해야 했어요. 겨우 변호사가 되기는 했지만, 지금껏 저는 대부분 다른 누군가를 기쁘게 하기 위한 결정만 내렸죠. 제가 원했던 게 아니고요. 저는 항상 의무로 이루어진 체계 속에서 움직이며 완벽을 목표로 달렸어요. 당연한 말이지만 그 목표에는 절대 도달할 수 없었죠.

직장에서 큰일이라도 생기면 저는 겁부터 집어먹고 아무 결정도 내리지 못했어요. 무조건 어머니한테 조언부터 구했죠. 물론 도움은 전혀 되지 않았어요. 어머니는 제 입장이 되어본 적도 없고 또 제가 아니니까요. 저는 치료를 받으면서 제가 스스로 자기 검열을 하고 있다는 사실을 깨달았어요…." 데반즈는 자라서 성인이 되기까지 자신의 내면에서 느껴지는 세계와 외부에서 요구받는 세계가 얼마나 큰 갈등을 빚었는지 설명해 주었다.

데반즈는 대학 졸업 후 커밍아웃을 하기는 했지만, 유년기 내내 성 정체성을 숨겨온 데서 비롯된 감정이 분출되지 못한 채 그의 안에 쌓여있었다. 수치심 역시 컸다. "저는 동성애 같은 건 존재하지 않고 온통 이성애뿐인 세계에서 살았어요. 그 세계에서 전 정상이 아니었기 때문에 사람들 앞에서 늘 연기를 해야 했죠. 심지어 저 자신에게도 오랫동안 숨겨야 했어요."

내 정체성의 핵심을 숨겨야만 한다는 게 과연 어떤 일일지 상상하기도 어려웠다. 순간 머릿속에 '독毒'이라는 단어가 떠올랐다. "당신에게는 독이 됐겠네요. 평가받는다는 두려움, 다르다는 사실에서 비롯된 수치심을 숨기기 위해 연기를 해야 했다는 게 상당히 의미심장하고 듣는 것만으로 고통스러워요." 나는 이 같은 감정이 가슴을 무겁게 짓누르는 걸 느낄 수 있었다.

데반즈는 아픈 기억을 들출 때 창밖이나 카펫을 응시했다. 그리고 그가 얼마나 힘들었는지 공감하는 내 말을 듣고는 그 사실을 인정하듯 날 바라보다가, 마치 안식처를 찾듯이 엥거스에게로 고개를 돌렸다.

엥거스는 따뜻하게 고개를 끄덕였다. '그래, 그때는 그랬지만 이제 괜찮아.'라고 말하는 듯했다. 일순간이었다. 불과 몇 초였지만 강력한 안정감이 전해졌다. 우리는 스스로 안전하다고 느끼지 못하면 고통스러운 기억에 다가갈 위험을 결코 감수할 수 없다.

덕분에 데반즈는 어머니가 자신이 게이라는 사실을 받아들였던 과정에 대해 용기 내서 설명할 수 있었다. 그는 한참 뜸을 들이다가 마침내 입을 열었다. "제가 태어났을 때 엄마는 아들이 CEO로 성공하고 옥스퍼드에 가는 등 말도 안 되는 기세로 엄청난 삶을 살 거라고 생각했어요. 그리고 전 결국 제가 누군지도 모르는 사람이 됐고요. 처음에 엄마는 제가 게이인 걸 지지하지 않았어요. 가혹하게 등 돌리지는 않았지만, 그렇다고 제 정체성을 인정하는 것도 아닌 어정쩡한 상태로 지냈죠. 제가 말만 꺼내면 엄마랑 싸움이 돼서 결국엔 아무 말도 하지 않게 됐어요. 엄마는 제가 크면서 달라지길 바랐죠. '살다 보면 그럴 때가 있지.'라고 말씀하셨어요. 한번은 토요일마다 미용사로 일하게 됐다고 말하니 단호하게 이러시더군요. '그건 좋은 생각이 아니야.'

저희는 엄마의 아들로서 무엇이 적절하고 또 부적절한지에 관해서만 이야기했어요. 이게 인도인의 특성이기는 하죠. 무리에는 들어가고 싶은데 평가받기는 싫어하고 말이에요. 우리는 이 땅에서 이미 다른 존재인데 여기서 더 달라진다는 걸 엄마는 견딜 수 없었어요. 그래서 더 완강했죠. 가령 휴가를 가서 제 정체성을 동생에게 털어놓고 싶다고 말하면 엄마는 '아직은 안 돼. 걔는 너무 어려.'라고 했어요. 그래도 전 이야기했죠. 지겨웠거든요. 동생도 클 만큼 컸고요. 제가 어떤 사람이 되어야 하는지, 가족과 친구들에게 뭘 말할 수 있는지, 어떻게 해야 엄마가 자랑스러울지를 하나같이 엄마가 정했는데 정작 그 안에 저는 없었어요."

우리는 데반즈에게 힌두교 신앙이 지니는 중요성과 그가 인식하는 긴장감에 대해 이야기했다. 일부 힌두교도는 동성애를 인정하지 않는다. 결혼과 출산은 '모름지기' 남성과 여성 간의 일이라는 힌두교 가르침에 위배된다는 것이다. 반면 힌두교도 동성애를 인정한다고 믿는 이도 있기는 하다. 고대 사원의 조각들을 보면 남성과 여성이 각각 동성과 성관계를 하는 모습이 새겨져 있다는 것이다. 한마디로 다른 모든 종교가 그렇듯 일부는 반대하고, 다른 일부는 적극 옹호하며, 다수는 단순히 중립을 지키거나 데반즈의 부친처럼 조용히 지지한다. 데반즈는 타인의 판단을 통제할 수 없다는 것을 알았고, 자신을 있는 그대로 받아들이면서 연민을 갖고 자기 신앙과 신념을 지키는 게 중요하다고 생각했다.

데반즈는 기억의 흐름 속에 있었다. "물론 아빠는 그 문제에 대해 아무 말씀 안 하셨어요. 그것도 좀 힘들었지만, 아빠가 워낙 고루한 분인 걸 감안하면 크게 신경 안 쓰고 내 편이 돼준 것만으로 놀라운 일이죠. 만약 거슬리는 게 있었다면 말씀하셨을 테니까요. 우리는 부자간 대화 같은 건 나눠본 적이 없어요…. 아버지랑 대화해야 한다면 어색할 것 같아요…."

곧이어 데반즈는 엄마 이야기로 넘어갔다. 그는 엄마로부터 사랑과 애정 등 너무나 많은 걸 받았지만 '나는 제대로 한 게 아무것도 없다'는 열패감과 불안감에서 벗어날 수 없었다. 자기 정체성의 핵심 요소를 숨겨야 하는 데서 비롯된 감정이었다. 정체성은 내가 사랑받고 있고 소속돼 있다는 느낌을 바탕으로 형성되지만, 데반즈는 정반대의 느낌을 받았다. "제가 게이라는 사실은 엄마 계획에 없었기 때문에 인정받지 못했죠. 그게 큰 상처가 됐어요." 결국 데반즈는 남자친구를 집으로 데려오기는커녕 누군가를 사랑할 수 있는 자신의 역량 자체를 부인했다. '난 누군가를 그렇게 좋아했던 적이 없어.'라면서 말이다.

그런데 엥거스를 만난 후 모든 게 달라졌다. 엄마에게 맞설 용기가 생겼다. 데반즈는 엄마에게 선택지를 제시했다. 직접 엥거스를 만나보거나 그게 아니라면 디왈리Diwali[3]나 다른 행사 때 자신이 집에 오지 않더라도 상관하지 말아달라고 했던 것이다. 후자는 아들을 깊이 사랑하는 프리야로서는 감당할 수 없는 일이었다. 그래서 겨울의 어느 날 그녀는 엥거스를 만났고 결과는 다음과 같았다. "엥거스가 얼마나 멋진지 푹 빠지셨죠. 이후 다시는 이 문제로 왈가왈부하지 않았어요. 엄마는 엥거스를 사랑하게 되었고 항상 같이 있고 싶어 하셨어요."

데반즈의 이야기를 들으며 나는 자녀의 커밍아웃을 마주한 부모들의 반응이 각양각색이겠다고 생각했다. 자녀를 사랑하지 않아서가 아니라, 사랑하기 때문에 향후 자녀가 겪을지 모를 편견으로부터 자녀를 보호하려는 본능이 강력하게 발동되는 것이다. 물론 이 같은 반응은 게이 정체성과 동성애에 대한 낙인을 영속시킬 수도 있다.

자녀를 자신감 있는 아이로 키우는 데 가장 중요한 원칙은 부모가 원하는 모습이 아닌, 자녀 본연의 모습을 발견하고 지지해 줘야 한다는 것이다. 미셸 보바Michele Borba 박사의 『성공하는 아이

---

[3] 부와 풍요의 신 락슈미를 기리고 새해를 맞이하는 힌두교의 축제. 디왈리는 10~11월경 닷새간 열리며 봄 축제인 홀리(Holi), 가을 축제인 두세라(Dussehra)와 함께 힌두교 3대 축제로 꼽힌다.

들: 누구는 허우적대는데 누구는 빛을 발하는 놀라운 이유Thrivers: the surprising reason some kids struggle while others shine』는 이 원칙을 뒷받침하는 연구 결과와 전문가의 의견을 구체적으로 제시한다.

데반즈가 살아온 내력은 당시의 그를 비난에 취약한 아웃사이더로 만들었다. 하지만 그게 그의 전부는 아니었다. 이제 나이가 든 그는 게이인 게 자랑스러울 뿐 아니라 역경을 통과해 온 만큼 한층 강한 사람이 되었다. 스트레스를 해소하고, 꾸준히 운동하며, 휴식을 취하고 감정을 표현할 줄도 알게 되었다. 상담 치료를 통해 자신을 더 잘 알게 되었고 자존감도 높아졌다. 그는 무슨 일이 일어나는가가 아니라 그에 대해 어떻게 반응하는가가 더 중요하다는 사실을 보여주었다.

엥거스는 데반즈의 이야기에 귀 기울이며 말없이 격려를 전했다. 나는 이번엔 엥거스에게 관심을 돌려 성소수자 커뮤니티와 차별에 대한 의견을 물었다. 아일랜드가 세계에서 아홉 번째로 동성 결혼을 합법화한 국가라는 말에 나는 놀라지 않을 수 없었다.

아일랜드는 성소수자 문제와 관련해 보수 성향이 압도적인 국가였지만 엥거스의 부모님 세대를 거치며 가장 진보적인 국가 중 하나로 거듭났다. 그의 부모님은 그의 성적 지향에 관해 왈가왈부하는 대신 동성 결혼 합법화에 찬성표를 던지는 방식으로 의견을 표명했다. 엥거스는 자신과 게이 커뮤니티를 위해 세상을 바꾸는 데 기여한 부모님의 열린 태도와 용기가 자랑스러웠고, 데반즈의 어머니가 당신의 생각을 바꾸신 데도 깊은 감명을 받았다. 엥거스에 따르면 두 사람이 결혼할 때쯤에는 두 가족이 상당히 가까워져 있었다. "결혼식 연설에서 제가 어머님의 농담에 절대 공감할 수 없다고 말한 기억이 나요. 우리는 서로의 삶과 서로의 가족에 꼭 맞아들어 갔죠. 너무나 만족스럽게요."

이렇게 해서 오늘날 이들은 입양이라는 문제에 맞닥뜨리게 되었다. 두 사람은 다른 부부들과 달리 자녀를 자연스럽게 생각할 수는 없었다. 엥거스가 말했다. "게이이다 보니 자녀는 선택지에 없었어요…. 여론조사에서는 전반적으로 동성애를 찬성하는 사람이 많아졌다고 하지만, 정작 제가 결혼했다고 하면 불쾌해하는 사람들도 많았거든요. 게이가 부모가 된다고 하는 건 당혹스럽고도 납득이 안 되는 일이었을 거예요." 이들은 커밍아웃 후에도 가족, 친구들과 친밀한 관계를 유지하며 행복한 삶을 누리고 있지만, 게이어서 겪을 수밖에 없는 장벽과 비난이 여전히 존재했다. 심지어 게이 부모에게는 이런 차별이 더하다는 사실을 나는 받아들여야 했다. 이는 문화적 태도가 달라지는 데 얼마나 오래 걸리는지, '정상normal'에 대한 우리의 인식이 얼마나 뿌리 깊은지 여실히 보여 준다. 성소수자 커뮤니티에 속하지 않는 우리는 그들이 우리의 선입견에 상처받는다는 사실을 깨달아야 한다.

데반즈는 나와 눈을 맞추며 두 사람이 지난 수년간 어떤 논의를 해왔는지 설명해 주었다. 처음에 둘의 대화는 "당신은 부모가 된 모습을 상상할 수 있어?"라는 질문으로 시작됐다. 아이를 원한다는 합의에 이르렀을 때는 이런 질문으로 이어졌다. "이제 어떻게 하지?" 다양한 방법을 빠짐없이 검토한 뒤 대리모나 공동 양육(두 사람의 아이를 출산한 여성과 함께 양육하는 것)은 자신들과 맞지 않는다는 사실을 알게 되었다.

두 사람의 생각은 상당히 비슷했다. 일단 자신의 유전자를 아이에게 물려주고 싶은 욕구가 별로 없었다. 아마 어릴 때부터 그런 가능성을 생각해 보지 않아서일 것이다. 그들은 입양에 관해 엄청나게 조사하고 수많은 교육과 세미나에 참석했다. 그리고 그런 노력은 지역 당국을 통해 입양하고 싶다는 생각으로까지 발전하게 되었다. 아이를 입양하려면 적당한 집이 있고, 두 사람의 관계와 경제력 모두 안정적이고 탄탄하며, 그들에게 부모가 될 여력이 있다는 사실을 입증해야 한다는 것도 알게 되었다. 그들은 모든 조건을 갖추고 있었다.

두려운 마음에 살짝 미루기도 했지만 두 사람은 최근 지역 당국에 연락해 사회복지사 캔디스Candice를 배정받았다.

가족들은 기뻐했다. "양가 부모님 모두 우리가 첫발을 내디뎠다는 사실에 감격하셨어요." 엥거스가 말했다. 부모님들은 이들의 항해가 절대 순탄할 리 없고, 험난한 길이며, 입양 승인 여부도 알 수 없다는 이야기를 숱하게 들어야 했다. 설사 승인이 난다고 해도 어떤 아이가 올지 알 수 없었다. 형제가 있을 수도 있고 장애를 가진 아이일 수도 있었다. 갓난아기를 입양할 확률은 낮았다. 갓난아기 입양을 신청할 경우 최대 5년까지 기다려야 할 수도 있는데 그들은 그러고 싶지는 않았다. 이들은 기존에 분노 문제가 있던 아이는 입양할 수 없다는 등의 기준을 세운 것처럼, 자신들이 감당할 수 있는 것과 없는 것에 관한 입장을 정리했다. 입양에 있어 중요한 절차였다.

두 사람은 나와의 만남이 치열한 치료보다는 성찰의 공간으로 기능했으면 좋겠다는 데 동의하고 한 달에 한 번만 만나기로 했다. 위기가 닥치면 언제든지 상담을 늘릴 가능성도 열어두었다.

지난 40년간 영국 내 잉글랜드와 웨일즈의 입양 건수는 1978년 1만 2,121건(통계청 데이터)에서 2017년 4,350건으로 감소했다. 정작 보호자가 필요한 아동의 수는 7만 2,760명으로 증가했는데 말이다. 이유는 다양하지만 그중 하나는 시험관 시술 성공률이 7%에서 30%로 증가했기 때문이다. 입양의 성패 여부는 수치로 측정하기 어렵기 때문에 모든 통계는 근사치에 불과하다. 입양 실패율은 영아의 경우 1~3%로 낮지만, 좀 더 큰 아이들은 훨씬 높아서 30%가량이 다시 보호시설로 돌아간다. 자라면서 겪은 학대와 방치로 입양 부모를 잘 신뢰하지 못하는 경우가 많고, 결과적으로 아이들이 보이는 행동을 입양 부모가 감당하지 못하기 때문이다.

데반즈와 엥거스의 이야기를 들으며 나는 두 사람이 가족을 만들기 위한 절차로서의 입양에 상당히 호의적이라는 사실을 깨달았다. 두 사람에게 입양은 선물이었다. 커밍아웃을 하면서 이들은 자신의 정체성과 성적 지향을 둘러싼 상실을 어느 정도 받아들였다. 당시만 해도 부모가 될 확률은 없다고 믿었기 때문에 그들은 그런 기대조차 하지 않았다.

기대가 충족되면 만족스러운 삶으로 이어질 수 있지만 그것이 충족되지 않는 경우엔 고통의 원인이 된다. 수많은 이성애 부부와 개인에게 입양은 생물학적으로 아이를 갖는 데 실패한 뒤에야 들여다보는 차선책이다. 이들은 불임이나 난임, 유산 또는 사산을 겪으며 숱한 슬픔에 직면해야 한다. 이는 본래 당연한 권리이자 표준이라고 생각해 온 것과 달리 건강한 아이를 낳을 수 없는 현실을 받아들여야 하는 어려운 여정이다. 이들은 자존감과 정체성의 특정 측면에 심각한 상처를 입어 분노, 패배감과 두려움 등 다양한 감정적 균열을 겪을 수도 있다.

몇 년 전 영국의 입양 기관을 방문했던 기억이 떠올랐다. 자녀를 잃은 부모도 입양하기에 적합한 정서를 지니는지 논의하기 위한 자리였다. 우리는 자녀의 사망과 부모의 입양 적합도 평가 사이에 일정한 시차를 두는 정책에 어떤 장점과 영향이 있는지 살펴봤다. 물론 이는 아이를 잃은 부모가 입양을 통해 행복하고 사랑이 넘치는 가정을 만들 능력이 있는지 평가하기 위한 조사가 아니었다. 그들이 가족에 대해 처음 가졌던 꿈을 애도할 시간이 필요하다는 판단에서였다.

첫해에 나는 데반즈와 엥거스가 입양을 하기 위해 거쳐야 하는 검증의 강도에 놀랐고 심지어 살짝 겁이 나기도 했다. 그리고 부모라면 누구나 자신이 아이를 양육하거나 화목한 가정을 꾸릴 능력을 갖췄는지, 외부에서 든든한 지원을 받을 수 있는지, 그리고 아이를 원하는 이유가 뭔지 어떤 식으로든 돌아보는 시간을 가져야 한다는 데까지 생각이 미쳤다. 각자의 유년기를 돌아보며 좋았던 점은 취하고, 그렇지 않은 점은 배제하는 성찰의 과정은 단순하지만 예비 부모들에게는 많은 깨달음을 주는 계기가 될 것 같았다.

매달 나는 데반즈와 엥거스가 새롭게 맞닥뜨린 장애물에 대해 알게 되었다. 데반즈의 경우 어린 시절부터 완벽해야 한다는 요구에 시달려서인지 솔직해야 할 필요성과 지나치게 솔직하면 오히려 역효과가 날 수 있다는 우려 사이에서 갈등하며 불안감을 느끼고 있다는 것을 알 수 있었다.

두 사람은 캔디스와 좋은 관계를 구축했다. 그 한 해 동안 캔디스는 두 사람의 삶에서 가장 중요한 사람으로 등극했다. 엥거스는 입양 기관과의 미팅에 대해 이렇게 말했다. "만반의 준비가 돼 있어야 할 것 같았어요. 그들이 원하는 조건이 무엇인지, 어떤 식으로 평가하는지, 입양 신청자들을 어떻게 비교하는 건지 정확히 모르겠더라고요. 모든 미팅이 시험 같았어요."

몇 달간 나는 두 사람이 자신들의 갈망을 얼마나 강하게 억누르고 있는지 느낄 수 있었다. 한 번은 엥거스가 자신 때문에 입양이 무산될 것 같다고 한 적이 있었는데, 어린 시절 그의 부모가 스트레스에 어떻게 대처했는지 답해야 했기 때문이었다. "저나 누나가 크게 말썽부리면 엄마는 화내면서 우리를 보육원 앞까지 데려가시고는 '말 안 들으면 여기 오게 될 줄 알아.' 그러셨어요.. 그러면 우리는 일주일 내내 울면서 천사처럼 굴었죠."

데반즈는 양손을 문지르며 엥거스를 바라봤다. "세상에! 보육원이라니! 다음 미팅이 두려워지네. 우리 이제 망한 거야?" 입양 기회를 날려 버릴지도 모르는 지뢰가 매달 새롭게 등장했다. 심층 질문지를 작성해 제출해야 할 때도 있었고, 전과가 없다는 걸 입증하기 위한 해외 근무 기록을 확보하기 어려울 때도 있었다. 그래도 결국엔 모든 게 잘 해결되었다.

한 세션에서 두 사람은 초현실적이었던 하루에 대해 설명해 주었다. 캔디스가 주방에 들어와 두 사람의 은행 명세서를 살펴보며 각 항목에 대해 몇 시간에 걸쳐 자세히 물어본 것이다.

엥거스가 뒤통수를 계속 문지르며 말하는 걸 보면서 당시 긴장감이 얼마나 높았는지 알 수 있었다. 상담을 진행할 때마다 나는 두 사람이 느끼는 압박감이 얼마나 클지에 대해 공감하고 그들이 평정심을 유지할 방법을 제시하기도 했다. 이따금 나 역시 무력감에 휩싸였지만 두 사람한테까지 그 감정을 전달하고 싶지는 않았다.

나는 다른 클라이언트들에게도 종종 그러는 것처럼 내가 이 부부의 성공에 상당히 몰두하고 있다는 사실을 깨달았다. 나라고 해서 그들의 경험을 선입견 없이 해석해서 비추는 스크린은 결코 될 수 없다. 다만 한 발은 그들 쪽에, 다른 한 발은 내 쪽에 단단히 고정해 두려고 할 뿐이다. 내가 두 사람을 얼마나 믿고 있는지 알려주면서도 충분한 거리를 유지해 그들을 효과적으로 지원할 수 있기를 바랐다. 나는 균형감을 잃지 않도록 끊임없이 점검하면서도 운동과 명상이라는 나의 일상 치료제를 통해 나 자신을 조절해야 했다.

입양 신청 이후 11개월이 채 지나기 전 데반즈와 엥거스가 가벼운 발걸음으로 내 방에 들어왔다. 그야말로 입이 찢어져라 웃으면서 각자의 의자에 앉았다. [두 사람은 늘 같은 자리에 앉는데, 우리는 상담을 시작할 때부터 안정감을 위해 앉는 자리를 늘 정해두었다.] 그들은 심사위원회의 위원장the chair,[4] 입양 경험이 있는 부모들, 참관인과 캔디스 등 15명의 패널 앞에 앉아있을 당시의 공포에 대해 설명했다. 데반즈가 먼저 입을 열었다. "만약 패널 중 한 명이 '우리는 이러이러한 이유로 당신을 승인하지 않겠습니다.'라고 말했다면 그날은 우리 삶에서 가장 지옥 같은 날이 되었을 거예요. 그건 우리가 아이를 갖지 못하게 될 수도 있다는 걸 의미했을 테니까요."

엥거스는 너무 들뜬 나머지 암담했던 순간을 설명하는 데반즈의 말을 자르고 끼어들었다. "저희 승인받았어요! 얼마나 신나는지 몰라요. 그야말로 천국이죠. 그런데 아직 아무한테도 말하지 못

---

4 영국에서 아이를 입양하려는 부모는 입양 심사위원회에 참석해야 한다. 심사위원회의 심사를 거쳐 승인을 받으면 입양이 확정된다. 심사위원회는 의료 자문의원, 입양 전문가, 이전에 아이를 입양한 경험이 있는 부모 등으로 구성된다.

했어요. 아이를 어떻게 배정받을지 해결해야 하거든요."

나도 감격스럽기는 마찬가지였다. 감정적으로 힘든 시간이 워낙 길게 이어져 온 만큼 우리의 안도감이 눈에 보일 정도였다. 나는 입양 승인을 받는 게 오래도록 원했던 임신에 성공했다는 소식을 듣는 것과 비슷한 기분일지 궁금했다. 한 생명체의 부모가 된다는 것이 눈앞의 현실로 다가오기는 했지만 아직 확실하다고 할 수는 없었다. 여전히 불확실한 일들이 산더미처럼 쌓여있었고, 두려움에 마음이 요동치는 일, 그 모든 것을 참고 견뎌야 할 시간이 그들을 기다리고 있었기 때문이다.

엥거스와 데반즈는 입양할 아이를 찾는 과정이 초현실적으로 느껴졌다고 입을 모았다. 페이스북 같은 사이트에 가입한 뒤 수백 명에 달하는 아이의 프로필을 모조리 살펴봐야 했다는 것이다. 이미 여러 아이를 지정해 신청서를 올렸지만 지역 당국에서는 아무런 소식이 없었다.

6주 후, 두 사람은 생후 3개월 아기 R에게 관심을 표명했다고 말했다. 이렇게 갓난아기가 입양 대상이 되는 건 드문 일이었는데, R의 친모가 아이에 대한 권리를 포기한 상태였던 것이다. 두 사람은 이 여자아이를 지정한 가족이 많다는 사실을 알고 있었지만 종국에는 입양 부모로 선정될 수 있었다. 나는 이들이 기쁨에 겨워 할 줄만 알았는데 그렇진 않았다. 전날 진행한 미팅 당시의 스트레스가 아직 그들의 몸 안에 남아있었다. 90분간 이어진 미팅 내내 이들은 이를 악물어야 했다. 엥거스의 목소리가 떨렸다. "이 조

그만 생명체의 사진을 세 장 봤어요. 얼마나 예쁜지 몰라요…. 정말 기적이죠…." 그의 파란 눈에 눈물이 맺혔다. 이 거대한 사건에 압도된 게 분명했다. 데반즈와 그의 미래가 돌이킬 수 없이 달라진 만큼 이 순간 일어나고 있는 모든 일을 소화하기가 결코 쉬울 리 없었다.

데반즈와 엥거스는 R을 일단 위탁해서 양육하고 10주 후 입양을 신청하는 방식으로 절차가 진행된다는 이야기를 들었다. 2주 이내에 모든 것이 준비돼 있어야 한다고 캔디스가 알려주었다.

나는 두 사람이 정서적으로 회복탄력성을 유지하기에 좋은 대처 메커니즘을 알고 있고, 이를 일상적으로 실행하고 있다는 사실에 안도했다. 데반즈는 요가, 수영과 명상을 꾸준히 했고 엥거스는 달리기와 헬스를 하는 한편 일기도 썼다. 이 같은 메커니즘의 힘이 향후 몇 달간 시험대에 오르게 될 것이다.

육아의 세계에 입문하는 두 사람에게 수많은 친구와 동료들은 자신들의 관점이 옳다는 확신에 차서 권위 있는 조언을 내놓기 바빴다. 하지만 이들은 그런 것을 몰라도 전혀 불안하지 않았다. 자신들의 유연함으로 아기 R의 필요에 민감하게 대처할 수 있다고 믿었기 때문이다. 무엇보다 그들에게는 지원이 필요할 때 연락할 수 있는, 가족과 친구로 이루어진 환상적 네트워크가 있었다. 게다가 특정 기술이나 지식을 보유한 친구들과 여덟 가구가 이미 자신들의 고문팀이 되어주기로 했다. 통찰력과 정보력이 워낙 뛰어난 팀이라 언제든지 도움이나 조언을 구할 수 있었다. 어쩌면 우리 모두 우리만의 지원팀이 필요한 것인지도 모른다. 아프리카 속담에 나와 있듯, "한 아이를 키우는 데는 온 마을이 필요하다." 정말로 그렇다.

데반즈, 엥거스 부부와 상담을 시작한 뒤 나는 동성 부모를 향한 나의 마음과 태도가 전환기를 맞았다는 사실을 깨달았다. 스스로 선입견이 없다고 생각했지만 이전에는 '보이지 않던' 기사들에 지금 관심이 가는 걸 보면 그 생각은 나만의 착각에 그쳤던 듯하다. 특히 내 감정적 반응의 수위가 더 높아졌다는 점이 흥미로웠다. 더 이상 막연한 관심에 그치지 않았으며 더 많은 기사를 읽고, 더 많은 프로그램을 보고 싶은 욕구가 강해진 것이다. 나는 새로운 배움의 지평에 나 자신을 활짝 열어젖혔다.

덕분에 나는 '다름'에 대해 곰곰이 생각해 보게 되었다. 다름이 왜 사람들 사이의 연결에 장벽으로 작용하는 걸까? 다름을 마주하면 우리는 일단 두려움을 느끼는데, 이를 해소할 수 있는 건 '노출'이다. 누군가를 멀리서 바라보고 규정지으면 부정적으로 평가하기가 너무 쉽다. 하지만 가까이 다가가 실제 모습을 보게 되면 위협은 줄어들 수밖에 없다. 우리는 다름을 잠재적인 위험으로 인지하도록 프로그래밍된 채 진화해 왔다. 조상들이 부족의 울타리 밖에 있는 건 모조리 생명에 대한 위협으로 인식한 탓이다. 하지만 지난 세기 동안 사회는 엄청난 속도의 변화를 겪었다. 이제 우리는 세계화된 환경 속에서 기술과 여행을 통해 전례 없이 연결된 세상을 살아간다. 불과 70년 전에는 상상할 수도 없었던 엄청난 다양성과 차이를 마주하고 있는 것이다. 하지만 우리의 내면 체계는 그 변화의 속도를 미처 따라잡지 못하고 여전히 다름에 위축된다. 우리는 '정상'이라는 장벽을 세우고 그 안의 안전지대에 머무는 데 익숙하다. 그러나 '정상적인' 것의 범위는 점점 줄어들고 있고 그러한 태도는 무지에서 비롯된 잘못된 판단을 초래한다. 나는 나 자신은 물론이고 우리 모두가 호기심을 잃지 않고 삶과 존재의 다양한 방식을 탐구하고 배우는 게 중요하다는 걸 잘 안다. 불편함을 견뎌야 성장할 수 있다. 나는 나를 확장하고 다시 새로운 에너지로 나아갈 수 있게 해준 이 부부에게 깊은 감사를 느낀다.

데반즈와 엥거스는 이후 상담을 몇 차례 취소했다. 아이 입양에 집중하기 위해서였다. 나는 두 사람이 보고 싶었다. 그들이 나에게 문자로 진행 상황을 알려준 덕분에 내 기저의 불안감을 떨쳐낼 수 있었다. 팬데믹 때문에 우린 줌으로 다시 만났다. 주위에 아기 용품이 잔뜩인 가운데 소파에 나란히 앉은 두 사람을 보고 나서야 나는 그들에게 그간 어떤 우여곡절이 있었는지 알 수 있었다. 우리는 다들 함박웃음을 지었고 나는 그들 뒤로 펼쳐진 놀이 매트에서 눈을 뗄 수 없었다. 아기 공주님이 옆방에서 자고 있다는 소식에 흥분이 밀려왔다. 이제 엄연히 두 사람의 딸아이가 된 레이철 Rachel이었다.

데반즈와 엥거스가 아기 레이철을 만나기로 한 날 캔디스로부터 전화가 걸려 왔다. 위탁 보호자의 몸이 좋지 않아 만남이 취소 됐다는 소식이었다. 두 사람은 힘이 쭉 빠졌다. 그간 초조한 마음에 잠도 거의 못 자면서 요람 등 아기용품을 빠짐없이 갖춰 두느라 애먹었기 때문이다. 한편으로는 걱정도 됐다. 즉각 뭔가 잘못됐다는 생각이 들었다. 우리 모두가 그렇듯이 두 사람은 소식을 기다리는 끔찍한 기간 동안 사소한 집안일로 다투는가 하면 씩씩대며 집을 나가 버리면서 서로에게 성질을 부렸다. 출산을 기다리는 일은 스트레스를 유발하지만 아기가 태어난다는 사실은 변하지 않는다. 엥거스는 턱을 손가락으로 누르며 이렇게 말했다. "지역 당국이 가장 중시하는 건 아기가 무엇을 필요로 하는지예요. 그다음은 친모의 마음이고요. 우리는 목록에서 한참 밑에 있죠. 만약 친모가 생각을 바꾸기라도 하면 다 끝나는 거예요." 이어진 한 주 동안 이 같은 생각이 뿌리 깊은 두려움을 불러일으켰다.

데반즈가 합류했다. "저희는 완전히 무력했어요. 그래도 캔디스를 여전히 이성적으로 대하고 누구에게도 화내지 않으려고 최선을 다했죠. 소식을 알려줘서 고맙다고 말하고 그저 계속 기다렸어요…" 이들이 어렵게 확보한 대응 메커니즘이 제대로 작동한 것이다.

마침내 두 사람은 아기 레이철의 사회복지사를 만나러 오라는 연락을 받았다. 그리고 놀랍고 기쁘게도, 그 자리에서 레이철을 만났다. 기존 관행과 달리 레이철은 위탁 보호자가 아닌 친구와 함께 있었다. "그 순간 모든 혼란이 사라졌어요. 레이철은 유모차를 타고 있었고 우리는 온통 레이철에게만 집중했죠. 가장 황홀한 30분이었어요." 엥거스가 말했다.

데반즈가 덧붙였다. "그 순간 우리는 사랑에 빠졌어요. 레이철이 우리를 향해 웃고 내 손가락을 감싸 쥐었죠." 우리는 레이철이 두 사람의 열린 마음 깊은 곳까지 얼마나 빠르게 침투해 들어왔는지 느끼며 눈물을 흘렸다.

엥거스가 두 사람을 대표해 말했다. "레이철을 안아주고 함께 놀아주는 게 너무 좋아요. 진정으로 우리가 연결돼 있다는 느낌이 들어요. 이건 사랑이에요. 그 감정은 지금까지 더 깊고 강하게 자라났고 또 계속해서 자라나고 있지만요. 데반즈나 저나 이전에는 미처 느껴보지 못한 감정이에요." 이것이야말로 진정한 부모의 사랑, 자식에 대한 부모의 가슴 터질 듯한 사랑이었다. 나는 개인적으로 그 사랑을 느껴보았고 실제로 친부모들과 만나 그 사랑에 관한 이야기를 듣거나 글을 읽어도 봤지만, 입양 부모 또한 그처럼 커다란 사랑을 느낄 수 있다는 것은 상당히 감동적이었다.

다음 날 레이철을 다시 만난 두 사람은 아기의 축축한 기저귀와 아기에게 속이 메스꺼울 정도로 달달한 냄새가 난다는 사실에 조금 불안했지만, 아기와 50분을 더 함께할 수 있다는 사실이 기뻤다. 엥거스가 말했다. "제가 부모라는 생각에 레이철을 당장 집으로 데려가고 싶었어요." 한 선임 사회복지사가 두 사람을 따로 불러내더니 적응기가 단축됐다고 말해주었다. 바로 다음 날 레이철을 데려가도 되지만 자신과 함께 온 사람에게는 말하지 말라며 입

단속을 시켰다. 두 사람은 뭔가 이상하다고 생각했지만 그 소식에 마냥 들떴다.

데반즈와 엥거스는 약속 시간보다 한참이나 일찍 센터에 도착했다. 차에 새 카시트를 설치하고 유모차를 싣는 것도 잊지 않았다. "우리 인생에서 가장 중요한 날이었어요. 결혼식만큼이나요." 그런데 그날이 순식간에 악몽으로 변했다. 위탁 보호자가 나타나지 않았고 연락도 닿지 않았던 것이다. 두 사람은 사무실에서 안절부절못하며 기다리다 밤 아홉 시가 되어서야 집으로 돌아갔다. 그런데 이 일이 '실종 아동' 사건으로 격상돼 경찰이 수색에 나섰다는 소식이 들렸다. 레이철이 사실상 납치되었던 것이다. 두 사람 다 정신을 차릴 수가 없었고, 데반즈가 당시에 생각했던 최악의 시나리오를 읊었다. "위탁 보호자가 레이철을 안고 절벽에서 뛰어내릴 수도 있었어요. 얼마나 허탈했는지 몰라요. 이 아이가 저희 자식이라도 되는 것 같았는데 사실은 법적으로 저희 아이도 아니었고 아이에 관해서 잘 알지도 못했던 거예요." 일어났을지도 모르는 일들을 생각하며 우리는 모두 몸을 떨었다. 그때의 충격이 두 사람의 몸에 아직 남아 있었지만 나는 놀이 매트를 바라보며 이제 아이가 무사하다는 사실을 떠올렸다.

자정이 되자 경찰관 두 명이 초인종을 눌렀다. 이들은 친절했고 자신들이 온 게 어떤 의미인지 잘 알고 있었다. 그중 한 명이 웃는 얼굴로 레이철을 건네주며 이렇게 말했다. "두 분의 아이를 데려가세요."

이후 몇 주에 걸쳐 두 가지 시나리오가 동시에 진행되었다. 엥거스와 데반즈는 레이철을 양육함과 동시에 법적으로도 그녀의 보호자가 되어야 했다. 레이철은 웃음도 많고 행복으로 가득한 아기였고 두 사람에게 반응도 잘해주었다. 덕분에 육아가 수월하다는 이들의 말에 나는 웃음을 터뜨렸다. 우리를 돌아버리게 만들지 않는다는 사실 하나만으로도 우리는 아이가 굉장히 특별하다고 믿는다! 갈수록 두 사람은 레이철이 배고프거나 피곤할 때 어떤 신호를 보내는지, 잠을 못 잔 날엔 어떻게 대처해야 하는지, 또 젖병 수유는 어떻게 하는지 터득해 갔다. 레이철을 키우는 데는 다양한 감정의 층위가 복잡하게 얽혀있었다. 감정적으로는 자신들의 아이가 분명한데 법적으로는 아니었으니 말이다. 이들은 레이철을 그 이상은 불가능할 정도로 사랑했지만 생모가 마음을 바꾸면 언제든 아이를 빼앗길 수 있다는 두려움으로 인해 교착된 상태에 빠져있었다.

엥거스가 침통한 목소리로 말했다. "우리는 부모이지만, 부모가 아니에요." 이들은 "사랑을 자제함으로써" 잠재적 상처에서 자신들을 보호하고자 했지만, 언제 발생할지 모를 아픔의 크기에 맞춰 사랑을 줄일 수 있는 사람은 존재하지 않는다. 사랑은 그만큼 위험한 사업인 것이다. 두 사람은 담당 사회복지사에게 수유 시간, 수면 시간, 기저귀 갈기 등 부모로서 한 일을 빠짐없이 보여줘야 했다. 초보 부모는 으레 자신이 부족하다고 느낀다. 새로운 언어와 기술을 배우는 단계인 만큼 자연스러운 일이지만, 입양 부모의 경우 관찰과 평가의 대상이 되다 보니 그런 감정이 더욱 고조

된다. 심지어 데반즈와 엥거스는 자신들이 부모가 될 자격이 있다는 사실을 간절하게 입증하고 싶어 했다. 엥거스가 능숙하게 말했다. "평가 대상이 되면 내가 다른 사람처럼 느껴져요. 나는 진짜 가족이 아니라는 조바심이 생기죠…. 정말 지쳐요."

입양은 상당히 난도 높은 프로젝트다. 입양 부모가 강인하고 세심하며 사랑 넘치는 어른으로 거듭날 것을 고유의 방식으로 요구하기 때문이다. 두 사람이 레이철을 양육하는 사이 정해놓았던 모든 규칙을 어기고 레이철의 입양을 신청했던 위탁 보호자가 법정 소송을 제기했다. 다행히 데반즈와 엥거스가 승소했고, 이후 엥거스는 법정을 방문해 레이철의 완전 입양 절차를 마무리 지을 수 있었다. "고가도로 위에서 댐이라도 방류한 것처럼 눈물을 쏟았어요. 그간의 긴장, 걱정과 불면을 모조리 날려버렸죠." 두 사람은 스크린을 통해 나를 바라보았다. 이제 레이철은 법적으로 이들의 아이가 되었지만, '그 일엔 참으로 오랜 시간이 걸렸다.'

나는 전통적인 틀 안에서 새내기 부모 역할을 수행했고, 따라서 무례한 질문을 받아본 적도 없었기 때문에 데반즈와 엥거스가 레이철과 함께 외출했을 때 사람들이 보인 무신경함에 경악하지 않을 수 없었다. 데반즈가 손가락을 비틀며 말했다. "우리가 남자 둘에 아기 하나라는 사실이 갈수록 신경 쓰였어요. 사람들이 우리를 빤히 쳐다봤거든요. 우리 동네는 연령대나 인종 등이 정말 다양한데도 그래요…. 한 노인은 우리를 보더니 그야말로 입을 쩍 벌렸죠. 그가 계속 쳐다보는 게 불편했어요. 좋은 의미일 수도 있었겠지만 그런 생각은 안 들더라고요…. 웬 독특한 밀레니얼 세대가 우리 보며 웃는데 그것도 좀 이상했고요."

그런 일 못지않게 거북한 사건들이 이어졌다. 한 놀이집단 강사는 마치 데반즈는 존재하지 않는다는 듯 눈길도 안 주고 레이철에게 엄마는 어디 있느냐고 물었다. 한번은 어느 약사가 아이 엄마는 어디 있느냐고 물어서, 두 사람이 입양한 아이라고 답을 하니 이런 반응이 돌아왔다. "딱해라." 심지어 레이철의 갈색 피부를 가리키며 영국인이냐고 묻는 기이한 일도 있었다. 두 사람이 그간 느낀 소외감에 대해 풀어놓는 동안 나는 이들의 긴장감을 스크린을 통해서도 분명히 확인할 수 있었다. 엥거스는 입을 꼭 다문 채 바닥을 쳐다보고 있었고 데반즈는 손으로 턱을 괸 채 창밖을 응시했다. 둘은 이따금 서로를 쳐다보기도 했다.

나는 두 사람이 자신들의 기억에서 한 발 물러날 필요가 있다고 생각했다. 이들은 다르다는 이유로 사람들의 주목을 받는 일에 특히 거북함을 느꼈다. 그간 자신들의 겉모습만으로는 드러날 게 없었기 때문이라고 엥거스가 설명했다. "저는 공공장소에서 애정 표현을 하면 안 된다고 배워왔기 때문에 저희는 누가 봐도 게이 커플은 아니었어요. 손을 잡고 다니지도 않았으니까요. 그런데 레이철과 함께 다니다 보니 커밍아웃을 한 번 더 한 기분이었죠. 눈에 띈다는 사실을 온갖 다양한 방식으로 체감했어요." 이들의 말에 담긴 의미를 받아들이면서 나는 오늘날의 세상에서 게이 아빠가 된다는 게 어떤 건지 처음으로 분명히 알게 되었다. 이는 사회적으로 우리가 비정상으로 분류된 것을 어떻게 바라보고 평가하는지에 관한 문제였다. 데반즈와 엥거스는 이런 시각으로 인해 취약한 부분에 상처를 입었으며, 그 아픔을 받아들이려면 시간이 필요할 것이다.

성모 마리아 시절부터 모성애를 숭배해 온 이 세상에서 게이 아빠의 존재는 부모에 대한 우리의 시각을 확장해 준다. 우리의 행동은 삶의 여러 측면에서 변화를 따라잡지 못했다. 여성이 노동 인구의 50%를 차지하지만 여전히 엄마가 육아의 대부분을 전담하는 것만 봐도 알 수 있다. 데반즈와 엥거스의 친구이자 직업적으로 성공한 한 여성은 이렇게 말했다. "남편과 나는 같은 일을 하고 있고 육아도 동등하게 하기로 했지만 그의 눈에는 처리해야 할 집안일이 보이지 않는 것 같아요. 정말 놀라울 지경이라니까요. 이러려고 결혼한 게 아닌데 말이에요."

엥거스가 말했다. "직장에서 나 같은 사람은 찾아볼 수 없어요. 정말이지 소외감이 느껴져요." 엥거스는 레이철과 더 많은 시간을 함께할 수 있도록 금요일에는 회의가 없었으면 좋겠다는 의견을 냈지만 그의 말은 금세 잊혔다. '부모'로서의 자격을 인정받지 못한 것이다. 반면 그의 여성 동료들은 아이들을 위해 퇴근해야 하므로 오후 5시 회의엔 참석할 수 없는 것으로 간주되자 회사에 불쾌감을 내비쳤다.

육아와 일 사이의 균형은 여전히 달성하기 힘든 목표이며 아직도 성별에 따라 상당히 다르게 나타난다. 워킹맘은 보통 육아를 책임지는 주양육자로 여겨지기 때문에 승진할 확률이 낮다. 고위 지도부 내 여성의 비율이 2018년에 22%로 높아지기는 했어도 여전히 낮은 수준에 머무르는 이유가 여기에 있다. 대개 자녀가 있는 남성은 일과 가정을 둘 다 적절히 돌볼 수 있다고 간주되는데, 이는 남성이 직장과 가정 사이에서 고군분투하지 않아도 되기 때문이다. 물론 데반즈와 엥거스는 예외다. 그들은 실제 육아를 하는 부모로조차 여겨지지 않는다. 엄마와 아빠가 둘 다 일과 육아를 제대로 해낼 수 있도록 정부와 고용주가 해야 할 일이 아직도 많다. 데반즈가 지적했다. "우리가 직면한 현실을 사람들은 이해하지 못할 거예요. 저는 일반적인 가족이 겪는 일들을 이해하지만, 아이를 입양한 게이 부부가 겪는 일을 이해하는 사람은 없죠."

레이철의 부모가 되기 위해서는 그들이 받아들여야 하는 두 가지 측면이 있었다. 가장 중요한 건 두 사람이 본인 스스로 자격 있는 부모라고 인정하는 것이었다. 우리는 육아하는 게이 아빠의 뇌에서 유대감을 형성하는 호르몬인 옥시토신이 더 많이 분비된다는 사실을 한 다큐멘터리에서 확인하고 기쁨을 감추지 못했다. 데반즈와 엥거스는 잔뜩 흥분한 채 연구 결과와 일치하는 자신들의 경험에 대해 알려주었다. 레이철이 우는 걸 더 잘 들으려고 예전보다 청력이 좋아졌다는 것이다. 나는 이런 사실을 알게 되면 두 사람의 자신감이나 정당성이 향상되는지 궁금했다. 이후 상담이 이어지는 내내 이들은 '정당성'에 대한 고민을 놓지 못했다.

두 번째 측면은 두 사람이 어떤 종류의 부모가 될 것인가 하는 점이었다. 데반즈가 자신들의 입장을 설명했다. "이래야 한다는 롤모델이나 공식이 없는 게 장점이죠. 일반 결혼이나 육아에 공식이 있는 걸 생각하면 얽매일 것이 없어 자유롭지만 두렵기도 해요. 굳이 나누자면 저는 좀 더 활동적이고 엥거스는 아주 온화한 편이지만 둘 사이의 차이는 미미해요. 이웃 한 분이 레이철은 아플 때 누구한테 가는지 물으셨는데 저는 저희 둘 다라고 했어요. 근데 그분의 아이는 엄마한테 간다고 하더라고요. 그런 '표준'이 저희 집에는 존재하지 않는 거예요."

이들은 통제에 대한 관점 역시 바꾸고 있었다. 데반즈가 설명한 것처럼 레이철을 입양하기 위해 "저희는 모든 걸 완벽하게 통제했어요. 현실에서는 아무래도 저희의 욕구를 완벽하게 충족할 수 없기 때문에 그런 식으로 통제하는 문화가 남아있었죠." 하지만 레이철이 자녀가 된 지금은 새로운 균형을 찾아야 할 필요가 있었다. "하나부터 열까지 관리하려 들지 않을 거예요. 레이철을 보호하고 싶지만 매번 그럴 순 없죠. 일반 부모들이 하는 고민을 저희도 하고 있다는 게 좋아요." 그는 한숨을 내쉬며 웃었다.

두 사람 말대로 이런 게 육아의 전환기였다. 잡고 있던 손을 놓아주고 보호를 위해 일일이 통제하고픈 마음과 그것의 한계를 인정하는 것, 가까이 밀착해 있다가 다시 거리를 두면서 평생 동안 이어지는 춤을 추는 것 말이다.

나는 우리가 함께한 모든 작업을 되돌아보다가 '정상'과 '비정상', 그리고 그 사이의 경계에 관해서 궁금해졌다. 상담을 진행하면서 나는 종종 사람들의 무지와 무감각에 화가 치밀어 올랐고, 데반즈와 엥거스를 만나기 전에는 나도 그리 다르지 않았음을 깨달았다. 많은 사람이 타인의 자녀에 대해 무례한 질문을 할 권리가 있다고 믿는 것에 대해서도 생각해보았다. 데반즈와 엥거스의 경험은 입양아에게는 그 결례의 수위가 높아질 수 있다는 사실을 보여주었다. 가령 사람들이 친자녀에게는 하지 않을 말을 레이철에게는 해도 된다고 느끼는 것이다. 사람들은 두 사람에게 "내가 얘를 당신들에게서 떼어놓을 거요."라든지 "나도 아이를 공유할 수 있나요?"라고 말하며 레이철을 물건 취급하기도 했다. 그에 관해서는 제대로 설명하기가 힘들다고 데반즈는 말했다. "미묘하게 공격하는 것이어서 항상 딱 집어 말하기가 어려워요. 막상 불쾌감을 표시하면 농담한 걸로 뭘 그리 빡빡하게 구느냐고 그러거든요." 엥거스는 이를 '이상한 공동체 의식 혹은 소유권 의식'이라고 표현했다. 이야기를 들어보면, 다른 입양 부모들도 너나 할 것 없이 비슷한 경험을 한 적이 있었다. 듣기만 해도 마음이 힘들고 상당히 거슬렸다.

나와의 상담을 통해 여러 차례 논의를 이어가며 두 사람은 그간의 사건들을 돌아보았다. 그들은 예의를 잃지 않으면서 레이철을 보호하는 대응 방식의 기준을 좀 더 명확하게 세울 수 있었다. 엥거스가 말했다. "어느 순간 제가 지나치게 많은 얘기를 하려는 것 같으면 스스로를 멈춰 세워요. '아니, 그냥 미끄럼틀 옆에 서있기만 하는 거야. 다시 볼 사람들도 아닌데.'라고 생각하죠. 사소한 일이지만 뭔가 좋은 방향으로 전환되고 있는 것처럼 느껴져요." 이는 레이철의 부모로서 두 사람의 자신감이 자라나고 있다는 신호였다. 자신들을 정당화하거나 사람들 말에 일일이 답할 필요 없다는 걸 깨달았으니 말이다. 레이철은 두 *사람의* 아이였다.

레이철과 함께하는 이들의 미래는 어떨까? 데반즈와 엥거스의 가장 큰 과제는 레이철이 잘 살 수 있게 지원해 주는 것이었다. 두 사람은 레이철이 성공 가도를 달리도록 해주고 싶었다. 엥거스가 자신들의 걱정을 털어놓았다. "레이철의 미래를 위해 우리가 할 수 있는 일은 다 하고 싶어요. 그 방법이 뭘까요? 향후 레이철이 맞닥뜨릴 문제들에 어떻게 지금부터 대비할 수 있을까요?"

두 사람은 입양아가 평생 가족이 둘인 채로 살아갈 수도 있다는 사실을 이해했다. 첫 번째는 현실의 가족이고, 두 번째는 환상 속에서 이상화된 '실제' 아빠와 엄마다. 입양아는 친부모로부터 버려지거나 포기 당한 자신과 현재의 양부모에게 속한 자신 사이에서 끊임없는 갈등과 협의의 과정을 반복할 수 있다. 따라서 입양 부모는 고도의 사고력과 심리 지능을 발휘해 거센 풍랑 속의 자녀를 지원하고 또 함께해야 한다.

나는 아이에게 사랑을 퍼부어 주고 아이가 사랑 속에 헤엄치게 함으로써 그들이 겪을 입양의 고통을 밀어내고 싶어 하는 입양 부모들의 이야기를 숱하게 들어왔다. 하지만 그것만으로 충분하지 않을 때 그들은 좌절한다. 사랑으로 직접 상실의 공백을 메울 수는 없다. 사랑은 오히려 우리가 고통을 느끼고 표현하는 일을 돕는다. 역설적이지만 그렇게 자유로워져야 또다시 사랑할 용기를 낼 수 있는 것이다.

하지만 데반즈와 엥거스의 경우는 달랐다. 이들은 레이철이 친모의 무릎에 앉아있는 사진으로 커다란 캔버스 가방을 만들었다. 레이철은 "엄마, 엄마" 하면서 이 가방을 들고 다녔고 덕분에 친모를 똑똑히 기억하게 될 것이다. 두 사람은 레이철이 친모와 연결감을 느낄 수 있도록 할 수 있는 최선을 다하고 싶었다. 사회복지사를 통해 친모에게 연락도 계속해 봤지만 그녀는 끝까지 답이 없었다. 레이철이 크면 궁금해 할 것들에 진솔하게 답해주고 싶었는데 친부에 대해 아는 바가 전혀 없는 것도 마음에 걸렸다. 하지만 이렇다 할 대책도 없었다.

우리는 같은 자리를 맴돌았다. 레이철이 미래에 '각성해' 미처 몰랐던 벽에 부딪힌다는 시나리오를 상상할 때마다 두 사람의 걱정만 더 커졌다. 나는 이들이 알고 있는 것들을 나열해 보자고 제안했다. 친모가 3분의 1가량 작성한 레이철의 육아 일기에는 친모, 친부와 함께 있는 사진도 있었다. 그들은 마치 '정상 가족'처럼 보였다.

데반즈와 엥거스는 육아 일기를 이어갈 수 없었다. 레이철의 친모가 "이건 네 아빠가 더 자세히 설명해 줄 수 있어."라고 적어뒀지만, 두 사람은 그럴 수 없다는 걸 잘 알고 있었기 때문이라고 데반즈가 심란한 기색으로 말했다. 대신 레이철의 입양이 정해진 날과 레이철의 법적 부모가 된 날 각각 아이에게 편지를 써두기는 했다. 나는 이렇게 레이철 탄생의 배경과 관련된 이야기를 상상만 하고 있다가는 두 사람이 더 미쳐버릴 수 있으며, 현재 아는 것과 모르는 것을 갖고도 평정심을 유지할 수 있어야 한다고 단호하게 말했다. 이내 두 사람은 생기를 되찾았다.

 나는 두 사람이 새로운 생각에 열려있다는 데 깊은 인상을 받았다. 부모로서 우리는 자신의 생각이 더 그럴듯하다고 믿으며 타인의 생각에 저항하는 경우가 많다. 하지만 이 부부는 달랐다. 나는 이들에게 레이철의 입양 이야기를 담고 있으며 레이철과의 관계가 시작된 순간을 기념하는 의식을 만들어보도록 제안했다. 우리가 출산이나 결혼, 성년이 되는 날 등 삶의 전환기마다 어떤 의식을 치르는 것처럼 말이다. 이들의 에너지가 달라지는 게 보였다. 엥거스가 말했다. "레이철이 크면 우리의 의식을 보여줄 수 있을 거예요. 레이철 스스로 의식을 만들어서 진행할 수도 있고요…. 만약 친모가 세상과 연을 끊었더라도 우리는 당당한 태도로 최선을 다하는 수밖에 없어요. 한편으로는 무력하기도 하죠. 레이철이 어떻게 느낄지 알 수 없으니까요." 나는 엥거스의 말을 듣고 큰 안도감이 들었다. 우리는 레이철이 친모 때문에 슬픔에 빠지더라도 얼마든지 그녀를 지지할 수 있다는 데 동의했다. 레이철은 그들에게 그런 감정을 굳이 숨기지 않아도 될 것이다.

사랑으로 직접 상실의 공백을
메울 수는 없다.
사랑은 오히려 우리가 고통을 느끼고
표현하는 일을 돕는다.
역설적이지만 그렇게 자유로워져야
또다시 사랑할 용기를 낼 수 있는 것이다.

다음 상담은 해방의 시간이었다. 마치 지난주에 내가 비옥한 땅에 씨앗을 심은 것처럼 느껴졌다. 화면 속 두 사람은 날 보며 웃고 있었고 본격적인 상담에 들어가기 전에는 농담도 건넸다. 데반즈가 앉은 자리에서 거의 튀어오르며 이야기를 시작했다. "지난 상담 시간에 레이철의 과거에 답하는 과정에서 뭔가 변화가 일어났어요. 레이철 스스로 작별 절차를 밟을 수 있게 해줘야 한다는 걸 깨달은 것 같아요. 우리가 해결책을 제시해 줄 수는 없다는 사실도요. 레이철에 대해 정말 많은 생각을 했어요. 심지어 의식도 만들었죠. 저희의 이러한 깨달음을 상징하고 집 안에 머물 수 있게 해주는 의식을요."

어떤 의식일지 기대가 됐다. 데반즈는 내가 온전히 집중해 주기를 원할 때 늘 그러는 것처럼 나를 정면으로 바라보며 말을 이어갔다. "이건 단순히 레이철에게 답을 주는 게 아니에요. 과거를 놓아주고 앞으로 나아가게 해주는 의식이에요. 레이철을 무작정 보호하는 게 아니라 우리 방식대로 하는 거예요. 맞아요, 우리는 한 번 더 커밍아웃을 했죠. 다들 우리를 다르게 쳐다봤어요. 하지만 그런 시각에 매몰되거나 굴복하는 게 아니라 제쳐둬야 해요. 우리는 우리만의 이야기를 창조하고, 구축하며, 소유해야 하죠."

나는 동의의 미소로 화답했다. 어쩌면 우리는 모두 나름의 방식으로 이를 실행할 수 있다. 우리가 끼워 맞춰야 할 완벽한 서사가 있다고 믿는 대신 우리만의 고유한 이야기를 만들어가는 것이다. 우리는 이 방법을 통해 다른 사람과 비교하지 않고 부모로서 자신의 신념과 가치를 믿을 수 있게 된다. 비교는 불행으로 가는 지름길이기 때문이다. 우리는 스스로 '충분히 괜찮다'고 허용해 주고 우리 가족만의 유대와 특별한 시간을 기념하는 의식을 창조할 수 있다.

이들은 둘 다 흥분해서는 마음의 저울이 얼마나 기울어져 있었는지 서로 이야기하기에 바빴다. 레이철의 과거는 이들을 무겁게 짓눌렀고, 두 사람은 어떻게 하면 그것을 잘 기억하고 기념할 수 있을지에 관해 골몰했다. 과거 따위는 없는 것처럼 연기하며 살고 싶지는 않았으며, 과거를 인정하되 계속 뒤돌아보고 싶지는 않았기 때문이다. 엥거스가 말했다. "우리는 크리스털이 좋겠다고 생각했어요. 왜냐하면…."

데반즈가 활기차게 끼어들었다. "좋은 표식이잖아요. 가볍고, 마법 같고, 영적이고요."

엥거스가 말을 이었다. "영적이라는 데 중요한 함의가 있어요. 이 물건[크리스털]은 특별하죠. 어떤 기운을 집으로 들여와 머물게 해줘요. 우리는 그것을 둘러싼 의식을 가질 거예요. 그 기운을 말로 표현하는 거죠." 데반즈가 자신의 생각을 술술 읊었다. 진심으로 그 생각에 동화돼 있는 것 같았다. "우리는 시 한 편과 함께 의식을 마무리할 거예요. 마침표를 찍는 거죠. 무언가를 놓아주고 그 끝을 기념할 거예요. 경계선을 구축하는 거죠. 침투가 불가능한, 중요한 경계선을요."

데반즈의 관점이 달라졌다는 또 다른 작은 상징도 있었다. 그가 자신의 소셜미디어 계정에 레이철과 함께 노래하는 모습이 담긴 사랑스러운 사진을 게재했던 것이다. 조심스럽기는 했지만, 이렇게 작은 행동 하나도 자신이 레이철의 아빠라는 사실을 받아들인다는 걸 보여주는 증거였다. 이제 레이철의 출생과 입양을 내적으로도 인정할 수 있게 된 만큼 그는 엥거스와 자신이 아이의 미래를 구축해 나갈 정당한 부모임을 기념할 수 있었다.

    이들이 부모로서 성장하는 모습을 지켜본 것이야말로 우리가 함께한 작업에서 가장 감동적이고 또 빛나는 순간이었다. 나는 누구에게나 그렇듯 이 두 사람에게도 부모가 된다는 게 그들의 인생에서 가장 어려운 일 중 하나가 될 것이라고 생각했다. 아이를 키운다는 것은 많은 이가 간절히 바라는 일이고, 의미 있고 중요하며, 기쁨과 사랑으로 가득 차 있지만 동시에 엄청나게 힘든 일이기도 하다. 온갖 걱정과 실수, 두려움과 절망이 가득한 데다 알 수 없는 것도 많아 지치기 일쑤이기 때문이다. 그리고 이들은 이제 각자의 성장 배경, 성격과 환경을 토대로 부부로서 어떤 부모가 되고 또 어떤 가족을 꾸리고 싶은지 함께 호흡을 맞춰나가야 한다.
    엥거스와 데반즈에게는 받아들이기 힘든 문제들이 복잡하게 얽혀있었다. 레이철을 입양한다는 건 두 사람이 끊임없이 평가받아야 하고 따라서 부모로서 행동을 조심해야 한다는 걸 의미했다. 하지만 이 같은 장벽을 뛰어넘고 난 후에도 또 다른 절차가 그들을 기다리고 있었다. 그것은 데반즈의 말처럼, "레이철을 마음껏 양육할 수 있도록 스스로를 해방하는" 과정이었다. 이제 이들은 자신들이야말로 레이철을 사랑하는 정당한 부모라는 사실을 인정하게 되었다. 그것만으로도 충분했다.

이후의 상담 과정을 돌아보면서 나는 다른 모든 부모 역시 어떤 식으로든 이와 같은 성장을 경험하게 되는지 궁금해졌다. 부모가 자녀에게 줄 수 있는 가장 위대한 선물 중 하나는 바로 자신감이다. 자신감은 물론 말을 통해 전달되기도 하지만 말이 아닌 삶의 태도에서 드러나는 메시지로 아이에게 전해지기도 한다. 부모는 자기 자신을, 그리고 자신의 강점과 약점을 잘 알고 또 신뢰할 때 최고의 모습을 보여줄 수 있다.

데반즈에게 아직도 몸 안에서 고통이 느껴지는지 묻자 그는 행복하게 고개를 저으며 지금껏 겪은 것으로 충분하다고 답했다. 그간 얼마나 많은 것을 속으로 꽉 붙잡고 있었는지 모르겠지만 자신들의 이야기를 털어놓고, 다양한 감정에 연결되는 경험을 하고 난 지금은 한층 가벼워진 기분이라고도 했다. 치료사로서 만족스러운 답이었다. 치료의 효과가 있었다는 의미였기 때문이다.

데반즈와 엥거스는 우리가 함께한 시간을 되돌아보았다. 두 사람은 상담 전반기에는 심리적 지원을 통해 안정감을 가질 수 있어서 좋았고, 후반기에는 부모로서 자신을 돌아볼 기회가 생겨 도움이 되었다고 했다. 덕분에 그들에겐 한 팀이라는 인식이 생기기도 했다. 깊은 고민을 거친 두 사람은 가족이 단순히 혈연만으로 규정될 수 있는 건 아니라고 결론지었다. 레이철이 자기 사촌들과 함께 있는 모습을 보면 친구들과 있을 때보다 더 깊은 연결감을 느끼는 듯 보였다는 것이다. 이들은 갈수록 자유로워지는 자신을 발견할 수 있었다. 엥거스가 활짝 웃으며 말했다. "레이철이 저를 사랑하는 모습을 엄마가 너무 뿌듯해하면서 지켜봐 주세요. 그걸 보는 게 너무 좋으신가 봐요. 사실 너무 사랑스러운 순간이기는 하죠…. 다른 누군가의 눈을 통해 자신을 들여다보는 그런 순간은 정말이지 초현실적이잖아요." 레이철은 엥거스를 부모로 믿어 의심치 않았다.

타인에 대한 믿음은 강력한 마법이다. 그와 같은 믿음을 받는 사람은 자신감이 샘솟을 뿐 아니라 내면에 단단한 뿌리를 내리게 된다.

데반즈는 확신이 넘치는 눈빛으로 나를 보며 웃었다. "정말 좋은 느낌이에요. 저희가 성장하고 변화해 가는 게요. 레이철이 변하는 걸 지켜보는 것도요. 레이철은 에너지가 넘치죠. 저희 딸이 틀림없어요. 저를 그대로 빼 박았다니까요. 저나 제 아빠처럼 걸을 때 뒷짐 지는 걸 보면 너무 아름다워요."

내가 두 사람에게 마지막으로 해준 말은 그들을 부모로 둔 레이철은 행운아라는 것이었다. 그들의 미래가 그리 간단하지만은 않겠지만 분명 기쁨과 사랑으로 넘쳐날 것이다. 나는 이 가족이 풍요로운 삶을 누릴 거라고 확신했다.

톰슨 가족
The Thompson Family

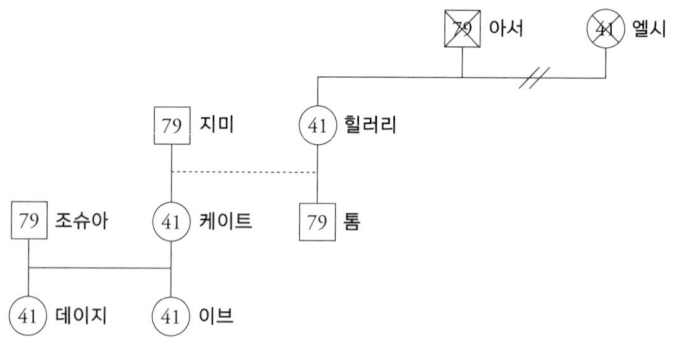

톰슨 가족

The Thompson Family

독립과 유대에 관하여

자녀를 놓아준 뒤에도
유대감을 이어가는 방법

사례개요	톰슨Thompson 가족의 모계는 76세 힐러리Hilary, 그녀의 딸인 55세 케이트Kate, 그리고 케이트의 두 딸인 열여덟 살 데이지Daisy, 열다섯 살 이브Eve로 구성된다. 힐러리는 결혼 생활이 35년째로 접어들던 해에 남편인 지미Jimmy가 커밍아웃을 해 그와 별거에 들어갔고, 지미는 5년 전 사망했다. 힐러리는 콘티 제작자로 일하다 퇴직했고, 케이트는 저널리스트로 승승장구했지만 임신하면서 일을 그만뒀다. 케이트의 남편인 55세 조슈아Joshua는 법정 변호사로서 출장이 잦은 편이다. 우리의 작업은 데이지가 대학 진학과 동시에 집을 떠나게 되면서 할머니인 힐러리, 어머니인 케이트, 그리고 그녀 자신이 달라진 관계에 잘 적응해 나가는 데 초점을 맞췄다.

나는 자녀가 집을 떠나는 건 부모가 살아있는 존재의 상실을 겪는 것이라고 생각한다. 분명 비통한 마음이 생기는데 그 복잡성이 간과되는 경우가 많다. 나는 개인적으로 '빈 둥지 증후군empty-nest syndrome'이라는 용어를 좋아하지 않는다. 우둔하고 무감한 표현이기 때문이다. 아이가 성장해 나가는 과정의 어려움은 경미한 수준부터 극심한 데 이르기까지 다양한 스펙트럼으로 모두에게 영향을 미친다. 가족의 분리 과정에서 다루기 까다로운 문제는 소리 없이, 인지조차 되지 않은 채 수면 아래에서 곪아 터진 뒤에야 표면으로 드러난다.

부모는 살림과 돌봄의 의무가 줄어 안도하면서도 자녀를 향한 그리움으로 불안, 슬픔, 외로움과 분노에 시달린다. 자녀의 안전과 행복에 대한 걱정에서도 벗어날 수 없다. 이 같은 과도기에 부모가 무너지지 않도록 보호해 주는 건 배우자를 비롯한 사람들과의 친밀하고 의미 있는 관계, 자존감을 높일 수 있는 다양한 기회, 재정적 안정과 건강 등이다. 부모는 아이를 지지하되 지나치게 간섭하지 않는 태도로 자녀의 발달과 발견을 도와야 한다. 연구 결과에 따르면 중대한 인생의 전환기를 맞았을 때 전문적인 손길이 일찌감치 개입해야 정신 건강과 삶의 전반에 잠재적인 위험이 생기는 걸 방지할 수 있다.

케이트가 나를 찾아온 건 딸 데이지가 대학에 진학해 집을 떠나게 된 후의 자신을 이해하고 싶어서였다. 그녀는 세대를 초월한 가족의 패턴과 믿음에 관해서도 알아보고 싶어 했다. 변화엔 결국 모두의 노력이 필요한 만큼 나는 대개 치료에 온 가족이 참여하는 걸 선호한다. 하지만 톰슨 가족의 경우 쟁점이 주로 여성과 관련된 모성, 그리고 자식을 놓아주는 것에 관한 문제였기에 이들이 상담의 주축으로 나섰다.

우리는 필요한 경우 조슈아와 이브도 함께할 수 있다는 점에 동의했다. 두 사람은 우리의 대화에 참여하지 않더라도 그 영향을 받을 수밖에 없으므로 상담 내용을 실시간으로 전달받아야 했다. 가족 시스템의 역학을 일부 구성원이 변경하는 경우에도 그 파장은 모든 가족에게 미친다. 따라서 치료 내용을 알리지 않고 비밀로 유지하면 가족 간에 긴장이 생겨 오히려 역효과가 날 수 있다. 나는 상담 중 조슈아와 이브를 만날 기회도 있었다. 조슈아의 경우 기술적 능력을 제공해 주거나 우릴 지나칠 때 들러 인사해 주었고, 이브는 일부러 찾아와 인사를 건넸다. 나는 다른 사람들 덕분에 이들을 친근하게 느낄 수 있었다. 두 사람은 상담에 참여하지 않고도 많은 유익함을 누리고 있는 듯했다.

세 세대에 걸친 이 여성들은 놀라울 만큼 닮은 모습이었다. 힐러리는 굵고 곱슬곱슬한 단발 머리카락을 희끗희끗하게 그대로 두었다. 창백하면서도 주름 하나 없는 얼굴에 강렬한 붉은 립스틱을 바른 모습이었다. 금발을 길게 기른 케이트는 앞머리가 있었고, 하얀 셔츠를 목까지 채우고 은으로 된 롱 귀걸이를 하고 있었다. 엄마와 할머니 사이에 앉은 데이지는 살짝 혼란스러워 보였고, 머리칼을 뒤로 쓸어 넘겨 날카로운 눈빛의 파란 눈동자를 드러냈다. 그녀는 화장기 없는 얼굴에 작은 다이아몬드 귀걸이를 했고 손톱에는 검은색 매니큐어가 칠해져 있었다.

나는 이들의 반짝이는 눈빛과 유머 감각에 끌렸다. 친구로서 그들과 시간을 보내고 싶다는 생각이 들 정도였다. 하지만 선을 지킬 필요가 있었다. 나는 그들의 치료사였고, 우리 사이에 어느 정도의 솔직함과 친밀함을 구축하고 싶었지만 그것은 오직 그들의 필요를 충족하는 데 충실하기 위함이어야 했다.

이들은 예방 차원에서 단기간 집중 치료에 돌입하기로 했다. 상담을 통해 서로가 어떤 사람인지, 서로의 대처 방법이 어떻게 다른지 이해함으로써 서로에게 격하게 감정을 쏟아내는 상황을 미연에 방지하길 원했다.

인생이라는 무대에서 사회생활을 하든, 전업주부로 일하든 여성은 엄마의 역할을 한시도 내려놓을 수 없다. 데이지가 성장해 집을 떠나는 건 케이트뿐 아니라 데이지에게도 인생의 큰 전환점이 될 것이며 모든 가족 구성원에게 영향을 미칠 것이다.

이 같은 전환기가 시작될 무렵에는 다른 많은 변화도 함께 일어나는 경향이 있다. 엄마는 폐경을 겪고 부모의 노화에 대처하는 동시에 부부가 중심이 되는 가족의 새로운 형태를 구축해야 한다. 전업주부의 경우 일상의 구조와 목적이 송두리째 사라질 수 있고, 워킹맘의 상실감도 그에 못지않게 클 수 있다. 아빠들 역시 겉으로 내색하지 않을 뿐 감정이 요동치기는 마찬가지다. 자칫하다가는 이 시기에 놓친 것들 때문에 뒤늦게 후회할 수 있다.

자녀들 역시 집을 떠나 삶의 새로운 국면에 뛰어들면서 설레고도 두려운 양가감정을 느끼게 된다. 학업에 충실하는 한편 연애 같은 사회적 과제를 풀어가는 법을 배우며 어른이 되는 길을 찾아야 하기 때문이다.

 케이트 톰슨은 10년 전 위기 상황에서 나를 찾아온 적이 있었다. 사랑하는 남동생 톰Tom이 코카인 때문에 소위 '끔찍한 중독'에 빠진 것이다. 상담 치료가 성과를 거둬서 케이트는 빚더미의 재정적 상황, 친구들과의 절연, 동생을 막지 못하는 무력함, 그리고 동생이 죽을까 봐 두려워하는 부모의 고통에 이르기까지 동생의 중독이 낳은 참혹한 결과에 정당히 분노할 수 있게 되었다. 상담 이후 동생은 케이트와 함께 살게 되었고, 대개 소파에 앉아 요리 프로그램을 시청하며 뭔가를 먹어 비만이 되었다.

 힘든 시간이었지만 케이트는 그 시간을 잘 극복해 낸 것을 자랑스러워했다. 케이트가 남동생에 대한 끈질긴 사랑으로 쓴소리를 마다하지 않은 데다 누나의 두 딸이 천진난만한 기쁨까지 더해준 덕에 톰은 자신이 원하는 미래상을 그릴 수 있게 되었다. 케이트는 남편과 함께 톰을 익명의 알코올 중독자들 모임Alcoholics Anonymous, AA[1]에 데려다주었고 톰은 10년이 지난 지금까지 코카인에 손대지 않고 있다.

 나는 당시 작업을 통해 케이트가 자신의 치료 과정에 대한 통찰

---

[1] 알코올 중독에서 벗어나려는 사람들을 지지하고 지원하는 단체로 1935년 미국의 내과의사 밥 스미스(Bob Smith)와 뉴욕 주식 중개상 빌 윌슨(Bill Willson)이 설립했다. AA는 오늘날 약 180개국에서 활동하고 있으며 회원 수는 200만 명이 넘는 것으로 추정된다.

이 상당히 뛰어날 뿐더러 신뢰 관계를 구축하는 능력도 탁월하다는 사실을 알게 되었다. 케이트는 자신의 힘을 과소평가하는 경향이 있어서 어려운 상황에 용감하고 지혜롭게 대처하는 자신을 보고 놀라움을 금치 못했다.

나는 데이지에게 집을 떠나는 기분이 어떠냐고 묻는 것으로 상담을 시작했다. 데이지는 망설였는데, 자기 기분을 잘 모르기 때문이 아니라 엄마와 할머니 앞에서 처음 보는 사람에게 말하기가 어색해서였다. 나는 데이지를 편안하게 해주고자 지나치게 환한 미소를 지어 보였지만, "나랑 이렇게 이야기하는 게 어색할 거야."라고 말하면 데이지가 자신을 더 의식하게 될 거라고 생각했다. 이제와 돌아보니 케이트에게 먼저 말을 걸어서 내가 엄마나 할머니와 어떤 관계인지 데이지가 지켜볼 수 있었으면 더 좋았을 듯하다.

데이지는 일주일 전, 코로나19 때문에 대학 입학을 1년 연기할지 깊은 고민에 빠졌었다고 말했다. 그녀는 생각의 흐름을 따라 나긋나긋 이야기하며 차츰 자신감을 회복했다. 대학에 입학하는 게 설레기는 하지만 기대치를 낮추고 싶은 마음이 들었다는 얘기였다. 거기선 여섯 명과 함께 지낼 예정이기 때문에 이들과 얼마나 잘 어울리냐에 따라 많은 게 달라질 것이라고도 했다. 가장 걱정되는 건 외로움이었다. 팬데믹으로 일상적 모임이나 신입생 행사 같은 게 전혀 없었고 강의도 모두 온라인에서 진행될 예정이었기 때문이다. 한번은 이케아 매장을 뱅글뱅글 도는데 불안감이 엄습한 적이 있었다고 말해 나도 힘차게 고개를 끄덕였다. 나는 모든 이케아 매장 출구에 무료 상담 공간이 있어야 한다고 늘 생각해 왔다.

자신감 있고 에너지 넘치는 힐러리가 대화에 끼어들었다. 데이지가 옥스퍼드 대학에 진학한 건 케이트나 자신은 감히 꿈도 못 꾼 성취의 궤적이라는 얘기였다. 나는 힐러리의 이야기에 매료되었다. 우리는 우리가 누구인지 이야기를 통해 배우고, 만약 시간을 들여 그 이야기를 음미하지 않으면 지혜의 조각을 놓칠 수 있다. 힐러리의 할머니는 글래스고Glasgow 출신 청소부였는데, 그녀의 딸이자 힐러리의 어머니인 엘시Elsie가 다섯 살 때 돌아가셨다. 그때쯤 힐러리의 할아버지 역시 사라졌기에 엘시는 언니의 손에서 자랐다.

엘시는 전쟁이 시작될 무렵 아서Arthur와 사랑에 빠져 서로에 대해 잘 알지도 못하는 채로 서둘러 결혼했다. 그는 '계층이 다른 만큼 말하는 것도 다른 남성'이었지만 둘은 끝내 함께 가정을 꾸리지 못했다. 힐러리는 아서가 휴가를 나온 시점에 임신했는데, 전쟁이 끝날 무렵 두 사람의 관계 역시 끝나버렸다. 힐러리가 말했다. "저는 아빠가 누군지는 알았지만 어떤 분인지는 몰랐어요…. 그래도 아빠의 영향을 받았죠. 아빠는 제 출생신고를 할 때 날짜를 잘못 적었어요. 실제 생일은 12일인데 14일로 적으신 거예요." 순간 나는 아버지가 생일을 잘못 기재한 것보다 힐러리가 아버지를 잘 알지 못한다는 사실이 그녀에게 더 중요하다는 것을 알아차렸고 적당할 때 깊이 파헤쳐 보기로 했다.

힐러리가 자신의 이야기를 이어갔다. 힐러리의 어머니는 남편으로부터 생활비 명목으로 일주일에 1파운드씩 받아내기 위해 소송을 제기했지만 결국 아무것도 얻어내지 못했다. 그래도 남편에게 서운한 마음은 전혀 없었다. "엄마는 이후로도 아빠에 대한 로맨틱한 환상을 쭉 이어갔어요. 임종 직전에도 아빠 얘기를 하셨죠…." 힐러리는 10살 때 아빠 아서와 잠시 함께 지낸 적이 있었다. "두세 달 후 아빠가 내 삶에서 떠났을 때도 나는 전혀 슬프지 않았어요. 오히려 마음이 놓였죠."

그 무렵의 아서는 알코올중독자였다. "불쌍한 아빠는 불가능한 일에 매달리셨어요…. 아빠가 포츠머스의 한 호텔에서 바텐더로 일했고, 가스 오븐에서 자살했다는 사실을 저는 한참 뒤 사망 진단서를 보고 알게 됐어요. 1950년대에 선호하던 자살 방법이죠."

케이트가 끼어들었다. "할아버지 가족은 하나같이 알코올중독자였고 모두 자살했어요. 할아버지의 어머니, 아버지, 이모까지요. 그분들은 상류층이었고 할머니는 그 사실에 자부심을 느끼셨어요."

나는 힐러리와 그녀의 어머니 모두 아버지가 부재했던 건지 한 번 더 확인했고 힐러리는 고개를 끄덕였다. 힐러리는 두 세대에 걸친 아버지의 공백에 대해 별달리 언급할 게 없는 듯했다. 하지만 할 말을 찾은 케이트가 먼저 자신의 엄마를 향해 몸을 돌렸다. "할머니는 엄마를 할아버지로부터 지켜 내면서도 할아버지에 대한 로맨틱한 기억을 간직하고 있었잖아." 그러더니 다시 화면 쪽으로 몸을 돌려 말했다. "엄마를 사랑하고 보호하려는 할머니의 욕구가 판타지보다 강했던 거예요. 그래서 할아버지가 엄마와 가까워지도록 내버려두지 않은 거죠."

힐러리가 다소 뜬금없이 주장했다. "난 아빠를 구할 수 없었어요. 아빠가 죽었을 때 열한 살에 불과했으니까요."

데이지가 익히 알고 있는 이야기임에도 흥미롭게 듣고 있는 모습이 보였다. 나는 아빠를 향한 힐러리의 슬픔이 어디로 사라졌는지 궁금해하고 있었는데, 곧 힐러리가 다시 엄마의 이야기로 화제를 돌렸다. 엘시는 내내 싱글맘으로 지내다 힐러리가 지미와 결혼할 무렵 재혼했다. 나는 엘시가 왜 그때까지 혼자였는지 캐묻지 않았다. 다만 힐러리가 집을 떠날 때까지 다른 누군가에게 할애할 감정적 에너지나 욕구가 없었을 거라고 짐작했다. 남편이라는 존재는 엄마라는 삶의 주요한 목표에 떠밀려 뒷전이 되었을 것이다.

10년 후, 힐러리와 그 가족은 지미의 직장 때문에 잉글랜드에서 시드니로 이주했다. 그 무렵에 대해 힐러리는 이렇게 추측했다. "엄마의 삶이 그야말로 뜯겨 나갔어요…. 엄마의 존재가 송두리째 사라져 버렸죠. 엄마가 사는 공동 주택에는 친구도 많았고, 엄마는 버스로 출퇴근하며 간병인 일을 하기도 했지만 이후 8년간 서서히 무너져 내렸어요…. 그 시간 동안 끔찍한 실망과 상실을 외면하고 지내다 결국엔 정신을 놓고 말았죠. 편집성 조현병 진단을 받았어요."

엘시는 두 가지 캐릭터로 분열되었다. 그녀는 예컨대 자신이 레즈비언이라는 둥 자신에게 충격적이었던 소리를 퍼붓는 노동자 계층의 사악한 여성이 되었다가 자신에게 매우 친절했던 대령이 되기도 했다. 엘시는 이 캐릭터들에 완전히 동화되어서 특유의 억양을 흉내 내며 연기했다. 힐러리와 케이트는 그들에게 어떤 특징이 있었는지 묘사하며 웃었지만 당시에는 분명 걱정이 컸을 것이다.

힐러리는 엄마의 상태가 정신 질환으로 발전하기 직전이었지만 케이트 덕분에 엄마가 제정신을 찾았다고 진지하게 이야기했다. 케이트도 이에 동의했는데 어떻게 그 일이 가능했는지에 관해서는 의견이 달랐다. 케이트는 열여덟 살 때 엄마가 할머니를 돌봐주라며 자신을 시드니에서 런던으로 보냈다고 말했다. 하지만 힐러리는 이를 완강히 부인했는데, 런던으로 간 건 순전히 케이트의 선택이었다는 것이다. 순간 양쪽에서 내뿜는 불길을 피하고자 데이지가 몸을 뒤로 기댔지만 언쟁은 순식간에 시작되었듯 순식간에 지나가 버렸다. 나는 엘시의 이야기를 하는 것 자체가 서로 관점이 다르다는 사실보다 훨씬 중요하다는 것을 깨달았다. 이 정도의 다툼은 이전에도 여러 차례 있었고 길게 끌어봐야 좋을 것이 없다는 걸 그들도 아는 듯했다. 그래서 결국엔 웃으며 결과에 동의했다. 엘시는 케이트의 돌봄을 받기 시작하자 "이내 호전됐어요. 조현병에서 벗어나더니 가뿐하게 털고 일어났죠. 다시는 그에 대해 언급하지 않았어요."

나는 부모든 조부모든 누군가에게 필요한 존재가 된다는 게 삶의 목표와 의미를 부여하고 건강히 살아가는 일의 토대가 된다는 사실을 새삼 실감했다. 엘시의 조현병 역시 그녀가 제정신이어야 할 이유가 생기자 사라졌을 것이다.

모녀 3대의 얼굴은 자신들을 있게 한 여성을 기억하며 환하게 빛났다. 케이트가 말했다. "엄마는 할머니를 떠날 수가 없었지." 케이트는 아빠에 대한 기억보다 할머니에 대한 기억이 더 많았다. 이들은 엘시와 함께하는 데서 안전함을 느꼈고 듬뿍 사랑받았다. 케이트는 할머니의 모습을 생생하게 묘사했다. 할머니는 간병인으로 일했고 공동 주택에 살았지만, "옷을 무척 화려하게 차려입으셨어요. 91세에 돌아가실 때까지도 빨간 립스틱을 바르셨으니까요…. 언제나 완벽한 옷차림으로 등장하셨죠. 립스틱, 스카프, 베이지색 방수 코트와 아름다운 앵클부츠를 빠트리는 법이 없었어요. 우리는 드라마 〈코로네이션 스트리트 Coronation Street〉[2]를 함께 보고는 했는데 할머니가 실제로 사신 지역이기도 해서 정말 좋아하셨죠."

두 사람은 함께 웃었다. 문득 "천국은 타인에게 기억되는 것 Heaven is being a memory to others."이라는 말이 떠올랐다. 엘시는 세상을 떠난 지 수십 년이 지났음에도 사랑으로 이들 안에 살아있었다. 이들은 '가족은 엄마를 위한 신성한 제도'라는 메시지를 엘시가 세대를 넘어 전해 주었다고 믿어 의심치 않았다.

---

2   영국에서 가장 오랫동안 방영된 TV 드라마. 잉글랜드 맨체스터 지역의 가상 도시 웨더필드(Weatherfield)에 사는 노동자 계층 사람들의 일상을 다룬다.

사려 깊은 태도로 조용히 듣고 있던 데이지가 입을 열었다. "저는 증조할머니 이야기가 좋아요. 증조할머니는 가슴 아픈 유년기를 보내셨죠. 할머니와 엄마가 삶의 전부였기 때문에 이들이 떠나자 말 그대로 정신을 놓으셨어요." 데이지가 한참 동안 뜸을 들였다. "엄마, 엄마는 안 그럴 거지?"

케이트가 웃는 얼굴로 딸의 눈을 들여다보며 말했다. "엄마는 꿋꿋해. 잘 지낼 테니 내 걱정은 하지 마. 수년이 걸리기는 했지. (케이트가 우리의 상담이 떠오르는 듯 날 보며 고개를 끄덕였다.) 내 생각보다 내가 더 강하다는 걸 깨닫기까지 말이야."

힐러리가 끼어들었다. "나는 내 엄마랑은 달라. 나 자신을 돌아보거든. 내가 묻어둘 줄 아는 사람이었으면 좋겠어. 어떤 건 꽁꽁 싸서 처박아 두는 것도 좋으니깐." 케이트는 이 말에 동의하지 않으면서 자신들에게는 어려움을 극복하면서도 긍정적이고 행복한 태도를 유지할 능력이 있다고 덧붙였다. 자신은 결코 자기 연민에 빠지지 않는다고도 했다. 그리고 이렇게 덧붙였다. "엄마는 지독하게 어두워졌다가도 빠져나와서 다시 자신을 가다듬어. 게다가 환상에 의존하지 않잖아. 할머니랑은 다르게." 케이트는 이내 자신에게로 주의를 돌렸다. "저는 의심의 여지 없이 살아남아요. 결코 호락호락한 인물이 아니죠…." 자신이 강한 여성의 계보에 속한다는 케이트의 믿음은 데이지에게 아주 중요한 발언이었다.

데이지에게는 부모님 관계가 돈독하다는 확신 역시 필요했다. 갓 성인이 된 자녀는 부모님이 자신 없이 잘 살지 못할 거라는 두려움 때문에 집을 떠나지 못하기도 한다. 실제로 50세가 넘는 부부의 이혼율이 지난 20년간 두 배로 증가했는데, 마지막으로 함께 살던 자녀가 집을 떠나는 일이 계기가 되는 경우도 많았다. 가족을 하나로 묶어주던 접착제, 빈사 상태의 관계를 가려주던 소음과 분주함이 사라져 버리기 때문이다. 하지만 케이트는 이 부분에 대해서도 데이지를 안심시킬 수 있었다.

동시에 세 사람과 치료 과정을 진행하는 건 일대일 치료에 비해 심리적으로 당연히 더 큰 조직력과 균형감을 요구한다. 더 많은 정보가 쏟아지는 건 물론 다양한 관계와 관점을 다뤄야 하기 때문에 자칫 중요한 포인트를 놓칠 수도 있다. 나는 다음 상담까지 잘 기억해 뒀다가 힐러리가 아버지에 대한 슬픔을 어디에 묻어두었는지, 그리고 케이트가 절절하게 그리워했던, 돌아가신 그녀의 아버지보다 오히려 할머니에 대한 기억이 더 많은 이유는 무엇인지 물었다.

힐러리는 내 질문을 가볍게 받아들였다. 아버지를 잘 모르기 때문에 그립지도 않다는 것이다. 반면 케이트는 아버지를 향한 슬픔을 '지독한 외로움, 끔찍한 적막함'이라고 표현했다.

데이지는 학교로 떠난 이후여서 이번 상담에 함께하지 못했다. 나는 아버지의 부재에 대해, 그리고 그 부재가 이들의 이성 관계에 어떤 영향을 미쳤는지에 대해 질문했다. 케이트가 힘주어 말했다. "저희 집안 여성들은 대대로 남자들한테 실망해 왔어요. 엄마가 저보다 긍정적이기는 하죠. 엄마의 삼촌을 엄청 좋아하셨거든요. 아빠가 떠난 뒤로 좀 부정적으로 바뀌셨지만요."

이에 힐러리는 자신이 '남'으로 여기는 남성들에게 늘 매료됐지만 지미가 커밍아웃했을 때는 살의를 느꼈다고 답했다. 35년간 이어온 결혼 생활을 깰 수밖에 없게끔 만든 그가 끔찍하게 잔인하다고 느낀 것이다.

케이트와 남동생 톰에게 가장 힘들었던 건 아빠가 게이라는 사실이 아니었다. 별거로 인해 부모님이 겪어야 했던 고통과 분노, 그리고 익숙하게 돌아갈 수 있는 집이 더 이상 존재하지 않는다는 사실이었다. 힐러리는 전혀 방어하려는 기색 없이 진실이 말해질 수 있도록 사려 깊게 고개를 끄덕였다. 그리고 한 손으로 이마를 누른 채 자기 뜻을 잘 전달하고자 신중하게 말했다. "저는 수년 동안 저 자신에게 부여했던 모든 정당성을 포기해야만 했어요. 스스로 자문했죠, 남편은 동성애자인가? 심지어 남편한테 다른 삶을 살고 싶은지도 물어봤어요. 그런데 그는 '아니'라고 했죠."

이유는 다르겠지만 힐러리가 결국 자신의 아버지만큼이나 감정적으로 가까워지기 힘든 사람을 남편으로 맞았다는 게 흥미로웠다. 나는 이 같은 역설을 자주 목격한다. 사람들이 계속 과거의 영향을 깨우치지 못한다면, 의식적으로 자신에게 더 나은 선택을 하는 대신 과거의 여러 측면을 재연하는 경우가 많다. 힐러리가 말을 이었다. "그래서 우리는 또 한참을 함께했어요. 50살까지 지미는 내 곁에 있었죠. 힘들었지만 가족을 포기하고 싶지는 않았어요.

사람들이 계속 과거의 영향을
깨우치지 못한다면,
의식적으로 자신에게 더 나은
선택을 하는 대신 과거의 여러 측면을
재연하는 경우가 많다.

엄마처럼 싱글맘이 되기는 싫었죠."

우리는 침묵하며 힐러리의 말이 내려앉기를 기다렸다. 구성원 각자가 경험의 주관적 진실을 털어놓고 그 진실이 다른 구성원에게 받아들여지는 것, 이는 그 자체로 가족을 건강하게 해준다.

이들은 지미에 대한 이야기를 계속해 나갔다. 케이트의 목소리에서 감정이 들끓는 게 느껴졌다. 케이트가 수년간 마주할 수 없었던 아버지의 유품 상자를 지난 며칠에 걸쳐 풀어보고 왔기 때문에 이번 세션에선 아버지를 잃은 상실감이 특히 더 날것 그대로 드러났다. 우리와 아버지에 관한 대화를 나누고 난 뒤 용기 내 기억 속 아버지에게 다가갔던 것은 가슴 아픈 경험이었다. 나는 지미를 어렴풋이 그려보기 시작했다. 그는 가난에 찌들어 험난한 환경에서 매일같이 분노와 폭력에 시달리며 자랐다. 자기 가족에게는 그런 경험을 돌려주지 않으려 안간힘을 썼지만 한 번씩 폭발하는 걸 막을 순 없었다. 힐러리가 말했다. "그를 건드리기라도 할까 봐 우리는 다 엄청 눈치를 보며 살았어요."

케이트가 말했다. "아빠는 독학으로 공부하셨어요. 출세욕이 남달랐는데 우리도 그대로 물려받았죠. 아버지는 늘 기회를 좇으셨어요. 멈추는 법 없이 달렸지만 당신이 원하던 성공을 이루셨는지는 모르겠어요." 게다가 그 오랜 기간 동안 자신의 성적 정체성과 싸우는 것도 힘들었을 거라고 이들은 입을 모았다. 이후 지미는 자신이 게이라는 사실을 더 이상 숨길 수 없는 지점에 도달했다. 새로운 공동체 속에서 새로운 방식으로 살아가게 됐지만 어릴 적부터 느껴 온 버림받은 기분은 결코 채워지지 않았을 거라고 케이트가 말했다.

커밍아웃 직후 몇 년간 지미는 새로운 존재 방식을 찾기 위해 홀로 여행을 떠났다. 다행히 새로운 정체성을 확립할 수 있었고, 사망하기 전까지 몇 년 동안 그는 가족과 더욱 가까워졌다.

지미는 이들의 남자관계에 어떤 영향을 미쳤을까? "엄마는 지금도 남자들한테 상당히 치근덕대지만 저는 안 그래요. 남사친도 많지 않고요. 조슈아를 이해할 수 없을 때도 많은데, 그가 영국 남자인 데 비해 저는 오스트레일리아에서 자라서 그런가 봐요. 저는 오스트레일리아 남자가 좀 더 편해요. 그들의 신호를 읽을 수 있어서 좀 더 나답게 있을 수 있거든요." 케이트는 조슈아가 끊임없이 관심을 원하는 탐색가라는 점에서 아빠와 비슷하다고 말했다. 그는 잠시 자리를 비웠다 돌아오면 더 많은 관심을 원했고 무척 재밌는 데다가 가장으로서도 흠잡을 데 없었다. "우리를 위해 남극도 마다 않고 갈 사람이지만 그의 안에는 뭔가 빠져있다는 느낌이 늘 잠재해 있어요. 아빠처럼요. 가만히 있질 못하는 거죠."

드물었던 둘만의 시간에 조슈아는 케이트에게 온 관심을 쏟아 유대감을 느끼게 해주었다. 케이트가 창밖으로 눈을 돌리며 회고했다. "그런 성격에는 뭔가 중독성이 있어요. 그래도 저는 그를 완전히 알 수 없죠."

케이트의 말이 맞았다. 가변적 보상은 원하는 것을 언제 얻을지 알 수 없어 우리로 하여금 계속 바라보고 갈망하며 궁금해하도록 만든다. 그러다 만족의 순간이 오면 동일한 패턴을 다시 처음부터 반복하게 된다. 이렇게 반복되는 무의식적 행동을 심리학적으로 흥미롭게 해석한 관점도 있다. 부부 치료사이자 작가인 하빌 헨드릭스Harville Hendrix는 우리가 어린 시절에 완수하지 못한 과업을 어른이 된 후 자신의 관계 속에서 완료하고 싶어 한다고 분석했다. 하지만 그 과업은 대개 성공하지 못하고 우린 동일한 고통을 반복할 뿐이다.

나는 젠더에 관한 이 가족의 관점이 특히 흥미로웠다. 힐러리는 감정 지능이 높은 만큼 남편이 게이이며 이를 숨기고 있다는 사실도 알고 있었던 듯했다. 그런데 정작 남편이 수년간 그 사실을 부인하자 남성을 평가하고 사람의 마음을 읽는 자신의 능력에 의구심을 갖게 되었을 것이다. 어쩌면 일순간 적대적으로 돌변하는 남편의 태도가 그를 알 수 없는 사람으로 만들었을지 모른다. 혹은 그녀 자신이 알고 싶지 않았을 수도 있다. 남자를 '남'으로 간주하는 게 그들과 좀 더 깊이 있는 관계 맺기를 피하기 위한 그녀만의 방식일 수 있는 것이다. 남성은 역사 내내 여성을 동등한 인간으로 대우하지 않기 위해 '타자'로 취급했다. 타자화는 차이와 무력감에 대한 두려움에서 기인하지만 호기심으로 극복할 수 있다. 상대방을 알고자 하고, 온전한 나에 대해 알리고 싶은 마음 말이다. 하지만 이런 호기심은 힐러리, 그리고 좀 덜하기는 했지만 케이트까지 비껴갔다.

힐러리가 테이블에 머리를 처박더니 좌우로 흔들어댔다. 무슨 일인지 묻자 이렇게 답했다. "남자들!"

케이트가 카메라를 향해 몸을 숙였다. "네, 남자들이요! 저는 여자 친구들 없이는 살 수 없어요. 결혼 생활을 유지할 수 있었던 것도 여자 친구들과의 친밀감 덕분이었죠."

케이트는 사람이 모든 욕구를 충족하며 살 순 없다는 진실을 알고 있었다. 여자 친구들, 일, 결혼 바깥의 삶은 모두 성공적 관계를 위해 반드시 필요한 요소들이다. 힐러리와 케이트는 서로를 바라보며 남자들과 자신들의 관계성이 데이지에게는 어떤 형태로 발현될지 크게 궁금해했다. 그리고 잘은 모르지만 데이지는 자신들보다 더 똑똑하고 자신 있게 욕구를 실현해 나가리라 믿는다고 입을 모았다. 나는 미소 지으며 고개를 끄덕였다. 그것이 데이지에게 준 이들의 선물인 것이다.

상담 치료 과정에서는 가족이 치료사와 함께 공유할수록 생산적이고 도움이 되는 이야기와 개별적으로 해야 하는 이야기 사이에 미묘한 균형을 맞추는 게 중요하다. 여러 세대가 함께할 때는 특히 더 그렇다. 열린 마음과 정직한 소통은 가족 간에 신뢰를 구축하는 토대지만 그렇다고 무조건 솔직해야 하는 건 아니다. 어떤 이야기가 선을 넘는 건지 부모가 어떻게 알겠는가? 이를 명확히 규정하기는 무척 어렵다. 가령 (힘든 걸 내보여도 괜찮다는 걸 알려주기 위해) 부모가 자녀 앞에서 괴로워하는 모습을 보여주는 것도 중요하지만 과연 어디까지가 괜찮은 것인가? 슬픔에 빠진 당신을 자녀가 위로해 주는 건 사랑스러운 일이지만 아이에게 감정적 지지를 기대하고 바라는 건 도가 지나치다. 부모는 자녀와 역할을 뒤바꿀 게 아니라 매 순간 자녀를 가르치고 또 본보기가 될 수 있는 선을 잘 지켜야 한다.

나는 데이지가 집을 떠나서 케이트가 얼마나 속상한지 데이지 앞에서 이야기한 게 과연 현명한 처사였는지 케이트와 논의했다. 우리는 데이지도 케이트의 감정을 알아야 했고 또 알고 싶었을 거라고 의견을 모았다. 단 엄마가 자신을 그리워할 것이라는 정도는 알되 그 그리움이 얼마나 심각한지는 몰라서 부담 갖는 일이 없어야 했다. 나는 동의했다. 부모 가운데는 피해자 특유의 은근히 공격하는 태도를 취하는 이들이 많다. 이들은 '내 걱정은 하지 말라'고 말하면서 '제발 날 걱정해' 달라는 신호를 보낸다.

케이트와 나는 두 차례에 걸쳐 일대일 세션을 가졌다. 화면에 등장하자마자 케이트는 기운 없는 목소리로 인사를 건넨 뒤 심하게 흐느끼며 울기 시작했다. 이따금 코를 닦고 고개를 숙였다가 손가락으로 두 눈을 누르며 '세상에'라고 중얼댔다. 그러면서 슬픔의 파도를 몸 밖으로 모두 흘려보냈다. 케이트는 잠시 아무 소리도 내지 않다가 호흡을 가다듬더니 고개 들어 수줍게 미소 지었다.
"아, 지치네요."

그렇다. 슬픔이 자신을 통과하도록 내버려두는 것은 육체적, 심리적인 저점을 찍는 일이었지만 덕분에 그녀는 마음을 열고 그 밑에 무엇이 있는지 찾을 수 있었다.

케이트는 내 눈을 똑바로 쳐다보기도 하고 시선을 옆으로 돌리기도 하면서 할 말을 골랐다. 나는 케이트와 조슈아가 데이지를 차로 학교까지 데려다줬다는 사실을 알게 되었다. 차 안에서는 경쾌한 음악을 틀어 밝은 분위기를 만들려고 노력했다. 케이트는 눈물이 터져나오는 걸 가까스로 참았고 조슈아는 쉴 새 없이 떠들어댔으며 데이지는 뒷좌석에 말없이 앉아있었다. 이들의 작별 인사는 서둘러 마무리되었다.

돌아오는 길에 케이트는 굳은 표정으로 침묵했고 조슈아는 그런 케이트를 이해하다가도 솟구치는 짜증을 참지 못했다. 그는 데이지가 명문 대학에 다니게 되어 얼마나 자랑스러운지, 데이지도 멋진 시간을 보낼 테니 이게 얼마나 잘된 일인지 강조했다. 케이트도 이의를 제기하지는 않았지만 상실감이 밀려드는 걸 어쩔 순 없었다. 조슈아가 자신만큼 치열한 슬픔을 느끼지 못한다는 데 화가 났다.

급기야 그에게 버럭 소리쳤다. 데이지가 사춘기를 지날 때, 자꾸 멋대로 하려 들어서 골치 아팠을 때, TV 시청 시간과 귀가 시간을 두고 신경전을 벌였을 때 등을 통과해 오며 조금씩 데이지를 놓아줬지만 그럼에도 데이지가 떠나는 건 전혀 다른 차원의 슬픔이라고 호소했다. 비단 지난 몇 년만 연관된 일이 아니었다. 케이트는 엄마라는 역할을 통해 자신이 가치 있고 강한 존재라는 사실을 확인받아 왔기 때문에 자신에게 의지하던 아이가 사라져 버린 상실감, 실질적 육아가 끝난 데서 오는 압도적 공허함을 예민하게 느낄 수밖에 없었다. 그녀는 삶의 목표도 분명했다. "저는 아이를 키우는 게 저의 가장 중요한 임무라고 믿었어요. 그것만큼 중요한 건 없고, 내 삶의 어떤 것도 거기에 비할 수는 없다고요. 엄마가 우리 남매한테 말한 것처럼 아이를 키우는 건 신성한 일이니까요."

나는 케이트가 하는 말의 의미를 마음으로 느낄 수 있었다. 그리고 나 자신은 엄마의 역할에 그렇게 충실한 적 없었다는 생각에 자책감이 밀려들어 이를 몰아내야 했다.

케이트는 잠시 의자에 기대앉아 그간 외면해 왔던 내면의 분노를 발견했다. 뜨거워진 손을 내밀어 식히고 싶다는 듯 세차게 흔들며 격앙된 목소리로 말했다. "미처 몰랐는데…. 전 화났어요. 화났다는 건 좀 과하고, 짜증이 나요. 네, 맞아요. 저는 삶의 종착역에 다다랐는데 데이지는 세상에 나가서 새로운 것들을 탐험하게 되는 게 부러워요…."

나는 우리가 흔히 부정하려고 하는 것, 즉 우리가 성년이 된 멋진 자녀들을 부러워한다는 사실을 스스로 인지하는 케이트의 능력에 깊은 인상을 받았다. 그 감정을 자신에게 드러낸다는 건 사랑하는 자녀에게 꺼내 보이지는 않을 거라는 의미였다. 이건 '고칠 수' 있는 감정이 아니었다. 그런 감정을 허용하고, 심지어 인정함으로써 오히려 본인 삶의 소중함을 깨닫는 계기가 되어야 하는 것이다.

이야기를 나누는 동안 케이트의 감정은 깊은 상실감, 그리고 부모로서 느끼는 자부심과 성취감 사이를 오갔다. 데이지를 보면 그녀가 그간 정말 잘해왔고 특별한 아이인 게 느껴진다는 얘기도 했다. 섬세하고 호기심이 많으며 대담하고 사랑스러운 데다 영리하기까지 했으니 말이다. 케이트가 행복의 눈물을 닦으며 말했다. "데이지와 이브를 보면 늘 감탄해요. 제가 상상한 것보다 훨씬 균형감을 갖추고 성품이 둥근 개인으로 지금껏 살아왔고 또 세상을 향해 나아갈 테니까요. 이 아이들은 존재하는 것만으로도 세상을 더 나은 곳으로 만들 거예요."

나 역시 뿌듯한 마음으로 케이트를 바라보고 있었다. 그간 부모로서 느끼는 죄책감에 대해 워낙 많이 들어왔기 때문에 나는 스스로 제 역할을 훌륭하게 수행했다고 믿는 엄마의 이야기를 듣는 게 상쾌했고 또 기뻤다. 케이트 같은 엄마의 이야기를 더 많이 듣는다면 우리 모두 더 열린 마음으로 육아의 승리를 축하할 수 있을 것이다.

육아에서 엄마와 아빠의 역할이 균등하게 나뉘는 경우는 거의 없다. 추후 진행된 상담에서 케이트는 조슈아가 훌륭한 아버지인 건 인정했지만 다음과 같이 말했다. "[두 딸과] 저만큼 가까웠던 적은 없어요. 저만큼 깊이 연결될 순 없었죠. 우리 모두의 생활비를 벌기 위해 바깥일을 해야 했으니까요. 가족을 지키려고 무척이나 헌신했지만 그는 그로 인한 굴레와 일상의 고단함에 시달렸어요. 그래서인지 이번 일에서 저처럼 슬퍼하기는 해도 저와 같은 상실감을 느끼지는 못해요." 케이트는 자신이 침대에서 격하게 흐느끼거나 조수석에서 갑자기 눈물을 흘리면 조슈아가 마치 미친 사람 보듯 한다고 말했다. 조슈아는 케이트의 기분이 나아지도록 해주고 싶으면서도 케이트가 자신만으로는 부족함을 느끼고 자신이 그녀를 낫게 해줄 기회도 주지 않는다는 사실에 다소 기분이 상한 것이다.

전통적으로 자녀에게 집을 떠나라고 권유하는 쪽은 아버지였다. 다른 수많은 엄마들처럼 케이트도 그게 거슬렸다. 이들은 대화를 나누고 이브까지 셋이서 함께 주말을 보내기도 했지만, 자녀의 성장 문제에 있어서는 서로 의견 일치를 보지 못하는 한계점이 있었다. 케이트는 자신의 새로운 정체성에 집중하려고 애쓰며 혼자만의 밀고 당기기를 계속했다. 한편으로는 지금껏 성취해 온 걸 스스로 인정할 필요도 있었다. "아이들에게 그런 사람이었다는 건 영광이에요. 그래도 이제 다른 관계를 맺어야겠죠. 이전 못지않게 중요한 역할이 무엇일지 끊임없이 탐색하겠지만 절대 발견하지 못할 거라는 것도 알아요. 내가 누군지 전혀 모르겠어요." 케이트는 이브가 떠날 날도 머지않았음을 알고 있었다. '빈 둥지'라는 상투적인 표현이 싫었지만 집은 더욱 고요해졌고 케이트는 상실감에 휩싸였다. 반면 희망의 순간들도 있었다. "무엇이든 올 거라는 걸 알아요. 아무런 우여곡절 없이 자신을 재규정하는 이들도 있겠지만 저는 서두르기 싫어요. 어떻게든 다시 태어나겠죠." 그녀가 웃으며 말했다. "젠장, 정원사는 아닐 거예요." 우리가 모두 키득댔다.

오늘날 수많은 조부모와 부모들은 청년 세대를 보면서 이렇게 말한다. "내가 네 나이 때는 직장도 있고 결혼도 했었는데…" 하지만 미국의 심리학자 제프리 아네트Jeffrey Arnett 교수는 진정한 성인이 20대 후반은 되어야 한다고 주장한다. 그는 그 사이 기간을 '성인 태동기emerging adulthood'로 칭했다. 그리고 이 시기는 지난 70년간 서구에서 일어난 거대한 사회적 변화가 초래한 발달의 새로운 국면이라고 분석했다. 이는 페미니즘 운동, 결혼 제도의 쇠퇴와 교회의 권력 약화, 수명 연장, 대학 교육의 확대와 그로 인한 산업 사회에서 기술 사회로의 이동, 그리고 끊임없이 치솟는 주거 비용 등이 촉발한 변화였다. 아네트는 청년들이 이때 아니면 결코 누릴 수 없는 자유를 만끽해야 한다고 믿었다. 많은 시도를 해보고 자신의 정체성을 탐구하는 등 좀 더 안정적인 성인기에 정착할 때까지 변화무쌍한 상태에 충실해야 했다.

나는 톰슨 가족이 각 세대의 발달 표준을 따르며 살아왔는지 궁금했다. 1960년대 초반 여성은 스물한 살이면 대개 결혼도 하고 출산까지 마쳤다. 힐러리는 동 세대의 대부분 여성과 마찬가지로 열일곱 살에 집을 나왔다. 자신이 원하는 게 무엇인지 고민 한번 해보지도 않은 채 탭댄스를 추고 "믿을 수 없을 만큼 시시한 일"을 하며 현실에 뛰어들었다. 스무 살에 결혼했고 스물한 살엔 케이트를 낳았다. 케이트가 성년이 될 무렵에는 페미니즘이 안정적으로 자리 잡아 그녀의 미래에 대한 가능성이 확대되었다.

힐러리에 따르면 케이트는 항상 독립적이었다. "케이트가 아기일 때 로즈힙 시럽을 줬는데 그 순간의 표정을 절대 잊지 못해요.

아주 어릴 때부터 '나는 나'라는 식이었죠."

케이트는 엄마가 그래선 안 될 때에 무력하게 굴었고, 때로는 은근히 비꼬는 것처럼 느껴질 때도 있었다고 주장해 힐러리를 뜨끔하게 만들었다. 두 사람은 이내 평소 패턴에 돌입했다. 마음을 단단히 먹고 각자 거슬렸던 부분을 이야기하면서 감정을 표현한 뒤 결국 웃으며 마무리하는 것이다. 하지만 케이트의 말에는 중요한 내용이 담겨 있었다. 부모는 권위를 지녀야 하고, 이를 자칫 자녀에게 넘겨줬다가는 자녀를 질식하게 만들 수 있으며, 심지어는 둘의 역할이 바뀔 수도 있다. 힐러리가 인정했다. "내가 몇 번 너를 크게 실망시켰지. 나도 후회하는 중이야."

케이트가 고개를 힘차게 끄덕였다. "응, 그때 엄마가 훌륭하진 않았지만 스물한 살엔 나도 좋은 부모가 되지 못했을 거야."

두 사람 간의 기류가 불과 몇 분 만에 싹 바뀌면서 오랜 '파열과 복구rupture and repair'의 패턴을 나타냈다. 내가 지적한 뒤에야 이들은 이 패턴이 선사하는 안정감을 감지했다. '파열과 복구'는 관계 속에서 자주 발생하는 현상을 묘사하는 심리학 용어로, 단절이 일어났다가도 인정을 통해 재연결되는 현상을 말한다. 지워지지 않는 상처는 파열이 일어나서가 아니라 복구가 충분하지 않아 생기는 것이며 이는 특히 엄마로부터 상처받은 아이에게 많이 나타난다. 케이트는 엄마를 쳐다보며 환하게 웃더니 팔을 쿡 찌르며 말했다. "맞아요, 우리는 한 번도 틀어진 적 없어요."

케이트는 다시 본론으로 돌아와 자신이 성인이 되던 시기의 이야기를 들려줬다. 그녀는 열여덟 살에 집을 나와 런던에 가서 할머니를 도우면서 부모님과 상의 없이 남자친구와 무단으로 동거했다. 케이트와 힐러리는 이때를 돌아보며 충격을 금치 못했다. 케이트가 부모님의 반응은 전혀 생각하지 않고 세계 반대편까지 간 데다 몇 달씩 연락도 두절되었기 때문이다. 힐러리가 말했다. "케이트가 위험했다는 건 하늘도 알아요. 전 운이 아주 좋았죠."

케이트는 그때가 혼란스러운 시기였다고 말했다. 주로 그녀가 만났던 남자들이 실질적 위험이 되곤 했는데 그에 관하여 그다지 깊이 생각하지 않은 덕에 어느 정도 보호받을 수 있었다. 그녀는 자신이 누구인지 크게 고민하지 않았고 그 대신 상황에 몸을 맡겨 자신을 구축해 나갔다. 상담 당시에는 인지하지 못했지만 이는 흥미로우면서 복잡한 포인트다. 케이트는 깊이 생각하지 않은 덕에 파괴적인 두려움에 휩쓸려 안정을 잃어버리지는 않았지만 그 안에도 내재된 위험은 도사리고 있었다. 이는 자기 보호와 배려가 충분히 내면화되지 못했다는 걸 반영하는 것이기도 했다. 물론 단언할 수는 없다. 삶은 결코 단순하지 않고 위험과 안전 사이에 균형을 맞추기란 어려운 일이다. 우리는 각자 둘 사이에서 세심하게 줄다리기하며 자신만의 길을 개척해 가야 한다.

밀레니얼 세대가 걱정이 너무 많아 삶의 역동성에 뛰어들 '배짱'이 없는 건 아닌지 두 사람이 의문을 제기했다. 저널리스트라는 케이트의 직업은 두려움의 연속이었다. 까다로운 상사 밑에서 자신의 자리를 찾으려 고군분투해야 했고, 자신감이 바닥을 친 순간부터 승리의 짜릿함을 누린 순간까지 내내 롤러코스터를 타고 있는 기분이었다. 가까스로 버티고 있다는 기분이 들 때도 많았다. 하지만 제삼자의 눈으로 자신을 돌아보면 아쉬우나마 성공한 부분 역시 기꺼이 받아들일 수 있었다. "성공을 향해 나아갈 저만의 정체성을 잃어버렸어요. 엄마라는 사실이 너무 좋았지만 그래서 다른 일을 할 자신감은 약해졌죠."

연구 결과에 따르면 여성이 일터에서 완전히 발을 뺐다가 다시 복귀하기란 남성에 비해 훨씬 어려운 것으로 나타났다. 처음엔 파트타임으로 시작해 풀타임으로 바꾸는 게 더 손쉬운 방안이다. 하지만 이 방법은 케이트의 선택지에 없었다. 선택이 가능한 상황인 게 다행이었지만 괜히 육아와 일, 두 가지를 동시에 쫓느라 전전긍긍하다가 한 가지도 제대로 완수하지 못해 자책하고 싶진 않았다. 게다가 생각해 보면 일하는 자신의 정체성을 다시 구축하는 것 자체도 넘어야 할 큰 산과 같았다. 거기에도 용기가 필요하다는 사실을 새삼 느꼈던 것이다.

나로서는 질책인지 격려인지 확신할 수 없었지만 힐러리가 케이트의 말을 재치 있게 끊었다. "나도 했는데 너도 얼마든지 할 수 있어."

케이트가 반박했다. "엄마, 그건 수십 년 전이지. 지금은 세상이 완전히 달라졌어."

자녀가 집을 떠날 때 영향을 받는 건 부모뿐만이 아니다. 가족의 전체 구조가 타격을 입는다. 데이지가 떠난 뒤 이브 역시 학교를 옮겨 자신만의 길을 개척하고자 하는 걸 보며 케이트는 이브가 자신을 언니와 분리해 새롭게 규정하길 원한다고 느꼈다. 자매가 서로 라이벌이든, 정반대 성향을 보이든, 한 명이 다른 한 명을 따르든 둘만의 관계 속에서 정체성을 형성해 나가는 모습은 흥미롭다. 자매들은 심지어 더 이상 어울리지 않을 때조차 서로에게 얽매여 있을 수 있다. 케이트가 잠시 뜸을 들였다. "어쩌면 나도 이브처럼 변화를 원하는 건지 몰라요…. 환경이 달라지면 좋겠다는 생각이 문득 들더라고요."

다음번엔 무슨 일이 벌어질지 살짝 불안한 마음이 들었다. 나는 케이트가 자신의 아빠를 따라 뉴욕으로 날아가는 모습을 상상했다. 가족이 함께 있기를 바라는 나의 편향적인 본능이 작용한 것이다.

걱정할 필요는 없었다.

"저는 부모님을 보며 변하는 방법을 배웠어요," 케이트가 말을 이었다. "두 분은 우울증에 시달릴 때가 있었죠. 지금의 저처럼 말이에요. 하지만 두 분은 삶에 대한 열정이 있었어요. 언제나 다시 밝은 기운을 되찾으셨죠. 덕분에 저나 제 남동생이 보호받을 수 있었고요. 두 분은 어둠에 빠졌다가도 다시 빛으로 나오셨기 때문에 저도 제가 그럴 수 있다는 걸 알아요."

이 얘기를 할 때 케이트는 자신의 슬픔에 대해 말할 때만큼이나 자신감에 차 있었다. 그 순간 우리는 둘 다 그녀가 결국 극복해 낼 것임을 알았다. 고통스러울 테고 마음만큼 빨리 끝나지 않을 수 있지만 그녀는 부모님이 보여주신 본보기를 발판 삼아 미래를 그릴 수 있었다. 이렇게 부모님이 살아가는 방식은 그들의 말보다 훨씬 강력하게 아이들에게 새겨진다. 나는 부모가 자녀에게 "나는 네가 행복하기만 하면 돼."라고 말하는 모습을 자주 보지만, 아이가 부모에게서 행복한 모습을 한 번도 본 적이 없다면 '행복'이 무엇인지 어떻게 알겠는가?

 케이트의 상황은 양호했지만 아직 가족의 역학을 재구성하는 것과 관련해 할 일이 남아 있었다. 나는 대학 생활로 바쁜 데이지는 제외하고 힐러리와 케이트를 만났다. 케이트와 옥스퍼드에 가서 데이지를 만나고 왔다는 힐러리가 사뭇 경건한 태도로 말했다. "조상들이 모두 제 뒤에서 함께 걷는 느낌이었어요. 청소부로 일했던 글래스고 출신 할머니부터 간병인으로 일한 투팅Tooting 출신 어머니까지요. 눈에 보이는 모든 게 감탄을 자아냈죠. 데이지가 다소 달라진 걸 느낄 수 있었어요. 3주 만에 변한 거죠. 자신만의 삶을 시작한 게 눈에 보였어요."
 힐러리의 표현 하나하나가 마음에 와닿았다. 케이트도 고개를 끄덕이며 말했다. "꽤 심란했어요. 데이지가 우리를 보는 눈빛이 확실히 달라졌더라고요."
 나는 데이지가 성숙하면서 그녀에게 어머니와 할머니라는 존재의 의미가 이전보다 줄어들었고, 그에 요구되는 역할도 달라졌음을 두 사람도 알고 있다고 지적했다. 하지만 데이지에게는 이전

부모님이 살아가는 방식은
그들의 말보다 훨씬 강력하게
아이들에게 새겨진다.
나는 부모가 자녀에게
"나는 네가 행복하기만 하면 돼."라고
말하는 모습을 자주 보지만,
아이가 부모에게서 행복한 모습을
한 번도 본 적이 없다면
'행복'이 무엇인지 어떻게 알겠는가?

세대로부터 물려받은 강인함이 넘쳤다. 케이트는 데이지와 다르게 관계 맺는 방식을 찾아야 한다는 사실을 슬프고도 기쁘게 받아들였다. 반지를 만지작대는 그녀의 모습은, 마치 자신의 커다란 임무가 끝났다는 사실에 근본적인 해방감을 느끼는 것처럼 보였다.

그래도 케이트는 혼란스러웠다. 물론 놓아줬다 붙잡기를 계속 반복하는 게 변화를 통과하는 과정이기도 하다. 지난 몇 주 역시 순탄치 않았다. 이따금 데이지가 울면서 전화해 학업에 대한 걱정을 늘어놓거나 무언가를 필요로 했을 때 케이트는 즉시 해결해 주었다. 그러다 또 며칠씩 아무 소식이 없으면 케이트는 혼자 끔찍한 시나리오를 쓰다가 휴대폰의 위치 추적 기능을 이용해 데이지가 시내에 안전하게 있는지 확인했다. 내가 보기에 이는 데이지의 사생활을 침해하는 행위였지만 이미 둘 사이에 합의된 일이었다. 데이지 역시 엄마가 어디서든 자신을 찾을 수 있다는 데서 안정감을 느꼈다.

힐러리가 한껏 들뜬 목소리로 데이지가 자신에게 전화했다고 말했다. 쇼핑하러 나갔다가 뭘 살지 조언을 구하려고 할머니한테 전화했다는 것이다. "내 생애 가장 자랑스러운 순간 중 하나였어요."

나는 케이트가 질투하거나 심지어 상처받았을 수도 있다고 생각했다. 사랑과 관심을 받기 위한 경쟁은 여러 세대 사이뿐 아니라 한 세대 내에서도 가족의 삶을 은밀히 파괴할 수 있으니 말이다. 하지만 톰슨 가족에게는 해당 사항이 없었다. 케이트가 말했다. "데이지가 자신을 어떻게 돌볼지 잘 아는 거예요. 조슈아와 저는 좀 복잡하지만, 엄마는 언제나 그 자리에서 데이지를 무조건 사랑해 주는 존재니까요. 저로서는 그게 다행스러워요."

나는 힐러리의 미소에서 그녀가 자부심으로 벅차오르는 걸 느낄 수 있었다. 조금 뒤 힐러리는 자신의 엄마인 엘시 역시 케이트에게 그런 존재였는지에 관해 질문하기도 했다. 힐러리는 데이지와의 연결감에서 큰 기쁨을 얻었던 것만큼 자신의 딸에게도 계속 그에 못지않은 관심과 애정을 쏟았던 것이다.

이 찰나의 순간은 사랑의 깊이를 훼손하지 않으면서도 가족의 패턴이 어떻게 재구성될 수 있는지를 잘 보여주었다. 엘시 얘기가 나오면 언제나 그렇듯 케이트가 웃으며 말했다. "할머니는 괴상한 면이 있었잖아. 그래도 할머니랑 있으면 편안했지. 할머니 댁에 가는 것도 좋았고. 돌아보면 할머니가 있어서 다행이었어…. 할머니가 말씀을 워낙 많이 하셔서 내가 말할 틈은 없었지만 말이야!"

힐러리가 자신도 말이 너무 많은 게 아닐까 걱정하며 얼굴을 찌푸리자 케이트가 아니라고 말해 주었다. 둘의 대화는 우리가 완벽할 필요는 전혀 없다는 걸 잘 보여준다. 오히려 근본적으로 사랑스럽기만 하면 얼마든지 '괴상한 면이 있어도' 괜찮다. 선의에서 우러나는 사랑은 믿을 수 있고, 수많은 착오 역시 견뎌낼 수 있다.

시간이 지날수록 케이트는 이브를 돌보는 걸 즐기면서 그녀에게서 위안을 찾았다. 함께 TV를 보고 간단한 저녁 식사도 함께 만들었다. 하지만 이 이야기를 하는 케이트의 눈에서 눈물이 솟아올랐다. 이브 역시 언젠가 떠날 것임을 떠올린 것이다. 힐러리가 케이트의 팔을 쓰다듬자 딸이 성장해 떠나는 게 어떤 건지 잘 아는 두 사람은 순간적으로 연결되었다. 이 접촉이 마치 케이트의 마음 속에 새로운 네트워크를 만들어낸 듯했다. 케이트는 에너지가 솟구치는 듯 내 쪽으로 몸을 돌려 상담 과정에 임하는 것이 저널리스트라는 자신의 일과 크게 다르지 않은 것 같다고 말했다. 불과 몇 분 이내에 자신의 슬픔을 표현하고 엄마의 사랑으로 지지받은 뒤 자신의 새로운 존재 방식을 찾은 것이다.

부모와 성인 자녀가 얼마나 건강하고 즐거운 관계를 구축할 수 있는지에 관해선 쉽게 과소평가되곤 한다. 흥미롭게도 대학에서 데이지는 엄마인 케이트의 행동을 그대로 재현했다. 울면서 전화하고 위안을 받은 뒤 기운 차리기를 반복했으니 말이다. 케이트는 데이지가 그렇게 똑똑한 학생들 사이에서 지적 자신감을 어떻게 유지해 갈지 걱정이었다. 힐러리는 대학이 데이지의 학업적 성취만을 평가하는 곳은 아니라고 믿었다. 학교의 기준에 맞춰 몸과 마음을 단련하는 능력 역시 중요했다. 이들은 보잘것없는 환경에서 옥스퍼드 대학교라는 '꿈의 첨탑'까지 오른 자신들의 사회적 유동성에 대해 열변을 토했다. 케이트는 중요한 메시지를 강조하려는 듯 스크린을 향해 몸을 기울였다. "제 친할아버지는 입양아였어요. 글도 읽을 줄 모르는 광부로 평생 끔찍이 가난하게 사셨죠. 하지만 아빠는 위로 올라가고 싶은 욕망이 있었고 그렇게 할 배짱도 있었어요. 그 두려움도 극복했고요. 혼자 공부해서 무일푼으로 사업을 시작하셨고 그것 때문에 온 가족이 오스트레일리아로 이민도 갔어요. 부모님은 좀 복잡하기는 해도 항상 안정감을 주셨고, 생명력이 남다르셨고…" 케이트가 눈물이 그렁그렁한 채 말을 멈췄다. 그녀를 웃으면서 바라보고 있는 엄마에게 눈길을 돌렸다. "너도 마찬가지야…. 네가 그 생명력을 다시 내게 줬고 데이지한테도 주었지. 데이지도 그 힘을 갖고 있어." 두 사람은 포옹했다.

힐러리는 바로 그 생명력을 발산하며 자신의 온라인 게임 중독에 대해, 이어 곧 세계 최강의 지도자가 될 한 살 연상의 남성에 대해 수다를 늘어놨다. "그런데 바이든이 낮잠을 자야 하면 어쩌죠?"

이건 힐러리가 몰두해 있는 화두를 꺼내는 방식이었다. "나의 다음 챕터는 죽음이에요." 그녀는 노화가 마치 질병이라도 되는 듯 사람들이 "나이는 숫자에 불과하다."라고 말하는 게 싫었다. 제인 폰다Jane Fonda 같은 사람들도 원망스러웠다. 늙는 게 죄인 것처럼 사람들의 눈앞에서 사라질 게 아니라 늙은 얼굴을 보여줘야 한다고 생각했기 때문이다. 그녀가 단호하게 말했다. "나는 내 나이를 느끼고 싶어요. 긴 세월을 살아오면서 지혜가 생기기도 했으니까요. 사람들이 내게서 뭔가 끌어낼 만한 걸 발견할 수 있을 거예요."

극도로 슬픈 표정이 된 케이트가 뭔가 말을 시작하려다 눈물을 쏟았다. 힐러리는 케이트의 팔을 쓰다듬으며 혼자만의 생각에 잠겼다. 입술을 꾹 다물더니 턱을 어루만졌다. 죽는 건 두렵지 않지만 죽어가는 건 두렵다고 그녀가 말했다. 그녀는 '존엄한 죽음을 위한 모임Dying with Dignity'의 회원이었고, 알츠하이머에 걸려 서서히 죽어가고 싶진 않았다. 죽은 후엔 화장되길 바랐으며 유해는 숲속 매장지 나무 아래에 자신의 어머니, 그리고 자신이 키우던 개(둘 다 힐러리 주방의 단지에 담겨 있다. 유해를 날려버리지 않는 사람이 얼마나 많은지 알면 아마 놀랄 것이다.)와 함께 묻혔으면 했다.

힐러리가 다소 조바심을 내며 케이트에게 말했다. "넌 이 모든 걸 알고 있지. 내 위임장 같은 것도 다 갖고 있고." 마치 치킨 레시피의 세부 사항을 논의하는 듯했다.

케이트가 얼굴이 붉어지며 말했다. "난 엄마가 죽는 건 견딜 수 없어. 엄마는 성가실지 몰라도 나를 나 자신이 되도록 해주는 건 엄마뿐이야. 우리는 함께 얘기도 많이 나누었고 많이 웃기도 했잖아. 내 삶의 역사를 온통 엄마랑 함께했다고."

힐러리는 무척 기뻐하면서도 한편으로는 불편해 보였다. 이따금 가장 듣고 싶었던 말을 듣는 것도 고통스러울 때가 있다. 나는 이 말이 시간이 흐른 뒤에야 소화되어 그녀의 마음을 따뜻하게 해줄 것임을 알았다. 내가 보기에 힐러리는 감정적으로 열려있는 사람이었지만, 그녀가 가장 깊은 감정을 혼자 간직하는 세대에 속한다는 건 부정할 수 없었다. 두 사람은 쉽게 꺼내기 어려우면서도 중요한 대화를 나눴다. 덕분에 케이트가 나중에 엄마와 나누고 싶은 말을 하지 못했다고 후회할 일이 사라졌다. 미래의 대화로 가는 길이 활짝 열린 것이다.

데이지가 크리스마스 연휴를 맞아 집에 돌아왔을 때 우리는 여러 차례 상담을 진행했다. 코로나가 확산되면서 데이지는 성년의 해방감을 느끼기 무섭게 집에 갇혀 버리고 말았다. 조슈아와 케이트 간에는 생활 규칙을 둘러싼 긴장감이 감돌았다. 조슈아는 불안감에 휩싸여 뉴스와 통계를 끊임없이 체크하는가 하면 줌 화면의 볼륨을 잔뜩 높인 채 회의를 했다. 이런 가족과 지내는 게 힘들었던 데이지는 급기야 케이트와 이브가 코로나19 증상을 보이자 외할머니댁으로 가버렸다. 힐러리는 데이지가 온 게 마냥 기뻤다.

케이트가 귀걸이를 꼬아대는 모습에서 그녀의 불안을 읽을 수 있었다. "데이지가 돌아와서 너무 좋았어요. 얼굴도 볼 수 있었고요…. 집에 있었을 때는 말이죠."

데이지가 나를 정면으로 쳐다보더니 다시 엄마를 향해 당당한 태도로 부드럽게 말했다. "학기가 끝나니까 방치된 기분이 들어서 집에 왔다고 얘기했잖아. 그게 괜찮아지고 나니까 이번엔 화가 났어. 그냥 학교에 계속 있었으면 더 재미있었을 것 같아."

케이트가 얼굴을 붉혔다. "넌 우리랑 별로 연락하고 싶지 않은 것 같았어. 네가 문자를 안 하면 엄마가 얼마나 불안한지 아니? 정말 힘들었다고. 지난 18년간 네가 어디서 뭘 하는지 항상 정확히 알고 있었는데 당연히 힘들지 않겠어? 요새는 네가 걱정돼서 밤에도 휴대폰을 켜놓고 자."

엄마는 원래 휴대폰을 늘 켜두지 않았냐고 데이지가 반문하자 케이트가 답했다. "그렇지 않아. 원래 네가 밖에 있을 때만 켜뒀었는데 이제 네가 내 삶에서 아예 나가 버렸으니까…" 케이트가 고개를 떨궜다. 데이지의 기세가 누그러졌다. "엄마가 슬프다는 거 알아."

케이트가 불안해할수록 데이지가 엄마와의 사이에서 경계를 지키기 어려웠을 테지만 나는 알고 있었다. 케이트는 이내 균형을 되찾아 데이지와 다시 잘 지낼 수 있을 것이다. 의기양양해진 케이트는 데이지가 없으니 가족이 예전만큼 뭉치지 않는다고 말했다. 식사도 더 이상 함께하지 않아서 가족에 웃음과 생기를 불어 넣어 준 데이지가 그립다고도 했다. 한 가지 긍정적인 점은 이브가 언니를 그리워하기는 해도 엄마를 독차지하는 건 좋아한다는 사실이다. 케이트가 말했다. "자매 사이에 경쟁할 게 없어지니까 이브도 훨씬 수월해졌어요."

나는 이들이 자신들의 감정을 열린 태도로 솔직하게 말하는 걸 보며 가족의 새로운 역학을 잘 정립하고 있다는 걸 알 수 있었다. 우리의 감정과 욕구를 표현하는 방법이 중요하다는 건 아무리 강조해도 지나침이 없다. 이것만 분명하게 이루어져도 고통과 분노는 해소될 수 있다. 분노는 조용히 가족을 해치는 독극물로, 엄마와 딸 사이에서 가장 많이 발생한다. "난 너한테 내 삶을 바쳤는데 이제 넌 나한테 신경도 안 쓰는구나." 엄마가 격앙된 목소리로 말하면 아이가 화내며 이렇게 답한다. "누가 낳아 달라고 했어? 엄마가 원해서 한 일이잖아!" 이 같은 패턴이 고착되면서 갈등의 골은 더욱 깊어지고 사랑은 증오로 바뀌고 만다. 모두에게 고통스러운 일이다.

톰슨가 여성들은 온라인으로 자신들의 관점을 이야기하다가 새로운 균형점을 발견했다. 케이트는 다음번엔 카드와 선물을 활용한 색다른 방법으로 소통하겠다고 다짐했다. 그녀가 전달하고 싶은 메시지는 '너에게는 너만의 공간이 필요하고 나는 항상 이곳에 있어'였다.

심리적인 측면에서 부모는 자녀와 밀착해 있다가 그들을 놓아줘야 할 때 크게 동요하기 마련이지만 그 상황에 적응해야 한다는 걸 알기에 말하지 못한 감정이 격렬히 요동치게 된다. 떨어져 살아도 연결감을 유지하고, 경계를 세우되 다름을 허용하는 일은 헤어졌다 다시 합치는 것 못지않게 복잡한 일이다. 데이지는 집을 떠나 자신의 지적 역량을 뽐내고자 했고, 누군가의 딸이나 언니가 되는 일에서 벗어나 새로운 정체성을 찾길 원했다. 하지만 또 한편으로는 누군가의 축하와 사랑을 받길 바랐고 무엇보다도 그들 마음속에 머물고 싶어 했다. 케이트는 데이지가 떠나 버림받았다고 느꼈던 상처, 더 이상 딸한테 사랑받지 못한다는 두려움의 흔적을 다시금 떠올렸다. 돌아온 데이지에게 기뻐하는 모습을 보여주지 못한 것도 어쩌면 이 때문일지 모른다.

돌아보면 데이지가 외할머니댁에 가서 머문 건 현명한 선택이었다. 힐러리는 케이트의 입장에서는 너무 아기 취급하는 것으로 보일 정도로 데이지를 애지중지해 줄 수 있는 사람이었기 때문이다. 조부모와의 관계는 누구에게든 한결 편안하다. 힐러리가 말했다. "나는 아이를 키우며 여러 가지 실수를 했어요. 육아에는 엄청난 책임이 따르는데 그 책임은 가볍게 여겨지는 경우가 참 많죠. 하지만 케이트는 그걸 진지하게 받아들였고 그래서 딸이 자랑스러워요. 이제 나는 뒤늦게나마 좋은 할머니가 될 수 있을 것 같아요. 할머니에게는 불안도, 책임도 덜하고 할 일도 적죠. 고통스러울 게 별로 없어요."

그렇다, 육아는 고통스럽다. 우리는 가장 사랑하는 존재에게 가장 크게 상처 입는다. 힐러리의 집은 데이지가 그런 순간에 머물 수 있는 곳이었다. 손주들은 조부모의 안정적 사랑이라는 선물을 흔히 간과하고 넘어간다. 세대를 뛰어넘는 관점에서 본다면 케이트는 자신의 할머니를 좋아했고 자기 딸아이 역시 할머니와의 관계를 누리는 걸 보며 진정한 기쁨을 느낄 수 있었다.

격리 조치가 계속돼 다시 집으로 돌아온 데이지는 갈수록 불안해졌다. 학업의 강도가 높아져 학교 친구들의 도움 없이 공부하기가 점점 힘들어졌을 뿐더러 정체성에도 혼란이 오는 게 느껴졌기 때문이다. 대학생으로서의 새로운 자아와 집에서 지내는 아이로서의 옛 자아가 자꾸 왔다 갔다 했을 테니 말이다. 그녀의 새로운 날개가 갑작스레 꺾여버렸다. "자주 슬픈 감정이 들어요. 집에서는 숨이 막히는 것 같고…. 안전한 것 같기도 해요." 데이지가 작은 소리로 말하다 눈물이 흐르자 즉각 닦아내며 사과했다. "저는 길을 잃었어요. 마치 아크릴판을 통해 세상을 들여다보는 기분이에요…. 물론 제가 운이 좋다는 건 알아요."

힐러리와 케이트는 데이지의 감정이 지극히 정상적이며 건강한 반응이라고 안심시켜 주었다. 불안정한 데이지를 이들이 안전하게 잡아준 것이다. 이들의 관계가 팬데믹 상황을 해결해 줄 순 없었지만 데이지를 지지해 줄 순 있었고, 덕분에 세상의 문이 다시 열렸을 때 데이지는 삶의 고삐를 얼마든지 다시 당길 수 있다는 확신으로 가득 찰 수 있었다.

캐나다의 의사인 가보 마테Gabor Maté 박사가 『아이의 손을 놓지 마라Hold On to Your Kids』에 적었듯 "단단한 관계에 기반을 두고 자란 성인은 직관적으로 양육한다. (…) 이들의 행동은 이해와 공감에서 비롯된다." 내가 톰슨가 여성 3대에서 목격한 게 바로 이것이다. 그건 힐러리의 말로 요약할 수 있다. "가족은 중력의 강력한 중심이에요. 그들은 우리에게, 우리는 그들에게 속한다는 걸 모두가 알고 있죠." 이게 바로 우리 정신 건강의 핵심을 이루는 소속감의 정의라고 할 수 있다.

톰슨 가족이 나를 찾아온 건 가족의 위기를 극복하기 위해서가 아니었다. 내가 만난 3대에 걸친 이 여성들은 아이가 집을 떠나 성인으로서의 정체성을 발견하는 달콤하고 씁쓸한 변화를 얼마든지 탐험할 수 있었다. 그럴 만큼 사랑스럽고도 회복탄력성 높은 유대를 구축하고 있었기 때문이다.

이번 상담 치료는 이렇게 살아있는 상실을 마주했을 때 해결돼야 할 일을 상당 부분 드러내 주었다. 결코 쉬운 일은 아니지만 부모는 성년이 된 자녀에게 숨 쉬고 실험할 공간을 제공하면서도 안정적 뿌리가 되어주고, 또 한편으로는 자신이나 아이들이 그들의 관계에 대해 죄책감이나 걱정을 느끼지 않도록 균형을 잘 잡아야 한다. 이런 균형감을 위해선 부부, 그리고 남은 자녀와의 사이에 규칙을 새로 정할 필요가 있다. 가족 역학이 재구성돼야 하는 시점에 우리의 관계를 어떻게 재설정해야 할까? 또한 부모가 자신의 삶의 공백을 메우고 새로운 목적의식, 자부심과 자존감을 찾으려면 정체성을 어떻게 변화시켜야 할까?

톰슨 가족의 경우 케이트에게는 후자의 문제가 가장 큰 도전이었다. 이를 위해 그녀는 자신의 엄마, 그리고 항상 기억 속에 새기고 있는 할머니가 남긴 여성의 힘이라는 시금석을 떠올려야 했다. 그 힘과 용기로 케이트는 새로운 미래를 향해 자유롭게 나아갈 수 있을 것이었다. 그뿐만 아니라 자기 딸아이 역시 엄마 어깨 뒤에 숨는 대신 힘차게 전진하도록 해주는 일도 가능할 것이었다.

이걸로 내가 '빈 둥지'라는 말을 싫어하는 이유가 설명되었을 것이다. 건강한 가족의 둥지는 결코 비는 법이 없다. 오히려 지난날 맺어둔 부모-자녀라는 관계의 힘으로 가득 차 있다. 이 힘을 통해 새로운 세대는 날개를 펴고 날아갈 수 있다.

테일러와 스미스 가족
The Taylor and Smith Family

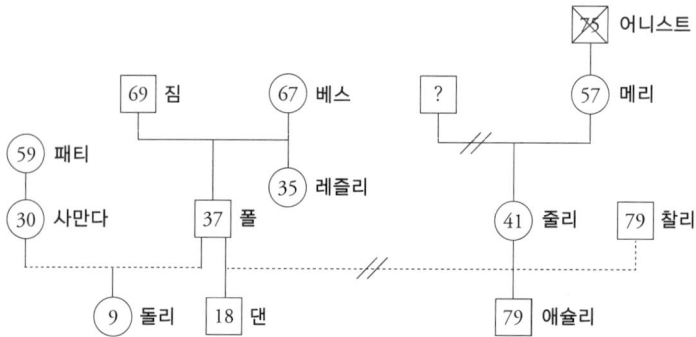

테일러와 스미스 가족

The Taylor and Smith Family 새롭게 구성된 가족에 관하여

> 갈등의 기억 위에 재혼 가족의 인연을 맺은 이들은
> 어떻게 조화를 이룰 수 있을까?

사례개요

테일러 가족과 스미스 가족은 정육점을 운영하는 37살의 폴 테일러Paul Taylor, 그의 전 배우자이자 비서로 일하는 36살 줄리 스미스Julie Smith, 그리고 이들의 두 아들인 열여덟 살 댄Dan과 열여섯 살 애슐리Ashley로 구성된다. 폴과 줄리는 10년 전부터 떨어져 살고 있다. 양육권은 줄리에게 있고 아이들은 주말과 연휴에 폴을 만난다. 폴은 사만다Samantha와 함께 사는 중이고 둘 사이에는 9살 딸 돌리Dolly가 있다. 줄리도 파트너 찰리Charlie와 함께 산다. 폴과 줄리는 심각한 재정 문제로 극심한 스트레스에 시달렸지만 아이들이 자라고 줄리가 일할 수 있게 되면서 대부분 해결되었다. 상담을 시작하게 된 건 애슐리가 폴, 사만다와 함께 크리스마스를 보내다 '폭발했기' 때문이었다. 지난 수년간 두 가족 사이에 축적된 갈등과 스트레스가 한계치에 도달했다. 그의 형 댄은 결국 베를린으로 이민을 떠났다. 둘의 부모인 폴과 줄리는 고질적 갈등을 해결할 방법을 찾지 못하면 애슐리까지 떠날까 봐 두려워졌다.

모든 가족에는 고유한 스토리가 있다. 여느 가족이나 사랑과 연결뿐 아니라 아픔과 상처의 역사를 갖고 있지만, 다른 이들보다 훨씬 복잡한 이야기를 지닌 가족도 적지 않다. 테일러 가족과 스미스 가족의 이야기는 이 복잡함의 스펙트럼에서 가장 끝자락에 위치한다.

첫 상담 시간, 내 앞에 앉아 서로는 물론 나의 눈길까지 피하고 있는 폴과 줄리, 애슐리까지 세 사람 사이의 긴장감이 내 가슴을 돌덩이처럼 짓눌렀다. 나는 의식적으로 숨을 쉬어야 했다. 폴 테일러가 나를 쏘아봤다. 어깨가 넓고 체격이 좋은 그는 탄력 있는 황갈색 머리칼을 자주 귀 뒤로 넘겼고 붉은 얼굴로 화면을 가득 채웠다. 나는 그의 날카로운 눈빛 뒤엔 거대한 체격 때문에 섬세함이 자주 가려지는 소년이 숨어 있음을 직감했다. 그가 말할 때는 소년 같은 미소와 장난기 가득한 초록색 눈동자가 고혹적 매력까지 발산했다. 나는 그에게 나를 만남으로써 원하는 것이 무엇인지 물었다. 그는 줄리와 헤어진 지 10년이 됐다며 대답했다. "우리가 헤어질 때는 정말 안 좋았어요. 심지어 크리스마스였기에 저는 크리스마스를 싫어하죠."

입을 꾹 닫고 있던 줄리가 고개를 끄덕이더니 다소 위협적 눈빛을 보내며 중얼댔다. "크리스마스는 정말 끔찍해요." 그녀가 말할 때 겹겹이 두른 목걸이가 찰랑거렸다. 폴이 뭔가 말하려다 말았다. (그의 말을 들을 순 없었지만 두 사람의 의견이 같은 건 그것뿐이라는 취지의 말인 듯했다.) 나는 증오가 다른 모든 감정을 차단하는 무거운 짐이라는 데 생각이 미쳤다. 그들이 안쓰러웠고 우리가 함께 증오의 강도만이라도 낮출 수 있기를 바랐다.

나는 폴과 사만다가 집에서 크리스마스를 기념해 점심을 먹다 큰 다툼을 벌였다는 얘기를 들었다. 사만다의 엄마가 애슐리를 '투명 인간' 취급해 애슐리가 무척 속상했다는 것이다. 줄리가 손톱을 물어뜯자 엄지손가락과 손목에 새겨진 아름다운 나비 타투가 눈에 들어왔다. 그녀는 칠흑같이 검은 머리카락을 하나로 땋아 사각 턱과 상아색 피부, 여러 겹의 은귀걸이를 돋보이게 했다. 또한 검은색으로 아이라인을 강조해 그녀만의 독특한 스타일을 완성했는데, 다소 눈에 띄는 모습이었다.

열여덟 살과 열여섯 살의 두 아들을 둔 그녀가 불과 서른여섯 살이라는 사실에 나는 또 한 번 놀랐다. 흔히 볼 수 있는 경우는 아니었기 때문이다. 내가 NHS National Health Service[1] 산부인과에서 일할 때 만난 서른여섯 살 여성들은 하나같이 첫아기를 기다리고 있었다.

나는 폴과 줄리가 젊은 축에 속하는 만큼 나이가 있는 이들에 비해 훨씬 유연한 태도를 보여줄 수 있다는 희망을 가졌다. 유연성은 삶에서 좋은 결실을 보게 해주는 핵심 요소이니 말이다. 한편 줄리가 아무리 거칠어 보여도 나는 차분함을 유지해야 한다는

---

1 영국의 국민 보건 서비스. 모든 국민이 동등한 의료 서비스를 무료 혹은 저렴한 비용으로 제공받을 수 있도록 하는 공공 의료 시스템이다.

것, 또 폴이 보여주는 '나약함'에는 공감을 하고 비난해선 안 된다는 사실도 알았다. 내가 가진 전제들도 점검해야 했다. 함께 있을 땐 즐겁지만 저항이 가장 적은 길을 택하는 유형의 남성에게 나 스스로 선입견을 갖고 있었기 때문이다. 그런 사람들은 상황이 '절로 나아지길' 바라면서 자신의 행동이 초래한 결과에 책임지려 들지 않는다. 물론 상황이 절로 호전되는 일은 일어나지 않고 보통 더 큰 피해가 뒤따른다.

나는 이들이 모두 얼마나 큰 고통을 받았을지 인정하며 좀 더 즐거운 방식으로 함께 지낼 수 있는 환경을 구축하길 원한다고 말했다. 이때 두 사람이 동시에 한숨을 쉬었다. 자신의 고통을 드러내는 일에 대한 긴장감을 조금이나마 내려놓았다는 신호였다. 나는 자신의 감정을 허용하는 게 얼마나 강력한 힘을 발휘하는지를 끊임없이 실감하고 매번 놀란다. 고통에는 여전히 커다란 수치심이 뒤따르는데 그건 사람들이 고통을 개인적인 실패인 것처럼 여기기 때문이다.

나의 더 큰 바람은 이들이 나를 이용해 자신의 이야기를 하고, 서로의 경험에 대한 방어 태세 대신 열린 마음을 지니게 되는 것이었다. 그간 줄리가 배운 감정 표현 방식이라고는 상대방을 상처 입히고 모욕하는 등의 부정적 패턴뿐이었다. 폴도 마찬가지로 마음을 닫는 것 말고는 배운 게 없었다. 그 결과 서로의 경험이 상대방의 인정을 받지 못해 둘의 모든 서사는 완전히 배제되고 말았다. 개선의 여지는 있었다. 공유된 서사를 함께 창조해 두 사람 간의 모든 차이와 복잡성을 수용할 수만 있다면 말이다. 상대방을 '나쁜 놈'으로 만들지 않는 것만으로도 그들은 부모로서 새로운 협력 관계를 구축할 수 있을 것이다.

큰아들 댄은 6개월 전 베를린으로 이민 간 이후 엄마나 아빠에게 연락을 거의 하지 않고 있었다. 마리화나를 피우는 고질적 문제가 있기는 했지만 음악계에서 커리어를 쌓고 싶은 꿈은 버리지 않았다. 나는 그의 행동을 통해 댄이 신체적, 정서적 도피처를 발견했다는 걸 알아차렸다. 그가 그토록 어린 나이에 가족을 떠난 게 이들이 관계 개선을 위한 특단의 대책에 돌입하는 계기가 됐을 것이다.

동생 애슐리는 엄마처럼 창백하고 어두웠으며 파자마 차림이었다. 오전 11시여서 잠에서 막 깬 참이었다. 아빠처럼 기민하게 움직이는 초록색 눈동자는 그의 긴장감, 혹은 불안감을 드러냈다. 화났다는 걸 나타내는 입매를 보면서 나는 평정심을 잃은 그의 내면을 상상해 보았다.

우리는 자신의 감정이 단순하고 명백하길 바라지만 실제로는 동시에 여러 감정을 느끼는 경우가 더 많다. 뭔가 끔찍한 기분이 들었을 때 종종 왜 그런지 설명할 수 없다는 것도 안다. 애슐리는 부모님이 별거한 지 10년이 지났음에도 아직 아파하고 있을 수 있다. 두 사람의 별거를 반추하면 화가 나고, 대립하는 부모님 사이에 끼어 혼란을 느끼며, 자신이 원했던 가정 생활을 하지 못해 분노가 치밀 수 있기 때문이다. 애슐리는 이복 여동생 돌리와 관심 받기 위한 경쟁까지 하면서 그 와중에 하루하루 성장하고 자신만의 정체성까지 구축해야 한다.

나는 사전 미팅에서 폴과 줄리를 만나 애슐리가 치료 과정에 참여하는 게 이점이 있을지 논의했다. 엄마 아빠의 싸움을 목격할 때 그가 또다시 상처 입을 위험성이 있었다. 하지만 폴과 줄리는 애슐리가 반드시 함께하길 바랐다. 크리스마스에 큰 다툼이 벌어진 이후 치료를 요청한 건 애슐리였다. 또래 친구들의 영향으로 정신 건강의 중요성을 이해하고 변화가 필요하다는 사실을 인지하고 있었기 때문이다. 그는 부모님이 아직도 서로를 미워하는 걸 견딜 수 없었다.

애슐리는 따로 상담받을 수도 있었다. 그렇지만 폴과 줄리는 그가 겪는 고통의 주범이 자신들이라는 사실을 알았다. 그래서 자신들이 개선되는 과정에 그가 참여해주길 바랐다. 나는 이 같은 반응이 아주 높은 수준의 감정 지능을 보여준다고 생각했다. 이후 내 수련감독자에게 조언을 구한 뒤 적절한 경계만 설정할 수 있다면 이들 모두가 얼마든지 치료 효과를 볼 수 있다는 결론에 도달했다.

우리는 폴이 10년간 동거한 사만다에 대해서도 논의했다. 폴과 줄리는 상담에서 사만다를 제외하자는 데 동의했다. 해결해야 하는 건 두 사람의 관계였고, 둘의 바람처럼 그 일이 이뤄진다면 사만다도 덕을 볼 수 있기 때문이었다. 줄리의 파트너 찰리 역시 중요하기는 마찬가지였다. 하지만 그는 댄, 애슐리와 잘 지내고 있었다. 줄리와의 사이에 아이가 없다는 것 또한 복합적인 요소였지만 지금 당장은 관심을 두지 않아도 된다고 판단했다.

폴의 이야기를 들으며 나는 사만다가 처음에 자신의 자리를 찾느라 많이 힘들었겠다고 짐작했다. 폴과 새로운 관계를 정립해 나가는 한편 댄과 애슐리의 새엄마로서 그들과 함께 지낼 방법도 찾아야 했기 때문이다. 그래서 사만다는 어떤 역할에 정착했을까? 아무리 주말에만 온다 할지라도, 친자가 아니어서 적극적으로 양육할 수도 없는 아이들이 자신의 집에서 내내 어울리며 소란을 피운다. 아마 사만다는 이들이 자신과 폴의 관계를 침범했다고 느꼈을 것이다. 그녀가 쉬는 날이라고는 일요일뿐인데 그날을 이들과 공유해야 했으니 말이다. 사만다가 돌리를 출산한 이후에는 댄과 애슐리에게서 느끼는 위협이 더 커졌을 것이다. 줄리도 그랬던 것처럼, 돈은 없고 폴은 바쁜 게 사만다에겐 꽤나 큰 현실적 어려움으로 다가왔다.

우리는 대개 전 배우자와의 의붓 관계를 포용하는 방법을 찾지만, 때때로 지금 관계에 위협이 되는 존재를 무찌르고 싶은 마음이 드는 것 역시 지극히 자연스러운 본성의 일부다. 인간은 엄연한 동물이다. 야생 수컷의 경우 새로운 암컷과 관계를 맺으면 본래 있던 암컷의 새끼를 죽여버린다. 막스 플랑크 협회[2]는 새로운

---

2 생명과학, 자연과학, 사회과학 및 인문과학 연구소를 관리, 지원하는 세계적인

연구 결과에 대해 이렇게 보고했다. "대부분의 포유류 암컷은 상황이 열악해 새끼가 있는 게 자신에게 특히 버거워지면 영아 살해를 저지를 확률이 높아진다." 나는 이 같은 반사적 본능이 우리 내면 깊숙이 묻혀 있다고 생각한다. 평소에는 우리 안에 억눌려 있지만 어느 순간 무의식적으로 발현되곤 하는 것이다.

나는 종종 다음과 같은 질문으로 첫 상담을 시작한다. "어렸을 때 화가 나면 가장 먼저 누구한테 달려갔나요? 지금은요?" 이번에도 마찬가지였다. 또한 스트레스를 받으면 어떤 식으로 해소하는지도 그들에게 물었다.

줄리가 짜증스럽다는 듯 대답했다. 그녀는 곧장 자신의 취약한 부분을 드러내는 게 내키지 않은 것처럼 보였다. "그리 많이 찾지는 않았지만 제가 진짜 사랑했던 건 할아버지예요. 지금은 파트너 찰리고요. 반려견 라파도 큰 위안이 돼요. 라파를 제 무릎 위에 올려 쓰다듬거나 산책하러 가는 걸 좋아하죠. 저는 개를 좋아해요. 어렸을 때도 강아지 길리랑 몇 시간이고 함께 보냈어요."

폴이 답했다. "어렸을 때 누구를 그다지 찾았던 것 같지는 않아요. 엄마나 아빠한테 갈 때도 있었지만 그때그때 상황에 따라 달

과학 연구 협회. 양자이론의 아버지로 불리는 독일의 물리학자 막스 플랑크의 이름을 따서 만든 기관으로 알베르트 아인슈타인, 막스 플랑크를 비롯해 현재까지 30명이 넘는 노벨상 수상자를 배출했다.

랐죠. 지금은 사만다예요. 스트레스 받았을 때는, 솔직히 받지 않았을 때도 온라인 게임을 해요. 어렸을 때도 그랬거든요."

나는 애슐리가 뭐라고 말할지 궁금했다. "엄마랑 라파요." 애슐리는 좀 더 말했다가는 온갖 말과 감정이 쏟아져 나와 어쩔 줄 모르게 될까 봐 두려운 것 같았다.

그들의 대답은 짧았지만 이 가족의 내면세계를 들여다볼 수 있는 통로이기도 했다. 우리는 다른 무언가와 연결되도록 조직된 존재다. 삶이 순탄할 때도 서로 연결되어 있다는 인식이 우리를 돕지만 힘들 때는 특히 이런 감각이 더 필요하다. 그런 면에서 지친 주인을 위로하는 반려동물의 중요성을 결코 과소평가해서는 안 된다. 대부분의 경우 조용한 반려동물은 인간에게 변함없는 애정을 주며 복잡한 면이 없어 즐거운 관계가 오래 지속되고 위안이 된다. 이들에게는 모두 의지할 사람 한두 명과 반려견이 있었지만 심리적 지지의 원천으로는 최소한에 불과했다.

줄리는 상담까지 받게 된 경위에 대해 격앙된 목소리로 말했다. 크리스마스에 아빠 집에 갔던 애슐리가 식사를 하다 말고 뛰쳐나온 것이다.

나는 애슐리를 향해 무슨 일이 있었던 건지 물었다. 그는 오랫동안 고개를 숙인 채 옷 소매를 만지작댈 뿐 아무 말도 하지 않았다. 절망감 속에서 그를 바라보던 줄리가 크게 한숨을 내쉬었다. 마침내 애슐리가 띄엄띄엄 말을 하기 시작했다. 목소리가 너무 작아 알아듣기 힘들었지만 나는 크게 말해 달라고 해서 그를 불편하게 만들고 싶지는 않았다. 자신의 목소리를 낼 때 겪는 어려움이 그가 지난 시간 동안 얼마나 침묵해 왔는지를 보여주는 듯했다. 자기 말을 들으려는 이가 아무도 없어 그저 모든 말과 감정을 삼켜 온 것이다.

애슐리는 말했다. "바보처럼 들리겠지만 크리스마스 날 할머니는 제게 돈을 한 푼도 안 주셨어요. 그런데 내 이복동생 돌리한테는 주시는 걸 봤죠. 모르겠어요…. 거길 빠져나와야 했어요." 할머니는 사만다의 엄마인 패티Patty를 뜻했다.

줄리는 마음속에서 부글부글 끓어오르는 것을 더 이상 참을 수 없었다. "그 할멈은 정말 못됐어요. 딸내미랑 똑같다니까요." 줄리가 폴을 향해 삿대질하며 말했다. "왜 이 정도도 해결을 못 해? 크리스마스라고 2년에 한 번씩 갈 때마다 사만다와 그 엄마가 애들을 무슨 2등 시민 대하듯 하잖아. 애들은 당신 애들이야. 뭐라도 좀 해. 그 사람들은 댄하고 애슐리를 어렸을 때부터 봤으면서 대체 왜 그러는 거야?"

폴은 침묵했다. 눈빛이 굳어 있었다. 그의 침묵에 더욱 참담해진 줄리는 고개를 세차게 흔들며 이렇게 소리쳤다. "세상에, 당신은 항상 똑같아. 절대 아무것도 하지 않고, 빌어먹을 아무 말도 하지 않지."

이 시점에서 나는 사람마다 불편한 감정을 처리하는 방식이 얼마나 다른지 확인할 수 있어 흥미로웠다. 줄리는 애슐리가 자신의 감정을 처리하도록 돕는 대신 폴에게 화내며 해결을 요구했다.

그러곤 결국 줄곧 비난만 하고 있는 자신에게 무기력함을 느꼈다. 한편 애슐리는 감정에 충실하게 행동했다. 엄마가 감정을 성숙하게 처리하는 방법을 보여주지 않았기 때문에 화를 내거나 마음을 닫는 게 그가 할 수 있는 전부였고, 따라서 줄리가 자기 대신 이야기해 주기만을 바랐다. 그는 아마 줄리로부터, 혹은 어렸을 적 부모로부터 그게 부작용이 가장 적은 방법이라고 배웠을 것이다.

폴과 줄리는 함께 있을 때 성공적으로 소통하는 방법을 찾지 못했고 그럴 만한 능력도 수년에 걸쳐 쇠퇴해 결국 공동 육아 전략 따위는 존재하지 않게 되었다. 이들의 관계는 이렇다 할 대화를 시작하기도 전에 욕설, 분노와 불신으로 치달았다. 나는 애슐리, 패티와 사만다의 불화가 비단 그 세 사람의 문제가 아니라 폴과 줄리 사이의 갈등, 그리고 애슐리 내면의 고통스러운 충성심에서 비롯됐다는 사실을 알 수 있었다. 애슐리는 사만다와 가깝게 지내는 것이 엄마에 대한 배신이지만, 그렇다고 그녀에게 반항하는 것 또한 엄마와의 관계에 좋을 게 없다는 걸 알았다.

가족이 얼마나 건강한지는 동거의 여부를 떠나 모든 구성원 간에 맺어진 관계의 질에 달려 있다. 별거 가족의 부모 사이에 불화가 있고 그 문제가 공동 육아에 부정적 영향을 미친다면, 이는 아이의 장래를 망가뜨리는 가장 큰 요인이 될 수 있다. 이 사실을 받아들인 나는 이번 상담이 참가자들의 엄청난 심리적 변화를 일으키고 감동적 소감으로 마무리되는 치료와 거리가 멀 것이라는 걸 직감했다. 정서적 안전망은커녕 그 필요성조차 인지되지 않았으니 말이다. 폴과 줄리가 소통하는 방식을 개선해 아이들을 위한 결정을 큰 싸움 없이 함께 내릴 수 있는 정도만 돼도 올바른 방향으로 큰 진전을 이루는 셈이 될 것이다. 이들은 각자 자신을, 또 서로를 비난하는 습관에서 반드시 벗어나야 했다. 나는 어떻게 해야 그 일을 실현할 수 있을지 고민에 빠졌다.

줄리는 수수께끼 같은 사람이었다. 부모님이 확립해 준 감정의 기반이 상당히 취약하고 불안정했다. 아버지는 그녀가 어렸을 때 가족을 떠났고 어머니는 폭음을 일삼았다. 그와 같은 환경에 대처하려다 보니 거칠고 공격적인 성향을 띠게 됐고, 자신의 취약성을 결코 드러내지 않으려 했다. 지금껏 내게 보여준 모습도 여기에 해당된다. 줄리와 폴의 관계 역시 그녀의 어린 시절을 보면 예상할 수 있는 방식 그대로 전개되었다. 그녀는 자신이 원하는 걸 줄 수 없는 남성을 선택했고 극적인 상황이 끊이지 않는 위태로운 삶을 살아왔다. 나는 언젠가는 줄리가 자신의 트라우마를 해결해야 한다고 생각했다. 그녀는 버림받음으로써 지울 수 없는 상처를 입었지만, 가족 상담이 그에 관한 적절한 해법은 아니었다.

하지만 줄리는 성장하는 과정에서 자신의 역경을 상당 부분 극복했다. 그녀는 어린 시절 트라우마를 겪은 대다수 사람과 달리, 심지어 엄마가 알코올중독자였기에 그럴 확률이 더 높았음에도 끝내 중독자가 되지 않았다. 게다가 강한 의지와 자신감으로 훈련을 마친 뒤 괜찮은 일자리까지 구했다. 지금은 사랑하는 파트너 찰리와 함께하는 중이다.

 다음번 만남에서 나는 신기한 지점이 있다고 털어놓으며 이런 이야기로 상담을 시작했다. 줄리가 다소 요란하게 키득거리자 폴과 애슐리도 덩달아 미소 지었다. "하, 선생님 말씀대로 뭣 같은 일도 많았죠. 저도 잘 모르겠어요…" 나는 줄리의 삶에서 긍정적 영향을 미친 중요한 사람이나 경험이 있는지 물었다. "전에도 말했던 것처럼 할아버지가 그런 분이었어요. 제가 열일곱 살 때 돌아가셨죠. 워낙 멀리 사셨지만 휴일에 뵈러 가고는 했는데… 너무 좋았어요. 할아버지는 군인 출신이셨고 엄격하신 데다 파이프를 피우셨지만 정말 다정하셨어요. 당신의 텃밭을 무척 좋아하셔서 저도 할아버지랑 느긋하게 땅을 파면서 잡초를 뽑고 그랬어요. 저는 지금도 제 손에서 흙냄새가 나는 걸 좋아해요."

 줄리가 행복했던 그 기억에 온전히 몸을 맡기자 나로서는 처음 보는 상냥한 표정이 그녀의 얼굴에 떠올랐다. 나는 우리 안에 얼마나 수많은 버전의, 수많은 조각의 자신이 숨어 있는지 생각했다. 사랑받는 손녀의 자아는 그녀가 약한 자신을 보호하기 위해 치열하게 만들어낸 자아 뒤에 숨어 있었지만 여전히 그 자리에 존재했다. 그곳에 접근함으로써 줄리는 마음을 열고 또 누군가와 감정을 나눌 수 있었다. 내 머릿속에 반짝 불빛이 켜졌다. 그곳이야말로 줄리가 아이들과 찰리를 끝내 사랑할 수 있는 원천이었던 것이다.

 자신의 삶에서 단 한 사람, 가령 우리를 믿어주는 선생님, 상사,

혹은 멘토 한 명만 있으면 우린 필연적으로 의미 있는 결실을 맺을 수 있다. 많을수록 좋기는 하겠지만 한 사람으로도 충분하다. 줄리를 형성한 또 다른 사람은 그녀가 일했던 마트의 매니저였다. 그는 줄리에게서 무엇인가를 발견했고 믿어줬으며 댄이 태어난 이후, 그리고 폴과 결별한 이후에도 대학으로 돌아가라고 격려해주었다. 그녀가 발전해 나가도록 끈질기게 요구했고, 다행히 줄리도 자신을 향한 그의 믿음에 부응했다.

의붓 자녀로 살아가는 건 쉽지 않다. 나는 한 젊은 여성이 내게 이렇게 말했던 걸 생생히 기억한다. "내가 좋아하지도 않는 낯선 사람과 함께 살아야 하는 거예요. 그 사람은 내가 먹는 것과 입는 것을 지켜보고 내게서 아빠까지 빼앗아 갔죠! 게다가 아빠는 그 사람한테 잘하라고 해요." 이 말이 댄과 애슐리의 경험을 축약한다. 줄리는 전 파트너로서 아이들을 다른 집에 보내야 했고, 그들이 없는 주말을 견디며 의식적으로 그들의 행복을 기원해야 했다. 하지만 아이들이 자신과의 의리를 지켜주길 바라는 게 어떤 영향을 미칠지는 알지 못했을 것이다. 결국 아이들은 사만다에게 반감을 갖고 갈등까지 겪게 되었다.

나는 이처럼 항상 누군가가 소외되고 분노하는 패턴이 재혼 가족 내에서 빈번하게 나타난다는 걸 알고 있었다. 바꾸고 싶지만 어려운 일이라는 것도 안다. 뒤늦은 개입은 성공 확률이 낮기 때문이다. 나는 이들이 현재 상황에 대한 좀 더 정확한 이해를 바탕으로 함께 새로운 행동 방식을 개발해 나가길 바랐다. 경계를 무너뜨리는 대신 상호 존중을 장착해서 두 가족이 전쟁이 아닌 협력을 시작할 수 있기를 말이다.

다행스럽게도 나는 누구든 선하거나 악하다고 단정 짓지 않았다. 그게 내가 받은 훈련의 기본이었다. 당연한 말이지만 그 기본이 지켜지지 않는 경우도 존재했다! 판단의 근거가 되는 나의 주관적 경험이 다양한 편견과 강한 반응을 일으키기 때문이다. 나는 재혼 가정을 생각하면 떠오르는 근거 없는 이미지에서 벗어나고 싶었다. 나도 자유로울 수 없던 선입견의 덫에서 아버지는 약하거나 부재한 인물이었고, 어머니는 희생자이자 남편을 들들 볶는 고약한 캐릭터였다. 의붓어머니는 사악한 마녀였으며, 의붓아버지는 운 좋으면 나약한 존재요 최악의 경우 괴롭힘을 일삼는 존재였다.

이들의 어려움은 우리 모두가 위협에 처했을 때 어느 정도 직면하는 쟁점이자 고통스러운 감정을 야기하는 문제였다. 즉 우리 내면 가장 깊숙한 곳에 있는, 사랑받고 싶고 또 소속되고 싶은 감정 말이다.

나는 곧장 위기 상황으로 뛰어드는 대신 한 발짝 물러나기로 했다. 가족이 여기까지 오게 된 경위를 내게 설명해 주도록 하는 편이 우리 모두에게 이로울 거라고 생각했다. 이들이 자신의 이야기를 함으로써 나와 신뢰를 쌓을 여유를 갖고 전례 없던 방식으로 서로에게 귀 기울일 기회 역시 누리기를 바랐다. 벌어진 일에 대해 터놓고 이야기하는 게 문제의 해답을 찾는 것만큼이나 중요할 때가 있다. 이 가족의 경험은 대부분 무언의 규칙과 신념 아래 숨겨져 있었다. 나는 보이지 않던 것들을 다 같이 들음으로써 명확히 보길 바랐다.

자신을 둘러싼 관계는 제삼자의 관점에서 바라보지 못하면 삐걱대는 경향이 있다. 예를 들어 줄리는 자신의 고통에 갇혀 다른 사람의 관점을 받아들일 엄두를 내지 못했다. 그렇게 가족 구성원은 서로의 이야기를 들어주지 않았지만, 적어도 내가 이들의 얘기를 듣고 이해한다는 사실이 이들의 평소 듣기와 상호작용 패턴에 변화를 일으켰다. 누군가 내게 귀 기울이고 나를 알아준다는 감정을 느꼈던 게 이들이 서로를 어떻게 대하면 좋을지에 관한 본보기를 제시해 주었을 것이다.

처음에는 줄리가 난폭하게 폴을 방해해 이야기를 이어가기가 어려웠다. 그녀는 10년간 쌓아온 분노를 표출하고 싶었고, 폴은 10년간 피하려고 애써왔던 분노를 직면해야 했다. 서로를 향한 발언의 수위가 높아질 때마다 나는 이들의 말하기를 잠시 중단시킨 뒤 듣기의 기본을 일러주었다. 상대방이 한 말을 차분히 되짚어 보도록 요청한 것이다. 두 사람의 얼굴에는 싫은 기색이 역력했지만 내 말을 빠르게 습득했고 긴장은 풀어졌다.

폴이 열아홉 살, 줄리가 열여덟 살일 때 두 사람은 처음 만나 연애를 시작했다. 줄리의 할아버지가 돌아가시고 얼마 지나지 않았을 때였다. 폴이 추억에 젖어 연애 초기 이야기를 해줬을 때는 감동이 밀려들었다. "줄리가 제 여자친구라는 게 안 믿겼어요. 저는 완전히 사랑에 빠졌죠. 그녀는 놀라웠어요."

줄리는 그의 이야기를 들으며 고개를 끄덕이고 입술을 깨물었다. 이후 줄리가 생각지도 않은 임신을 하게 되었고 두 사람 모두 아이를 낳길 원했다. 폴이 줄리의 엄마 집으로 들어가 살면서 이들은 "몇 년간 흘러가는 대로 살았다." 이 얘기를 듣자 내 머릿속에는 토대가 허술한 집의 이미지가 떠올랐다. 두 사람은 워낙 어린 데다 임신까지 해서 가족의 기반을 단단하게 다질 시간이 없었다. 자신들이 진짜 누구인지, 뭘 좋아하는지, 차이점은 뭐고 공통점은 뭔지, 무엇보다 서로가 잘 맞는지에 관한 답을 찾을 경험도 부족했다.

줄리의 어머니 메리Mary가 육아를 상당 부분 도맡아 준 덕분에 줄리는 대학교에 복학하고 마트에서 일할 수 있었다. 폴은 부친의 정육점에서 일했다. 정육업이 가업이었기 때문에 그의 어머니는 온종일 일하며 회계까지 운영해야 했고, 그녀가 손주를 돌봐주지 않아 초기부터 갈등이 생겼다. 폴은 자신의 가족에 대해 이렇게 설명했다. "전통적이에요. 규칙을 따르길 좋아하죠. 제 부모님께는 결혼과 가족이 전부예요…. 아버지는 제게 스스로 벌어먹는 법, 열심히 일하는 법을 가르쳐주셨죠."

고난은 줄리가 애슐리를 임신하면서 닥쳤다. 줄리의 어머니는 둘째로 인해 들어가는 비용과 돌봄 부담이 가중될 거라며 분노했다. 급기야 잔뜩 술에 취해 이렇게 소리쳤다. "내 집에서 나가."

폴과 줄리는 작은 아파트를 빌려 나왔고 그곳에서 애슐리가 태어났다. 둘째가 생긴 데다 엄마의 도움도 더 이상 받을 수 없었던 줄리는 일을 포기해야 했다. 그녀가 그 시절을 회고하며 입을 앙다물었다가 말을 시작했다. "그때는 제가…." 애슐리의 놀란 눈빛을 보고 잠시 주저하다 어깨를 으쓱하더니 계속 이어갔다. "그때 저는 저를 잃어버렸어요…. 완전히요. 폴은 내내 일하고도 최저임금보다 조금 더 벌어올 뿐이었고, 저는 돈이 없었어요. 두 아기는 제 생명력을 빨아먹었죠…. 말 그대로요." 나는 잔혹한 그녀의 어조에 등골이 오싹해지는 걸 느꼈다. 줄리의 감정에 공감하지 않는 엄마가 어디 있겠냐마는 그때 그녀를 사로잡았던 정서는 시간이 흘러도 달라지지 않았다. 오히려 폴을 들여다보는 렌즈로 고정되어 버렸다.

분위기를 수습하기 위해 폴이 반쯤 미소 지은 얼굴로 끼어들었다. "그렇게 나쁘지 않았어요."

줄리가 코웃음을 쳤다. "당신한텐 그랬겠지. 그래도 자기 삶이 있었으니까." 두 사람 간 역학 관계의 한 측면을 보여주는 흥미로운 순간이었다. 줄리는 정당한 분노로 끓어오르고 있었다. 그녀는 부모가 되기 위해 너무 많은 걸 희생해야 했고, 아이들을 사랑하기는 했지만 엄마라는 이유로 폴보다 훨씬 많은 대가를 치러야 했다. 육아는 반복으로 인한 지루함뿐 아니라 '내내' 해야 한다는 점도 문제였다. 보이지 않는 노동이 수년 동안 그녀의 삶을 빼앗고 직업 정체성과 직접 돈을 벌 능력까지 상실하게 만들었다.

이런 걸 느끼는 부모가 결코 줄리 혼자만은 아니다. 온라인 포럼

'마덜리mother.ly'의 2019년 모성 실태 조사 보고서에 따르면, "많은 엄마(61%)가 대부분의 가사 노동을 책임지고 있으며, 그 중 62%는 하루 중 돌봄 의무에서 해방되는 시간이 1시간도 채 되지 않는다."

줄리의 경우 매일같이 밀려드는 무력감에 상처 입었고 그 상처가 쌓여 고통의 근원이 되었다. 그런 감정의 기세를 직면할 수 없었던 폴은 외면함으로써 상황이 나아지길 바랐지만 당연히 그녀의 분노는 더 커져만 갔다. 그리고 이 전쟁과 같은 이야기에 휘말린 애슐리는 마음이 아팠겠지만, 자신 또한 그 안에 엮여 있던지라 어디로도 도망칠 수 없었다. 팔에 머리를 기대고 앉은 애슐리의 심리적 타격은 향후 상담을 해 나가면서 집중적으로 다뤄야 할 것이었다.

싸움은 갈수록 빈번해졌고 해결의 기미조차 보이지 않았다. 폴과 줄리 사이의 거리는 점점 더 멀어졌다. 폴의 이야기는 이랬다. "저는 늘 아침 6시 반까지 출근했어요. 매일같이 바빴죠. 토요일은 더했고요. 온종일 서있어야 했고 육체노동도 많았어요. 아버지가 연로해지셔서 나르는 일은 대부분 제가 했거든요. 저녁 6시쯤 집에 오면 줄리는 제가 아이들을 좀 봐주길 바랐지만… 저도 최선을 다했어요. 주 6일을 일하다 보니 완전히 녹초가 됐죠. 줄리에게는 충분한 게 아무것도 없었어요. 제가 벌어오는 돈도, 아이들을 봐주는 것도, 그녀에게 쏟는 관심도 충분하지 않았죠. 제 부모님이 사업체를 좀 물려주시기를 바라기도 했고요…. 그런데 줄리의 씀씀이는 또 감당이 안 됐어요. 퇴근하고 오면 새 옷을 입고 있을 때가 많았는데 우리 형편에 못 살 옷이라는 걸 저는 알았죠. 그렇다고 뭔가 말하면 싸움부터 하려고 들었어요."

폴이 말하는 동안 줄리가 고개 돌린 채 입을 손으로 꾹 누르고 있는 게 보였다. 가슴에 쌓인 화를 내지르고 싶은 걸 물리적으로 억누르고 있는 것이다. 그녀는 가까스로 두 마디만 하는 데 그쳤다. "정말 한심하다."

다루기 힘든 인신공격이 등장했다. 치료사로서 좋아하는 영역은 아니지만 내가 본 것을 인정하고 공감으로 대응해 이들이 서로와 자신을 이해하기 시작하도록 만드는 게 나의 임무였다. 나는 줄리는 폴이 약하다고 여기고 있으며, 마치 동전의 양면처럼 폴은 줄리를 자신을 괴롭히는 존재로 보고 있다고 말했다. 두 사람은 늘 신체적으로도 경계심을 늦추지 않은 채 툭하면 싸우거나 방어에 나섰다. 이럴 땐 안전하다는 느낌 속에서 서로 믿고 연결감을 느낄 수 있는 능력이 차단되고 만다. 효과적으로 말하고 들을 수 있는 의사소통 능력이 좋은 협력의 핵심이지만, 두 사람은 이처럼 함께 협력할 방법을 단 한 번도 찾지 못했다는 뜻이다.

육아라는 현실적 과제, 그들의 의무, 시간과 돈이라는 측면은 두 사람이 함께 직면해야 하는 공동의 어려움이 아닌 서로를 향해 겨누는 무기로 자리 잡았다. 이들은 그에 대해 터놓고 이야기하지 않았다. 예산을 운용할 방법이나 해결책을 찾지 않았고 서로가 지쳤을 때 따뜻하게 다가가지 않았다. 나는 처음에 그토록 서로에게 빠졌던 두 사람이 이렇게나 상대를 미워하게 된 걸 듣고 있기 힘들다고까지 말했다. 서로를 끌어당겼던 요소, 그녀의 강한 성격과 그의 부드러움이 결별의 원인으로 작용했고 그렇지 않아도 메마른 관계에 이들의 환경까지 가세해 파국을 초래했다.

수년간 싸움이 이어지고 갈수록 고통도 심해져 두 사람은 결국 헤어졌다. 줄리가 고통을 밀어내려는 듯 엄지손가락으로 손바닥을 누르며 말했다. "우린 헤어졌어요."

폴이 고개를 떨궜다. 그는 감정 표현을 쉽게 하는 사람이 아니었지만 여전히 그를 파고드는 패배감이 몸짓으로 여실히 드러났다. 결별로 두 사람은 더 이상 매일 마주칠 필요가 없어졌지만 싸움은 결코 끝나지 않았다. 이 싸움의 성격은 《런던 리뷰 오브 북스London Review of Books》의 편집자였던 메리케이 윌머Mary-Kay Wilmer의 말에서 잘 드러난다. "결혼은 끝나도 이혼은 결코 끝나지 않는다." 폴과 줄리는 혼인신고를 하지 않았기 때문에 아이들의 법적 보호자는 줄리가 아닌 폴이 되었다. 설상가상으로 폴은 줄리와 결별하기 무섭게 사만다와 사랑에 빠져 동거를 시작했다. 둘에게는 1년이 채 안 돼 아기까지 생겨 돌리가 태어났다. 현재 폴은 줄리와 사만다 사이에서 재정적, 감정적으로 이리저리 끌려다니는 중이다.

말할 차례가 된 줄리가 고통을 호소했다. "그는 나를 떠나더니 사만다와 살림을 차리고 애까지 낳았어요. 우리한테는 사실상 한 푼도 안 주고요. 아기 둘과 홀로 남겨진 저는 절망적이었죠. 아이들은 토요일 퇴근 시간에 맞춰 폴을 보러 갔지만 사만다가 정말 나쁜 년이었어요…. 제가 폴한테 '당신이 벌인 일이니까 당신이 수

습해.'라고 소리치면 폴은 고개를 끄덕이며 '뭐, 어쨌든, 난 갈게.' 그러고 말았다니까요. 속이 부글부글 끓어서 주먹을 입에 물고 잠도 못 잔 게 한두 번이 아니에요."

그녀의 분노가 나에게까지 파고드는 게 느껴졌다. 그 분노와 무력감에 가슴이 아팠다.

그때 줄리는 혼자서 여덟 살인 댄과 여섯 살인 애슐리를 키웠다. 아이들이 학교에 간 사이 마트에서 교대 근무를 했지만 생활비를 충당하기엔 턱없이 부족했다. 줄리의 엄마 메리가 이따금 도와주기는 했어도 더 의지할 수는 없는 상황이었다.

상담이 진행되는 내내 강력한 침묵으로 일관하던 애슐리가 전에 없이 명료한 목소리로 진실을 털어놨다. "우리는 가난하게 자랐어요. 엄마가 우리를 먹여 살리느라 고생하셨죠. 먹을 걸 살 수 없는 날들도 있었어요. 우리는 항상 빈털터리였거든요." 그가 눈물이 그렁그렁한 눈으로 엄마를 바라봤다. "엄마는 항상 스트레스에 시달렸어…." 그의 말 뒤로 나는 녹초가 되고도 걱정을 놓지 못하는 줄리의 모습을 떠올릴 수 있었다. 평정을 유지하려 애쓰지만 혼자 육아를 책임져야 한다는 부담, 그녀를 쫓아다니는 가난의 냉기에 끊임없이 당혹스러워하는 그녀가 보였다.

새뮤얼 존슨Samuel Johnson은 "당혹스럽다"라는 말의 의미를 "길이 없는 곳에서 길을 잃었다"로 규정했다. 줄리는 의지할 사람도, 갈 곳도 없었으며 이 상황을 어떻게 헤쳐나가야 할지 알 수도 없었다. 이따금 아이들을 안아주고 따뜻하게 감싸주기도 했지만 이 역시 아이들에게는 턱없이 부족했다. 폴은 부끄러운 듯 얼굴을 더 붉히며 이렇게 말했다. "미안해."

그 순간 나는 그가 줄리와 다시 연결감을 느낄 수 있는 가능성을 포착했다. 하지만 그녀는 그의 진심을 받아들이기는커녕 여전히 분노로 타올랐다. "그렇겠지." 폴이 다시 뒤로 물러났다.

이야기가 선과 악으로 나뉘어 흐르는 것을 막기 위해 나는 최대한 사려 깊은 목소리로 이들이 그렇게 고통스러운 시간 동안 얼마나 힘들었을지에 관하여 말을 이어갔다.

결별한 커플은 이제 상대와 헤어졌으니 자신의 삶이 더욱 행복해질 것이라고 기대한다. 하지만 줄어든 사랑, 돈과 시간을 두고 벌이는 줄다리기가 오히려 숨 막히는 부담으로 다가올 수 있다. 타비스톡 인간관계연구소[3]의 보고서가 확인한 바에 따르면, 그러므로 헤어진 커플에게도 역시 좋은 관계를 유지하는 일이 상당히 중요하다. 그에 따라 재정적 지원의 범위, 그리고 결별한 가족의 경제적 형편이 달라지게 되기 때문이다. 이별 후 전반적인 관계와 재정적인 지원 여부 및 정도가 부모와 자녀의 삶의 질을 결정짓는다.

통계청의 자료에 따르면 2019년 영국의 한부모 인구는 180만 명으로 그중 90%가 여성이었다. 여성은 빈곤할 확률이 더 높았

---

3   Tavistock Institute of Human Relations. 조직 내 인간의 행동 양식을 연구하는 영국의 비영리 자선 단체로 1947년 설립되었다. 정신분석학 및 응용 심리학을 바탕으로 개인과 조직의 관계를 연구, 평가하고 컨설팅하는 기관이다.

다. 자녀를 키우는 시기엔 일을 할 수 없었기 때문이다. 2018년 '여성 예산 그룹Women's Budget Group' 보고서에 따르면 "빈곤율은 한부모 가정의 경우 절반(48%)에 육박했지만, 부모가 다 있는 가정의 경우 4분의 1(24%)가량에 불과했다. 게다가 빈곤한 한부모 가정의 대다수(86%)는 엄마만 있는 경우였다." 엄마들이 무급 돌봄 노동에 종사하느라 유급 노동을 할 수 없어 벌어진 간극은 지난 수십 년간 여성들이 고군분투해 왔음에도 여전히 해결되지 않은 문제다.

통계 이면의 이 변함없는 현실은 제도적, 정책적 해답을 요구하지만 지금까지도 나온 적이 없다. 결국 누군가가 자신은 실패했다고 믿도록 강제하고 있는 것이다. 결별한 커플이 아이들을 위해 사이좋게 지내려 노력하기도 하는데, 이는 그 자체로도 바람직한 일이지만 그런 노력 덕분에 자신의 삶의 질 역시 향상된다는 사실은 간과되기 쉽다. 헤어진 파트너를 미워하고 머릿속에서 싸움을 계속하면 그 자신이 현실에서 지칠 뿐 아니라 구성원 모두에게도 불안을 초래한다.

나는 폴과 줄리에게 이 데이터를 제공했다. 두 사람이 실패한 게 아님을 알려주고 싶었기 때문이다. 그간의 경험으로 미뤄봤을 때 클라이언트들은 자신의 경험이 연구 결과로 뒷받침되면 보통 인정받은 듯한 기분을 느끼곤 했다. 나는 이들이 내 말을 진심으로 받아들여 주길 바라는 마음에 천천히 이야기했다. "두 분 다 최선을 다했어요. 모든 게 두 분한테 불리한 여건에서도 말이에요. 제가 만약 두 분 같은 입장이었다면 저도 똑같이 대처했을 거예요."

본래 주관적 관점은 잘 제시하지 않지만 이번엔 그런 방식이 이들의 자기비판을 좀 완화할 수 있을 것 같았다.

줄리가 줄곧 눈을 깜빡였다. 공격에서 자신을 방어하는 데만 익숙하다 보니 아무런 조건 없이 듣는 칭찬은 좋은 의미로 그녀를 흔들었다. 폴이 한숨을 내쉬었다. "흠, 그렇게 생각해 보진 못했네요." 애슐리는 아무 말도 하지 않았지만 스크린 안에 좀 더 들어와 있었다. 내가 기반으로 다지고 싶었던 작은 공감의 순간이었다.

이제 이들 스토리의 빈 공간을 내가 채워보고자 한다. 줄리는 5년간 싱글맘으로 지내며 모두에게 힘든 시기를 버텼다. 댄과 애슐리에게 필요한 것들을 채워주느라 주기적으로 정신없이 바빴고 폴과는 면접 교섭권과 돈 문제 때문에 지속적으로 싸웠다. 처음 3년간은 임시 거처를 전전하느라 네 번이나 이사를 해서 더욱 피폐해졌다. 그녀가 말 그대로 바닥을 찍었을 때 댄이 다니던 학교의 다른 학부모가 한부모 가정을 위한 자선단체 '진저브레드Gingerbread'를 소개해 주었다. "그게 절 살렸어요." 그녀는 곧장 가입했고 이후 굳건히 버틸 수 있었다. 양육비도 폴과 공평하게 부담하기로 합의했다. 줄리와 연결감을 구축하고 힘을 실어준 이 단체의 중요성은 아무리 강조해도 지나치지 않다.

줄리가 평소와 다르게 약한 모습을 드러내며 이렇게 말했다. "나는 부모로서 한 번도 승리한 적이 없었어. 다 정복한 것 같았을 때도 있었지. 너희에게 애착을 느끼고 이따금 행복했을 때 말이야.

하지만 그때마다 뭔가 일이 벌어졌어. 너희 둘 중 한 명이 아파서 내가 일을 못 나가든가, 너희는 즐겁고 만족했지만 나는 스트레스로 폭발하든가." 미소 지으며 고개 숙이는 애슐리의 눈에 눈물이 가득했다. 나는 이들의 만남에 드디어 불이 붙는 게 느껴졌다. 내가 나설 필요가 없었다.

외로움에 잠식된 줄리는 이따금 데이트를 시도했지만 결실은 맺지 못했다. 그녀는 끊임없이 타인의 욕구를 충족해 줘야 했는데 그녀를 돌봐주는 이는 아무도 없었다. "혼자라는 것에 너무 지쳤어요." 이 시점에서 나는 잠시 말을 끊고 당시 신체적으로는 어떤 느낌이 들었는지 물었다. "잘 모르겠어요." 그녀가 한숨을 쉬었다. "무방비 상태 같았어요. 공허하다, 네, 그거네요. 텅 빈 느낌이요." 그렇게 말하는 사이 그녀는 자신의 몸에 새겨진 기억에 연결되었다. "철저히 혼자라고 느꼈던 게 기억나요. 저와 두 아들만 세상과 동떨어진 섬에 고립된 것 같았죠. 갇힌 기분이었어요. 맙소사, 혼자서 벌벌 떨며 교사 면담에 갔을 때도 완전히 실패한 것 같았어요." 그 순간 나는 줄리와 새로운 연결감을 느꼈다. 분노에 가려진 그녀의 연약함이 느껴졌다. 그녀와 같은 공간에서 온기를 전해주고 싶었지만 그렇게 할 수 없어서 목소리에라도 위로를 가득 실어 주고자 노력했다. "네, 그렇게 오랫동안 혼자 지내는 게 얼마나 춥고 고립된 기분이었을지 상상이 돼요. 당신과 더 가까워진 기분이네요. 계속 얘기해 줘요."

그녀의 분노는 내가 그녀에게 더 가까이 갈 수 없게 만들었다.

하지만 그건 절대 그녀만의 문제가 아니었다. 내 문제이기도 했다. 힐끔 살펴본 폴과 애슐리의 눈빛에는 감정이 들끓고 있었다.

줄리가 말을 이었다. "아이들이 크면서 살기가 좀 편해졌어요. 걱정도 줄었고요. 업무 훈련을 받고 개인 비서로 취업하면서 자신감도 생기고 안정적 수입도 확보할 수 있었죠. 나도 잘 살 수 있겠다는 희망이 생기기 시작했고 실제로도 서서히 그렇게 됐어요. 찰리를 만난 게 서른한 살이었는데, 다시 한번 노력해 보고 싶을 만큼 누군가를 믿고 좋아하는 데 너무 오래 걸린 거예요. 그래도 제 삶이 달라졌죠. 정말 많이 발전했어요. 그는 날 사랑해요. 새아빠로도 나무랄 데가 없고, 아이들도 그를 정말 좋아하고요."

이 시점에서 나는 의문이 생겼다. 우선 사랑이 가진 치유의 힘이다. 줄리는 찰리와의 관계를 통해 그녀의 부모와 폴에게서 받은 상처를 치유할 수 있었을까? 어느 정도 그런 부분도 있었다. 찰리의 사랑은 줄리의 자신감을 회복시켜 주었다. 하지만 줄리가 요새 부쩍 행복해졌다고 해도 폴과의 끔찍한 악순환은 전혀 나아진 게 없었다. 그녀가 분노를 내뿜으면 그는 피하기에 바빴고 그 대가는 고스란히 댄과 애슐리에게 돌아갔다.

나는 누군가를 향한 악한 감정에 갇히기가 얼마나 쉬운지, 그와 같은 감정을 다스리기 위해 의식적으로 노력하는 것보다 그 감정이 촉발되는 속도가 얼마나 더 빠른지를 흥미롭게 지켜봤다. 이는 줄리가 더욱 안정되고 행복해졌음에도 폴을 향한 증오와 시기는 여전히 그녀를 관통하고 있으며, 폴 역시 마음을 닫은 채 도망치고 있다는 걸 의미했다. 우리는 위험을 마주치면 본능적으로 달아남으로써 자신을 보호한다. 줄리가 그랬듯 두려움은 우리의 두뇌에 싸우거나 달아나거나 혹은 항복하라는 경보를 울린다. 이에 줄리는 맞서 싸웠고 폴은 도망쳤다. 문제는 이들이 동일한 패턴에 갇혀있다는 사실이었다. 나는 그렇게 오래된 울분을 두 사람이 해소할 수 있도록 도울 방법을 찾아야 했다.

여기서 비탄grief, 그리고 과도하게 사용되지만 자주 오인되는 '비탄의 과정the process of grief'이라는 용어에 대해 짚고 넘어가도록 하자. 줄리는 자신이 바랐던 관계, 그리고 가족의 삶을 상실함으로써 비탄에 빠졌다. 비탄이란 개념의 핵심은 상실을 기억하고 그에 몰두하는 것이다. 고통을 기억하고 느끼는 형태에는 두 가지가 존재한다. 그중 하나는 줄리와 같은 경우로, 똑같은 감정을 반복적으로 경험하는 방식이다. 이를 기점으로 복잡한 비탄의 감정에 빠지는 일이 다반사다.

자신의 경험을 받아들이고 상실을 인정한 뒤 앞으로 나아가는 건 변화의 고통이 감정의 변화로 이어지면서 치유가 일어날 때 비로소 가능하다. 이는 과거와 현재라는 양극 간 밀고 당기기의 과정으로 이를 통해 우리는 새로운 현실에 적응할 수 있게 된다.

폴과 줄리 가족의 상담을 돌아보며 나는 부부의 인연을 맺어본 사람은 이들과 비슷한 사연을 하나쯤 갖고 있다는 생각이 들었다. 우리는 누구나 사랑하는 사람과 갈등에 부딪혀 도망가고 싶을 때도 많고, 심지어 분노를 느껴 상대를 공격하고 싶을 때는 더 많지 않은가? 함께 살고 있든 이미 결별했든 싸움의 가장 큰 문제는 돈, 그리고 자기 할 일을 제대로 하지 않는 사람 아닌가? 달갑지 않은 고정관념일 수 있지만, 육아와 일을 병행하느라 진이 빠지고 혹은 육아 때문에 일을 그만두는 건 대개 여성 쪽 아닌가? 생활비를 대고 아버지 역할을 하는 데 부담을 느끼는 남성도 많다. 이 같은 문제는 부모의 육아 방식, 자녀들에게 사랑을 주는 부모의 능력에 많은 영향을 미치며 사랑과 관심을 독차지하고 싶은 아이들 사이에 경쟁을 촉발하기도 한다. 게다가 부모가 결별하고 새로운 배우자를 맞으면 자연스레 경쟁은 더욱 치열해진다. 그 결과 우리 모두가 이따금 경험하는 것처럼, 자기 안에 분노가 일거나 약한 강도의 화가 지속적으로 들끓어 외부와의 연결감으로 이어질 수 있는 다른 모든 감정을 차단한다.

21세기에 들어 여성이 노동 인구의 절반을 차지하게 되면서 해묵은 딜레마가 해결됐다고 믿고 싶었지만 현실은 그렇지 않았다. 폴과 줄리의 가장 큰 문제는 돈이었다. 그것도 과장된 게 아니라 지극히 실질적인 난관이었다. 물론 과거로부터 계속 이어져 온 심리적 어려움 때문에 이들이 제대로 대응하지 못한 면도 있었지만 말이다.

나는 수련감독자와 함께 이들의 문제에 어떻게 접근하면 좋을지 고민했다. 우린 두 사람이 향후 변화를 기꺼이 받아들일 수 있도록 초반에는 기존에 지닌 강점부터 강화하는 게 좋겠다고 합의했다. 당시에는 댄이 베를린으로 떠난 사건이야말로 이들이 갈등 해결에 나서게 된 실질적 계기였다고 확신했다. 그래서 아이들을 사랑하고 그들에게 최선을 다하길 원하는 두 사람의 마음에서부터 시작하는 게 가장 타당했다. 줄리에게는 안정감을 주는 파트너가 있었기 때문에 폴이 촉발한 감정을 조절하는 데 도움이 될 수 있었다. 그녀는 아버지와 알코올중독에 빠진 어머니로부터 버림받은 상처는 물론 폴과 헤어진 아픔까지 극복하고 찰리와 사랑을 찾았다. 그 모든 분노에도 불구하고 근본적으로 회복탄력성이 있고 성장과 변화가 가능한 인물이었던 것이다. 또 연구에 따르면, 결별 이후 새롭게 맺은 진지한 관계에서는 첫 2년이 가장 힘들고 헤어질 확률 또한 높다. 그럼에도 폴이 사만다와 10년을 함께했다는 사실은 그가 안정적 관계를 구축할 역량이 있다는 걸 보여준다. 워낙 복잡하게 얽힌 두 사람이지만 희망의 여지가 있었다.

나는 폴, 줄리와 애슐리에게 그들의 이야기가 다루기 쉬운 건 아니지만 감동적인 요소들도 많다고 말해주었다. 우리는 힘을 합쳐 일관성 있는 서사를 구축하는 작업을 완료했다. 폴과 줄리는 데이트를 시작했을 때만 해도 단단한 심적 뿌리, 그들을 지원해 줄 관계를 갖고 있지 않았다. 결별의 아픔은 시간적, 재정적, 정서적 자원의 결핍으로 더욱 극심해졌고 이는 곧 모두의 고통으로 이어졌다. 모두가 비난과 분노의 늪에 빠지는 상황을 방지하기 위해 나는 폴과 줄리 두 사람에게 애슐리, 그리고 이곳에 없는 댄에게 집중할 것을 제안했다. 애슐리는 아무 말 하지 않았지만 폴과 줄리는 고개를 끄덕였고 덕분에 나는 따뜻한 마음이 들었다.

전환기에 있는 가족이 좋은 결과를 내려면 지지와 가이드라는 변수가 필수적이다. 폴과 줄리로서는 그 둘을 한 번도 가져본 적이 없었다. 그럼에도 이제 순전히 두 아들을 위해 안전지대를 벗어나 도움을 요청할 용기를 낸 것이다.

나는 우리 네 사람이 함께 노력할 공동의 비전을 창출하기 전에 도움이 될 만한 뼈대부터 구축하기 시작했다. 이때까지만 해도 모두가 중요하게 생각하는 공동의 목표가 없었다. 중요한 건 이들 스스로 억울한 피해자라는 단선적이고 '뿌리 깊은' 생각에서 벗어나 더욱 열린 마음으로 협력함으로써 다양한 관점을 인정하고 자신의 상처를 '드러낼' 수 있게 되는 것이다. 이러한 과정은 가족의 역학 관계를 변화시키는 핵심이다. 사람들이 나쁜 사고 습관과 파괴적 행동 패턴에서 벗어나 광범위하고 합의된 목표를 설정하도록 이끌기 때문이다. 나는 이 같은 과정이 일회성이 아닌, 지속적으로 이루어져야 한다는 사실을 구성원 모두가 인식해 가족 시스템이 개선될 수 있기를 바랐다. 그러면 댄이 다시 이 가족의 울타리 안으로 들어오게 될 수도 있는 일이었다.

재혼 가족의 구조를 확립하는 데는 패트리샤 페이퍼나우Patricia Papernow의 연구가 많은 도움이 되었다. 그녀는 친부모든 계부모든 항상 거기에는 인사이더와 아웃사이더가 존재한다고 분석했다. 자녀들은 엄마와 아빠 중 누구에게 충성할지 갈등한다. 그러기에 가족 전체가 변화하고 조정되는 일이 특히 중요하다. 새롭게 합류한 구성원이 자신의 자리를 찾을 수 있도록 공간을 허용해 주고 받아들여야 한다는 뜻이다.

첫째, 이는 폴, 줄리와 애슐리에게 심리 교육이 필요하다는 걸 의미했다. 나는 우리가 향후 어떤 일이 펼쳐질지 가늠해 보기 전까지는 우리 내면에서 벌어지는 일을 조금도 이해할 수 없다고 굳게 믿었다. 각자가 처한 상황을 고려할 때 이들이 겪고 있는 게 지극히 정상이라는 사실을 인지하는 게 중요했다. 그들이 잘못된 게 아니라는 것이다. 나는 '재혼 가족의 구조'라는 말을 좋아했다. 이들 경험의 불완전하고 미숙한 이유를 이 용어가 명료하게 제시해 주었기 때문이다. 나는 페이퍼나우의 전문성에 기대 각 난관을 간략하게 살펴본 후 이들이 직접 알아볼 수 있도록 자료의 링크를 보내주었다.

재혼 가족의 구성원이 물리적 공간을 공유할 때 새로 들어온 이가 소속감을 느끼기란 실로 어려운 일이다. 예를 들어 애슐리가 주방에서 식사하고 싶어도 그곳은 사만다의 공간이라 편하게 밥을 먹을 수 없을 것이다. 그러한 긴장감이 쌓여 분노가 되고 이는 공격의 형태로 나타날 수 있다. 이곳의 일원이 아니라는 감정이 두려움과 분노를 일으키기 때문이다. 또한 누군가 방에 들어가면 본래 있던 사람은 나와버린다. 이 같은 이미지를 떠올리자 에너지가 샘솟았다. 이들 사이에 뚫을 수 없이 '고정된' 많은 것이 설명되었기 때문이다.

친부모가 헤어질 때 아이들이 느끼는 슬픔, 그리고 두 부모 모두에게 충성하고 싶은 마음은 매듭처럼 꼬여서 절대 풀리지 않을 것처럼 느껴진다. 첫 번째 가족에서 재혼 가족으로 옮겨갈 때 댄과 애슐리는 모든 차원의 '살아있는 상실'을 경험했다. 부모님을 사랑한다는 믿음, 신념, 안전, '온 가족'이라는 느낌, 일상, 심지어 자신의 정체성까지 말이다. 상실은 모든 종류의 비탄을 동반한다. 충성에서 비롯된 유대는 정상이지만 부모의 갈등은 이를 견딜 수 없을 만큼 악화시킨다. 내가 보기에 애슐리와 댄은 지금도 그 '최초의 이별'을 슬퍼하고 있었다. 미처 표현할 기회가 없었기 때문이다.

애슐리가 고개를 끄덕였다. "이제 알겠어요. 아빠와 함께 있을 때 가슴이 왜 답답했는지요. 엄마를 떠난 게 마음이 좋지 않았어요." 애슐리의 고뇌를 들으니 마음이 놓였다. 지금까지는 다른 더 큰 서사에 밀려서 묻혀있던 이야기였다. 누구에게든 자신의 경험을 털어놓는 기회는 치유의 힘을 갖는다.

결별한 부부는 아이를 어떻게 양육할지에 관한 합의안을 도출해야 한다. 누가, 언제, 무엇을 하고 누가 비용을 부담할지 말이다. 줄리와 폴은 이 때문에 혼란과 고통을 겪었다. '당신은 틀렸고 내가 옳아.'라는 입장에서 한 발도 물러서지 않았다. 합의의 여지가 없었고, 이는 두 사람이 아이들을 대하는 방식에도 필연적으로 영향을 미쳤다. 지나치게 관대하지도, 지나치게 엄격하지도 않게 균형을 잘 잡는 것은 누구에게나 어려운 일이다. 페이퍼나우는 이렇게 적었다. "광범위한 연구 결과에 따르면, 어떤 형태의 가족이든 부모가 권위 있는 육아를 할 때 아이들은 가장 잘 자란다. 권위 있

상실은 모든 종류의 비탄을 동반한다.
충성에서 비롯된 유대는 정상이지만,
부모의 갈등은 이를 견딜 수
없을 만큼 악화시킨다.
내가 보기에 애슐리와 댄은
지금도 그 '최초의 이별'을
슬퍼하고 있었다.
미처 표현할 기회가 없었기 때문이다.

는 부모는 많이 사랑해 주면서도(따뜻하고 잘 반응해 주며 공감 능력이 뛰어나다), 적당히 단호하다(발달 시기에 따라 적절한 기대감을 설정하고 차분히 행동을 관찰한다)." 나는 애슐리의 얼굴을 보며, 그의 성장 과정에서 권위는 충분했지만 부모님의 깊은 사랑에도 불구하고 그가 일관된 애정을 느끼지는 못했음을 알 수 있었다.

새로운 행동 방식을 도출하기 위해서는 다양한 차이를 해결해야 한다. 나는 이 부분이 어려울 거라고 생각했다. 페이퍼나우에 따르면, "재혼 가족의 경우 새로운 가족 문화를 구축하는 게 발전을 위한 핵심 과제다. 하지만 일부 구성원에게는 '집'처럼 느껴지는 게 다른 이들에게는 낯설고 심지어 불쾌하게 느껴질 수도 있다." 나는 크리스마스에 벌어진 다툼이 최악의 상황을 보여주는 완벽한 사례라고 생각했다. 이 문제를 잘 풀면 더 나은 문화를 확립할 수 있을지 모른다.

줄리 같은 전 파트너들은 새로운 가족의 일부가 되는 데 고질적 어려움을 겪는다. 만약 우리가 이를 극복해 낼 수 있다면 성공의 신호탄이 될 것이다. 두 아들이 자신의 삶에서 중요한 모든 어른과 충분히 좋은 관계를 맺었다는 의미이며, 이를 통해 가족 전체가 자신을 지지해 준다고 느낄 수 있을 테니 말이다. 갈등은 분명 아이들을 좀먹는다. 부모 중 한 명이 자녀와 다른 부모의 사이를 갈라놓을 때는 특히 더 그렇다. 2020년 「아동 학대 방지법」의

'부모 소외법Parental Alienation Law'이 발의된 게 이 때문이다.⁴ 자녀가 성인이 될 때까지는 부모는 선의의 공동 육아를 할 수 있도록 노력할 필요가 있다. 아이들이 이미 입은 상처는 성장한다고 해서 줄어들지 않는다.

한 세션에 이 정도면 충분했다. 우리 모두 앞으로의 과제에 부담을 느낀다는 걸 알 수 있었다. 나는 향후 다양한 차이와 어려움이 발생할 텐데 이를 반드시 드러내고 논의해서 가능하다면 해결하고, 그것이 안 되더라도 최소한 이해는 하고 넘어가야 한다고 강조했다. "그래야 지도를 그릴 수 있어요. 그게 있어야 새롭게 이해하는 지점을 발견할 수 있고요. 일단 처음의 과제들을 해결한다면 다른 건 자연히 따라올 거예요."라고 미소 지으며 말했다. 그리고 다소 힘을 뺀 목소리로 덧붙였다. "물론 우리가 어디에 도달할지는 저도 알 수 없어요…." 교복 차림의 애슐리가 고개를 한쪽으로 기울이고 있었다. 그에게는 쉽지 않은 일이었다. 폴과 줄리는 어깨를 축 늘어뜨린 채 안도한 표정으로 숨을 무겁게 내쉬었다. 긴장한 모양이었다. 나는 이들이 다음 상담 이전에 페이퍼나우의 논문을 읽고 함께 논의해 보거나 이 연구가 자신들과 어떻게 관련되는지 글로 적어보기를 바랐다. 내 생각에는, 상담 이외의 시간 동안

---

4 부모 따돌림 증후군(Parental Alienation Syndrome, PAS)은 부모 중 한 명이 상대 배우자에 대한 험담, 분노 등을 자녀에게 표출함으로써 자녀로 하여금 한쪽 부모를 편들고 다른 쪽 부모를 적대시하게 만드는 현상을 말한다. 주로 부모가 이혼하는 과정에서 많이 발생한다.

이 작업을 수행하면 각자 주체성을 가질 수 있을 뿐더러 혼자만의 시간에 파트너를 생각함으로써 수년간 수면 아래서 무슨 일이 있었는지 이해할 수 있을 것이었다.

  다음 세션에서 나는 두 사람에게 누가 인사이더고 누가 아웃사이더인지 물었다. 줄리는 입을 꾹 다문 채 폴을 바라봤다. 그는 주저했다. 난 애슐리에게 덧붙일 말이 있는지 물었다. 당황한 그가 갑자기 화면에서 사라져 버려 "거기 있니?"라고 물었다. 잠시 후 그에게 포커스를 맞춰 겁을 준 나 자신을 자책하고 있는데 애슐리가 차분하게 목소리를 냈다. 사례가 있기는 한데 부모님이 자신을 보고 있는 상태에서는 말할 수 없다는 것이었다. 그걸 알고 있다니 얼마나 영리한 아이인지! "아빠, 몇 년 전에 형과 제가 아빠 생신에 같이 피자 익스프레스에 가고 싶다고 하고 아빠도 동의했던 거 기억하세요? 그런데 댄과 제가 갔을 때 사만다와 돌리도 와 있었어요. 우리를 보고 웃고 있었고, 아빠는 어깨를 으쓱할 뿐이었고요…. 아빠는 우리 말고 새엄마를 선택한 거예요…. 또요…. 이게 사례가 되는지는 모르겠지만 우리 둘 다 화났다는 건 알아요. 우리는 아빠하고만 있고 싶었다고요."

  이 대화에서 나는 사만다가 질투심과 분노가 너무 커 폴을 혼자 내보내지 못했다는 걸 직감했다. 그녀는 본인이 아웃사이더가 되어 폴이 단독으로 두 아들을 만나는 걸 견딜 수 없었다. 줄리가 뭔가 말하려 했지만 나는 잠시 기다리라고 하고 폴의 답변을 기다렸다. "세상에, 맙소사." 얼굴이 잔뜩 달아오른 그는 지난 10년간 겪어온 딜레마에 직면하자 할 말을 찾느라 애썼다. "난 항상 너희 사이에 끼어있었어. 모르겠다…. 너희 엄마는 미쳤어. 나한테 화만 낸다고." 나는 줄리를 쳐다보고 심호흡하는 시늉을 했다. 쉽지 않았겠지만 그녀는 깊이 숨을 쉬며 아무 말도 하지 않았다. "난 뭘 하든 다 잘못하는 거였어. 사만다도 내가 자신과 돌리에게 주는 것이 충분하지 않다고 불평했지…. 난 모르겠어. 지금도 모르겠어." 그는 수년간 쌓인 울분을 억누르려는 듯 주먹 쥔 손으로 자신의 눈을 눌렀다.

나는 이 지점에서 개입해 폴 역시 힘든 상황이라는 데 공감을 표했다. 그가 사랑하는 두 가족 사이에서 갈등하느라 고통스러웠을 거라고 최대한 담백한 어조로 말했다. 그는 가족을 향해 느끼는 고통과 사랑을 받아들여야 했다. 자신의 사랑이 충분하길 바라는 것만으로는 고통을 멈출 수 없었다.

나는 줄리의 눈에서 애증이 교차하는 걸 느낄 수 있었다. 그녀는 폴의 상처를 볼 수 있었지만 그래도 여전히 그의 잘못을 탓하며 주먹을 날리고 싶어 했다. 순간적으로 나는 폴을 보호하고 싶었고 줄리의 말은 듣고 싶지 않았다. 그녀의 무조건적 분노가 폴의 취약한 부분을 부숴버릴까 봐 걱정됐다. 그래도 그녀가 말할 기회는 줘야 했다. 단 살짝 격식을 차렸다. "줄리, 애슐리와 폴에게서 들은 게 있나요?" 줄리가 고개를 흔들자 귀걸이가 딸랑댔다. "망했어…." 그녀가 폴을 공격할 거라고 생각했지만, 아니었다. "정말 완전히 망했어…. 엉망진창이잖아. 당신은 늘 모두를 만족시키려고 해. 이렇게 몇 년이나 싸우고 있다니…. 끔찍한 교통사고나 다름없어. 당신은 이걸 감당할 수 없어…. 어떤 면에서는 나도 마찬가지고 말이야."

나는 만족감으로 온몸이 짜릿해지는 걸 느꼈다. 줄리는 객관적 관점에서 자신을 돌아봄으로써 자신과 폴의 상황을 한눈에 바라볼 수 있게 되었다. 이는 두 사람이 어떻게 한 가족으로 지낼지를 재구성하는 데 핵심 역할을 할 것이다.

나는 이들의 입장을 종합해 보았다. "이번 세션은 힘들었지만 중요했어요. 두 분이 결별에 어떻게 대처했는가를 넘어 그로 인해 얼마나 버거웠는지에 관해 난생처음 들어본 거니까요. 두 분은 매우 파괴적인 방식으로 행동해 왔어요. 하지만 사실 누구라도 그랬을 테죠. 감당할 게 너무 많았으니까요. 두 분 안에 도사린 감정은 정말이지 거대해요. 버려진 기분, 외로움, 분노, 질투, 슬픔, 수치심까지 일일이 거론하기도 힘들죠. 여러분 사이에 계속 불화가 일어나는 게 견디기 힘들 때도 많았을 거고 분명 돌아버릴 지경이었을 거예요. 애슐리, 오늘 네가 용기 내 말해 준 걸 특별히 칭찬하고 싶구나. 부모님도 오늘 너의 얘기를 잘 알아들으셨을 거야." 애슐리는 다시 카메라를 켜더니 수줍게 미소 지으며 나를 향해 손을 흔들었다. 그렇게 세션을 마무리 지었다.

나는 이 세션을 기점으로 차근차근 진전이 이뤄지길 바랐지만 무언가가 모든 걸 무너뜨릴까 두렵기도 했다. 그만큼 깨지기 쉬운 과정이었다. 나는 다들 어떻게 지내는지 알고 싶은 마음에 먼저 미팅을 제안했다. 늦게 도착한 폴은 멋쩍은 표정이었고 줄리는 활기가 넘쳤다. 그녀는 타고난 행동가, 나아가 불도저 같았다! 애슐리는 남은 세션을 진행하는 내내 화면을 켜지 않았는데, 효과가 괜찮은 듯했다. 닫힌 문 뒤에서 어른들의 이야기를 훔쳐 듣고 있지만 필요할 때 할 말은 할 수 있는 분위기가 연출된 것이다. 폴과 줄리 역시 애슐리 때문에 방해받는 일 없이 서로에게 집중할 수 있었다.

줄리가 단호한 표정으로 화면을 바라보았다. "저는 애슐리와 폴의 만남 문제를 정리하고 싶어요. 단도직입적으로 말할게, 폴. 난 당신을 반대하는 게 아냐." 중대한 변화였다. 폴에 대한 그녀의 인식이 달라진 게 분명했다. "애슐리는 당신을 필요로 해. 당신이 사만다와 함께인 줄 알지만 애슐리는 사만다를 좋아하지 않고 말이야. 사만다를 믿지 않는 것일 수도 있고…."

나는 애슐리의 표정이 궁금했다. 줄리가 더 말하기 전에 그도 엄마 말에 동의하는지 궁금했다. 이 얘기가 줄리의 생각일까, 아니면 애슐리가 한 말일까? 줄리가 꾀를 부리는 걸까, 아니면 솔직한 걸까? 나는 알 수 없었고, 일단 그대로 진행해야만 했다.

폴은 자신의 손만 쳐다보고 있었다. 가슴이 조여드는 게 느껴졌다. 나는 짜증이 났다. 폴이 집중해 줬으면 했지만 그런 감정은 흘려보냈다. "폴, 살짝 멍해 보이네요. 아니면 화난 건가요? 왜 그러고 있어요?"

침묵이 좀 더 이어졌다. 천천히 그가 입을 열었다. "전 이길 수 없어요. 사만다가 저한테 화났어요. 지난 상담이 끝나고 완전히 버차올라서 돌아갔더니 제가 자기를 배신했다고 느끼더라고요. 줄리, 사만다는 당신이 부당할 정도로 악의적이라고 생각해. 사만다가 당신한테 얘기하려고 하면 당신은 화부터 낸다고."

내가 답했다. "이런 일이 과거에도 많이 일어났을 것 같아요. 두 분 다 문제를 해결하고 싶은데 결국엔 더 뒤엉켜버리는 거죠. 폴, 당신은 이러지도 저러지도 못하고 줄리는 아이들을 위해 싸우려 들고요. 이번엔 좀 다르게 해봅시다."

이어서 나는 두 사람 모두에게 해당하는 과제가 뭐라고 생각하는지 물었다. 이들은 폴이 애슐리를 만날 시간을 조율하는 거라고 의견을 모았다. 나는 이번엔 애슐리에게 이전 질문에 대해 듣고 싶은 답이 무엇인지 물었다. "저는 새엄마를 반대하지 않아요. 새엄마가 아빠를 사랑하는 건 아는데 좀 무서워요. 저한테 좀 친절했으면 좋겠어요! 하지만 지금은 아빠를 일대일로 만나고 싶고…." 그가 잠시 말을 멈췄다. "생각해 봤는데, 돌리와 새엄마는 아빠하고만 보내는 시간이 있잖아요. 그들이 가진 것의 일부를 나누고 싶을 뿐이에요. 그게 공평한 것 같아요." 애슐리는 나이에 비해 훨씬 성숙했다. 어떤 면에서는 과하다 싶을 정도였다. 엄마를 보살펴야 했고, 엄마가 버거워할 때 기분을 풀어주려고 노력하느라 그랬을 테지만 어쨌든 그의 솔직하고 분명한 태도가 상담에 변화를 일으켰다.

나는 폴과 줄리가 애슐리에게 보여주었으면 하는 반응을 직접 실천해 보였다. 명료하게 얘기해 주고 그가 진심으로 요청한 걸 따뜻하게 칭찬해 준 것이다. 그의 얼굴을 볼 수 없는 만큼 마치 토끼굴에 대고 이야기하는 것 같은 초현실적 기분이 들었지만 그가 "고마워요."라고 말했을 땐 한층 가까워진 느낌이었다.

폴과 줄리 역시 그의 꺼진 화면에 대고 손을 흔들며 다정하게 말했다. "고맙다."

줄리는 아들이 조성한 분위기에 맞춰 다음 달에 애슐리와 단둘이 만날 수 있는 때가 언제인지 물었다. 나아가 창의력까지 발휘해 한 시간 정도는 둘이서 축구를 하고 이후로는 집에서 다 같이 저녁 식사를 하는 게 어떻겠느냐고 말했다.

나는 폴이 애슐리와 함께하는 만큼 '사만다와의 특별한 시간' 역시 마련해 보도록 제안했다. 밤에 데이트를 하는 것도 좋은 방법이 될 수 있었다. 폴은 사만다가 그에게 얼마나 중요한 존재인지 알게 해주는 한편 그가 애슐리를 만나러 갔을 때 그녀가 느낄 '버려진' 기분을 이해하고 공감한다는 걸 보여줄 방법을 찾아야 했다. 그러면 사만다가 자신은 물론이요, 애슐리와 폴의 관계가 그에게 얼마나 중요한지 믿는 데 도움이 될 것이다. 말하는 사이 나는 줄리가 씩씩대는 걸 느낄 수 있었다. 그녀가 또다시 분통을 터뜨리는 상황을 원치 않았기 때문에 이들이 서로 다른 욕구를 지닌 다른 사람들이라는 사실을 강조하며 상담을 종료했다. 중요한 건 서로 간의 차이 때문에 싸우는 게 아니라 그 차이를 허용하고 받아들이는 것이다.

폴은 안도하는 듯 보였다. 방법을 모를 뿐이지 좋은 아빠이자 좋은 파트너가 되고 싶은 욕구는 분명했다. 그는 근본적으로 좋은 사람이었다.

상담 내용을 기록하던 중 나는 사만다가 '남겨지는' 데 스트레스를 느끼는 게 유년기의 상처 때문일 수 있음을 깨달았다. 향후 폴과 줄리가 좀 더 잘 지내게 된 후 사만다의 취약함이 어디서 시작되는 건지 함께 들여다볼 수 있기를 바랐다. 그러면 사만다가 폴을 그렇게 꼭 쥐고 놓아주지 않더라도 줄리와 두 아들이 그녀에게 좀 더 연민을 가질 수 있을 것이다.

이후 몇 번의 상담은 아무 일도 일어나지 않은 중립적 시간으로 마무리되었다. 그게 내게는 대단한 승리처럼 느껴졌다. 중립이야말로 우리가 찾던 것이 아닌가. 상담 치료를 통해 서로의 안부를 확인하고, 언제든 소통하며, 사소한 트집이 큰 싸움이 되기 전에 해결하는 것 말이다. 나는 이들이 모두 자신들의 재혼 가정 체제 내에서 좋은 동맹 관계가 구축되기를 바라는 게 분명하다고 확인해 주었다.

몇 가지 기본적인 규칙이 정해졌다. 애슐리 앞에서 싸우지 않기, 애슐리나 돌리나 댄 앞에서 서로에 대해, 혹은 서로의 파트너에 대해 험담하지 않기, 문자는 오해를 일으킬 수 있으니 문자보다 대화를 많이 하기 등이었다. 이미 합의된 계획에 누군가 변경을 원하는 경우 마땅한 대안이 없으면 본 계획대로 진행하는 규칙도 포함되었다. 내가 애슐리에게 크리스마스의 다툼과 관련해 아직도 남은 앙금이 있는지 묻자 그는 고개를 저었다. "전혀요, 다 풀렸어요." 대화를 나누며 정말 많은 게 해소되었다.

나는 서로를 위해 함께 조정하고 받아들이는 작은 조치들이 상당한 변화를 가져온다고 일러주었다. 다들 반기는 반응이었다. 이따금 현재 상황을 재혼 가족의 구조와 연결시키며 그들은 지극히 정상적인 과정을 밟고 있는 거라고 안심시켜 주었고, 혼란스러울 때는 상담을 시작했을 당시 내가 그들에게 줬던 점검표, 과제를 확인하는 것도 도움이 될 거라고 귀띔해 주었다.

이제 서로에 대한 선의가 충분히 구축되고 소통도 크게 개선되었으니 이들의 가장 큰 어려움 중 한 가지를 해결할 필요가 있었다. 바로 돈 문제다. 이는 페이퍼나우의 '가족 과제'와 '새로운 가족 문화 도출하기'에도 포함된 문제였는데, 이를 실질적으로 해결할 방법을 찾고 새로운 태도를 확립하는 게 필수적이기 때문이다.

나는 돈에 대한 나의 관점에서부터 이야기를 시작했다. 돈 문제는 늘 금기시된다. 그 문제는 보통 침묵을 동반하는데, 침묵이 있는 곳엔 언제나 끝없는 두려움이 자란다. 우리는 돈과 관련해 어떻게 얘기할지, 그에 관련된 우리의 정체성을 어떻게 구축하고 돈이 가족에는 또 어떤 영향을 미치는지 제대로 알지 못한다. 돈은 권력, 지위, 통제의 수단으로 사용될 수 있고 사랑과 혼동되기도 한다. 또 돈과 우리의 관계는 모순되거나 애매할 수도 있다. 돈이 없는 것은 물론이고 심지어 돈이 있는 것 또한 수치심이 동반되는 일일 수 있다. 우리는 모두 돈과 관계를 맺고 있는데, 그것이 어떤 관계인지는 우리의 성장 환경과 인생에서 처한 위치에 따라 달라진다. 여담이지만, "저는 돈에 관심 없어요."라고 말하는 클라이언트에게 내가 "그건 충분히 있기 때문이죠. 돈 생각을 할 필요 없는 건 행운이에요."라고 날카롭게 반박했던 기억도 난다. 이와는 반대로 돈이 모든 것의 중심인 경우도 많다. 재혼 가정에서도 가장 큰 갈등의 원인은 돈일 때가 많았다. 인사이더-아웃사이더의 역학이 발동할 때, 즉 누군가가 자신의 권리라고 믿는 것을 받지 못해 화가 나는 모든 시점에 싸움은 일어난다. 이럴 때는 항상 "부족해!" 혹은 "불공평해!"라는 외침이 터져나온다. 돈은 안전과 사랑, 그리고 자신이 중요한 존재라고 느끼고 싶은 인간의 가장 깊은 욕구를 시험에 들게 만든다.

이번엔 폴과 줄리에게 부모님과 조부모님이 돈을 어떻게 대하셨는지 질문했다. 방식은 달랐지만 하나같이 돈 얘기는 절대 하지 않으셨다는 답변이 돌아왔다.

폴은 생각에 잠긴 채 팔을 긁었다. "부모님과 조부모님으로부터 서로 다른 메시지를 받은 것 같아요. 그중 하나는 절대 돈을 빌려선 안 되니 가진 걸 잘 지키고 열심히 일하라는 거였죠. 그런데 조부모님을 보면서는 일종의 두려움이 생긴 것 같아요. 전쟁을 겪으셔서인지 '조심해, 위험이 닥칠 거야. 그걸로는 부족해.' 같은 태도를 지니고 계셨죠.

지금은 상황이 훨씬 나아졌지만 줄리랑 같이 살 때나 사만다와 살 때 저는 내내 공포를 느꼈어요. 망치가 미친 듯이 내 머리를 두드리는 것 같았죠. 줄리와는 소통도 안 되고 어떻게 할 줄도 몰라서 그냥 돈이 없다는 사실을 숨겼어요…. 네, 그게 제 반응이었어요. 숨기는 거요." 그러더니 이해의 네트워크가 순식간에 연결이라도 된 듯 그의 얼굴이 환해지고 눈에는 눈물이 고였다. "그렇게 숨긴 게 모두에게 최악이었던 거예요. 오, 세상에, 그냥 말했어야 했는데. 하지만 수치스러웠어요. 남자로서 실패한 것 같고…." 그의 눈물이 얼굴을 타고 흘러내렸다. "정말 죄송해요…. 저는 정말 바보… 얼간이에요…." 우리는 모두 연결감에 휩싸여 감정이 해소되는 걸 느꼈다. 나는 폴의 솔직함에 고마움을 표하며 그의 고백에 얼마나 큰 치유 효과가 있는지를 다정하게 말해 주었다. 이번만은 줄리도 아무 말을 하지 않았다. 한숨을 내쉬며 고개를 끄덕이다 폴을 따뜻하게 바라볼 뿐이었다.

나는 그들이 이 순간의 감정을 충분히 받아들일 수 있도록 잠시 뜸을 들이다가 줄리를 바라봤다. 돈에 대한 줄리의 관점 역시 알 필요가 있었다. 그녀는 손톱을 살피며 생각에 잠겨있었다. 그녀의 가족은 "지독하게 가난했는데" 어머니는 술로 외면하려 들 뿐이었다. 그래서 결국 돈을 빌리고, 걱정으로 벌벌 떨다가 다시 돈이 바닥나는 악순환이 끝없이 반복되었다. "돈은 저를 화나게 하는 것 같아요. 맞아요, 두려움과 분노… 그중 일부를 당신한테 쏟아냈어, 폴. 당신 때문에 그렇게 된 것도 있지만 말이야. 돈이 부족하다고 생각하면 저는 여전히 그런 감정에 휩싸여요. 그래도 천만다행으로 지금은 훨씬 안정적이죠."

이 이야기가 흥미로웠는지 애슐리가 화면을 켰다. "저는 절대 빚지지 않을 거예요. 엄마 같은 일은 절대로 겪고 싶지 않아요." 폴과 줄리가 동의하는 듯 애슐리를 사랑스럽게 바라봤다.

여기서부터는 실질적인 재정의 조직이 수월하게 진행되었다. 잘 알려진 '세 개의 통장 시스템'을 도입해 효율적으로 관리할 것을 약속했다. 폴과 줄리 두 사람은 첫 번째 통장, 즉 공과금, 옷값, 생일 파티나 연휴 비용 등 애슐리와 댄을 키우는 데 들어가는 비용을 똑같이 부담하기로 했다. 두 사람 다 이를 감당할 수 있었지만 소득 차이가 크게 날 경우 정부 웹사이트에서는 각자에게 얼마씩 할당되는지를 계산해 줄 수 있었다. 두 번째와 세 번째 통장은 각자의 가족을 위한 것이었다. 댄과 애슐리와 관련한 추가 지출이 있으면 함께 논의하고 사안별로 합의하기로 했다.

두 사람 사이의 독은 상당 부분 소진되었다. 이들이 자신들의 이야기를 해줌으로써 우리가 함께 풀어갈 서사가 마련된 것이다. 물론 마음의 멍과 상처는 여전히 남아 언제 다시 도질지 모르는 일이었다. 하지만 마치 싸움닭처럼 서로를 벼르고만 있던 관계적 성향은 완전히 사라졌다.

나는 두 사람이 결별 이후의 관계에서는 어떻게 성공할 수 있었는지 궁금했다. 줄리가 답했다. "저는 간절했어요. 혼자 있고 싶은 마음보다 찰리와 함께하고 싶은 마음이 훨씬 컸죠. 그리고 찰리에게는 기댈 수 있을 것 같은 느낌이 제게는 중요했어요…. 찰리 곁에서는 그다지 화나지 않았고, 설사 화나더라도 찰리가 절 안정시켜 줄 수 있었죠…. 대개 놀리는 식이었지만요." 이 말을 하는 동안 그녀의 얼굴에 따뜻한 미소가 번졌다.

연구 결과에 따르면, 줄리처럼 애착 관계에 취약한 사람은 찰리처럼 안정적 애착 관계를 구축할 수 있는 사람과의 관계를 통해 학습된 애착을 형성할 수 있다. 게다가 찰리가 재정적으로 안정돼 있었다는 점도 이들의 관계에 기여했다. 내가 읽은 한 논문에서는 내가 나 자신의 관계를 어떻게 인지하는지가 상대방과 나의 개인적 특성보다 관계의 질에 더 큰 영향을 미친다고 결론을 내렸다. 관계 만족도에 기여하는 비율이 내 파트너의 성격적 특성은 5%, 내 특성이 19%인데 반해 나의 인식은 45%나 된다는 것이다. 이 연구의 수석 저자인 사만다 조엘Samantha Joel은 과학 잡지 《인버스Inverse》와의 인터뷰를 통해 이렇게 말했다. "우리가 어떤 사람을 선택하는지보다 누군가와 어떤 관계를 구축할 수 있느냐가 훨씬 중요하다는 얘기죠." 이런 얘기를 줄리에게 해주자 그녀가 슬픔이 밴 목소리로 말했다. "맞아요, 저도 찰리한테는 마음을 열 수 있었어요. 어떤 면에서, 폴과 함께일 때는 전혀 몰랐던 방식으로 저를

"우리가 어떤 사람을
선택하는지보다 누군가와
어떤 관계를 구축할 수 있느냐가
훨씬 중요하다는 얘기죠."

공유할 수 있었죠…. 찰리도 저만큼이나 그걸 원했고요. 그는 제게 사랑한다 말해주고 무엇이든 함께 풀어가고 싶어 했어요. 그래서 믿을 수 있었죠. 폴과의 사이에는 그럴 기회가 전혀 없었어요."

그 순간 애슐리를 바라보자 그는 슬픈 표정으로 힘겹게 말을 삼키고 있었다. 엄마가 아빠를 사랑할 수 없었다는 말이 그로서는 듣고 있기 힘들었을 것이다. 하지만 힘들더라도 그런 얘기를 털어놓는 엄마를 보는 것이 그에게는 좋은 일이었다. 실제로 과거에 그런 상황들을 겪으면서 애슐리도 대체 뭐가 잘못된 건지 분명 궁금했을 것이다. 자신이 뭘 잘못한 것인지 자문했을 수도 있다. 부모가 결별할 경우 자신을 탓하는 아이들도 많기 때문이다. 하지만 이제 그 스스로 납득할 수 있을 만큼 확실한 서사가 구축되었다.

우리는 중요한 작업을 함께했다. 이 가족이 지금 당장 위기에 빠진 건 아니었으며, 두 가족 모두 재정적으로 안정돼 있다는 사실이 작업에 큰 도움이 되었다. 두 사람은 나를 선택하고 온 마음을 다해 들음으로써 서로에 대한 이해의 폭을 넓힐 수 있었다. 그들은 치료받기로 결정하고 거기에 기꺼이 참여하면서 변화를 일으켰다.

상호 간에 공감이 생겨났고 그 덕분에 각자 방어 태세를 낮춰 좀 더 긴밀하게 연결될 수 있었다. 이들은 고통의 역사를 나와 함께 돌아보면서 깊은 고뇌를 표현할 방법 역시 찾았다. 스트레스를 해소함으로써 치유의 효과를 가진 건 물론이요, 결별했지만 양육은 함께하는 부모의 관계를 형성할 새로운 장을 열기도 했다. 재혼 가족의 구조를 숙지한 만큼 그들은 앞으로의 기반으로 삼을 만한 비전 또한 갖고 있었다. 댄과 돌리도 이 같은 진전의 일원이 되어야 했다.

이들이 새롭게 구성된 관계에 의미를 부여하는 것은 이들의 행동 방식을 반영할 뿐만 아니라 그 방식을 다른 방향으로 구축하기도 했다. 우리는 치료 덕분에 아이들과 부모의 관계가 달라질 것이며 그걸로 충분하다는 데 동의했다. 앞으로 아이와 함께하는 상담을 더 진행할 수 있다는 데도 합의했다.

우리의 작업은 계속된다. 우리는 매달 만나 안부를 확인하고 대화의 불씨가 꺼지지 않도록 계속 기름칠을 이어가기로 했다. 이들에게 새로운 존재 방식이 완전히 자리 잡았다고 확신할 때까지 말이다. 그리고 계속 앞으로 나아가려면 어떻게 해야 하는지도 함께 점검하고 결정할 것이다. 나는 관계에는 지속적 관리가 필요하다고 믿기 때문에 당분간 몇 달에 한 번씩은 이 가족과 만날 예정이다. 이것이 바로 최고의 치료약인 '예방을 위한 약'이다.

브라운과 프란시스 가족
The Browne and Francis Family

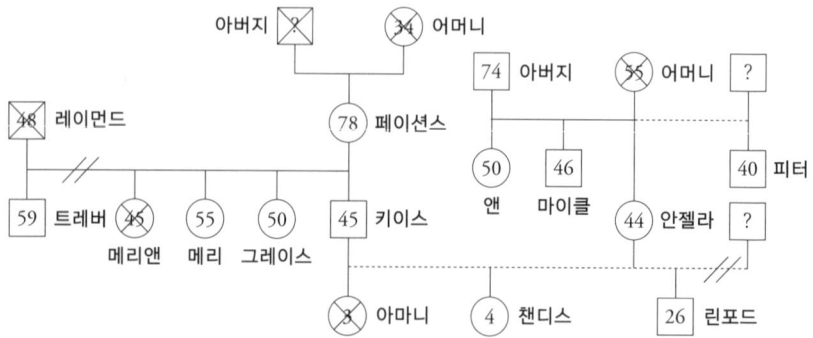

브라운과 프란시스 가족

The Browne and Francis Family

상실에 관하여

상실의 결과를 안고 어떻게 살아갈 것인가
이는 가족의 역학에 어떤 영향을 미치고, 어떤 변화를 일으키는가

|사례개요| 브라운 가족과 프란시스 가족은 앤티가 출신의 78세 흑인 여성 페이션스Patience, 그녀의 사망한 전 남편 레이먼드Raymond, 45세 막내아들 키스Keith, 역시 앤티가 출신 흑인으로 키스의 파트너인 안젤라 프란시스Angela Francis와 그녀가 전 배우자와의 사이에 낳은 스물여섯 살 아들 린포드Linford, 그리고 키스와 안젤라 사이의 네 살배기 딸 챈디스Chandice로 구성된다. 5년 전, 이들의 첫째 아기였던 아마니Amani는 불과 세 살에 뇌종양으로 죽었다. 페이션스의 큰딸인 메리앤Marianne 역시 12년 전 암으로 사망했다. 우리는 브라운 가족과 프란시스 가족 모두를 무너뜨린 아마니의 죽음이 장기적으로 어떤 영향을 미치고 있는지 알아보기 위해 만났다.|

팬데믹이 우리 삶의 치부를 드러내기 전, 나는 새로운 통찰을 얻기 위해 런던 중심부에 위치한 나의 안락한 치료실에서 벗어나 보기로 마음먹었다. 지리적, 심리적으로 내 세계에서 빠져나와 클라

이언트의 세계를 여행하기로 했다.

　12월의 어느 이른 아침, 나는 페컴Peckham의 한 아파트에서 산 지 얼마 되지 않은 초록색 소파에 앉아 삼대가 함께 모인 가족을 바라보고 있었다. 할머니 페이션스는 조용히 허리를 꼿꼿이 세우고 앉아 묽은 차를 한 잔 달라고 요청했다. 몸에 잘 맞는 남색 원피스를 입고 광택 나는 신발을 신은 그녀는 주변을 살피는 눈빛조차 차분했다. 아들 키이스와 그의 파트너 안젤라는 유쾌하게 대화하며 우리 모두에게 음료를 가져다주었다. 나와는 이미 수년간 심리 치료를 함께해 온 사이라 우리 사이엔 편안함과 따뜻함이 있었다. 키가 크고 건장한 체격의 린포드는 조식으로 머핀을 먹고 있었는데 이른 아침인 걸 감안하면 놀라울 만큼 편안해 보였다. 챈디스는 어린이집에 가고 없었다.

　아마니의 죽음은 온 가족을 절망으로 몰아넣은 지진이었고 지워지지 않는 상처를 남겼다. 우리 대부분에게 가족은 가장 중요하지만 동시에 가장 어려운 관계이기도 하다. 압박에 직면하면 본래 균열이 있었던 곳은 완전히 무너져 내린다. 비극은 방어 행동을 촉발해 사람들 사이를 완전히 갈라놓는 경우가 많다. 나는 이 끈끈한 가족이 분명 함께 훌륭한 삶을 누리며 성장해 온 시기에 어떻게 또 다른 가족과는 분열을 일으키게 된 건지 이해하고 싶었다. 키이스와 안젤라의 경우 아마니가 죽은 뒤로 자신의 형제들과 거의 연락하지 않고 지냈던 것이다.

　우선 나는 두 가족의 뿌리를 거슬러 올라가고 싶었다. 키이스는 자신과 안젤라가 비슷한 유산을 갖게 된 배경부터 설명해 주었다. 그의 외증조부 존 브라운John Browne은 아일랜드인으로 런던에 살다 앤티가로 이주한 뒤 그곳에 눌러살았다. 존의 손녀인 페이션스는 불과 열일곱의 나이에 다시 런던으로 돌아왔다. 페이션스는 레이먼드와 사귄 지 한 달밖에 안 됐을 때 그가 영국으로 간다는 얘기를 들었고, 그는 대담하게도 그녀에게 함께 가자고 제안했다. 3일 후 그녀는 결단을 내렸다. "저는 승낙했고 1959년 1월에 여기로 왔어요."

페이션스의 말에 모두가 키득댔고 나는 그녀의 얼굴에서 로맨틱한 소녀를 찾아볼 수 있었다. "제가 온 건 레이먼드를 미치도록 사랑했기 때문이에요. 돌아보면 그도 저를 진심으로 사랑한 것 같아요. 그때까지 저는 비행기나 배를 타본 적이 없었지만 일단 비행기로 뉴욕에 갔다 그곳에서 오르몬드Ormonde 호를 타고 영국으로 향했죠. 여기까지 오는 데 10일이 걸렸어요. 뱃멀미가 너무 심했지만 잘 도착했고요. 정말 추웠어요. 레이먼드가 따뜻한 코트를 챙겨서 역에 나와 있었어요. 그렇게 눈이 내리는 건 난생 처음 봤죠. 너무 집에 가고 싶어서 밤낮으로 울다 마음을 고쳐먹고 이렇게 중얼거렸어요. '앤티가 생각은 그만해. 내 집은 여기야.'"

페이션스는 61년 전 한 아일랜드 여성한테 처음 빌렸던 방에서 코너만 돌면 나오는 구역에 지금껏 살고 있었다. 시간이 흐르며 알게 된 것이지만 그녀의 성격이 본래 이랬다. 용감했고, 일단 마음먹고 나면 끝장을 보고 마는 끈기가 있었다. 하지만 이는 삶의 경직성을 의미하기도 했다. 그녀는 사람뿐 아니라 장소와도 강한 유대를 구축해 삶의 우여곡절을 헤쳐나가는 원동력으로 삼았다.

안젤라의 혈통도 비슷했다. 그녀의 고조부 밥Bob은 영국인으로 앤티가에서 풍요로운 삶을 일궜다. "제 이름만 말하면 사람들이 자동으로 제가 누군지 알았어요. 꽤 자랑스러웠죠." 그녀가 말했다.

그녀의 부모님은 아버지가 열여섯 살, 어머니가 열여덟 살이던 1950년대에 영국으로 이주했다. 키이스의 부모님과 안젤라의 부모님은 젊은 시절 토요일 밤 댄스파티에서 만나 쭉 알고 지낸 사이였다. 나는 이렇게 비슷한 뿌리를 지닌 두 사람이 부부가 됐다는 게 신기했다. 둘 다 앤티가와 영국이 뒤섞인 정체성을 지닌 데다 살았던 지역은 물론 서로에게도 안정적인 소속감을 느끼는 사람들이라고 할 수 있었다. 모든 상호작용의 뒤엔 마치 배경음처럼 유머가 흘렀다. 난 이렇게 많이 웃는 가족을 본 적이 없었다. 누구든 이야기를 할 때는 웃을 준비를 하며 몸을 앞으로 기울였고 다들 본능적으로 웃음을 터뜨렸다. 유머는 어려운 대화의 불편함을 피하기 위한 회피 수단으로 사용될 수 있고 때로는 상대방을 폄하하는 느낌을 줄 수도 있다. 나는 그들의 웃음이 단순히 방어를 위한 것은 아닌지 눈을 크게 뜨고 지켜봤지만, 그건 진실한 연결감에서 나오는 웃음이었다.

아마니의 비극적이고 이른 죽음으로 키이스와 안젤라는 일찍이 나를 찾아왔었다. 나는 키이스가 얼마나 많이 달라졌는지 알 수 있었다. 그때만 해도 그의 눈은 비탄으로 가득했다. 늘어진 운동복

바지와 회색 스웨트셔츠는 고요하게 그의 고통을 외치고 있었다. 그런데 지금 면도를 깔끔하게 하고 디자이너가 만든 신발도 신은 그는 활기와 기쁨이 가득해 보였다. 웃는 얼굴로 안젤라를 돌아보며 키이스는 자신의 고통과 걱정이 줄어들었고, 두 사람의 삶이 나아지며 그들 안에서 아마니의 영혼이 오히려 성장했다고 설명했다. 자녀가 죽으면 부모는 지독한 고통에서 빠져나오려 들지 않는다. 고통스러워야 아이를 가까이 둘 수 있다고 생각하기 때문이다. 안젤라와 키이스의 경우 고통이 줄어들수록 아마니는 그들 안에서 더 크게 살아났고 덕분에 이들은 더욱 자유로워져 삶에서 전보다 큰 기쁨을 추구할 수 있었다.

휴가도 떠날 만큼 충분히 기운을 회복한 이들이 지난 겨울에는 처음으로 앤티가를 방문했는데, 키이스는 그 여행이 결정적이었다고 믿었다. 이제 그는 더 큰 힘을 얻었다. 아마니가 "나가서 아빠 삶을 즐겨."라고 부추기는 것 같았기 때문이다. 안젤라가 눈에 눈물이 그렁그렁한 채 내 팔에 손을 얹었을 때 나는 그녀에겐 키이스만큼의 확신이 없다는 걸 알 수 있었다. "괜찮을 때도 있는데 죄책감이 들 때도 있어요." 그 순간 키이스가 가족의 구심점이라는 생각이 들었다. 그의 에너지가 다른 모두에게 전해지고 있는 것이다. 나는 내 생각이 맞는지, 그의 치유력이 다른 가족에게도 반영되고 있는 건지 확인하고 싶었다.

나는 페이션스에게 본인도 손녀의 죽음을 슬퍼하는 와중에 비통에 빠진 아들까지 지켜봐야 했던 경험에 대해 질문했다. 페이션스는 두 손은 무릎에 얹고 꼿꼿한 자세로 앉아 키이스가 마침내 아빠가 되었던 기쁨의 순간을 추억했다. 이내 그녀의 목소리가 낮아지더니 잠시 정적이 흘렀다. 아마니라는 이름은 엄청난 슬픔을 동반했기에 입 밖에 내려면 용기가 필요했다. 나는 스와힐리어로 '평화'라는 뜻의 이 이름이 이들에게 분명 특별한 의미가 있을 거라고 생각했다.

페이션스는 자신을 단단히 붙든 채 그들의 비극 속으로 다시 발을 들여놓았다. 아마니가 태어난 지 몇 달 후, 그녀는 아기가 또래들처럼 활기차거나 주위에 반응하지 않다는 사실을 알아차렸다. 이때 키이스가 끼어들어 페이션스는 간호사였다고 알려주었다. 페이션스가 아마니를 데리고 일반 병원과 응급실을 수없이 드나들었지만 그때마다 의사들은 칼폴Calpol[1]을 먹이라는 말만 반복했다고 한다. 그 목소리에서 수년이 지난 지금까지 분노가 느껴졌다. 이때 내가 말을 꺼내진 않았지만, 2018년의 'MBRRACE-영국 보고서'[2]에 따르면 흑인 여성이 다른 여성보다 산후에 사망

---

[1] 영국에서 판매되는 아동용 해열진통제. 아세트아미노펜의 일종으로 감기 및 각종 통증에 광범위하게 사용되는 약이다.

[2] 영국에서 임신 중 혹은 임신 직후 발생하는 여성과 아기의 사망을 체계적으로 감시하고 조사하는 기관. 산모, 신생아 및 영유아 건강 서비스의 안정성, 형평성, 품질을 향상시키는 것을 목표로 한다. MBRRACE는 다양한 연구 결과를 바탕으로 매년 주산기에 사망한 산모와 아기에 관한 여러 보고서를 발행하고 있다.

할 확률이 5배 더 높은 것으로 나타났다는 사실을 주목할 필요가 있다. 이후 2020년 《영국 의학 저널British Medical Journal》엔 영국 보건부의 조직적인 인종차별을 종식하도록 촉구하는 기사가 실리기도 했다.

키이스와 안젤라가 계속 문을 두드린 끝에 마침내 한 컨설턴트와 상담을 예약할 수 있었고, 그는 아마니를 보자마자 뭔가 심각한 문제가 있다고 진단했다. 뇌 스캔 검사 이후 아마니의 병명이 뇌종양이라는 청천벽력 같은 진단이 떨어졌다. 페이션스가 말하는 내내 조용히 눈물 흘리고 있던 안젤라가 몸을 부들부들 떨었다. 나는 감당하기 너무 힘든 이야기인지 물었지만 그녀는 고개를 저으며 계속하라고 했다.

그때부터 3년간 이어진 병원 치료는 가혹했다. 상태가 호전될 때도 있었지만 아마니는 완전히 회복하지 못했다. 거의 모든 가족이 그렇듯 이들은 아마니가 살아날 거라는 실낱같은 희망을 놓지 않았다. 자신들이 조금이라도 낙담하거나 의심하면 그녀의 죽음을 재촉하게 될까 봐 두려운 마음뿐이었다. 페이션스가 느릿느릿 말했다. "말기에 아마니는 걷지도, 말하지도 못했고 혼자서는 아무것도 못 했어요. 결국 아마니가 죽었을 때 저도 가슴이 미어져 죽을 것 같았죠. 제가 아마니를 안고 있었는데 아이가 제 카디건 안으로 고꾸라졌어요. 이후 한 번도 그 옷을 빨지 않았죠. 장례식장에 있는 아마니를 보기가 너무 싫었어요. 겨우 세 살이었잖아요…. 저는 절대 극복하지 못할 거라고 생각했어요. 저의 작은 천사였는데 그 아이 없이 살고 싶지 않았죠. 하지만 전 스스로를 다시 일으켜야 했어요. 집에 있을 땐 한 번씩 저를 바라보며 이야기하는 아마니의 모습이 보여요. 우리는 항상 아마니를 기억해요. 결코 절대 잊지 않을 겁니다."

페이션스가 말하는 내내 절망감이 온 방 안을 휘감았다. 안젤라는 흐느끼고 있었다. 나는 이 죽음이 안젤라에게 얼마나 쓰라린 고통일지 공감했고, 뒤이어 그녀가 말했다. "어머니가 말씀하시는 매 순간을 떠올릴 수 있어요. 마치 영화를 보는 것처럼요. 아마니가 죽었을 때 저는 생각했죠. 이제 나는 누구지? 누구를 위해 싸워야 하지?"

얼마 뒤 이 세션을 되짚어 보면서 나는 안젤라가 목표의 상실과 깊은 죄책감으로 힘겨워했다는 사실에 주목했다. 페이션스는 딸의 사망으로 인한 고통에서도 아직 벗어나지 못했는데, 손주의 죽음과 그로 인한 보호자로서의 역할 상실까지 겹쳐 비탄에 빠졌다. 나는 내 클라이언트들을 통해 아이가 죽으면 아빠보다 엄마의 죄책감이 훨씬 크고 깊을 수 있다는 사실을 알고 있었다.

키이스가 분위기를 다시 밝게 바꿔 보고자 목소리를 높였다. 아마니가 죽은 지 얼마 안 돼 내가 그와 안젤라를 만났을 때 그랬던 것처럼 말이다. 그는 아마니가 얼마나 영리했는지, 의료진이 아이를 얼마나 예뻐했는지, 아이를 서로 돌보려고 얼마나 싸워댔는지 이야기해 주었다. 안젤라가 자랑하고 싶은 마음에 끼어들었다. "아마니 장례식에 병원 의료진이 무더기로 찾아왔어요. 족히

4백 명은 됐죠." 나는 딸을 향한 키이스의 자부심을 느낄 수 있었다. 죄책감 대신 아마니가 그의 안에 강렬하게 살아있다는 것만 느껴졌다.

이야기가 이어지는 동안 아마니의 이부오빠 린포드는 마치 자리에 얼어붙은 듯 고요하게 있었다. 나는 형제자매 역시 슬픔에 빠지지만 그 감정은 잘 드러나지 않는 경우가 많다고 얘기해 주었다. 아픈 형제가 모든 관심을 앗아가 화도 나지만, 그들을 탓하는 건 불공평하다는 걸 알기에 죄책감도 느낀다고 알려주었다. 린포드는 자신이 워낙 독립적인 성격이라 아무렇지 않았기에 엄마가 아마니한테만 신경 쓰길 바랐다고 힘주어 말했다. 그럼에도 자기 역시 아마니의 병세가 악화되면서는 달라졌다고 덧붙였다. "좀 힘들어졌어요. 저는 혼자였고 엄마는 집에 오는 법이 없었죠. 가능할 때 새아빠가 왔고요…. 그 일이 있었던 날 저는 축구 경기를 이긴 참이었어요. 기분이 끝내줬죠. 그런데 전화를 받고는 수화기를 떨어트리고 기절했어요."

린포드가 슬픔에 빠져 지냈던 몇 주에 대해 설명했다. "화가 날 수도 있었겠죠. 그래 봐야 소용없었지만요. 저는 자책하기 바빴죠. 이제 폭력적인 행동은 하지 않을 거예요." 안젤라가 끼어들었다. "린포드는 절대 저를 들여보내 주지 않아요. 저 때문에 숨막히나 봐요." 현재의 린포드를 향한 말이었지만, 나는 이 역시 아마니가 죽은 날로부터 계속된 얘기라는 걸 직감할 수 있었다.

린포드는 안젤라를 바라보며 고개를 흔들었다. 온 가족이 큰소리로 웃었다. 그 순간 이들이 서로를 얼마나 깊이 이해하고 있는지 분명해졌다. 질문이 떠오르더라도 눈을 맞추고 함께 웃으며 몇 마디 말을 나누면 답이 되는 것이다.

나는 린포드를 다시 슬픔으로 소환했다. "갈수록 '내가 뭘 할 수 있겠어?'라고 자문하게 됐어요. 그리고 서서히 흘려보냈죠."

나는 그게 무슨 뜻인지 확인해야 했다. 내게는 지나칠 만큼 간단하게 들렸던 것이다. 그는 내 지적에 마지못해 동의하면서, 화가 나면 이성으로 가라앉히고 가장 가까운 친구 두 명과 이야기한다고 말했다.

안젤라의 근처, 키이스의 맞은편에 앉아 있던 나는 린포드가 말을 계속할수록 두 사람의 몸이 경직되면서 슬픔이 분노로 바뀌어 가는 걸 알 수 있었다. 우리가 슬픔의 진원지에서 벗어나 그 배후의 어려운 영역으로 이동하고 있다는 게 느껴졌다. 질문을 계속하자 린포드와 달리 두 사람에게는 해소하지 못한 분노가 끓어오르고 있다는 사실이 드러났다. 안젤라에게는 두 명의 남자형제 마이클Michael과 피터Peter[둘 중 한 명은 아빠가 다르다], 그리고 언니인 앤Anne이 있었다. 키이스에게도 형 트레버Trevor, 살아있는 여자형제 메리Mary와 그레이스Grace가 있었다.

아마니가 뇌종양 진단을 받았을 때만 해도 안젤라와 키이스는 모두 형제들과 연락하며 지냈다. 그런데 아마니의 병세가 악화되고 결국 죽었을 때 이들은 사라져 버렸다. 안젤라와 언니인 앤 사이에 사소한 의견 충돌이 있기는 했다. 오빠인 마이클이 둘에게 아마니의 시신 앞에서조차 그만 화해했으면 좋겠다고 말했지만, 앤은 모든 가능성을 차단해 버렸다. 이후 안젤라는 가족 행사 자리에서 이들을 몇 번 마주쳤고 이들은 안젤라와의 대화를 시도했지만 그녀가 무시했다. 형제들과 다시 연락할 마음이 있냐는 내 질문에 안젤라가 답했다. "아뇨, 별로요. 우리는 함께 자랐지만 본래 남의 가족이 될 운명이었어요…. 나는 그들에게 긴 문자를 보내 모든 걸 이야기했어요. 아빠와 오빠들은 그만 싸웠으면 좋겠다고 했지만 아무것도 달라지지 않았죠. 키이스도 화해를 제안하는 편지를 썼는데 아무 일 없었고요. 저는 지금 제 삶에 만족해요. 제가 바꿀 수 없는 것들에 분노하며 삶을 낭비하고 싶지 않아요."

나는 안젤라에게 혼란스럽다고 말했다. 말로는 형제들과 이야기하고 싶지 않다고 하면서 정작 문자를 보낸 걸 보면 안젤라가 화해를 원하는 것처럼 보였기 때문이다. 키이스와 안젤라는 이에 관해 설명하려고 노력했지만, 나로서는 서로 상충하는 메시지를 이해할 수 없었다. 결국 둘 다 진실일 수 있다고 결론지었다. 분노가 치밀지만 불화를 원하지도 않는 것이다. 이후 안젤라는 자신의 아버지가 본인의 욕구에만 집중하고 갈등은 피하려 드는 '허수아비 아빠 a duff dad' 같다고 말했다. 나는 그녀의 아버지가 갈등을 중재하려 나섰다면 결과가 달라졌을 거라고 생각했다. 부모는 자녀가 다 컸더라도 평소에 신뢰받는 존재라면 그들에게 엄청난 힘을 갖는다고 나는 믿는다.

그날 나는 낙관적인 기분을 느끼며 자리를 떴다. 상담을 통해 안젤라의 형제 관계에 존재하는 양면성을 풀어낼 자신이 있었고, 심지어 내가 화해를 중재할 수 있을 거라는 상상까지 펼쳤다. 나는 스스로를 구세주로 여기지는 않았지만 그에 근접할 수는 있다고 생각했다. 이는 치료사가 항상 저지르는 오류이며 여기서는 내가 백인이라는 인종적 요소까지 가미돼 더 복잡한 성격을 띠었다.

하지만 시간이 흐를수록 나 자신이 틀렸다는 걸 깨달았다. 이 글을 쓰고 있는 지금도 화해의 기미조차 보이지 않기 때문이다. 안젤라는 종종 자신의 형제자매에 관한 이야기를 했다. 오빠인 마이클은 자신의 딸과 사이가 나빠져 지금은 거의 말도 섞지 않는데, 그러면서도 딸이 안젤라와 가까워지는 걸 금지한다고 했다. 안젤라가 강한 어조로 내뱉었다. "더는 그들을 알고 싶지 않아요. 골칫거리일 뿐이에요. 무례하고 몹시 불쾌한 데다 절망적이죠." 그러고는 슬프다는 듯 이렇게 말하는 것이다. "엄마가 돌아가신 뒤로는 앤이 오빠들을 통제해 왔어요. 오빠들은 언니와 저 사이에서 선택해야 했죠. 오빠들이 제게 연락하면 언니는 그들과 연락을 끊을 거예요."

키이스가 덧붙였다. "당신이 장모님을 닮아서 그들이 싫어하는 거야."

안젤라가 답했다. "내 얼굴은 나도 어떻게 할 수 있는 게 아니잖아. 언니는 아빠를 닮았다고."

이것이 가족의 덫 중 하나다. 아무리 떠나고 싶어도 떠날 수 없는 유일한 관계가 바로 가족이다. 가족은 서로 보고 살든 아니든 우리를 유전적으로 구성하며 존재의 가장 깊은 곳에 자리한다. 지금으로서는 안젤라와 형제자매가 화해하지 않는 게 맞을 것이다. 극복하기에는 상처가 너무 많기 때문이다. 하지만 그녀가 다른 대부분의 관계를 끝낼 수 있었던 것처럼 가족에게서도 벗어나는 건 불가능하다. 가족의 불화에는 늘 지워지지 않는 상처가 남는다.

하지만 가족은 이처럼 도저히 해결이 안 될 것 같은 상처와 갈등을 겪은 뒤에도 화해할 수 있고 실제로 화해하기도 한다. 나는 갈등이 발생했을 때 감정적 에너지를 좀 더 발휘해 각자의 역할을 받아들이고 각자의 경험도 인정해 준다면 연결감이 다시 구축될 수 있을 것이라고 생각했다.

키이스의 가족도 복잡하기는 마찬가지였다. 그는 막내였고 페이션스의 가장 큰 사랑을 받았다. "저는 아이들을 모두 사랑하지만 다른 아이들의 특성 때문에 유독 더 애착이 가는 아이가 있었죠…. 키이스는 제게 너무 잘해요. 제 오른팔이나 다름없죠. 키이스가 없었다면 어땠을지 모르겠어요." 그녀는 반대로 다른 자녀는 신뢰하지 않았다. 키이스는 그의 형제가 시샘을 느낀 다양한 사건들을 설명해 주었다. 특히 페이션스가 남편이나 딸이 아닌 아머니 옆에 묻히고 싶다고 밝히고 모든 절차를 키이스가 담당해 주길 바란다고 이야기했을 때 시기는 극에 달했다.

키이스가 덧붙였다. "어머니의 문서를 열어볼 열쇠는 저만 갖고 있어요."

이것이 가족의 덫 중 하나다.
아무리 떠나고 싶어도
떠날 수 없는 유일한 관계가
바로 가족이다.
가족은 서로 보고 살든 아니든
우리를 유전적으로 구성하며
존재의 가장 깊은 곳에 자리한다.

한편 페이션스는 그들 사이가 왜 갈라진 건지 이해할 수 없다고 말했다. "우리는 한 가족이잖아요. 한 가족으로 살아야 하고요. '네가 최고'라는 의미가 아니에요. 모두가 최고죠."

나는 그 말에 이의를 제기했다. 그녀에게는 분명 키이스가 최고였기 때문이다. 나는 그녀의 편애가 형제 관계를 소원하게 만들고 심지어 망칠 수도 있다고 말했다.

키이스는 단합을 원했다. 요가 자세로 바닥에 앉아 있었지만(그는 의자에 계속 앉아있는 게 해롭다는 기사를 읽은 적이 있었다) 열정적으로 목소리를 높였다. "우리 모두가 올라갈 수 있는 기반이 있는데 거기 서 있는 건 저뿐이에요…. 그들이 올라오도록 제가 도울 수 있어요." 나는 키이스가 형제들에 관해서나 그들과 서로 얼마나 가까웠는지에 관해 이야기할 때 슬프고 혼란스러워하는 걸 알 수 있었다. "저는 답을 원하는데 찾지 못했어요." 하지만 키이스는 늘 그렇듯 희망을 향해 나아갔다. 어쩌면 그들의 슬픔으로 인해 기존의 가족 역학이 무너지고 불안해진 게 아닌지 질문하는 것보다는 긍정적 태도를 고수하는 게 오히려 에너지가 덜 드는 것일지 모른다. 지금 그 문제를 직면하는 건 너무 버거우니 말이다.

여담으로 린포드에게 키이스의 형제 관계에 대해 어떻게 생각하는지 묻자 그가 말했다. "이 부분은 전혀 몰랐어요. 이건 마치… 와… 그런데, 네, 이제 알겠어요."

내 머릿속에서 한 가지 깨달음이 번뜩였다. '우리는 가족으로 살아도 가족에 대해 모를 수 있구나.'

린포드가 고개를 끄덕이자 모두가 웃었다. 나는 이들의 웃음이 이해를 뜻하는 합의된 신호임을 알 것 같았다. 말하자면 '아, 그렇구나'의 의미였다.

다음번 상담에서 나는 페이션스와 키이스의 얼굴을 반쪽밖에 볼 수 없었다. 그 대신 그 집의 온갖 거울과 소파들을 볼 수 있었다. 팬데믹 때문에 스크린으로 만날 수밖에 없었던 것이다. 두 사람 다 영상통화를 해본 적이 없어서 나는 그렇게 가르쳐 주고도 ("기술에는 둘 다 젬병이네요!"라고 격노까지 해야 했다) 이들의 얼굴을 절대 다 볼 수 없었다. 인내심이 바닥난 나의 성토로 인해 모두가 웃음을 터뜨렸다.

모두 건강하고 잘 지내고 있다는 소식이 반가웠다. 안젤라는 출근용 메이크업을 하지 않아서인지 평소보다 어려 보였다. 가녀린 어깨 위로 길게 땋은 머리카락이 늘어져 있고 그 뒤로 링 귀걸이가 살짝씩 보였다. 수다스럽고 친근한 챈디스는 〈겨울왕국 Frozen〉의 음악에 맞춰 행복한 듯 깡총거렸다. 어린이집이 그립지 않으며 집에서 엄마 아빠와 있을 수 있어서 너무 좋다고 얘기해 주었다. 키이스가 말했다. "챈디스가 주는 감사와 기쁨으로 눈물이 날 것 같아요."

린포드는 휴대폰 게임을 하면서 주방을 드나들고 있었다. 대부분의 상담 시간과는 반대로 집안의 이 같은 편안한 분위기가 향후 진행될 우리 상담의 배경이었다. 이들의 삶과 관계의 역학을 좀 더 명확히 들여다볼 수 있다는 장점도 있었지만, 이들이 상담 도중 얼마든지 산만해질 수 있다는 단점도 있었다.

그럼에도 이들 사이에 깊이 뿌리내린, 서로의 모든 걸 포용하는 선의의 마음은 사이버공간을 넘어 내게 전해져 왔다. 이들을 하나로 묶어주는 건 따뜻한 즐거움이었다. 전 세계에 코로나의 암울함이 내려앉은 시기에 나는 이들과 함께함으로써 좋은 삶의 기운이 한껏 충전되는 걸 느꼈다.

격리 기간 동안 키이스는 그동안 밀린 DIY 작업을 처리했고, 체구는 작아도 강인한 안젤라는 정원에서 땅을 파고, 잡초를 뽑고, 작물을 심는 등 바쁘게 보냈다. 페이션스는 하루에 한 번씩 앞마당에 나가고 집안일을 하면서 잘 지내고 있다고 이야기했다. 키이스와 다른 자녀들이 필요한 걸 사다 주고 도움을 주기 위해 정기적으로 들르는 일이 자신에게 안정감을 준다고도 했다. 키이스가 설명했다. "간단해요. 전구를 갈고, 처방약을 갖다주고, 함께 포옹하면 그걸로 다 된 거죠." 처음에는 일을 쉬는 게 즐거웠던 린포드는 '28일 운동 챌린지'에 참여하고 온라인 게임을 하며 시간을 보내고 있었다. 모두가 활기차 보였다.

나는 그들의 재정 상태가 궁금했다. 페이션스는 자신의 연금으로 생활했다. 택시 운전사인 키이스는 수입이 하루아침에 사라졌지만 팬데믹 상황에서도 일을 해야하는 핵심 근로자들의 운전기사 일로 수입의 4분의 1을 벌어들였고, 은행 대출을 받는가 하면 집주인과 임대료 유예도 협의해 버틸 수 있었다. 어린이집 교사인 안젤라는 고급 레스토랑 부주방장인 린포드와 마찬가지로 휴직 상태였다. 우리는 세션 내내 분노가 치미는 '뉴 노멀New normal'의 세부 사항을 논의할 수도 있었지만, 그보다 나는 키이스의 형제 관계에 대해 더 자세히 알고 싶었다. 어디서부터 엇나가기 시작한 건지 이해하고 싶었다. 키이스가 모든 가능성을 열어놓고 말하는 데서 화해의 가능성을 직감했기 때문이다.

키이스가 질문으로 말문을 열었다. "우리는 아무것도 아닌 걸로도 정말 재밌었어요. 고유한 유대가 있었죠. 돈은 없어도 모두가 함께였고 소외되는 사람도 없었어요. 그런데 지금은 각자의 길을 가고 있어요. 어떻게 가진 것 없어도 그렇게 행복했던 우리가 이렇게 많은 걸 갖고도 슬픔에 빠지게 된 거죠?"

마음이 아팠다. 나는 키이스에게 우리가 정답을 찾지는 못하더라도 이해의 지점에 도달할 순 있을 거라고 말했다.

여러 차례의 세션을 통해 우리는 이 같은 지점들을 하나로 엮는 데 성공했다. 정황은 두 갈래로 나뉘었지만 서로 연결되어 있었다. 첫째, 키이스의 누나인 그레이스가 페이션스를 '여호와의 증인Jehovah's Witnesses'에 소개해 주었다. 둘째, 아마니가 아플 때나 죽은 이후에도 그레이스는 특히 재정적으로 키이스를 전혀 도와주지 않았다. 키이스에게 이는 궁극의 배신이자 위선이었다. 독실한 기독교 신자라는 사람들이 어떻게 키이스를 혼자 고생하도록 내버려둘 수 있는가?

우리 세션에서 이야기된 내용은 이랬다. 아마니가 죽고 3개월

후 제정신이 아니었던 페이션스는 밤마다 기도를 드렸지만 "하느님은 들어주지 않으셨다." 로마 가톨릭교회 신자로서 앤티가에서도 엄격한 가톨릭 학교에 다녔던 그녀는 자녀들에게도 동일한 종교를 가르쳤고 자녀들 역시 어머니에 대한 존경의 표시로 자신의 아이들을 가톨릭 신자로 키웠다. 페이션스가 내게 말해주길, 한창 고통에 허우적대던 어느 날 딸인 그레이스가 여호와의 증인의 모임 장소였던 왕국 회관에 같이 가보자고 했다. "그 일요일에 그들이 하는 이야기를 듣고 저는 멈춰서 생각해 보게 됐어요. 그건 바로 저를 위한 거라는 걸 알았죠. 그날부터 저는 여호와의 증인이 되었고 꽤 만족스러워요." 그녀가 더 이상의 논의는 허용하지 않는다는 어조로 말했다.

이때 나는 한 번씩 화면 밖으로 사라지면서 주변을 서성대던 키이스가 조용히 듣고만 있지는 않을 것임을 알 수 있었다. "엄마가 만족하는 건 저희도 좋아요. 그런데 우리 느낌이 어떨지 한번 생각해 보세요. 엄마는 우리의 리더였는데 이제 리더가 사라져 버려서 우리는 길 잃은 양이 됐어요. 어떻게 엄마가 여호와의 증인이 될 수 있어요? 엄마, 엄마는 세상에서 크리스마스에 가장 어울리는 사람이었다고요. [여호와의 증인은 크리스마스를 축하하지 않는다.] 크리스마스 준비를 11월부터 하시던 분이 지금은 가만히 팔짱만 끼고 계시니 우리는 어떻게 할지 모르겠어요. 혹시 손주가 죽어서 스스로에게 무의식적 징벌 같은 걸 내리는 거예요?"

페이션스가 이에 답하고자 허리를 펴고 턱을 치켜드는데 조용히 노래를 흥얼거리던 챈디스가 불쑥 끼어들었다. "아마니 언니는 언제 와? 내 생일 파티에는 오는 거야?"

우리 모두에게서 정적이 흘렀다. 심지어 죽음 전문가인 나조차도 예상치 못한 상황이었다. 안젤라가 떨면서 말했다. "언니는 천국에 있단다, 아가. 네 파티에는 올 수 없어." 그리고 챈디스를 정원으로 데리고 나갔다. 다른 이들이 나를 바라보는 가운데 페이션스가 눈에 눈물이 고인 채 아주 천천히 입을 열었다. "몇 달 전 챈디스가 제 손을 잡고 이렇게 말했어요. '할머니, 할머니, 나 무서워. 난 죽고 싶지 않아.' 어쩌면 좋죠?"

나는 일단 챈디스가 언니의 죽음을 어떻게 이해하고 있는지 알아볼 필요가 있다고 이야기했다. 아이에게 천국은 영원한 죽음과는 무관한 여러 가지를 의미할 수 있다. 햄버거 가게일 수도, 인형 이름일 수도 있는 것이다. 나는 물론 어렵겠지만 챈디스에게 '죽음'이라는 단어를 사용해 언니가 죽었고 돌아올 수 없다는 사실을 분명히 알려줘야 한다고 일러주었다. 챈디스도 주변의 모든 어른과 동일한 진실을 알아야 한다. 그러지 않으면 자신이 모르는 부분을 멋대로 꾸며 넣게 되고, 그건 진실보다 더 끔찍한 결과를 초래할 수 있다. 이들은 지침이 생겨 안심이라는 듯 크게 숨을 내쉬었다. 우리는 다음번에 만나면 페이션스가 여호와의 증인이 된 경위에 대해 더 많은 이야기를 나눠보기로 했다.

치열한 세션이었던 만큼 나는 통화 종료 후 온몸이 조여드는 기분을 느꼈다. 머릿속을 맴도는 무수히 많은 생각 중 하나는 이런 일이 얼마나 자주 일어나는가 하는 것이었다. 5년 전 아마니의 죽음이 가져온 거대한 충격은 모든 걸 관통해 우리 모두를 침묵하게 만들었다. 마치 아마니가 이 가족의 시스템 안에 자신의 자리를 확보해 놓은 것 같았다. 아마니가 죽은 건 맞지만 언제나 이들의 가슴속에 살아있다는 게 그 침묵을 통해 확인된 것이다. 나는 챈디스의 질문이 가족 내에서 자주 벌어지는 상황을 잘 보여주는 사례에 해당하는지도 궁금했다. 아이를 돌본다는 이유로 고통스러운 이슈를 회피하는 상황 말이다. 육아나 다른 일로 인한 분주함이 슬픔에 대한 마취제로 사용되는 경우가 많은데, 그러면 슬픔이 자연스러운 조정 과정을 거칠 수 없게 된 것이다.

다음 세션에서 페이션스는 어릴 적 엄마가 돌아가시는 바람에 독실한 가톨릭 신자셨던 할머니 손에 자랐다고 설명했다. 나는 이 말을 부모를 여읜 어린아이에게 성당이 중요한 애착의 대상이었다는 것으로 해석했다. "신부님이 제게 성당의 모든 성상을 보여주며 마리아께 기도하라고 말씀하셨어요. 어렸을 때는 잘 몰랐지만 지금은 달라요. 우리를 도울 수 있는 분은 오직 예수뿐이죠. 저는 이제 성경을 납득하게 되어서 더 행복해요. 사람들은 제가 바보 같다고 하지만 분명 도움이 됐어요." 나는 인간의 삶보다 거대한 무언가에 대해 신념을 갖는 것이야말로 유일하게 그녀를 도울 수 있었을지 모른다고 언급했다.

"저는 한동안 트라우마에 시달렸어요. 남편과 딸이 죽고, 아마니까지 죽었으니까요. 기도하고 또 기도했죠. 한번은 새벽 3시에 한 남자가 보이는 것 같았어요. 얼굴은 안 보였고 등만 보였죠. 키가 컸는데 저보고 이러더군요. '페이션스, 당신은 다른 길을 가야 돼.' 예수님이 절 방문하셨던 거예요. 그 이후 저는 정말 많이 바뀌었어요. 다시는 로마 가톨릭 신자가 되고 싶지는 않아요. 제가 원하는 건 이 종교예요."

페이션스의 목소리에서 자신의 종교에 대한 확고한 신념이 묻어났다. 그녀의 믿음은 마치 땅에 단단히 박힌 말뚝처럼 그녀 안에 깊이 뿌리내려 있었고 그에 관한 일말의 논의조차 거부되었다. 하지만 키이스는 페이션스가 그들의 신앙을 저버린 게 가족 모두에게 얼마나 어려운 일이었는지 인정해 주길 바랐다. 키이스에 따르면, 그녀의 개종 이후 수년 동안 그와 다른 형제들의 관계는 단절돼 있었다. 그는 지난 5년간 그레이스를 만나지 않았고 다른 형들과도 말을 나누지 않았다. 하지만 페이션스는 단호했다. "모두에게 각자의 의견이 있는 거라고 말했잖니. 네가 어디에 귀의하고 싶은지는 네가 결정할 문제이지 아무도 강요하지 않아. 내가 원하는 건 여호와의 증인이라는 걸 자녀들이 존중해 주는 것뿐이다."

키이스가 나로서는 본 적 없는 강도로 분노하며 대꾸했다. "엄마는 나쁜 건 다 상자 안에 몰아넣고 기도한 뒤 잠들면 아침에 모든 게 해결돼 있을 거라고 생각해요. 제가 원하는 건 엄마가 우리에게 어떤 영향을 끼쳤는지 직시하는 거라고요." 나는 키이스를 보며 그가 화낼 만하다고 인정한 뒤 이렇게 말했다. 내가 지켜본 바에 따르면 페이션스는 자신의 결정을 둘러싼 갈등이나 그에 따른 키이스의 어려움을 마음속에 담아둘 능력이 없다고 말이다.

이후 나는 세대에 따라 고난에 대처하는 방식이 얼마나 다른지 생각해 보았다. 페이션스 세대의 경우, 묻어둔 채 잊어버리고 새롭게 시작한다. 심리 교육이나 상담이 거의 없었던 시대라 선택지가 많지 않았을 것이다. 키이스와 안젤라의 세대는 자신의 감정을 표출하는 게 훨씬 일반화되었고, 린포드 같은 Z세대는 당연히 자신의 정신 건강 문제에 대해 보고하는 경향이 훨씬 강하다. 이중 더 나은 방법이 있다고 할 수 있을까? 나는 심리치료사이고 나름의 선입견을 가지고 있으므로, 그렇다고 믿는다. 감정은 우리가 인정하고 흘려보낼 수 있어야 하는 정보의 신호라는 것이 내 생각이다. 그러한 감정을 차단하기 위해 선택하는 행위들은 보통 해로운 경우가 많다. 차단하지 않고 내버려두면 우리는 적응하고 변화할 수 있다.

페이션스는 자신의 감정은 인정받고 싶어 하면서 정작 키이스의 감정은 존중해 주지 않아 그를 화나게 만들었다. 게다가 다른 자녀들이 그녀의 편애 때문에 키이스를 시샘할 수 있다는 것도 인정하지 못했다.

여기에서 우리가 습득할 교훈이 있다. 살아가며 어떤 일이 닥치든 우리는 계속해서 나아갈 용기를 갖춰야 할 뿐만 아니라 삶에서 중요한 사람들을 향해 우리의 감정을 명명하고 표현할 수 있어야 한다는 것이다.

그 사이에서 린포드가 균열을 넘어설 다리를 짓기 시작했다. 그는 페이션스가 여호와의 증인이 됐을 때 모두가 충격받은 건 알고 있었지만 할머니의 입장을 이해한다고 했다. 그도 어린 시절 이슬람교로 개종한 경험이 있었기 때문이다. 그는 크리스마스에 다 같이 모여 식사를 함께하는 게 모두가 연결될 수 있는 핵심 이벤트였다고 말했다. 문제는 각자의 종교가 달라진 게 아니라 더 이상 다 함께 식탁에 둘러앉지 않는다는 사실이었다. 크리스마스의 식사 자리는 모두를 환영하고 1년 내내 지속될 소속감을 주는 분위기였다. 할머니가 더 이상 이를 주최할 수 없게 된 만큼 이번엔 키이스가 '미스터 크리스마스'가 될 차례인 건지도 모른다.

안젤라는 키이스에게 페이션스가 그녀 자신이 가족의 리더라는 사실을 알고 있었는지 물었다. 질문을 듣자 키이스는 고개를 끄덕였다. 페이션스는 미소 지었다. 그녀도 알고 있었고 이들을 변함없이 사랑했으며 그런 점에서는 아무것도 변한 건 없었다. 안젤라가 불쑥 끼어들었다. "다들 크리스마스가 그리운 것 같아요, 어머니."

이번에도 린포드가 중대한 제안을 했다. "어떤 날이든 하루 정해야 할 것 같아요. 각자 종교가 다른데 크리스마스에 모이라고 하면 다들 곤란할 테니까요. 우리에게 필요한 건 다 같이 모여서 서로의 안부를 묻는 거예요. 이름을 '함께하는 날'로 지어도 좋겠네요. 브라운 가족의 날도 좋고요." 모두가 웃었다. 안도와 동의를 나타내는 이 가족만의 신호였다.

하지만 키이스는 여기서 물러날 수 없었다. 자신에게 직접 입힌 상처에 책임을 지라고 페이션스를 한 번 더 몰아붙였다. 키이스는 누나인 그레이스와의 불화가 해결되지 않은 데다 페이션스의 개종으로 인한 그의 분노를 그녀가 인정해 주지 않아 스트레스가 극에 달해있었다. 게다가 교회마저 사기처럼 느껴졌다. 매주 꼬박꼬박 다녔는데도 아머니가 죽었을 때 조금도 도와주지 않았기 때문이다. 키이스는 분노를 터뜨리며 몇 번이고 같은 말을 반복했다. "내게 누나가 필요했을 때 누나는 어디 있었죠? 도와주기는 했나요? 도와주기는 했냐고요. 전혀요. 동생도 도울 수 없다면 종교가 하는 게 뭐예요? 신은 대체 어디 있죠?"

또 한 번 린포드가 나섰다. 그레이스의 집에 가서 문제를 해결하자고 제안해 주었다. 린포드가 이 가족의 감정을 연결해 주는 매개체이자 조력자라는 사실이 갈수록 명확해졌다. 이 같은 역할은 매우 중요하다. 가족 내에 그런 역할을 하는 이가 단 한 명만 있어도 상당한 차이를 만들어낼 수 있다.

안젤라와 페이션스 역시 남매에게 대화가 필요하다고 강조했다. 키이스가 분노를 터뜨려 우리 모두 놀라지 않을 수 없었지만, 그가 분노를 표현했다는 게 중요했다. 그러지 않으면 그레이스와의 불화를 해결할 능력까지 차단되기 때문이다.

나는 우리 모두가 그의 고통을 목격했고 덕분에 그의 감정이 충분히 해소돼 좀 더 차분한 관점에서 그레이스와 이야기할 수 있게 된 게 반가웠다. 그때를 돌아보며 글을 쓰는 지금, 당시 키이스의 입장을 받아들이지 않은 페이션스도 문제였다는 사실을 내가 간과했다는 걸 깨달았다. 만약 그녀가 키이스를 인정했다면 자연스레 가족 간 화해로 이어질 수 있었을 텐데 말이다. 어쩌면 나 역시 페이션스의 고요한 힘에 휘둘렸던 건지 모른다.

치료는 진공 상태에서 일어나는 게 아니다. 정치적, 사회적 사건이 사람들에게 개인적인 영향을 미치는 것처럼 치료에도 영향을 준다. 인종차별도 정신 건강과 직접 연관된다. 이번 상담 중 한 세션은 미니애폴리스Minneapolis의 백인 경찰관 데릭 쇼빈Derek Chauvin이 흑인 남성 조지 플로이드George Floyd를 체포하는 과정에서 살해하는 사건이 발생하고 일주일 뒤 진행되었다. 나는 이들에게 '흑인의 생명은 소중하다Black Lives Matter, BLM' 운동이 재개된 데 대해 어떻게 생각하는지 질문했다. 이 운동이 적극적 인종차별 반대 운동으로 나아가는 실질적 모멘텀이 될 거라고 보는지 물었다.

페이션스는 상황을 주시하지 않았다면서도 이렇게 말했다. "그런데 저는 폭력을 좋아하지 않아요." 옳고 그름에 대한 페이션스의 인식은 명확했다. 그녀가 말을 이어갔다. "사람들이 흑인을 차별하는 이유를 모르겠어요. 우리는 누구에게도 문제를 일으키지 않는데 말이에요. 뭔가 나쁜 일이 생기면 욕먹는 건 흑인이에요. 제가 일할 때도 '당신은 내 몸에 손대지 말라'고 말하는 환자들이 꽤 됐어요. 그러면 저는 '그럼 누가 당신을 돌보나요?'라고 반문했죠. 존중하는 태도로요. 그제야 사람들은 진정하고 제게 인사를 건넸어요." 페이션스가 좀 더 생각에 잠긴 어투로 창밖을 바라보며 말했다. "세상이 바뀌었어요. 흑인 아이와 백인 아이가 서로의 집에 드나드는 세상이니까요. 저 때만 해도 백인이 제 면전에서 문을 쾅 닫고는 했죠." 그녀가 하는 이야기의 잔혹함이 내려앉는 사이 정적이 감돌았다. 내 안에서 수치심이 치미는 게 느껴졌다. 페이션스는 눈치 못 챈 것 같았다. 다시 한번 창밖을 바라보는 그녀의 눈빛이 추억으로 반짝였다. "키이스의 가장 친한 친구는 아일랜드 출신의 백인 아이였어요."

키이스가 끼어들었다. "맞아요, 제 단짝은 아일랜드인이었어요. 1970년대였는데 그때까지도 '흑인 출입 금지, 아일랜드인 출입 금지, 개 출입 금지' 같은 이상한 표지판들이 있었어요." 키이스가 웃었다. "우리는 개를 산책시키면서 키득거렸죠."

그렇게 엄청난 모욕을 떠올리면서 왜 화내지 않는지 묻고 싶었는데 페이션스가 끼어들었다. "저의 아주 좋은 친구 중 한 명이 백인이었어요. 그녀의 장례식에 갔었는데 진심으로 환영받았죠. 누구냐는 식으로 쳐다보는 사람은 아무도 없었어요. 모두 제 테이블로 다가왔죠."

키이스가 엄마의 말을 가로챘다. "저희는 부모님이 얼마나 힘들었는지 체감하지 못한 것 같아요. 부모님도 그렇고 누나들도 극단적인 인종차별을 경험했죠. 큰누나 메리 말로는 욕설을 내뱉는 사람이 많았는데 이를 중단시키거나 누나를 보호하기 위해 조처하는 선생님이 없었대요. 좀 이상한 말인데, 누나들은 새까맣지 않다는 이유로 흑인 친구들로부터도 차별을 당했어요. 엄마는 인종 애기를 하신 적이 없어요. 집안에서는 우리가 '흑인'이라고 느낄 일이 없었죠. 하시는 말씀이라고는 '머리를 숙이고 타인을 존중해라, 삶을 헤쳐 나가고 학교 공부를 열심히 해라.'는 것뿐이었어요. 우리는 모두 인종에 상관없이 동일한 문제를 안고 있었죠. 엄마는 우리가 백인에 반감을 갖도록 내버려두지 않았어요. 저희 부모님은 워낙 덕망이 높아서 저 앞에서 걸어오시는 게 보이면 제 친구들도 이렇게 말하고는 했어요. '브라운 씨 부부가 오셔, 조용히 해.'"

안젤라는 상황이 좀 달랐다. 인종적으로 워낙 소수자였기 때문이다. "초등학교에 갔을 때 저랑 흑인 여자아이 한 명, 그리고 혼혈 여자아이 두 명이 있었어요. 그게 다였죠. 중학교에는 흑인 학생이 서른 명 정도 있었고요. 우리는 같이 어울렸어요. 그런데 린포드가 입학했을 때는 전교생의 75%가 흑인이었죠. 그때 굉장히 놀랐어요. 애들이 다 어디서 왔나 싶더라고요."

나는 안젤라도 학교에서 인종차별을 겪었는지 궁금했다. 그녀가 답했다. "살짝요. 초등학교에 한두 명 정도였어요." 나는 키이스와 페이션스처럼 그녀도 그걸 가볍게 여기는 게 놀라웠고, 깊이 상처받지 않을 수 있었던 이유가 궁금했다. 안젤라가 명료하게 대답했다. "언니가 절 보호해 줬어요. 학교에서 저는 누구와도 사이가 틀어진 적이 없었고요. 그래도 'BLM' 운동은 사회적 의식을 끌어올리는 데 좋다고 생각해요. 우리에게는 변화가 필요하니까요. 이 운동에 대한 사람들의 대응 방식에는 동의할 수 없어요. 요새 사람들이 저를 다르게 쳐다보거든요. 마치 제가 발로 차기라도 할 것처럼요. 제가 흑인이라서 저를 다르게 바라보지만 저는 그냥 저라고 생각해요."

  키이스가 덧붙였다. "요새는 진짜 흥미로워요. 깜빡 잊고 있다 축구 경기를 봤는데 정말 흥분되더라고요. 다들 '흑인의 생명은 소중하다'라고 적힌 티셔츠를 입고 있었어요. 그래도 동상을 끌어 내리는 사람들까지 지지하는 건 아니에요.[3] 폭력 속에서는 메시지가 사라져 버리니까요.. 과거의 끔찍한 사건을 인지할 수는 있지만 과거를 해체할 수는 없어요. 어떤 면에선 우리는 그런 나쁜 일들을 통해서도 얻는 게 있죠. 하지만 마커스 래시퍼드 Marcus Rashford[4] 같은 사람들이 긍정적 차이를 만들어요.[5] 전에는 우리가 매일같이 어떤 일들을 겪어야 했는지 사람들은 미처 몰랐겠죠."

---

[3] 2020년 6월 영국의 'BLM' 시위대가 17세기 노예 무역상 에드워트 콜스턴(Edward Colston)의 동상을 브리스틀 항구에 던진 사건을 말한다. 시위대는 윈스턴 처칠 동상, 빅토리아 여왕 기념비 등에 스프레이를 뿌리거나 철거를 요구하며 인종차별 철폐를 촉구했다. 시위대가 훼손한 동상은 대부분 노예제도, 식민주의, 인종주의와 관련된 인물의 동상이었다.

[4] 잉글랜드 축구 국가대표팀과 프리미어리그 애스턴빌라 FC에 소속된 영국의 축구선수.

[5] 마커스 래시퍼드는 영국 정부가 팬데믹 이후 코로나19로 인한 봉쇄 기간 동안 집에 발이 묶인 아이들에게 무료 급식 바우처를 제공하는 제도를 종료하겠다고 발표하자 정부에 재고를 요청하는 공개서한을 썼다. 래시퍼드는 자선단체와 협력해 취약계층 아이들을 위한 모금 운동을 벌였고 결국 영국 정부는 정책을 철회했다. 래시퍼드의 영향으로 팬데믹 봉쇄 기간에 저임금 노동에 종사하는 비율이 많은 유색인종 노동자가 부유한 화이트칼라 노동자보다 더 큰 경제적 타격을 입었음이 드러났고 영국 내 인종과 계급 불평등 문제가 수면 위로 떠올랐다.

나는 그들 모두와 그 집에 함께 있었으면 좋았을 거라고 생각했다. 인종차별은 워낙 복잡한 주제인 만큼 강력한 감정을 촉발하는데 스크린이 그 일부를 걸러낸다는 걸 알고 있었기 때문이다. 하지만 나는 이들의 생각이 대체로 일치한다는 걸 알아차렸다. 머릿속에서 수많은 생각이 만화경처럼 뱅글뱅글 돌았다. 피부색에 대한 편견의 장벽을 극복할 필요가 없었던 백인으로서 나는 내가 속한 사회의 잘못에 죄책감을 느꼈다. 내 무의식에 자리한 편견이 부끄럽기도 했다. 이 가족은 자신의 인종 정체성 앞에 당당했고 자신이 겪은 인종차별에 공공연한 분노를 느끼지도 않았다. 이들은 '모든 인종 앞에 공평한'(자신의 흑인 정체성을 인정하지 않는) 태도를 취하고 고개를 숙여 인종 차별을 피해 온 것일까? 그리고 이 같은 태도는 그들의 정체성, 그리고 분쟁과 상실을 대하는 태도에 어떻게 스며들었을까?

나는 이 시위에 대한 요즘 세대의 견해를 린포드가 제시해 줄 거라고 생각했다. 그가 입을 열었다. "저는 대단한 운동가는 아니에요." 그는 이 사건에 흥분한 친구들과 수없이 많은 토론을 했지만 함께 시위에 나가자는 친구들의 제안에는 응하지 않았다. 내가 이유를 묻자 그는 고개를 떨궜다. 무거운 정적이 흘렀다. 한 번 더 재촉했을 때도 그는 대답 대신 이렇게 말했다. "다음번에 얘기할게요." 나는 나중에 다시 이 얘기로 돌아올 수 있도록 머릿속에 각인시켰다. 린포드가 자신도 인종차별을 겪은 적이 있다며 말을 이었다. "열세 살 때 한 친구랑 길을 걷고 있었는데 누군가 제게 큰소리로 욕하면서 치즈버거를 던졌어요. 목 뒤에 맞았죠." 그가 목에 손을 갖다 댔다. 나는 역겨움에 몸서리쳤고 린포드는 고개를 끄덕였다. "네, 별로더라고요." 하지만 나는 그가 말하기 싫어했던 뭔가로 인해 인종차별 경험에 대한 완전한 몰입이 차단됐음을 느꼈다.

몇 주 후 나는 린포드에게 이야기할 준비가 됐는지 물었다. 그는 머뭇대다 엄마의 눈을 피하며 말했다. "어느 날 밤 제가 술에 취해서 한 남자의 눈을 가격했어요. 그리고 체포됐죠. 실제 신체 상해 actual bodily harm, ABH 혐의였어요. 끔찍한 시기였죠. 법정을 수없이 드나들면서 18개월을 보냈어요. 감옥에 갈까 봐 겁이 났고 우울증에 빠지기도 했죠. 결국엔 집행유예를 선고받고 사회봉사를 해야 했고요."

린포드가 말하는 동안 나는 그의 눈에 가득한 두려움을 보며 이를 악물었다. 그는 호흡마저 가빠져 있었다. 페이션스는 한숨을 자꾸 내쉬었고 키이스와 안젤라는 애정 어린 눈빛으로 그를 바라보았다. 나는 술에 취해 저지른 행동 하나가 얼마나 끔찍한 결과를 초래할 수 있는지 잘 아는 만큼 그를 충분히 이해한다고 말해주었다. 린포드가 고개를 들어 자신의 엄마를 바라보며, 엄마 덕분에 좋은 루틴을 확립할 동기가 생겼고 그게 자신에게 안전함을 느끼게 해줬다고 털어놨다. 린포드의 직장 관리자 역시 재판이 진행되는 내내 그의 곁을 지키며 다시 자신감을 찾을 수 있도록 도와주었다. 그의 얼굴에서 환한 미소가 빛났다. "그곳이 너무 좋아요. 돌아가면 끝내주게 잘할 거예요." 이 이야기를 통해 나는 당신에게 무슨 일이 일어났느냐가 아니라 어떻게 대처했느냐가 당신의 결과를 규정한다는 사실을 다시 한번 확인할 수 있었다. 린포드는 두려움 때문에 자신을 닫아버렸다. 하지만 가족의 적극적 지원과 관리자의 믿음 덕분에 재기할 수 있었다. 사람에겐 사람이 필요하다. 좋은 시기에도 필요하지만 안 좋은 시기엔 특히 더 그렇다.

그리고 이 가족 안에서 린포드는 중요한 능력을 발휘했다. 몇 주 전 다른 가족과의 균열을 봉합하려면 대화를 시작해야 한다고 했던 그의 제안이 결실을 보고 있었다. 페이션스는 모든 자녀에게 이렇게 말했다. "이제 멈춰야 해. 너희는 모두 친밀했잖아. 무슨 일이 있었던 건지 알 수 없지만 형제자매가 싸우는 건 옳지 않아." 그녀는 자신이 뭐라고 했는지 반복하며 숨을 크게 들이쉬었고 중요한 순간임을 암시하는 매서운 눈빛으로 날 쳐다봤다. "이후 다들 많이 바뀌었어요. 훨씬 나아졌죠."

페이션스가 장성한 자식들에게 자신의 힘을 발휘하는 모습을 지켜보는 건 아주 즐거웠다. 자녀들은 그녀의 말을 존중했다. 다들 서로 연락을 주고받으며 서서히 관계를 회복하고 있었다. 나는 미소 지으며 말했다. "가족 안에는 신비한 마술이 작용하는 게 분명해요. 영문도 모른 채 수십 년간 서로 말을 안 섞기도 하고 물려받은 꽃병 때문에 다투기도 하지만 또 어떤 때는 어머니의 말 한마디에 깊은 갈등을 봉합하기도 하니까요." 감정 체계는 논리적으로 작동하지 않는다. 그렇게 만들려고 노력해 봐야 소용도 없다. 하지만 가족 간 유대는 늘 그 자리에서 희망의 가능성을 제시해 준다.

키이스는 형제 관계가 달라지고 있다는 걸 알 수 있었다. 몇 년 만에 처음으로 형 집의 정원에서 다 같이 저녁 식사를 했기 때문이다. "그때부터 다들 사과를 해줬어요. 제가 바랐던 방식으로 일이 풀렸죠. 그레이스는 제게 미안하다고 했고, 트레버도 몇 년 동안 하고 싶었던 얘기들을 해주었고요. 예전에 다 같이 식사하던 때랑 다를 게 없었어요." 키이스의 얼굴이 환해졌다. "우리가 다시 함께할 수 있게 됐다는 게 제게는 정말 의미가 커요. 사랑이 우리 안에 있죠."

그들의 얼굴에서 가족 간 유대가 다시 살아나고 있음에 대한 안도감을 읽는 순간 짜릿한 기쁨이 느껴졌다. 이들이 이렇게 빠르게 다시 연결된 걸 보면 서로에 대한 상호 신뢰와 애정의 토대가 유년기부터 단단하게 형성돼 왔음을 알 수 있었다. 이들은 서로에게 해가 되거나 문제를 일으키는 가족이 아니었다. 이들이 갈라선 건 메리앤(키이스의 누나)에 이어 아머니까지 사망하면서 생긴 트라우마, 키이스를 지지해 주지 못한 형제들의 무능, 페이션스의 관심을 둘러싼 기존의 경쟁 관계 때문이었다. 게다가 페이션스의 개종으로 인해 크리스마스의 가족 모임까지 없어지고 말았다. 그럼에도 모두가 시간과 노력을 기울인 덕분에 결국엔 화해할 수 있었다.

그 한 끼의 식사가 가족의 단합을 지키는 데 상당히 중요한 역할을 했다는 게 흥미로웠다. 페이션스가 자식들을 위해 쏟아부은 애정과 관심은 안젤라의 가족과 극명한 대조를 이뤘다. 안젤라의

"가족 안에는 신비한 마술이
작용하는 게 분명해요.
영문도 모른 채 수십 년간
서로 말을 안 섞기도 하고
물려받은 꽃병 때문에 다투기도 하지만
또 어떤 때는 어머니의 말 한마디에
깊은 갈등을 봉합하기도 하니까요."

부친은 말로는 그들의 차이를 좁히고 싶다고 했지만 정작 아무것도 하지 않았다. 가족이 안정적 궤도에서 벗어나지 않으려면 시간과 관심을 투자해야 한다. 침묵은 장애물을 만드는 경우가 많다.

그리고 린포드는 중재자 역할을 하면서 이제 독립할 수 있다는 확신과 힘이 생겼을 것이다. 치료사의 직감에 따라, 어느 날 불쑥 나는 그에게 왜 아직 부모님과 함께 사는지 물었다. 그는 웃으면서 예전에 독립한 적이 있었지만 아머니가 죽은 뒤 엄마를 돕기 위해 다시 들어왔고 어쩌다 보니 계속 있게 됐다고 말했다. 이때 키이스와 안젤라가 의미심장한 눈빛을 나눴고 이를 포착한 나는 그게 무슨 뜻인지 물었다. 두 사람이 웃었다. 이들은 항상 웃는다. 안젤라가 다소 강한 어조로 린포드도 이제 혼자 살 때가 됐다고 말하자 린포드가 반박했다. "보고 싶어 할 거면서!" 안젤라가 재빨리 응수했다. "뭐, 조금?" 키득대는 소리가 이어졌고 린포드가 몇 번이고 반복했다. "뭐, 조금?" 페이션스는 웃었지만 말은 하지 않았다. 나는 린포드 안에서 뭔가 변화가 일어나고 있으며, 그의 얼굴에 두고 보자는 표정이 스치는 걸 놓치지 않았다.

다음에 만났을 때 린포드는 새 아파트로 갓 이사한 참이었다. 집을 빨리 찾았다는 그의 얼굴에 자부심이 가득했다. 다른 두 사람과 공유하는 아파트에서 그는 여자친구와 한방을 썼다. 쾌적하고 깨끗했다. 흥분된 목소리로 카메라 렌즈를 움직이며 방을 보여주는 그에게서 행복감이 느껴졌다. 그는 삶의 중요한 계단을 오른 것이다.

🏠🏠🏠

여름휴가 이전 세션을 마무리할 때쯤 키이스가 가볍게 말했다. "제가 일곱 살 때 엄마 아빠가 결별하셨어요."

나는 아무 말 하지 않았다. 너무 놀랐기 때문이다. 그때까지 이야기를 쭉 들어오면서 나는 레이먼드와 페이션스가 오래도록 행복한 결혼 생활을 유지했다고 믿어 의심치 않았다. 다년간의 경험을 통해 클라이언트들이 세션 막판에 떨어뜨릴 '폭탄' 하나를 남겨 둘 때도 있다는 건 알고 있었다. 치료사끼리는 이를 '문손잡이 잡기door handle drop'라고 부른다. 사람들은 치료사가 정보를 알기를 바라면서도 정작 밝히고 나서는 어찌할 줄 모른다.

여름휴가가 끝나고 다시 만난 우리는 하나같이 반가운 기색이 완연했다. 나는 세션을 시작할 때 주로 챈디스가 처음 내게 말 걸어주는 데서 감동을 느꼈다. 챈디스는 소파의 엄마 옆자리에서 오르락내리락하며 가족의 친구를 대하듯 "안녕하세요, 줄리아." 하고 인사를 건넸다. 그녀는 내 생일이 언제인지 물어본 뒤 모든 사람의 생일을 나열했다. 물론 딴에는 특별한 관심을 기울이는 것이었다. 치료사 훈련을 받을 때 "네 살 미만은 속일 수 없다."라는 얘기를 들은 적도 있는데 챈디스는 특히 더 그런 것 같았다. 활기차고 많은 사랑을 누리는 이 아이는 무엇 하나 놓치는 법이 없었다. 모두의 기분을 파악했을 뿐 아니라 자신의 욕구를 충족시키는 방법, 스스로 즐겨야 하는 때까지를 다 본능적으로 알고 있었다.

나는 페이션스와 레이먼드의 이혼이 혼란스럽다는 애기로 세션을 시작했다. 페이션스가 기억을 더듬으며 사려 깊은 목소리로 말했다. "결혼 초엔 모든 게 아름다웠어요. 어쩌다 달라진 건지 모르겠어요. 갑자기 모든 게 나락으로 빠져들었죠. 남편이 술을 마시기 시작하더니 제가 문제를 제기해도 웃기만 했어요. 사실은 그렇지 않은데 모든 게 괜찮은 척했죠. 저는 '당신은 당신의 책임을 다해야 해. 우리에게 가장 중요한 건 아이들이야.'라는 애기를 몇 년이나 계속하며 수많은 기회를 줬어요. 하지만 그는 나 몰라라 했죠. 제겐 너무 버거웠어요…"

키이스는 아버지 직장이 위치한 구역의 한쪽에는 마권업자가 있고 다른 한쪽에는 술집이 있었다고 설명해 주었다. 술과 도박이 아버지를 망가트렸다. "아버지는 몇 번 소소하게 이기기도 했어요. 한 번만 더 이기면 모든 걸 바로잡을 수 있을 거라고 생각했죠."

현실은 정반대였다. 페이션스는 일하는 싱글맘으로 사는 게 얼마나 힘든지 절감했다. "아이들이 안전하게 지내고, 제시간에 학교 갔다 제시간에 집에 오고, 식탁에 늘 먹을 게 있고… 그 모든 걸 제가 책임져야 했어요. 하지만 남편이 갑자기 사라지거나 남편 때문에 늘 전전긍긍하는 혼란 속에 사는 것보다는 나았죠."

키이스의 행복했던 어린 시절 리듬이 깨져버렸다. 이들은 우선 집을 팔아야 했고 이후 5년간 아버지를 보지 못했다. 그런데 어느 날 갑자기 레이먼드가 중학교로 키이스를 찾아왔다. "그 후로는 아버지를 찾아뵈면서 아버지와 친해졌어요. 그때쯤 아버지는 심장마비를 겪으셨죠. 몸은 예전의 반쪽이었고 마음의 병도 깊었어요. 아버지에게는 엄마가 온 세상이었지만 당신이 다 망쳤다는 걸 아셔서 엄마에 대해 험담은 한마디도 하지 않으셨어요. 메리 누나와 제가 아버지를 돌봤죠. 엄마는 토요일마다 수프를 만들어다 주셨지만 절대 아버지를 만나지는 않았어요. 아버지는 또 한 번 심장마비를 겪으셨고 그 뒤로는 말씀도 잃으셨어요. 그래도 늘 재밌는 분이셨죠."

키이스는 아버지 병세가 상당히 깊어졌을 때의 기억에 완전히 빠져든 듯 사뭇 다른 어조로 말했다. 당시 아버지는 영국의 아파트에서 혼자 죽을 수 없다는 생각에 고향인 앤티가로 돌아가겠다고 결심하셨다. "아버지가 떠나시기 전 가족이 다 모였어요. 엄마도 오셔서 두 분이 함께 멋진 춤을 추셨죠. 그 춤은 정말이지 아름다웠어요."

내 눈에 눈물이 고였다. 레이먼드를 향한 이들의 사랑, 레이먼드가 이들에게 준 사랑과 웃음, 그리고 그가 '망쳐버려서' 생긴 슬픔과 아픔이 고스란히 전해져 왔다.

이혼은 자녀들에게 여러 나쁜 결과를 촉발할 수 있다. 보통은 이혼 자체보다 그로 인해 생기는 결과, 즉 빈곤, 부모에 대한 원망과 소외감 등이 더 문제다. 이혼한 부모를 둔 성인 자녀들의 이야기를 들어보면 이혼으로 자신의 유년기가 끝났다는 사람이 많은 걸 알 수 있다. 우리는 자녀의 발달과 건강한 삶을 위해서 아버지의 존재가 중요하다는 사실을 안다. 하지만 아버지가 육아를 계속 함께해야만 더 잘 살아갈 수 있다는 건 별로 알려져 있지 않다. 레이먼드는 고생이 심했지만 키이스는 달랐다. 키이스에게는 부모님의 이혼으로 생긴 상처가 지속되지는 않았다. 이에 나는 아이를 키우는 데 공동체가 얼마나 중요한지를 다시 한번 깨달았다. 키이스에게는 사랑하는 엄마는 물론, 형, 누나들과 그들의 배우자로 구성된 공동체가 있었으며 모두가 그를 보살펴 주었던 것이다.

부재중인 흑인 아버지에 대한 인종적 고정관념을 피하기 위해 나는 심리학자 길레인 키누아니Guilaine Kinouani의 『흑인으로 산다는 것Living While Black』을 참고했다. 그에 따르면, "흑인 아빠들은 자녀들의 삶에 가장 많이 관여하는 집단에 속한다. 250만 명이 아이들의 삶에 관여하는 데 비해, 관여하지 않는 사람은 170만 명에 그친다."

나는 페이션스에게 다른 파트너가 있었던 적도 있는지 물었다. 그녀는 2년 정도 함께한 사람이 한 명 있었지만 그가 바람둥이여서 관계가 지속되지 않았다고 말했다. 마치 그 관계는 그녀에게 아무런 흔적도 남기지 않았다는 듯 가벼운 어투였다. "그 뒤로는 쭉 혼자였어요. 올해로 30년째일 거예요." 슬프게도 레이먼드가 그녀의 하나뿐인 사랑이었던 것이다. 회복 불가능한 상실이 겹겹이 쌓여있음을 아는 우리는 기분이 가라앉는 걸 느꼈다.

보통 나는 클라이언트들이 상처를 표출함으로써 자신을 치유하고 살아있는 상실을 애도하도록 권유한다. 그런데 이번에는 그렇게 하면 안 된다는 걸 직감적으로 알 수 있었다. 가족에게 실망을 안기고 떠난 사람을 가족이 받아들이는 건 그가 현실적으로 필요할 때뿐이다. 페이션스의 태도는 분명했다. 요란 떨지 않고 자신의 삶을 개척해 나가야 한다는 신념을 지닌, 그야말로 당대 여성의 표본이었다. 그리고 그녀가 지금껏 버틸 수 있었던 건 결혼 초기의 행복 덕분이었다.

나는 키이스가 레이먼드로부터 상당한 영향을 받았다는 사실도 알 수 있었다. 레이먼드는 그에게 사랑, 웃음과 기지를 전해 줬지만 반면교사가 되기도 했다. 이에 대해서는 키이스가 분명히 밝혔다. "저는 부모님의 실수에서 배웠어요. 그 관계가 잘못되면 얼마나 큰 상처로 남는지요. 두 분이 얼마나 강인했는지도 알 수 있었죠. 저는 좀 더 존중하는 태도를 가지려고 해요…." 그가 안젤라를 바라보았다. "진심이야." 키이스와 안젤라는 자신들이 어린 시절 배웠던 각본을 바꿀 수 있으며 부모와는 다르게 살 수 있다는 사실을 알고 있었다. 우리는 모두 자신에게 처음 주어진 대본을 바꿀 수 있다.

브라운 가족의 퍼즐 중 우리가 논의하지 않은 마지막 조각이 남아있었다. 바로 린포드와 그의 친부親父와의 관계다. 아무도 그에 대해 언급하지 않았고 나는 그의 이름조차 알 수 없었다. 그가 죽은 건지 확인해야 했는데, 알고 보니 그는 살아있었다. 내가 이 문제를 제기하자 안젤라의 자세가 달라졌다. 대개 그녀는 가슴을 크게 벌린 상태로 몸을 앞으로 기울이고 있었는데 이 얘기가 나오는 순간 팔짱부터 꼈다. 린포드가 초조한 듯 서성인 데 반해 키이스와 페이션스는 편안해했고 심지어 호기심까지 보였다. 안젤라가 뜸을 들였다. 억눌렀던 그녀의 분노가 깊고 넓게 퍼져 나와 마치 스크린을 뚫고 내 몸까지 들어오는 듯했다. "그는 바람둥이, 술꾼에다가 믿을 수 없는 사람이었어요. 우리는 우리 관계에 대해 이야기를 나눴고 저는 그를 안다고 생각했는데, 그는 갑자기 사라져 버렸죠."

우리는 모두 그 말을 곱씹었다. 이번엔 린포드가 나섰다. "저는 아빠 생각을 많이 했었어요. 어떤 사람일까 자문하고 상상해 보려고 애썼죠. 그런데 알게 된 뒤로는… 실제로 알아보러 갔다가 도리어 알고 싶지 않다는 걸 깨달았어요. 취해 있었거든요. 그 사람을 볼 때마다 화가 나거나 슬펐어요. 그렇다고 제가 달라지게 만들 순 없으니 내려놔야 했죠. 제게는 그 사람보다 키이스가 진짜 아빠예요. 제게 훨씬 좋은 영향을 주거든요."

린포드의 목소리에서 이전엔 들어본 적 없던 결의가 묻어났다. 이 문제에 대해 오랫동안 치열하게 생각해 온 게 분명했다. 혹시 친부가 알았으면 하는 게 있느냐는 나의 질문에 린포드가 웃었다. 내 질문이 마음에 들었던 것이다. 그는 마지막 문장에서 억눌려 온 분노를 터뜨렸다. "그 사람은 내 누나의 엄마를 떠나지 말았어야 했어요[친부의 이전 배우자와 그들의 딸을 의미한다]. 두 번째로, 술을 끊어야 해요!"

잠시 멈칫하던 린포드가 웃는 얼굴로 안젤라를 보았다. "이따금 엄마는 절 죽이고 싶어 해요. 제가 그 사람을 닮은 데다 목소리까지 비슷하거든요."

이 발언으로 우리는 다른 궤도에 올라 이혼 부모의 가족이 흔히 겪는 경험에 발을 들이게 되었다. 안젤라가 미소 지으면서도 단호한 어조로 말했다. "린포드는 자기 본연의 매력을 써먹을 줄 안다고 생각해요. 친아빠처럼요. 저는 아이가 저를 좀 더 닮았으면 좋겠어요. '내킬 때 내키는 걸 하는' 게 아니고요. 저한테도 친구처럼 대했다 엄마처럼 대했다가 해요."

나는 나도 모르게 린포드 방어에 나섰다. (그때 난 심지어 편견 없는 치료사보단 펀드는 친구에 가까웠다. 어쩌면 순간적으로 내 아들 같았는지도 모르겠다.) "솔직히 린포드가 뭘 잘못했나요? 가족 중 처음으로 학위 땄지, 취업했지, 일 잘하고 있지, 소송 사건 잘 해결했지, 아파트도 있는 데다 술도 안 마시잖아요. 게다가 여러 매력까지 겸비했으니 얼마나 좋아요?"

나를 아군으로 확보해 의기양양해진 린포드가 입이 귀까지 걸리도록 웃으며 소리쳤다. "엄마도 마찬가지면서 뭘 그래요. 엄마도 제 친구랑 엄마 사이를 왔다갔다 해요. 어떨 때는 제가 저녁 먹으러 가지 않으면 '준비되면 와.'라고 다정하게 말해주면서 또 어떨 때는 존중받지 못한다는 기분이 들게 만들어요."

안젤라는 반박하는 대신 이렇게 말했다. "충분히 그렇게 생각할 만해. 네 말이 맞지만, 그래도 우리를 먼저 생각해주면 어떨까?"

린포드가 물러서지 않았다. "제가 가족을 먼저 생각하는 걸 알잖아요, 엄마! 물론 엄마가 절 바로잡아 주셔야 할 때도 있지만···. 저는 대단한 사람이에요. 제가 제 친아빠처럼 되는 건 불가능해요. 엄마가 키웠으니까요. 게다가 제 아빠는 키이스라고요. 키이스 같은 분이 많은 건 아니에요."

페이션스가 아무도 흉내 낼 수 없는 강력한 방식으로 다툼에 마침표를 찍었다. "린포드는 전도유망해."

나 역시 이 놀라운 청년을 믿었다. 린포드는 육아에서 저평가된 의붓아빠의 역할이라는 중요한 이슈를 제기했다. 나는 의붓아빠들의 가치와 공로가 말도 되지 않을 만큼 인정받지 못한다고 생각한다. 또 우리가 나아갈 길은 결코 돌에 새겨져 있는 것이 아니다. 적절한 시기에 적절히 개입할 수만 있다면 결과가 별로 좋지 않을 것 같던 아이도 긍정적이고 회복탄력적인 경로로 방향을 틀 수 있다.

마지막 세션에서 우리는 가족의 갈등을 봉합해 준 요소에 집중했다. 바로 크리스마스의 저녁 식사다. 지난 수 세기 동안 가족은 중요한 전환기, 혹은 계절을 기념해 왔다. 각 가족의 의식은 저마다 고유하며 그들만이 지닌 문화의 영향을 받는다. 다 함께 모이는 익숙한 패턴은 기념과 편안함을 겸한다. 사회가 더욱 세속적으로 바뀌며 사라진 의식이 수없이 많지만 크리스마스는 폭넓게 살아남았다. 그리고 브라운 가족에게 크리스마스는 가족을 하나로 묶는 힘이 일반적 인식보다 훨씬 강했다. 페이션스가 더 이상 '크리스마스 부인'이길 포기했을 때 가족 간의 연결감에 균열이 생기기 시작했다. 하지만 이 가족은 상담 시간에 나눈 대화를 통해 기념 식사를 하기로 합의했다. 안젤라가 말했다. "어느 날 그런 얘기를 했어요. '엄마, 와서 저녁 식사 같이 해요, 편안하게 즐기자고요.' 크리스마스라는 단어는 꺼내지도 않았죠."

페이션스도 동의했다. "다시 한가족이 되어보자고 이야기를 나눴죠. 우리는 서로 친하게 지내고 싶으니까요."

중요한 순간이었다. 과거의 상처에서 벗어났을 뿐만 아니라 가족으로서 새롭게 함께하는 일에 첫발을 내디뎠으니 말이다. 물론 과거의 상실과 고난을 잊는 일은 가능하지 않았지만 그들은 함께 그것을 극복할 수 있었다.

가족은 구성원이 성장하고, 사망하고, 그렇듯 변화하고 진화함에 따라 끊임없이 수정되며 보완이 이루어져야 하는 역동적 생명체다. 이 가족의 핵심 구성원들은 자신의 태도를 검토하고 명확히 인지한 뒤 바꿔냈다. 나는 이들이 서로 화해하고 사랑스러운 관계를 유지하는 모습을 지켜보는 특권을 누렸다.

우리의 작업은 끝났다. 이들은 모두 대화를 통해 서로 더 잘 이해할 수 있었다는 데 동의했다. 페이션스가 말했다. "정말 도움이 됐어요. 이제 우리는 가까워요."

키이스가 덧붙였다. "상황이 나아져서 정말 다행이에요. 제 생일날 그레이스가 전화했더라고요. 그게 어떤 느낌인지 말로 다 못합니다."

안젤라가 말했다. "우리 모두 서로의 관점에 대해 더 잘 알게 됐어요."

린포드도 다르지 않았다. "미치도록 좋아요."

이들은 제삼자인 나와 함께함으로써 자기들끼리는 하지 못했을 대화를 나눌 수 있었다. 아머니의 죽음이라는 비극은 가까웠던 이들 사이에 장벽을 세웠다. 불편한 생각과 감정을 전투적이지 않은 방식으로 표현하는 방법을 몰랐기 때문에 그들은 무조건 억누르는 방식으로 안정을 찾으려고 했다. 하지만 그들의 감정은 결국 표면 위로 올라와 기존의 분노와 경쟁 관계를 강화했다. 위기란 그런 것이다. 하지만 이들은 상담을 통해 무엇이 힘들었는지 솔직히 털어놓고 감정을 터뜨린 뒤 화해할 수 있었다. 가족의 각 구성원이 동일한 비중으로 목소리를 낼 기회는 쉽게 마련되기 힘들다. 보통은 가족 역학에 의해 가로막히거나 목소리 큰 사람이 독점하기 일쑤이지만 이번엔 나의 역할로 인해 가능했다고 믿는다. 그래서 이들은 서로의 견해를 인정하고 화를 가라앉힐 수 있었다. 모든 이의 목소리를 동등하게 경청함으로써 새로운 아이디어에 더 열린 자세를 취할 수 있었다.

중요한 건 언쟁을 벌인다는 것 자체가 아니다. 억눌리거나 방치되었을 경우 분노와 함께 누적되어 고착될 수 있는 생각과 감정을 표출하는 일이 오히려 더 중요하다. 그러지 않으면 싸움이 생긴다. 안젤라는 어쩌면 아버지의 리더십 부재 때문에 형제들과 화해하지 못했을지도 모른다. 그 대신 그녀는 자신의 사랑과 관심을 믿을 수 있는 이들에게로 옮겼다. 페이션스가 이끄는 브라운 가족은 서로를 공격해 상처 주거나 과거의 잘못들을 들춰내는 일이 없었다. 그들은 현재의 이슈에만 집중했다. 상대방의 말을 주의 깊게 듣고 자신이 옳다고 고집부리지 않으며 이후 사랑으로 재연결되는 길을 찾았다. 이들의 싸움은 궁극에는 친밀감과 연결감을 구축했다.

이 가족은 다양한 차원의 중대한 적개심을 경험했다. 때 이른 죽음, 이혼, 형제간의 소외, 체포, 그리고 수많은 인종차별적 공격까지 겪어야 했다. 하지만 그럼에도 불구하고… 이들은 풍요로워질 수 있었다. 어째서인가? 내가 보기에는, 페이션스가 패턴을 설정했기 때문이다. 그녀야말로 가족이 하나로 뭉치고 힘든 시기를 통과하는 힘의 원천이었다. 그녀의 예측 가능하고 신뢰할 수 있는 사랑은 이들 삶의 단단한 기반이 되어주었다. 내 관점에선 그녀의 사랑이 이들을 인종차별적 공격으로 인한 최악의 상처에서 보호해 주었다. 또 그 사랑을 통해 인내, 유머와 희망 같은 다른 자질이 각 구성원에게 전달될 수 있었다. 그녀가 행동으로 보여준 모델은 그녀의 말만큼이나 강력한 영향력을 발휘했다. 이들은 그녀를 신뢰함로써 자신과 서로를 믿을 수 있었다. 하지만 이 같은 신뢰가 아마니의 죽음이라는 위기 상황에선 역설적으로 가족을 더 멀어지게 만들었다.

신념은 페이션스가 힘들었던 시기를 버텨낼 수 있게 만든 힘의 원천이었다.

극심한 슬픔에 빠졌을 때 우리는 스스로에게 던지는 자조적 이야기에 갇히고 만다. 한계점에 다다르면 각자가 가진 상실의 서사를 통합할 여력을 잃어버리는 것이다. 각 개인은 자신의 슬픔에 대처하기 위해 최선을 다할 테지만, 구성원 간의 협력이 없다면 가족 체계는 고통의 작은 섬으로 떨어져 나갈 수 있다.

상담에서 린포드는 가족 구성원과 이들의 대립하는 관점 사이에 중요한 연결고리를 구축해 주었다. 린포드 덕분에 이들은 논쟁을 재구성하고, 치유될 수 있었다.

가족이 교착된 상태에 빠져 있을 때 그 내부의 역학에 변화를 일으켜 다시 나아가게 하는 일은 오직 한 사람만 있어도 충분하다. 보통 이 역할에 가장 적합한 존재는 아이들이다. 이들에겐 상실의 상처가 누적되어 있지 않은 만큼 탄력적이고 신선한 관점으로 새로운 해결책을 제시할 수 있다.

지혜는 경험에서 나오기도 하지만 새로운 관점을 받아들일 수 있는 유연한 태도에서 비롯되기도 한다.

아이들의 지혜는 저평가된 자원이다.

로시 가족
The Rossi Family

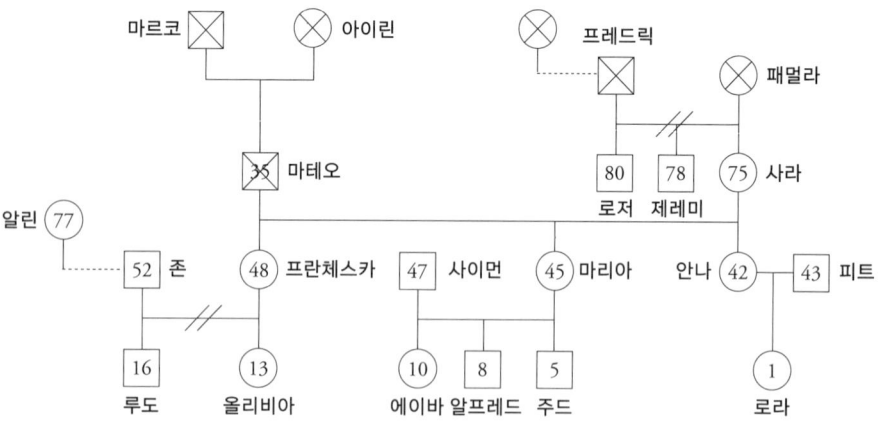

로시 가족
The Rossi Family

트라우마에 관하여

트라우마의 긴 터널에서
빠져나오는 방법

사례개요

로시 가족은 75세의 은퇴한 물리치료사 사라Sarah와 세 딸로 구성된다. 그중 48세인 프란체스카Francesca는 이탈리아에서 두 자녀와 함께 사는 싱글맘이며 박물관에서 큐레이터로 일한다. 45세의 마리아Maria는 전업주부로 세 자녀를 키우고 있다. 42세 안나Anna는 간호사로 일하고 현재는 결혼 후 출산휴가 중이다. 이들은 모두 가톨릭 신자이며, 성당은 사라가 가장 열심히 다닌다. 그녀의 남편 마테오Matteo는 이탈리아 경찰이었는데 딸들이 어릴 때 자살했다. 4년 전, 프란체스카가 알코올중독으로 치료를 받게 되자 가족들이 마테오의 충격적 죽음에서 회복하지 못했다는 게 분명해졌고 결국 상담치료를 진행하게 되었다. 우리는 줌으로 만났다.

자살은 클러스터 폭탄 같다. 파편이 가장 가까운 사람들을 관통해 들어가기 때문에 언젠가 그 상처가 포착되어 치유될 때까지 그들 안에서 슬픔과 트라우마의 형태로 살아있다. 죄책감, '만약 그러지 않았다면'이라는 가정과 '왜'라는 질문은 생존자들을 괴롭히는 고통의 일부에 불과하다. 마테오의 세 딸은 너무 오랫동안 아버지의 죽음으로 인한 고통을 안고 살아왔다. 이제 40년이란 시간이 지난 만큼 그들은 그 사건이 자신에게 그리고 엄마에게 어떤 영향을 미쳤는지 풀어보고 싶었다.

처음 사라를 만났을 때 나는 그녀의 크고 걸걸한 목소리에서 발산되는 힘에 압도당했다. 그녀는 백발의 굵은 머리칼을 깔끔하게 뒤로 넘겨 거북 딱지 머리핀으로 고정하고 타원형 안경을 쓴 채 나를 바라보았다. 그녀가 전하고 싶은 메시지는 분명했다. '까불지 마. 나는 강해.' 치료사로서 나는 방어 가면이 두꺼운 사람일수록 심리적으로 더 취약하다고 가정한다. 그리고 얼마 지나지 않아 사라가 그렇게 철벽을 칠 만한 이유가 있다는 걸 알게 되었다.

처음 클라이언트를 만나면 나는 이 사람이 어쩌다 이렇게 됐을지 자문해 본다. 사라가 자신의 스토리를 들려주었다. 요크York의 중산층 가정에서 세 자녀 중 막내이자 외동딸로 태어난 그녀는 힘겨운 어린 시절을 보냈다. 아버지는 일반의였고 어머니는 간호사로 일하다 출산하면서 일을 그만뒀다. 그런데 아버지가 어머니의 절친한 친구와 바람을 피워 사라의 부모는 결국 비극적 이혼에 이르렀다. 당시 사라는 겨우 일곱 살이었다. 이혼 합의 과정에서 부모가 아이들을 마치 물건처럼 나눠가졌다는 이야기를 듣고 나는 충격을 감추지 못했다. 오빠 한 명은 아빠와 살고, 다른 한 명은 엄마와 살기로 한 가운데 사라는 탁구공이라도 된 것처럼 두 집을 오가야 했다.

사라는 그때를 떠올리는 게 내키지 않아서인지 그녀답지 않게 조용한 목소리로 말했다. "워낙 어려서 뭘 몰랐기 때문에 물어보지도 않았어요. 그런데 지금 돌아보면 부모님이 대체 무슨 생각을 하신 건지 모르겠어요. 그나마 오빠를 격주로 만나면 된다는 게 유일한 위안거리였죠. 오빠는 내게 겁을 주고 날 약해빠진 바보로 취급했거든요…. 지금은 사이가 좀 나아졌지만요." 그녀가 덧붙였다. "그래도 오빠가 날 쳐다보거나 특유의 톤으로 말할 때는 여전히 위협을 느껴요."

사라가 말하는 동안 나는 존 볼비의 애착 이론을 생각했다. 요약하자면 어린 시절 부모와 맺은 관계가 향후 관계에서 우리가 행동하고 감정을 관리하는 패턴에 영향을 주고 결정한다는 것이다. 여기에 따라 우리가 안정적이고 단단한지, 불안정하고 취약한지 결정된다. 불안정 애착을 구축한 사람은 일찍부터 부정적 대처 메커니즘을 학습하기에 트라우마가 생기더라도 관리하는 능력이 떨어진다. 이는 오크 나무에 비유할 수 있다. 비옥한 땅에 뿌리 내린 나무는 태풍이 닥쳐도 굳건히 버티는 것과 같은 이치다. 비단 양육자만 우리를 형성하는 건 아니다. 형제 역시 좋거나 나쁜 방향으로 우리의 발달에 영향을 미친다. 사라는 오빠의 경멸적 태도로 두려움을 체화해 사소한 사건도 담담하게 넘기는 법이 없었다.

이혼은 지독한 상처를 남겼다. 사라는 70여 년 전 부모님의 이혼이 끔찍이 수치스러웠다고 힘주어 말했다. 그때는 부모님이 이혼한 친구가 한 명도 없었기 때문에 자신만 다르고 소외된 듯한 기분을 느꼈다. 여기에 배신감과 분노, 안정적 가정이 없어서 치러야 하는 대가 등에 부모의 결별을 둘러싼 불만까지 뒤엉켰다. 시대가 시대였던 만큼 아무도 그에 대해 말하지 않았고 침묵이 빚은 상처도 알아차리지 못했다. 이들은 아무 일 없었던 것처럼 일상을 사는 수밖에 없었다.

사라가 웃으며 날 쳐다봤지만 눈에는 상처가 가득했다. "그래서 저는 늘 결혼하면 행복하고 안정적인 가정을 꾸리고 싶었어요…. 침대에 누워 제가 꿈꾸는 가족을 머릿속에 그려봤던 게 기억나요. 그야말로 이상적인 가족을요." 사라가 씁쓸한 미소를 지었다. "결국 그렇게 되지는 못했죠."

엄마와 아빠 사이를 오가며 암묵적 긴장 속에 살아가는 게 얼마나 불안하고 초조했을지 짐작이 갔다. 부모님은 두 분 다 '유난 떨지 말고 계속 나아가라'는 걸 가장 중요한 규범으로 삼았고, 그에 따라 사라도 효율적이고 체계적으로 움직였다. 멈추지 않고 계속 나아가는 건 그녀에게 꼭 필요한 생존 요령이었고 지금까지도 효과를 발휘해 왔다. 아직도 세상에 완벽한 얼굴을 내보이고 있는 걸 보면 사라는 완벽주의와 통제 전략으로 상황에 대처해 왔을 것이다. 어릴 적 경험은 사라가 삶의 다양한 사건에 반응하는 방식을 무의식적으로 구축해 온 게 분명하다.

1960년대 후반의 젊은 여성이 대개 그랬던 것처럼 사라는 오빠들과 달리 대학에 진학하지 않았다. 그녀는 수년간 비서로 일하다시칠리아Sicily의 팔레르모Palermo로 여행을 떠났다. "좀 더 성장한 저를 발견하고 싶었어요. 더 자신 있고 행복한 저를요. 조용하고 착한 아이로만 살아와서인지 내가 뭘 좋아하는지, 누구인지 전혀 모르겠더라고요."

치료적 관점에서 말하자면 사라는 다른 사람의 바람과 욕구를 충족해줬을 때만 만족감을 느끼는 '맞춰주는 아이an adapted child' 였다. 그리 깊은 대화를 나누지 않더라도 그녀 안의 위태로운 아이가 금세 모습을 드러냈다. 그녀가 영국을 떠난 건 20대 중반이었지만 정서 발달은 부모님의 이혼 시점에 이미 중단됐을지도 모른다고 나는 생각했다. 버려져 겁먹은 일곱 살배기가 아주 조금만 버려질 것 같은 기미가 느껴져도 불안에 덜덜 떠는 것만 같았다.

사라는 시칠리아의 뜨거운 태양 아래서 이탈리아인으로서의 새로운 정체성을 만끽했다. 그리고 6개월도 안 돼 젊은 경찰관이던 마테오와 사랑에 빠졌다. 두 사람은 열기가 불타오르던 여름 축제 현장에서 만났다. 그는 잘생기고 재밌는 데다 상당히 섬세했다. 이들은 만난 지 1년도 안 돼 약혼했는데 그녀는 결혼 후에야 두 가지 버전의 마테오가 존재한다는 사실을 알게 되었다. 하나는 재밌고 사랑스러운 매력남이고, 다른 하나는 통제 불가능한 알코올중독자였다.

이들이 8년에 걸쳐 세 딸을 낳는 사이 마테오의 알코올중독은 걷잡을 수 없이 심해졌다. 어느 오후 엄마와 세 딸이 점심 식사를 하고 집에 돌아왔는데 마테오가 어디에도 안 보였다. 그날 밤 마테오는 총으로 자살했다. 서른다섯 살이던 사라는 빈털터리 과부가 되어 깊은 상처를 입은 세 딸과 영국으로 돌아왔다.

우리는 아버지의 죽음 이후 수십 년간 각자의 내면에서 극적으로 펼쳐진 후유증을 치료하는 데 집중하기로 했다. 자살은 결코 누군가의 죽음으로 끝나지 않는다. 그 트라우마의 유산은 말할 수 없이 끔찍하다. 몸 안에 살아서 삶의 모든 면면을 방해한다. 금을 납으로 바꿔놓을 정도다.

우리가 처음 이야기를 나눈 건 이 네 여성이 이탈리아에서 함께 휴가를 즐기고 있을 때였다. 이들은 마테오의 부모님이 사셨던 동네에 집을 빌려 그곳에서 매년 여름을 함께 보냈다. 사라의 세 딸은 황금빛 피부와 갈색의 웃는 눈으로 날 바라보았다. 세 자매가 닮기는 했지만 각자의 특징도 뚜렷했다. 백색에 가까운 금발을 단정한 단발로 자른 프란체스카는 은목걸이와 터키석 목걸이를 레이어드한 모습이었고, 탄탄한 몸을 유지하기 위해 열심히 운동하는 것처럼 보였다. 갈색 웨이브 머리를 어깨까지 기른 마리아는 비행사 안경과 흰색 칼라가 있는 셔츠를 착용하고 트레이드마크인 자주색 립스틱으로 깐깐한 분위기를 연출했다. 안나는 마리아와 같은 갈색 머리를 뒤로 질끈 묶고 커다란 링 귀걸이를 했으며 화장은 하지 않은 채 리넨 재질의 카프탄caftan[1]을 입었다.

---

1 튀르키예 등 지중해 동부 지방에서 유래한 로브 형태의 긴 상의로 옆이 길게 트

스크린을 통해서도 나는 세 자매가 발산하는 에너지를 받을 수 있었다. 사라가 주먹을 꼭 쥐며 먼저 입을 열었다. "상담이 엄마한테 좋을 것 같았어요. 도움이 좀 더 필요하다고 느껴졌거든요."

주관적 입장에서 말하지 않고 자신을 대상화하는 사라를 보며, 나는 그녀가 세 딸과 치료를 시작하는 게 얼마나 어려운 결정이었을지 알 수 있었다. 사라는 우리가 자신의 삶을 뒤집어 놓았던 사건, 지난 수십 년간 극복하려고 부단히 노력했지만 결국 실패한 그 사건에 대해 이야기를 나눌 것이며 그만큼 극심한 고통이 뒤따를 것임을 알고 있었다. '시간이 약'이라는 표현은 사람들이 상처를 치유하기로 마음먹을 때만 진실로 그 의미를 찾을 수 있다. 슬픔은 적절히 처리되지 않으면 수년, 심지어 수십 년이 지나도 사망 당일처럼 생생하게 남아있다.

4년 전 프란체스카가 중독 치료 센터에 입원했을 당시 가족 상담을 진행하면서 마테오의 죽음에서 비롯된 문제들이 여전히 해결되지 않은 채 남아있음이 분명해졌다. 당시의 집단 상담에서 기억나는 내용이 있는지 묻자 사라가 이번에도 낮은 목소리로 딸들에게 말했다. "대답해, 너희가 기억력이 나보다 나으니깐 잘 알 거 아니니. 나는 내가 지적받은 것만 기억나."

"엄마는 지적받은 거 없잖아." 프란체스카가 반문하자 사라가

여있고 소매가 헐렁한 것이 특징이다. 1950년대 크리스챤 디올이 이브닝 가운으로 카프탄 형식의 디자인을 채택하면서 서양에서 대중화되었다.

움찔했다.

사라는 더 잘하고 싶은데 어떻게 해야 할지 모르는 듯했다. 그래서 따분하다는 듯한 태도로 일관했다. "계속해요." 여유 넘치는 겉모습 뒤에서 불안한 감정이 소용돌이치는 게 느껴졌다. 무엇보다 그녀는 과거의 트라우마를 다시 떠올려야 하는 게 두려웠다. 그 두려움에 꼼짝도 할 수 없었다.

마테오의 장례식이 끝난 뒤 가족과 친구를 포함해 어느 한 명 자신들을 지지해 주는 사람이 없었다고 이들은 격분한 채 말했다. 사라가 분개하는 게 당연했다. "아무도 내 말을 안 들었어요. 아무 얘기도 할 수 없었죠." 도움과 조언을 구하려고 병원을 찾았을 때도 의사는 이 말만 했다. "잘하고 있어요. 계속 이렇게 하면서 아이들과 잘 지내보세요." 사라는 자신이 할 수 있는 건 하나뿐이라고 믿었다. 아이들을 지키고, 안식처를 제공하고, 돈을 벌고, 살아남는 것 말이다. 사라가 정말 힘든 과정을 지나왔고 굴하지 않은 덕분에 이들이 보금자리를 가질 수 있었다는 데 모두가 동의했다. 그때만 해도 자살 유가족은 물론 일반 유가족에 대한 물질적, 심리적 지원 관련 정보가 상당히 희박했다. 이들 가족으로서는 적막한 외계 행성에 자신들만 내쳐진 셈이었다.

그림자 때문에 표정을 알 수 없었던 프란체스카가 말했다. "엄마가 이렇게 터놓고 이야기해 주는 건 처음이에요."

사라가 알 수 없는 웃음을 지었다. 나는 프란체스카의 절망을 느낄 수 있었다. 딸들은 자신들이 아버지의 죽음을 극복하기 위한 치료 노력을 계속했던 반면 엄마는 그런 노력을 한 적이 없다고 느꼈다. 안나가 말한 것처럼 사라는 "아주 유능하고 대처 능력이 뛰어나며 포기하는 법이 없는 여성"이지만 동시에 불안정하기도 했다. "엄마는 엄한 목소리로 화내거나 짜증을 내다 갑자기 연약한 척하거나 온갖 힘든 내색을 했어요. 엄마 혼자 따돌림당하거나 저희가 엄마를 괴롭히기라도 하는 것처럼요. 권력이 한쪽에 몰려있는 상황에서 엄마는 어린애와 다름없이 행동했던 거죠."

다 큰 자녀한테 비난받는 걸 좋아하는 부모는 없다. 그래서 나는 사라가 화를 내고 방어적 태세로 나올 거라고 예상했지만, 아니었다. "전적으로 동의해요. 그래서 이제 좀 더 깊이 파고들어 보려고요. 지금 세상이 어떻게 돌아가든 타이밍은 좋은 것 같아요. 그렇지 않아도 안나와 치료사를 찾아보자고 했었거든요···. 네, 아이들하고 균형을 좀 잡고 싶어요. 얘들이 저보다 잘 자라기도 했고요···. 이 말은 별로였나요?"

딸들이 기뻐했다. 안나가 엄마에게 힘을 실어주며 말했다. "엄마가 친구들 앞에서 갈수록 당당해지는 게 보기 좋았어."

사라가 미소 지었다. 그런데 불과 몇 분 만에 눈물이 고이며 표정이 어두워졌다. 엄마 편인 듯 보였던 둘째 마리아가 말했다. "엄마가 너무 힘들어 보여서 더는 가만히 못 있겠어. 우리가 어떻게 하면 돼?"

나는 그건 여러분이 아닌 내가 할 일이라고 끼어들어 말했다. 심리적으로 도움을 줘야 할 순간이었다. 먼저 나는 이들이 서로 사랑하고 있는 건 물론 서로의 관계를 개선하고자 하는 선의가 있다는 사실부터 짚었다. 그런 게 결코 그냥 주어지는 것은 아니라고도 덧붙였다. 자살이라는 위기 상황은 가족 내에 끔찍한 갈등을 일으키고, 그 고통은 서로에 대한 분노로 표출된다. 하지만 이들은 서로에 대한 신뢰와 사랑이 있었기에 이 과정이 고통스럽고 힘들다는 것을 알면서도 기꺼이 불편함을 감수할 수 있었다.

무엇보다 이들은 진실을 원했다. 서로 다르게 품고 있던 각자의 진실을 알고 싶었던 것이다. 이들은 함께 같은 일을 겪었지만 이 사건이 엄마를 포함한 각자에게 미친 영향은 나이, 출생 순서, 맡은 역할, 유전과 성격 유형에 따라 달랐다. 나는 이들이 과거의 트라우마를 직면할 용기를 냈다는 데 엄청난 존경심을 느낀다고 알려주고 싶었다. 그리고 이들이 당시 몸으로 느꼈지만 말로 표현할 수 없었던 감정을 다시 떠올려 볼 거라고 거듭 이야기했다. 우리는 스스로에게 무슨 일이 있었는지를 이야기할 수 있을 때, 그러니까 자신만의 서사를 가질 때 인간으로서 성공적으로 자리매김할 수 있다. 그때 어떻게 행동해야 했고 무엇이 필요했는지는 유일한 성인이던 사라는 물론 누구도 알지 못했다.

이 경우 마테오의 죽음을 따라다닌 건 자살에서 기인한 금지된 수치심이었다. 이들이 로마 가톨릭 신자여서 더했다. 이탈리아에서는 1970년대 초반까지만 해도 자살로 사망한 이들은 묘지에 묻히지도 못했다.

사라가 고개를 끄덕이며 말했다. "한 걸음 더 나아가야겠어요.

아이들이 말한 것처럼 요새 자신감이 생겼거든요. 친구들한테도 그렇고 오빠들도 더 이상 무섭지 않아요. 세 살이었던 시절로 돌아가야 했지만 이제는 균형감이 더 생겼어요."

프란체스카는 동의했지만 앞으로 돌아가 다시 한 가지를 지적했다. "그래도 아직 엄청난 고통이 남아있어요. 그리고 엄마, 당황스럽게 하고 싶지는 않지만 어제 해변에서처럼 짜증을 내면…"

사라가 그건 오해였다고 강력히 항의했다. 하지만 이내 진정을 찾고는 마테오가 자신을 버렸던 기억이 떠올라서 그랬다고 설명했다. "그날이 결혼기념일이었던 걸 나중에 알았어요. 이후 그 사건은 더욱 끔찍해졌죠. 이보다 더 확실하게 저를 버릴 순 없었던 거니까요. 한참 울어서 좀 나아지기는 했는데…" 그녀는 교차하는 목소리로 말했다. "가볍게 굴고 싶지 않지만 그건 너무 가혹한 일이었어요." 그녀가 잠시 숨을 고른 후 덧붙였다. "좀 더 어른스럽게 행동하고 싶은데 당혹스러워요. 선생님이 말씀하시는 게 이런 거 아닌가요?"

나는 고통스러운 게 당연하며, 그때 버림받은 고통을 인정하고 상실감에 울음을 터뜨린 게 중요한 해소 작용을 했을 거라고 말했다. 사라 역시 이전에는 마테오의 죽음이 그가 자신을 버린 것이라고 생각한 적은 없었다고 시인했다. 항상 남편이 '아팠다'고 이야기하면서 그의 명예를 지켜주려고 했을 뿐이다. 나는 그의 자살이 미친 영향을 사라가 마침내 이해하기 시작했다는 데 안도했다. 고정된 시각을 갖고 있으면 감정적으로도 갇히게 된다. 하지만 관점을 바꾸면 새로운 감정에 눈떠 해방감을 맛볼 수 있다.

사라는 과거의 구렁텅이에 아주 조심스레 첫발을 내디뎠다. 하지만 딸들은 그녀가 지속적으로, 나아가 그녀의 그런 감정이 딸들에게 어떤 행동으로 나타나는지까지 깨달아주기를 바라는 게 분명했다. 이 네 명의 모녀를 화면으로 관찰하다 보니 엄마에 대한 딸들의 절망감이 다양한 신호로 관찰되었다. 얼굴을 살짝 찌푸리거나 코를 비비는 등 초조한 움직임이 계속되었다.

안나가 먼저 말했다. "사실 상처가 훨씬 깊었고 엄마가 그걸 직접 표현해 줘서 얼마나 반가운지 몰라요. 그런데 엄마, 이따금 우리가 엄마한테 상처 준 것처럼 느껴질 때가 있어. 특히 의도적으로 상처 준 적도 없는데 엄마랑 같이 있을 때마다 눈치 보고 전전긍긍하고 싶지는 않아."

딸들의 이런 말들이 비판은 아니라고 내가 말하고 있는데 프란체스카가 끼어들었다. "저는 비판으로 말한 거예요. 무례하게 들린다는 거 알지만 장녀인 저는 아주 어릴 적부터 엄마의 기분에 맞춰야 했어요. 엄마는 상처받았다 금세 화냈다 감정이 널을 뛰었죠. 그런데 저도 이제 40대 후반인 만큼 더 이상은 그러고 싶지 않아요…. 이런 말하는 게 매정한 것 같지만 이번엔 엄마도 할 일을 해줬으면 좋겠고, 우리도 솔직한 태도로 이야기해 봤으면 좋겠어요."

프렌체스카가 말하는 동안 안나와 마리아가 사라의 눈치를 살피고 있는 게 보였다. 하지만 사라는 딸들이 이렇게 얘기해 줘서 기쁘고 자신도 달라지고 싶다고 울먹이며 말했다. 사라는 자신이 아무 힘도 없는 존재인 줄로만 알고 있었는데, 그녀는 딸들에게 생각보다 많은 영향을 미치고 있었다. 어떤 변덕을 부릴지 한 치 앞을 알 수 없는 엄마였기 때문에 눈썹만 까딱해도 세 자매는 두려움에 온 신경이 곤두섰다. 사라가 이 사실을 깨달은 것만으로 상당히 중요한 진전이었다.

사라가 결연한 표정을 지었다. 몸은 벌벌 떨면서 말하는 데는 거침이 없었다. "앞으로 좀 더 신중하게 말해야겠어요. 필요하다면 영원히 입을 다물 수도 있고요."

나는 이 문제에서 좋음이나 나쁨, 완벽하거나 완벽하지 못한 건 중요한 게 아니라고 모두에게 강조했다. 어른으로서 서로에게 미치는 힘을 조절하고, 항상 솔직하며, 이따금 불편함이 생기더라도 자연스럽게 받아들이고, 싸운 뒤에도 화해할 수 있다고 믿는 게 가장 중요했다. 세 자매가 모두 엄마 곁으로 모여들어 이런 메시지를 전달했다. "엄마, 우리 이제 더 많이 소통하고, 무슨 일이 생기더라도 아무렇지 않게 받아들이도록 해요."

프란체스카가 엄마에게 마음을 전하는 가장 강력한 한 방을 날렸다. "저는 동생들 앞에서는 있는 그대로 저를 드러낼 수 있어요. 엄마, 엄마는 사랑이 넘치고 웃기고 기발한 데다 정말 이상하고 놀라운 사람이야. 그 모든 이유 때문에 우리는 엄마를 사랑하고. 엄마의 딸로서 우리가 해주고 싶은 말은 눈을 부릅뜨고 있는 그대로 솔직하게 그 얘기를 해보자는 거야. 그러면 우리 모두의 고통을 덜 수 있을 거야." 사라가 부끄러운 듯 얼굴을 붉히며 웃었다.

"고맙다."

시작이 좋았다. 나는 이들의 용기와 솔직함에 감명받았고, 사라도 그럴 준비가 됐다는 게 자랑스러웠다. 사라에게 자신의 약한 부분을 인정함으로써 강해진다는 건 그녀가 알고 있던 모든 지식에 반하는 일이었다. 하지만 그녀가 세상에서 가장 사랑하는 세 사람이 특정 행동을 바꿔 달라고 요구하고 있었다. 이들은 모두 트라우마가 있었고, 트라우마가 있는 사람은 이 세상이 이전과 달리 두려운 곳이며 자신은 무력한 존재라고 느낀다. 나는 우리 모두의 관계에 천천히 신뢰를 쌓고 각자에게 균형감을 주는 무언가(치료, 요가, 춤, 자연 등)를 찾도록 격려함으로써 도움이 될 수 있다고 생각했다. 이들이 겪은 트라우마는 가족의 힘을 서서히 무너뜨리고 대신 그 자리를 구역질 나는 수치심으로 채웠다. 이제 함께 목소리를 내기 시작하면서 해로운 잔여물들이 마침내 배출될 수 있었던 것이다.

진전이 있는 것 같았다. 가족끼리 이전에는 말한 적 없는 온갖 생각, 특히 사라와 세 딸 사이에 오갔던 감정이 줄줄이 드러났다. 하지만 우리는 트라우마의 근원을 향해 계속 나아가야 했다. 다음 세션에서 사라는 가족의 친구가 마테오에 대해 친절한 말을 해 줬다는 이야기부터 꺼냈다. 친구의 말을 듣고 그래봐야 늦었다는 생각이 드는 대신 기분이 좋았던 건 처음이었기 때문에 그녀는 큰 감동을 받았다. 장녀인 프란체스카가 말했다. "누군가 아빠에 대해 좋은 말을 해줬다니 기분 좋네. 그런데 내가 기억하기론 사람들이 항상 아빠가 좋은 분이었다는 얘기만 했었던 것 같아. '네 아빠가 알코올중독자에 우울증 환자로 결국 자살까지 한 게 정말 힘들지는 않았니?' 같은 걸 묻는 사람은 한 명도 없었어."

사실 우리와 가장 가까운 이들이 도리어 어려운 질문을 피하는 경우가 많다. 대개는 우리가 다른 사람의 고통을 해결해 줄 수 없다고 생각하기에 상대의 답을 들어도 어쩔 줄 몰라 하기 때문이다. 하지만 상처받은 사람과 함께 공감하는 것 자체가 그에겐 선물이라는 사실을 기억할 필요가 있다. 단순히 "무슨 걱정 있어?" 혹은 "힘든 이유가 뭐야?"라고 묻는 것만으로도 잠재적으로 고통스럽지만 중요한 대화를 시작할 수 있다.

사라는 마테오의 죽음에 대해 직접적으로 말한 사람은 한 명도 없었다는 데 동의했다. 그리고 딸들에게 이렇게 말했다. "그런 건 나도 감히 물어볼 용기가 안 났어. 너희는 어땠니?"

나는 사라의 강력한 인정이 딸들에게 전해지기를 기다렸다가 부드러운 목소리로 자매들에게 어땠는지 얘기해 달라고 했다.

잠시 침묵이 흘렀다. 이들의 떨림이 느껴지는 듯했다. 먼저 입을 연 안나는 그때 너무 어려서 잘 몰랐다고 말했다. 그리고 이렇게 말했을 때 우리 모두 울음을 터뜨렸다. "제 첫 3년이 아빠의 마지막 3년이었어요…. 아빠가 살고 싶다는 마음이 들 만큼 내가 충분하지 않았던 건지 자주 생각했죠." 안나는 모든 게 망가지는 걸 다 보고 또 기억하고 있는 프란체스카가 가장 힘들었다는 걸 의식하며 말을 이어나갔다.

 마리아가 덧붙였다. "지금 이 얘기를 꼭 해야겠어요. 감정적인 얘기를 하는 건 어색한 게 당연하다고 생각했고 그래서 우린 아무렇지 않은 척 연기했죠. 저는 아빠가 재밌는 분이셨다는 걸 알아요. 재밌는 얘기도 많이 해주셨고 사진을 보면 미남이시기까지 했죠. 그렇지만 빠진 부분이 너무 많아요. 전 진실을 모조리 알고 싶어요. 자꾸 미루는 데 정말 지쳤어요."

 나는 딸들의 말에 귀 기울이는 사라를 바라보고 있었다. 사라는 딸들이 아빠에 관해서 얘기해 보고 싶었을 게 당연하고, 자신도 그러고 싶었지만 두려운 마음에 차마 말이 안 나왔다고 덧붙였다. 사라가 이를 악물고 간신히 버티고 있다는 걸 알 수 있었다. 도움이 필요한지 묻는 내 질문에 그녀는 미소 지으며 괜찮으니 그냥 계속 듣고 싶다고 말했다.

 이들이 아빠의 이야기를 더듬어 나갔다. 경찰이던 아빠는 폭력 상황에 수없이 휘말렸다. 직접 한 남성에게 총을 쏜 적도 있었는데 이로 인해 분명 그에게도 트라우마가 생겼을 것이다. 마테오의 부모님은 따뜻하지만 전통적인 분들로, 전쟁이 그들에게 어떤 상처를 남겼는지 이야기하는 대신 술 마시고 폭식하는 방법으로 삶에 대처했다. 사라와 세 딸은 이처럼 억눌린 감정들이 그들을 한없이 슬프게 했고, 자신들이 가장 힘들 때 곁에 있어 주지 않은 다른 어른들에게 분노가 치솟았다고 입을 모았다. 모든 게 보호의 문제로 귀결되었다.

가슴 아픈 이미지는 또 있었다. 그들이 아빠의 손을 잡고 함께 이야기 나누며 포옹하는 아이를 볼 때마다 얼마나 '날카로운' 아픔을 느꼈을지 충분히 짐작할 수 있었다. 일어나지 못한 수백 번의 상호작용, 아빠가 채워줬어야 할 공간이 끊임없이 떠올랐을 것이다.

세션이 끝날 즈음 미소 짓고 있던 프란체스카가 엄마를 바라보며 말했다. "이런 시간을 갖는 게 정말 특별한 것 같아." 내 생각도 그랬다. 수십 년간 몸 안에 묵혀 온 생각과 감정들을 끄집어냈으니 그럴 만도 했다. 나는 이 시간이 사라에게 힘들었을 걸 알고 있었고 그녀가 고통을 명명하는 일의 힘을 배우고 있다고 생각했다. 그것은 이 가족을 죽이는 대신 치유로 안내했다.

🌲 🌲 🌲

고통스러운 감정을 풀어내는 과정은 결코 평탄하지 않다. 다음 세션이 시작되기 직전 나는 사라가 몸이 좋지 않아 함께할 수 없다는 사실을 알게 되었다. 온라인에 접속한 딸들은 저마다 다른 반응을 보였다. 아직 엄마한테 듣고 싶은 얘기가 많은 프란체스카는 화를 냈고 다른 두 명은 걱정했다. 시라는 속이 메스껍고 말하기 힘든 데다 잠도 잘 안 오는 '이상한 변화'를 겪었다. 목도 상당히 아프고 두통도 심해졌다. 의사는 코로나 후유증으로 진단했지만, 안나는 격리 생활을 포함한 모든 게 영향을 미친 거라고 믿었다. 사라는 수개월 동안 철저히 혼자 생활했고 그토록 고대했던 겨울 휴가도 취소해야 했다. 나는 그녀가 트라우마를 처리하기 시작하면서 그로 인한 여파가 몸으로 나타난 것이라고 생각했다.

세 자매는 그래도 이제 엄마의 기분이 좀 나아졌다는 사실에 안도했다. 중요한 건 사라가 현재 치료사를 만나고 있으며, 그녀의 문제 일부를 치료사와 단독으로 만나 해결한 뒤 좀 더 회복되었다고 느끼면 우리와 다시 합류한다는 의사를 밝혔다는 것이었다. 나는 이들에게 사라가 분명히 마테오를 향한 분노를 느낄 거라고 일러주었다. 40년이 지난 지금까지 그의 자살이 드리운 그늘에서 벗어나지 못하고 있으니 그럴 수밖에 없다. 그 자리에서 혼자 아이들을 키우며 버텨왔는데 이제 딸들이 그녀의 잘못한 점들을 지적하고 있는 것이다.

세 자매는 답을 얻고 싶은 질문이 아직 많았다. 마리아는 "아빠가 유서에서 자신들을 언급하지 않은 걸 엄마는 왜 늘 정당화했는지" 궁금해했다.

나는 유서에 뭐라고 적혀 있었는지 물었다. 프란체스카가 먼 곳을 응시하며 기억을 더듬었다. "제가 엄마에게 한 부탁 중 가장 힘들었던 게 유서를 보여달라고 한 거였어요. 엄마는 그냥 제 침대 위에 유서를 올려두셨고, 이후 우리는 그에 관해 한마디도 하지 않았죠." 안나는 아빠가 자신들 앞으로 따로 유서를 남기지 않은 게 얼마나 화나는지 이야기했다. "아빠가 저한테 사랑한다는 말만 해줬어도 지금과는 딴판이었을 거예요. 남자들과도 건강한 관계를 누렸을 거고요."

사라의 빈 자리는 어떤 면에서 딸들에게 또 다른 문을 열어주었다. 마테오의 자살이 남긴 심오하고 지속적인 영향을 살펴볼 수 있게 해주었던 것이다. 이야기를 나누는 동안 딸들은 분노와 슬픔 사이를 오갔다. 프란체스카의 목소리에서 상처가 느껴졌다. "아버지가 돌아가신 날 밤에 관해서 얘기해 본 적이 없어요. 외출했다 와서 잠자리에 들었는데 엄마가 차고에서 아빠를 발견한 거예요. 저는 여덟 살이었죠. 그때는 어떻게 슬퍼해야 하는지도 알 수 없었어요. 그 뒤로 제 슬픔을 들여다보려고 해도 잘 되지 않더라고요. 슬픔에 빠진 아이로서 마땅히 느껴야 하는 감정을 실감해 본 적이 없어요."

프란체스카의 슬픔과 무지無知가 나를 무겁게 짓누르는 듯했다.

마리아와 안나는 언니가 더 많은 얘기를 해주길 바라는 간절한 눈빛으로 프란체스카를 바라봤다. 그렇지만 프란체스카가 해줄 수 있는 말은 이것뿐이었다. "점심 먹으러 가려고 차에 탔는데 엄마는 아빠가 같이 안 간다고 서운해하던 참이었어요. 인사한다고 차에 들른 아빠는 웬일로 말짱했었죠. 우리한테 '사랑한다'고 말해 줘서 너무 좋았어요. 우리 모두에게 진심으로 하는 말이었죠. 아빠는 다정했어요…."

마리아의 얼굴이 환해졌다. 전에는 기억 안 났는데 언니 얘기를 듣다 보니 "똑똑히 기억난다"는 것이었다.

마리아가 말을 이었다. "엄마가 울어서 가봤더니 저한테 일단 가서 자고 아침에 얘기하자고 했어요. 그런데 그때의 구체적인 이야기는 한 번도 해본 적이 없어요. 아빠의 시신을 보러 간다는 이야기도 안 했고 시신을 보지도 않았죠. 지금은 그때 우리가 봤어야 한다고 생각하지만요."

안나도 덧붙였다. "계단을 내려와 보니 다들 울고 있었어요. 점심을 먹길래 저는 칩을 먹어야겠다고 생각했던 기억이 나요. 초콜릿 버튼도 기억나고요…. 지금은 가슴이 두근대고 땀이 나네요."

프란체스카가 안나를 따뜻하게 바라보며 기억을 확인해 주었다. "맞아, 실제로 그랬어."

나는 이들에게 한 템포 쉬면서 호흡하도록 권했다. 몸에 어떤 느낌이 드는지를 말해 달라고도 했다. 이들은 목이 뭔가로 꽉 막혀 있고 가슴도 짓눌리는 것 같다고 말했다. 그나마 호흡을 통해 자신들의 이야기를 소화할 수 있었다.

안나가 울면서 말했다. "이건 제겐 정말 엄청난 정보예요. 선생님께 정말 감사드려요. 저는 이 모든 게 처음이에요."

프란체스카가 다정한 눈빛으로 안나를 바라보며 말했다. "아빠는 널 사랑하셨어. 우리 모두를 사랑하셨지. 정말 슬퍼…. 아빠가 그런 선택을 한 건 우리를 위해, 우리에게 더 나은 삶을 주기 위해서였던 것 같아."

마리아는 자신을 안쓰러워하는 사람들에게 늘 그렇게 말했었다며 언니의 의견에 동의했다. 하지만 그녀는 이제 '아빠가 없어서 우리 삶이 더 낫기도 했지만 아빠가 없어서 엉망이기도 했다'는 사실을 깨달았다. 고통스럽기는 해도 이렇게 일관된 서사를 쌓아나

가면 끊임없이 답을 찾아 헤매거나 혼란과 무지의 벽에 부딪히는 일을 막을 수 있었다.

나는 이들에게 사별을 겪은 자녀는 주변 어른들을 통해 슬퍼하는 법을 배운다고 알려주었다. 1970년대에 어른들은 보통 슬픔을 숨기고 아무렇지 않은 척하며 아이들을 어려운 진실로부터 차단하고자 노력했다. 하지만 윌리엄 워든William Worden 교수 등 미국 심리학자들의 연구에 따르면, 정반대로 대처하는 게 맞다. 아이들도 슬퍼할 수 있어야 한다. 진실을 듣지 못하면 아이들은 이야기를 지어내고 진실이 사라진 공간에서 허덕인다. 마리아는 자신이 이미 무척 편안해졌다고 말했다. 나는 이들이 자살의 유산을 워낙 오랫동안 품어온 만큼 말하는 행위를 통해 자신을 떠난 아버지에게 분노하고, 한편으로는 아버지의 좋은 면을 사랑할 수 있게 된 것이라고 알려주었다. 침묵하면 오히려 수치심과 분노, 버림받았다는 감정에 더욱 단단히 매이게 된다.

세션이 끝날 때 이들은 "우리가 함께여서 다행이야.", "한 줄기 빛과 같은 시간이었어."라고 입을 모았다. 어린 시절 프란체스카는 사라와 엄마의 역할을 나눠서 수행했고 마리아와 안나는 이에 깊은 고마움을 느껴왔다. 하지만 이들이 성인이 되면서 관계의 역학도 동등해졌다. 형편이 안 좋은 사람을 돕고, 논쟁을 벌이거나 서로 놀리기도 하며 감정의 파도에 함께 올라탈 수 있게 됐다는 의미다. 안나는 에너지가 넘쳤다. 마리아는 평화 유지군에 가까웠지만 이따금 프란체스카가 괜찮다고 말할 때는 오히려 더 법석을 떨

아이들도 슬퍼할 수 있어야 한다.
진실을 듣지 못하면
아이들은 이야기를 지어내고
진실이 사라진 공간에서 허덕인다.

며 언니를 챙겼다. 서로를 향한 사랑이 이들 삶의 기반인 게 자명했다. 사라가 오빠들과의 사이에서 겪은 것과 달리 이들 자매의 관계에는 영양분이 넘쳤다.

남자에 대한 불신, 지나친 음주, 학교 기피증, 다른 아이들에 느끼는 열등감과 소외감, 끔찍한 성 경험, 돈에 대한 걱정, 그리고 두려움. 이는 세 자매가 겪어야 했던 어려움 중 일부로, 이어진 여러 세션을 통해 논의된 사항이었다. 이들은 결코 찾지 못할 것이라고 여겼던 사랑을 얻기 위해 어떤 노력을 기울였고 어떤 부분이 후회되는지 이야기했다. 누가 봐도 아름다운 이들은 본인이 못생겼다고 느꼈다. 자매 모두 우울증을 통과했고 불안감이 극도에 달한 시기를 겪었는데 안나는 이를 '거대한 붕괴'라고 불렀다.

마리아와 안나는 각자의 부부관계가 좋은 게 기적이라고 여겼는데, 이는 남편들이 이해해 준 공이 컸다. 프란체스카는 학대와 통제를 일삼는 '전형적 나르시시스트'와의 끔찍했던 결혼 생활에 대해 설명했다. 그녀는 이제 10대 자녀 둘을 둔 싱글맘이라는, 자신이 한 번도 원한 적 없는 삶을 살고 있다. 그녀가 후회되는 일들을 이야기할 때 마리아와 안나는 프란체스카 쪽으로 몸을 기울여 형부였던 사람에 대한 분노, 언니를 돕지 못한 자신들의 무력함에 대해 토로했다.

나는 이들에게 내가 프란체스카를 지지할 기회를 달라고 호소한 뒤 프란체스카에게 눈을 감고 뭐가 보이는지 말해달라고 부탁했다. 그녀가 말했다. "혼자 덩그러니 있는 여자아이가 보여요."

"그 여자아이한테는 뭐가 필요할까요?" 내가 물었다.

"안아줘야 해요."

"그 아이를 안아준다고 상상해 보세요." 내가 말했다.

프란체스카의 눈물이 얼굴을 타고 흘러내렸다. "마음이 정말 불편해요…. 마리아도 보이는데, 마리아도 안아줘야 해요."

이 간단한 활동을 통해 프란체스카가 자신을 연민으로 대하는 게 거의 불가능했다는 사실을 알게 되었다. 모든 관심을 동생들에게 쏟아왔기 때문이다. 잠시 쉬었다 입을 연 그녀에게서 내면의 변화가 느껴졌다. "정말 슬퍼요. 저 자신은 여기에 완전히 버려져 있었어요. 저를 돌봐야겠어요."

동생들이 참아온 숨을 터뜨리듯 탄성을 질렀다. "그래, 그래! 언니는 꼭 그래야 해!"

안나는 막내로서 언니들이 어떤 고통을 감내해 왔는지 알고 있었기에 더 힘들었다고 말했다. "언니들을 생각하면 엄청난 슬픔으로 가슴이 턱 막히는 것 같아. 사랑해, 언니들. 난 아빠를 모르니까 언니들이 겪은 일에 더욱 화가 나."

프란체스카가 부인하려다 다시 각성하고 말했다. "괜찮지 않았지. 엿 같았어."

나는 프란체스카에게 어린 자신한테 무슨 얘기를 해주고 싶은지 물었다. 그녀는 천장을 올려다보더니 자신의 생각을 드러내는 것처럼 머리를 뒤로 쓸어넘기며 천천히 말했다. "네가 너 자신이 누구인지 확신하지 못하는 이유는 네 곁의 두 어른이 너를 돌볼 수 있을 만큼 정서적으로 건강하지 못했기 때문이야. 그 책임감에서 반드시 벗어나야 해. 네가 이상한 게 아니야…"

그녀가 계속했다. "'네가 잘못된 게 아니야. 넌 지금 이대로 괜찮아, 단지 힘든 상황을 겪고 있을 뿐이야.'라고 말해주고 싶어요."

프란체스카가 지난 수십 년간 자신을 괴롭혀온 것을 인지하기 시작하면서 긴장이 풀리는 게 느껴졌다. 상기된 얼굴로 울먹이던 마리아가 사랑스러운 눈빛으로 자매들을 바라보며 말했다. "할아버지가 돌아가셨을 때 어땠는지 묻는 아바Ava[마리아의 딸]의 질문에 저는 이렇게 대답했어요. '집에 있는 것만으로 너무 혼란스러웠어. 장례식 때는 사랑으로 넘치던 집안이 그 이후로 텅 비어 버렸거든.' 아빠가 돌아가신 뒤에도 그 사랑이 지속되길 바랐지만 순식간에 사라지더라고요."

안나가 말했다. "그 얘기를 듣고 있으려니 화가 치밀어. 내가 너무 무력해서 기분이 안 좋아." 안나는 언니들을 사랑하는 만큼이나 뜨거운 분노를 내비쳤다. 나는 이들 자매가 확고한 연결감으로 서로에게 의지하고 사랑으로 비극에 대처하는 모습을 보며 뭉클해졌다. 진실이 드러나고 있다는 안도감도 들었다.

자살 유가족에 대한 연구 결과는 가혹하다. 여러 연구에 따르면 자살 유가족은 다른 이유로 가족을 잃은 이들보다 자살을 시도할 가능성이 더 높으며 신체적, 정신적 질환을 겪을 위험도 더 크다. 유니버시티 칼리지 런던의 알렉산드라 피트먼Alexandra Pitman 박사는 그 원인으로 수치심, 자살 정서의 전염성, 복잡하게 얽힌 비통함과 그로 인한 트라우마를 지목했다. 하지만 사망 시점부터 이후에 이르기까지 지속적인 지원이 이루어진다면 결과는 얼마든지 달라질 수 있다. 로시 가족이 이 같은 지원을 받지 못한 게 안타까울 뿐이었다.

누구에게든 가족의 역사를 되돌아보는 건 의미 있는 일이다. 앞선 세대의 가족 중 자살한 이가 있는가? 만약 그렇다면 그 사실이 가족 내의 알코올중독, 약물중독과 우울증의 성향을 얼마나 강하게 하는가? 중독은 유전적으로 대물림되기도 하지만 환경에 따라 생겨나기도 하며, 술이나 약물로 감정을 마취시켜 차단하는 경향이 세대를 거쳐 전수되는 경우도 많다.

사라가 상담에 계속 불참하면서 딸들은 엄마에 관한 이야기를 고통스러우면서도 좀 더 자유롭게 나눌 수 있었다. 그들은 사라의 기분이 특히 스트레스를 받으면 눈 깜짝할 새 분노로 돌변한다는 사실을 다시 한 번 설명해 주었다. 프란체스카가 이렇게 회고했다. "최악의 사건은 열다섯 살 때 엄마가 갑자기 제 뺨을 후려친 일이었어요. 이례적인 일이었지만 그 분노는… '당신은 우리의 좋았던 시간을 다 망가트릴 수 없어. 이건 절대 괜찮지 않아.'라고 생각했던 게 기억나요."

동생들이 고개를 끄덕였다. 이들은 모두 엄마와 거리를 두기 시작했는데 그중에서도 프란체스카가 가장 심했다. 그녀가 말을 이었다. "엄마가 제 몸에 손댄 것이 싫었지만 엄마도 힘들었다는 걸 모르진 않았죠…. 이후 저는 마음을 완전히 닫아버렸어요. 그러지 않았으면 좋았겠지만요."

나는 사라의 충동 조절 능력이 부족했던 건 트라우마로 인한 결과라고 설명해 주었다. 트라우마는 말할 수 없는 두려움을 선사하는 특성상 누군가가 침착함을 유지할 수 없게 만든다. 두뇌의 연기 감지기the smoke detector에 해당하는 편도체에서 투쟁·도피·동결 부분이 지속적인 활성화 상태를 유지하게 되기 때문이다. 트라우마에 관한 세계적인 심리학자 중 한 명인 베셀 반 데르 콜크Bessel van der Kolk에 따르면, "따라서 그들[트라우마를 겪은 사람들]은 현재 벌어지는 일의 의미에 대한 심리적 평가 절차를 건너뛰고 자극에서 곧장 반응으로 이동하는 경향이 있다. 그 결과 사소한 도발에도 얼어붙거나 과잉 반응함으로써 타인에게 위협을 가하게 된다." 즉, 외상 후 스트레스 장애PTSD를 가진 사람들은 자신의 처리되지 않은 기억에 높은 수준의 고통을 저장하고 있어서 현재 상황이 완전히 무해無害하더라도 끊임없이 위협받는 것처럼 느끼는 악순환에 빠지게 된다.

우리는 사라의 진단되지 않은 트라우마로 인해 가족 모두가 상당한 고통에 시달려 왔다는 데 동의했다. 그리고 그녀가 지금 받는 치료를 통해서 마침내 과거의 두려움에서 벗어나 현재를 살 수 있게 되기를 소망했다. 딸들은 엄마가 스스로에게 좀 더 관대해지기를 바랐다. 프란체스카는 예전보다 최근 엄마와 대화가 더 잘된다고 밝히기도 하는 등 세 자매는 이에 관해 모두 낙관적이었다.

마리아는 수십 년간 자신을 괴롭혀 온 기억이 선명하게 떠올라 놀라움을 금치 못했다. "항상 제 기억 저편에 웅크리고 있던 뭔가가 떠올랐어요. 어렸을 때 누군가 제 몸속으로 손가락을 찔러넣은 기억이 있는데 도무지 이해가 안 돼서 그냥 묻어뒀었죠. 그런데 세션이 끝난 후 그곳이 병원 침대였던 게 기억났어요. 저 혼자 있었고요. 대체 누가 왜 내게 그런 짓을 했는지 너무 혼란스러웠는데, 남편이 구세주였어요. '직장 검사'라고 적힌 병원 문서를 찾아준 거죠. 그런데 진짜 엄청났던 사실은 따로 있어요." 프란체스카의 얼굴에 안도의 눈물이 흘러내렸다. "언니가 그 일을 기억했다는 거예요. '마리아, 네 뒤쪽에 뭔가 문제가 있었어. 그런데 의사가 너한테 그런 행동을 하자 엄마가 펄펄 뛰며 널 보호하려고 나섰지. 그때 엄마는 아무 얘기도 못 듣고 커튼 밖에서 대기 중이었거든.'이라고 언니가 얘기해 줬죠."

프란체스카가 그에 관한 자신의 기억을 덧붙이자 반갑게도 마리아의 얼굴이 환해졌다. "모든 게 생생히 기억나요. 언니가 '뒤쪽'이라고 말하는 순간 내가 지어낸 얘기가 아닌 걸 깨달았어요. 기억이 완전히 돌아왔거든요. 백만 배는 더 생생해졌어요. 휴우, 정말 다행이에요." 이는 사소할 수 있지만 절반만 떠오르는 기억이 얼마나 고통스러운지, 그 기억이 명확해지는 것 자체가 얼마나 큰 치유 효과를 지니는지 여실히 보여주는 사례였다. 결국 우리를 괴롭히는 건 제대로 알지 못하는 것이다. 진실이 아무리 힘들지라도 거짓이나 모르는 것보다는 언제나 낫다.

트라우마에 시달리는 클라이언트들의 이야기가 늘 그런 것처럼, 나는 세션과 세션 사이에도 늘 그들의 이야기 속에 살았다. 다음번 만났을 때 나는 아버지의 죽음으로 인한 트라우마가 어머니인 사라뿐만 아니라 그들 안에도 여전히 살아 있다고 알려주었다. 세 자매 모두의 경보 체계가 지극히 사소한 도발에도 적신호를 띤다는 징후를 충분히 확인했기 때문이다. 이들은 위협에 대해 극도의 경계 태세를 갖추고 있었고 하나같이 특정 중독뿐 아니라 우울증까지 앓은 전력이 있었다. 나는 이들이 안구 운동 둔감화 및 재처리EMDR, Eye movement desensitization and reprocessing 치료에 몰두해야 한다고 판단했다. EMDR은 이들 안의 고통을 해소함으로써 트라우마가 된 과거의 기억을 치유해 준다. 이때 물리적 방식의 이중 주의 체계dual attention system가 활용되는데, 치료사가 내담자에게 자신의 손을 쳐다보라고 하고 손을 왼쪽에서 오른쪽으로 움직이게 하는 동시에 여러 질문을 던지는 것이다. 이렇게 하면 우리의 본능적 적응 처리 능력이 활성화되고 새로운 정보를 받아들여 오래된 문제를 해결할 수 있게 된다. 현재의 관점에서 과거의 트라우마를 이해하게 되는 것이다.

　안나가 즉시 내 말에 동의했다. "나는 나한테 좋은 치료로 보상해 줘야 해." 반면 마리아와 프란체스카는 마지못해 고개를 끄덕였다. 이내 마리아가 뭔가 깨달은 듯 앉은 채로 몸을 세웠다. "트라우마와 나. 저는 자신을 그 카테고리에 넣어본 적은 없었어요." 그녀는 마치 여섯 살 꼬마였던 자신을 떠올리는 것처럼 자신의 손을 지긋이 바라보았다. "우리는 모든 걸 대수롭지 않게 넘겨온 것 같아요. 매번 괜찮다고 되뇌면서요. 하지만 사실 우리가 표현하던 것보다 훨씬 거대했죠…. 저는 목소리를 잃어가고 있고 갈수록 불안해요. 우리는 트라우마를 입었다는 걸 인정해야 해요."

다른 자매들은 마리아의 말을 온 마음으로 받아들이고 있는 듯했다. 나는 우리가 진행 중인 치료가 중요하고 성과도 있지만 EMDR이 그들이 삶에 임하는 방식을 획기적으로 바꿔놓을 것이라고 설명해 주었다. 아버지의 죽음 이후 저장된 여러 부정적인 기억과 이후 지속적으로 요동치는 그 여파를 치유하는 데 도움이 될 것이다.

나는 우리가 먼 길을 왔다고 믿었다. 이들은 자신의 끔찍한 경험을 보다 일관되게 구성하고 이해할 수 있게 되었고 그 자체로 치료의 효과를 누렸다. 다음 단계는 그들이 아버지와 지금까지와는 다른 관계를 맺는 것이었다. 나는 이들이 준비가 되어있는지 궁금했다. 죽음과 애도에 접근할 때 나는 사랑은 죽는 법이 없다는 데 초점을 맞춘다. 상대방이 물리적으로는 사라지더라도 그에 대한 사랑은 지속되는 것이다. 애도 전문가 필리스 실버맨Phyllis Silverman과 그녀의 동료들은 이를 '유대의 지속continuing bonds'이라고 표현했다.

나는 로시 가족의 세 자매를 향해 아버지에게 편지를 쓰거나 아버지를 기억하고 연결감을 느끼기 위한 의식을 만들어보면 어떨지 물었다. 가령 나무를 심거나 그림과 화분, 조각품 등 아버지를 떠올릴 의미 있는 물건을 사거나 만드는 것이다. 자매들이 놀란 듯

죽음과 애도에 접근할 때 나는
사랑은 죽는 법이 없다는 데 초점을 맞춘다.
상대방이 물리적으로는 사라지더라도
그에 대한 사랑은 지속되는 것이다.

입을 다물지 못했다. 한 번도 생각해 본 적 없었을 뿐더러 내키지도 않는 일이었다. 안나가 눈물을 흘리다 먼저 대답했다. "그 얘기를 들으니 저에게 아빠 딸이라는 인식이 없다는 것이 느껴져요. 저는 그냥 아빠가 없는 것 같아요. 아빠와의 관계성을 구축할 수가 없어요. 저는 아빠의 삶에서 아무것도 아니었고 그래서 뭔가 주장할 수도 없죠. 그런 생각을 하는 것 자체가 제게는 너무 낯설어요."

마리아가 팔을 들어올리며 말했다. "우리의 관계 보드에 뭘 집어넣어야 하나요? 저희에겐 똑같은 사진이 다섯 장 있어요. 그게 거의 전부죠. 제가 아빠와 뭔가 관계를 맺고 있다는 생각은 들지 않아요. 관계성이 있기를 원하는지도 모르겠고요."

마리아의 분노를 눈치챈 나는 그녀가 분노를 표현할 수 있다는 사실에 안도했다.

프란체스카가 동생들을 진정시키고 싶은 마음에 좀 더 차분한 태도로 말했다. "나도 마찬가지야. 하지만 그분은 너희의 아빠였어. 너희와 산책하고, 놀아주고, 안아주고, 모든 걸 해주셨지. 너희에 대한 얘기도 많이 하셨고. 마지막 몇 년간은 안 계실 때가 더 많기는 했지만." 정작 본인의 감정은 어떤지 내가 프란체스카에게 묻자 그녀는 입술을 깨물었다. "제 안의 깊은 곳에서 거북한 감정이 올라왔어요. 지금 제가 아빠와 어떤 관계를 맺고 있다고 생각해 본 적은 없거든요. 돌아가시기 전에나 관계가 있었죠. 하지만 성인 대 성인으로 관계 맺기를 시도해 보는 것도 재밌을 것 같아요." 그녀가 화면 밖으로 시선을 돌리며 말했다. "제게는 아빠가 돌아가셨을 때 아빠와의 관계도 끝난 셈이에요."

우리는 모두 한숨을 내쉬었다. 강렬한 순간이었다. 그녀가 아버지와 맺은 유일한 관계는 부재不在의 관계, 그것도 부재로 인한 분노에서 비롯된 관계였다. 프란체스카는 동의한 뒤 턱을 괴고 더 차분하게 생각해 보았다. "저는 아버지와 성인 간의 관계를 맺고 싶어요. 그 모든 드라마를 배제하고 한 발 물러나 제게 아빠가 있다는 생각만 하는 거죠. 트라우마에서 벗어나 성인의 관점에서 재구성해 보고 싶어요."

그녀의 동생들이 살짝 히스테리컬하게 웃으며 내뱉었다. "이크!" 하지만 나는 이들이 죽음 이후에도 지속되는 유대, 아버지와의 관계 재구성이라는 발상에 마음이 동했다는 걸 알 수 있었다. 이제부터 우리가 어디로 흘러갈지 생각하는 일은 흥미로웠다.

딸들이 이야기하기에 엄마가 없는 것이 더 편했다면, 이는 사라 역시 마찬가지였을 것이다. 나는 사라의 근황이 궁금해서 그녀에게 연락해 보았다. 그녀는 딸들과 함께하는 상담이 너무나 힘들었다고 털어놓았다. 감정이 워낙 격해졌던 게 신체적으로 무리가 됐다는 것이었다. 나는 세 자매와 내가 진행 중인 작업에 그녀가 들어올 다리를 연결하고, 그녀의 통찰에 대해서 소통할 기회를 주고 싶었다.

나는 사별 초기가 그녀에게 얼마나 끔찍했는지 알게 되었다. 황량한 슬픔, 절망적 외로움, 남편의 자살로 인한 수치심은 물론 혼자 풀타임으로 일하면서 아이들을 키워야 하는 스트레스까지 엄청날 수밖에 없었다. 게다가 돈 걱정이 가실 날이 없는데 '다시 일상을 살 수 있도록 과거를 묻어두는 노력'까지 해야 했다. 그녀는 심지어 자살까지 고려했다. 나는 사라가 견뎌낸 것들이 고유하기는 하지만 딸들의 경험과 비슷한 점도 있다는 사실에 놀랐다.

사라는 내가 딸들에게 트라우마가 있다고 말하기 전까지 '빤히 보이는 사실을 몰랐다'라며 다소 냉소적으로 웃었다. "제가 다 해결했다고 생각했는데 아니었나 봐요." 그녀가 잠긴 목소리로 말했다. 그리고 자신의 치료사와 상담하면서 트라우마가 된 기억을 천천히 풀어가고 있다고 덧붙였다. 사라는 '내 딸들'로부터 비난받는 걸 견딜 수 없었지만, 그녀로서도 후회가 많았다. "저도 제가 뭘 잘못했는지 알고 다르게 행동했으면 얼마나 좋았을까 후회해요! 항상 화나서는 딸들을 겁먹게 했다는 게 너무 싫어요. 그 대신 더 많이 이야기하고 생일이나 기념일 같은 것도 잘 챙겼으면 좋았을 텐데. 차분하고 침착한 데다 재밌는 엄마, 할머니가 됐으면 좋았을 텐데 그러지를 못하네요."

그녀의 솔직함이 인상적이었다. 부모로서 자신의 실패를 인정하는 건 어려운 일이지만 성인이 된 자녀와 성숙한 관계를 맺기 위해서는 필수적인 일이기도 하다. 이 네 명의 모녀는 마테오의 죽음으로 상당한 대가를 치렀고 사라는 가장 사랑하는 이들에게 가장 큰 상처를 줄 수밖에 없었다.

우리는 모두 부모로서 실패한다. 우리 자신의 이상적 기준을 놓고 보면 그럴 수밖에 없다. 나는 사라에게 그녀의 딸들이 얼마나 비범하고 훌륭한 여성들인지, 여기에 그녀의 양육이 얼마나 큰 역할을 했는지 알려주었다. 또한 과거의 실패를 인정하고 미래를 바꾸기엔 아직 늦지 않았다고도 덧붙였다. 딸들이 원한 건 엄마의 책임을 묻는 게 아니라 엄마의 눈치를 보지 않고 어려움을 해결하는 것이었다.

사라가 방법을 물었다. "저는 언제까지고 눈을 부릅뜰걸요…." 나는 중요한 건 관계의 파열이 아니라고 설명했다. 파열은 불가피하기 때문이다. 대신 이를 봉합하는 능력이 모든 걸 바꾼다. 그리고 사라에게는 그 능력이 있었다. 그녀는 눈을 반짝이며 지난주 안나와 짧게 대화를 나눈 순간을 떠올렸다. 그녀가 들뜬 목소리로 말했다. "나란히 앉아서 이야기하다가 제가 안나에게 사과했어요. 안나도 조급한 모습을 보여 미안하다고 했고요. 그러자 곧장 모든 게 괜찮아졌어요." 사라는 수십 년 전 홀로 덩그러니 내쳐진 낯선 영토의 지도를 드디어 손에 넣었다는 듯 한숨을 내쉬었다. 마침내 그녀는 정확한 경로를 찾아냈고 무엇이 잘못됐는지 알아낸 뒤 그게 무슨 뜻인지 설명할 수 있게 되었다. 자신이 고통을 유발했다면 그에 관해 사과한 뒤 상대와 따뜻한 마음으로 함께할 수 있게 됐다. 나는 그녀에게 다시 연결되는 일에는 그 일만의 적실한 때가 있다는 사실을 상기해 주었다. 서두른다고 되는 게 아닌 것이었다.

돌아가신 아버지와의 새로운 관계로 가는 중요한 이정표로서 나는 마테오의 세 딸에게 아버지에 대한 설명을 적어보도록 요청했다. 세 사람은 공동으로 작업했고 이를 안나가 소개해 주었다.

"가능하다면 붙잡아 두고 싶을 만큼 저희가 중요하다고 생각한 아빠의 특징들이에요. 저희는 이 사건들이 아빠한테 일어난 일과 그 원인을 설명할 뿐 아니라 그를 기려 준다고도 생각해요.

이들이 합의한 내용은 이랬다:

아빠는 외로운 어린 시절을 보냈다. 할아버지가 일 때문에 항상 집을 비우셨기 때문이다.
그의 유년기는 구시대적이었고 힘들었다. 외동아들이어서 높은 기대를 한 몸에 받았고 그것을 늘 무겁게 짊어져야 했다.
그는 경찰이 되었다. 훈련 기간엔 시험에서 우수한 성적을 거두었고 그만큼 앞날이 창창했다. 두뇌가 명석했고 재치가 뛰어났으며 항상 파티에 활력을 불어넣었는데…. 속으로는 무척 낭만적이고 '다정하기도' 했다.
이 모든 매력에도 불구하고 그에게는 늘 그림자가 따라다녔다. 경찰 생활에서 오는 스트레스가 컸던 건 물론이고 중대한 사건을 겪으면서 외상 후 스트레스 장애까지 생겼다. 정신 건강과 중독에 대한 이해가 거의 없던 시절 이 같은 증상은 갈수록 버거워졌고 여기에 재정적 압박과 음주 습관까지 더해지면서 결국 그는 스스로 목숨을 끊었다.

이들은 눈물을 글썽이면서도 자랑스럽다는 듯 큰소리로 내게 글을 읽어주었다. 마침내 신뢰할 수 있고 신념이 깃든 서사가 생긴 것이다. 여기에는 중요한 요소가 빠짐없이 포함되었다. 아버지가 지닌 심리적 취약성의 뿌리, 그것을 악화시킨 사건, 그의 명석함, 유머와 재치, 가장 절실할 때 도움을 받을 수 없었던 당대의 여건까지 말이다. 이 서사는 세 자매가 성장하고 아버지와의 관계를 변화시키는 데 중요한 시금석이 되어줄 것이다. 나는 이들의 용기에 감정이 벅차오르는 것을 느꼈다.

이 이야기를 들은 나의 동료는 한 가지를 더 일깨워 주었다. 이 편지를 작성함으로써 세 자매가 아버지에 대한 관점을 바꾸게 됐을 거라는 얘기다. 나는 이들과 작업하는 동안 그들의 고통과 고난, 자신들이 부족해서 아버지가 삶을 포기했다는 식의 죄책감에 초점을 맞췄다. 하지만 이 서사를 작성하면서 이들은 어릴 적 자신들의 관점이 아닌 아버지의 관점에서 그의 자살을 더욱 명확하게 들여다볼 수 있었다. 그 결과 아버지의 자살이 대개 자신들과는 무관한, 삶의 더 오랜 역사와 관련된다는 사실을 깨달았고 아버지와 그의 자살을 연민을 갖고 바라볼 수 있게 되었다. 이를 종합적으로 기록함으로써 아버지에 대한 기억의 뿌리가 되었던 상처받은 아이의 관점에서도 해방될 수 있었다. 자신에게 다른 이야기를 들려줄 수 있을 때 우리는 자기 자신을 다르게 느끼게 된다.

나는 이 책에 쓴 글을 로시 가문의 여성 네 명과 공유했다. 그리고 이 글은 우리가 함께 진행하는 작업의 중심이 되었다. 내 글의 주인공이 된 클라이언트들과 이 작업을 수행하며 나는 그들의 입장에서 자신의 상담 과정을 읽는 것이 상당한 카타르시스를 낳고 치유 효과도 선사한다는 걸 알게 되었다. 자신들이 얼마나 깊이 있게 '목격되고' 이해받았는지 체감하기 때문이다. 이들은 모두 힘겹게 이 과정을 소화했고 자신들이 맞닥뜨린 개별적인 과정을 함께 통합하기까지는 일정한 시간이 필요했다.

사라가 다시 합류했다. 나는 이들이 서로 인사하고 미소 짓는 모습을 보며 모녀지간의 온도가 상승했다는 걸 알 수 있었다. 긴장감도 줄어든 듯했다. 이들은 함께 만나 내 글에 대해 논의했고 그 시간은 매우 유용했다. 나는 그 일을 직면해 낸 그들의 용기에 존경을 표했다.

사라가 먼저 입을 열었다. "제게 최악은 프란체스카를 때린 거였어요. 저는 그 기억이 전혀 없었는데 그 자체도 끔찍한 일이죠. 정말이지 충격이에요. 프란체스카에게는 사과했고요. 변명의 여지가 없어요. 너무 소름이 끼쳐요." 사라는 한눈에도 괴로워하며 마치 박수를 치듯 양손을 두드렸지만 소리는 나지 않았다. 그녀는 눈물을 삼키면서 딸들을 지지해 주지 못한 다른 때를 떠올렸다. 어려운 일에 대처하지 못한 자신의 무능에 수치심과 분노를 느끼며 엄지손가락을 깨물더니 이내 이렇게 말했다. "너희 셋은 내 세상의 중심인데 내가 다 망쳤어. 너희가 겪어야 했던 삶은 정말 힘들었구나. 그래서 너무 미안해."

나는 이 얘기를 하는 게 사라에게 얼마나 힘들었을지 생각했다. 눈물을 글썽이던 세 딸은 엄마에게 따뜻한 말들을 쏟아냈다. 이에 사라가 화답했다. "너희에게 이 얘기를 할 수 있는 기회가 생겨서 참 감사해. 나는 너희를 사랑하니까."

세 딸은 한 번도 그 사실을 의심해 본 적 없다고 답했다. 사라가 의자에서 몸을 꼿꼿이 세우며 에너지에 변화를 주었다. "정말 다행이기도 해요. 몇십 년 빨랐으면 더 좋았겠지만요." 사라가 말했다. "프란체스카가 제게 긴 카디건을 선물해 주며 자기가 안아주는 거라고 생각하라더군요. 가서 몸에 걸치고 초콜릿을 먹을 거예요."

나는 사라가 자기혐오가 아닌 연민을 갖고 자신을 지지하기 시작한 것이 너무나 반가웠다.

이어서 사라는 자랑스럽게 기억하고 있는 어떤 일에 대해 이야기했다. 마테오의 죽음 직후 그녀는 어린 세 딸을 데리고 꽃집에 갔다. 함께 꽃을 고른 뒤 그녀는 딸들에게 아빠한테 짧은 편지를 써보도록 독려했다. 사라가 손끝으로 세 딸을 톡톡 치며 뿌듯한 듯 말했다. "저는 그 꽃을 지금도 갖고 있어요." 딸들도 따뜻하게 고개를 끄덕이며 정말 잘한 일이었다는 데 동의했다. 그들로서도 그동안 엄마를 비판하는 게 쉽지 않았는데 이제는 엄마의 장점을 인정할 수 있다는 게 좋았던 것이다.

사라가 계속해서 대화를 주도했다. "가족으로서 우리는 마음을 더 활짝 열고 서로에게 솔직해지고 싶어요. 그러면 함께 더 편안하고 따뜻하게 지낼 수 있겠죠. 그동안 저는 감히 제 목소리를 내지 못했어요. 무슨 말을 해야 할지 몰랐고 제가 바보 같을까 봐 두려웠죠. 아무도 들어주지 않을 거라고 생각했어요. 그런데 이렇게 이야기하니 너무 좋네요. 이제 목소리를 크게 낼 수 있어요. 힘이 넘치지 않나요?"

나는 딸들의 반응을 살폈다. 그들은 긴 시간 침묵을 유지하며 이같은 변화와 전환을 받아들였다. 이들은 엄마가 자신의 감정에 대해 더 큰 자신감을 갖고 말하게 됐을 뿐 아니라 그들 사이의 역학 역시 진화하기 시작했다는 점에 동의했다. 안나가 결론을 내렸다. "이런 것들에 대해 이야기하고 부인할 수 없는 걸 선선히 인정할 수 있어 정말 좋아요. 앞으로 더 건강하고 유기적인 대화가 이루어질 거라는 뜻이니까요."

마리아가 덧붙였다. "완전히 달라진 기분이에요. 이제 우리의 대화에서 강제성은 줄고 편안함과 따뜻함은 커질 거예요. 횟수는 더 빈번해질 거고요." 그녀는 활짝 웃으며 말을 마쳤다.

일과 생활에 지쳐 불도 안 켜고 어둠 속에 앉아 있었지만 여전히 아주 사랑스러운 프란체스카가 마지막으로 말했다. "환상적이었어요. 너무나 강력했고요. 우리는 모두 각자의 퍼즐 조각을 가지고 있었는데 서로 이야기를 나누고 더 큰 그림을 그리면서 함께 공유할 수 있는 관점을 갖게 됐어요. 엄청난 치유 효과가 있었죠."

이들이 다른 국면으로 나아가게 되면서 우리의 작업은 자연스레 마무리되었다. 이들은 EMDR 치료사와 함께 각자의 트라우마를 풀어나갈 것이고 모녀간의, 그리고 마테오와의 변화된 관계를 시작하며 치유와 적응의 개별 과정을 이어가게 될 것이다. 물론 그 길에서의 고통과 시행착오를 피할 수는 없을 것이다. 하지만 이들은 단단한 내공을 지닌 만큼 각자, 그리고 함께 더 강하게 성장할 것임을 나는 확신할 수 있었다. 이들과 작업할 수 있었던 건 내게 큰 특권이었다.

로시 가문의 네 여성은 모두 드러나지 않은 트라우마의 그림자 속에서 살아왔다. 다행히 마테오가 자살했던 때보다는 정신 건강 문제와 자살에 관한 언급이 금기시되는 분위기가 덜해졌다. 그렇지만 여전히 시간이 모든 걸 치유해 줄 거라고 착각하며 과거의 트라우마에 대해 침묵하거나 충분히 이야기하지 않는 가족이 많은 게 현실이다.

하지만 시간은, 소통이라는 산소 없이는 더 큰 상처를 낳을 수 있다. 진정한 위험은 '각자가 다른 곳을 바라보는 것'에 도사리고 있다. 모든 감정에는 누군가가 들어주길 바라는 욕망이 잠재돼 있고, 억압된 감정은 발효되어 갈수록 독성이 강해진다. 그 틈새에서 환상과 파괴적인 대처 메커니즘이 자라난다. 이와 같은 감정의 유산은 사람마다 다르게 나타나지만 전반적으로 특정한 패턴을 보인다. 중독과 분노 문제를 겪게 되고, 건강한 관계를 신뢰하고 형성하지 못하며, 불안정한 예민함과 경직성에 사로잡힌다.

과거의 고통을 마주하기에 늦은 때란 존재하지 않는다. 그 일엔 큰 용기가 필요하다. 침묵은 그 자체로 감옥을 만드는 법이다. 하지만 다정하고 조심스럽게 그 문을 열면 우리가 살아가기 위한 새로운 에너지가 솟아난다.

버거 가족
The Berger Family

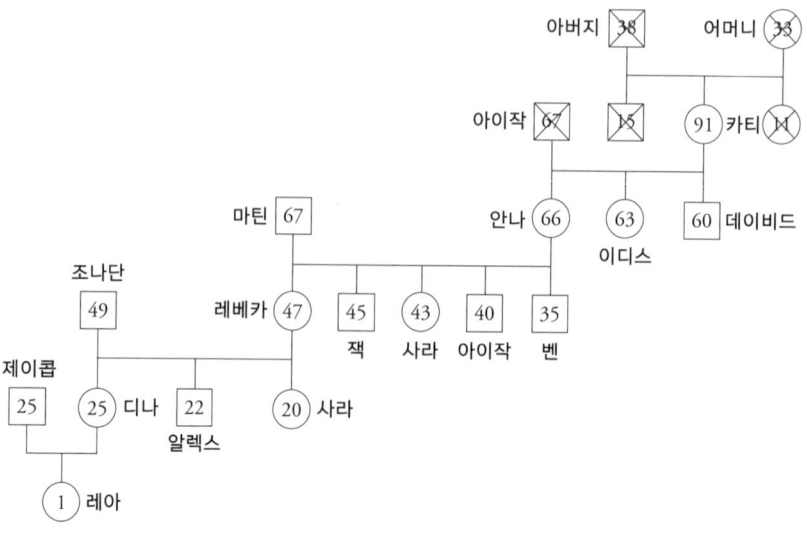

버거 가족

The Berger Family　　　　대를 잇는 사랑에 관하여

> 상상할 수 없는 트라우마의 고통 속에서도
> 두려움을 물리치고 사랑으로 살아가는 방법

사례개요

버거 가족은 맨체스터Manchester에 사는 초정통파 유대인이다. 수장격인 91세의 카티Kati는 헝가리 출신으로 홀로코스트 생존자다. 30년 전 사망한 그녀의 남편 아이작Issac 역시 홀로코스트 생존자였다. 나는 버거 가족의 네 세대와 함께 작업했다. 카티와 그녀의 딸인 66세 안나Anna, 안나의 딸 47세 레베카Rebecca, 레베카의 딸 25세 디나Dina와 그녀의 어린 딸 레아Leah가 주인공이다. 한 가족의 여러 세대와 함께 작업하며 대대로 전해 내려오는 뭔가를 목격한다는 건 극히 드문 기회인 만큼 아주 값진 시간이었다.

당신 가족의 다섯 세대를 볼 수 있다고 상상해 보라. 흥분되는 일임은 틀림없지만 애초에 상상조차 하기 힘든 일일 것이다. 버거 가문 여성들의 사진을 보며 나는 그런 느낌을 받았다. 중앙에는 어머니, 할머니와 증조할머니가 자리해 있었고, 지금은 레아의

고조할머니가 된 카티가 작은 체구로 환하게 웃고 있었다. 카티의 큰딸로 까마귀처럼 검은 머리칼과 갈색 눈동자를 지닌 안나는 잠든 증손녀 레아를 안은 채 행복한 표정으로 카메라를 바라보았다. 그들 뒤에는 안나의 딸이자 황갈색의 긴 머리를 스카프로 묶은 늘씬한 레베카가 미소를 지으며 당당하게 서 있었다. 레베카는 자기 딸이면서 카티의 증손녀인 디나를 팔로 감싸고 있었는데, 디나는 엄마보다 키가 더 크고 창백한 데다 수줍은 적갈색 눈동자를 갖고 있었다. 할머니뻘인 내가 봤을 때 디나는 기껏해야 열여섯 살 정도로 보여서 레아의 친모(親母)라고 하기에는 너무 어리다고 생각했다. 그들 모두 검은 옷에 하얀 칼라를 두르거나 검은색 자수 셔츠를 입고 진주 귀걸이를 해 단정함을 뽐냈다. 이들 뒤로는 한 무리의 남성이 멋지게 정장을 차려입고 머리에 키파[1]를 쓴 채 테이블에 앉아 축하 파티를 하고 있었다. 다들 가발을 쓴 상태인 줄 전혀 몰랐다고 내가 말하자 이들이 환하게 웃었다.

　개인이나 가족이 나를 찾아올 때는 어려운 사건으로 인생에 위기가 닥쳐 이를 극복하는 데 도움이 필요해서인 경우가 많다. 하지만 버거 가족은 예외였다. 오히려 내가 그들을 찾아냈다. 나는 이 책에 참여해 줄 정통 유대인 가족을 찾는다는 공고를 한 유대

---

[1]　유대인 남자들이 쓰는 납작한 형태의 챙이 없는 모자로 정통 유대교 율법에 따라 기도 중에 머리를 가리기 위해 만들어졌다. 영어로는 야물커(yarmulke), 히브리어로는 키파(kippa)라고 부른다.

인 기관의 웹사이트에 올렸다. 이들과의 작업을 통해 현대의 삶과는 동떨어져 보이는 문화와 공동체를 접할 수 있기를 바랐기 때문이다.

개인적인 이유도 있었다. 내 남편은 유대인이라는 정체성이 자신의 핵심을 이룬다고 생각했기에 나 역시 유대인의 역사, 삶, 사람과 문화에 관심이 상당히 높았다. 나는 무지에서 편견이 싹트고, 다름이 공격의 무기로 사용될 수 있다는 점을 너무나 잘 알고 있다. 반대로 서로에 대해 더 많이 알고 유사점을 발견하면 할수록 우린 언제나 더 크게 공감하고 이해할 수 있다. 나는 버거 가족과 계약으로 관계를 맺지 않았더라도 그들과 치료법에 기반한 친밀한 관계를 쌓을 수 있으며, 누군가의 이야기를 단순히 들어주고 목격해 주는 것만으로도 치유의 힘이 발휘된다고 믿어 의심치 않았다. 서로의 세계를 열어주는 건 우리 모두에게 의미 있는 일일 터였다.

초정통파 유대인 집단의 수많은 사람들은 여전히 유대인 학살의 어두운 그림자에서 벗어나지 못하고 있다. 이들에게 홀로코스트는 결코 지난 일이 아니며, 1945년 종식되기는커녕 생존자 가족과 더 넓은 유대인 공동체의 집단 기억 속에 생생히 살아있는 사건이다. 나는 버거 가족이 이 중에서 얼마나 많은 부분을 여전히 감당 중이며 어떤 부분을 잊었는지, 무엇을 쉽게 이야기할 수 있고 무엇을 금기시하는지 알아보고 싶었다. 가족에 대한 사랑이 대단한 것으로 잘 알려진 유대인 가족을 통해 그들 집단 내에서 안정적이고 행복한 가정을 만드는 핵심 요소를 배우고 싶었다.

다행히 의료 비서로서 심리학에 관심이 많던 레베카가 더 자세히 알고 싶다며 연락을 해왔다. 그녀는 가족들에게 이 프로젝트를 제안했고 가족들은 치료가 아니라는 사실을 알고 기꺼이 나를 만나주었다. '치료therapy'라는 단어가 많은 이들에게 장벽이 되지만 '대화conversations'는 덜 위협적이라는 점이 흥미로웠다. 치료사가 내 머릿속에 들어가서 내가 보고 싶지 않은 일까지 직면하도록 강요한다는 근거 없는 믿음이 지금도 만연해 있는 듯하다. 하지만 내게는 진실 반대편의 이야기일 뿐이다. 신뢰를 기반으로 안전한 관계를 구축해서 클라이언트가 자신의 페이스대로 움직이도록 도와주고, 직면해야 할 것과 그렇지 않은 것을 스스로 찾도록 하는 게 나의 목표이기 때문이다.

카티는 열네 살 때 가족과 함께 아우슈비츠로 끌려갔다. 그녀는 77년이 지난 지금도 그날의 모든 순간을 소름 끼칠 만큼 선명하게 기억할 수 있다. "우리가 마차에서 내리자마자 할머니는 집에서 유일하게 가져온 수의를 입고 다른 노인들과 트럭에 실려 어딘가로 끌려갔어. 그 뒤로 다시는 할머니를 보지 못했지."

카티가 70년 넘게 영국에서 살았지만 헝가리 억양이 여전히 살아 있는 부드러운 목소리로 말했다. "화물열차에서 남녀가 갈라져서 우리는 멩겔레Mengele[죽음의 천사로 알려진 나치군 의사로, 수용소에 도착한 유대인 중 가스실로 바로 갈 사람을 선별하는 일을 주로 담당했으며 향후 인간을 대상으로 한 끔찍한 실험으로 악명을 떨친 인물]를 향해 걸어갔어. 난 엄마, 오빠, 동생과 함께 그를 향해 갔는데 멩겔레가 나는 오른쪽으로, 나머지는 왼쪽으로 가라고 했지. 나도 같이 가고 싶어서 엄마를 쫓아갔는데 그가 날 오른쪽으로 밀어버렸어."

카티가 비교적 담담한 목소리로 그날 있었던 일을 이야기했다. "그가 우리를 분류할 때 내 발목을 봤던 기억이 나. 아마 내 체력을 가늠했던 것 같아. 나는 열네 살에 키가 아주 커서 그다지 어려 보이지도 않았거든. 마차에서 우리를 내려준 사람들이 열여섯 살이나 열일곱 살이라고 말하라고 해서 나는 계속 열여섯 살이라고 했지. 하지만 멩겔레는 내 나이를 묻지 않았어…" 그녀가 잠시 멈추고 생각을 정리한 뒤 말을 이어갔다. "어떤 책에서 다른 사람도 나랑 같은 말을 했더라고. 멩겔레가 체력이 좋아 보이는 사람을 선택했다는 거야. 내 발목은 가늘거나 하지 않으니까…"

카티가 한 번 더 뜸을 들였다. "믿을 수 없고 이해도 안 가. 막사에 도착하자마자 내가 '엄마가 2주 안에 다시 만날 수 있다고 하셨어.'라고 말하니까 한 폴란드 여자아이가 '네 엄마는 벌써 연기가 되셨어.'라고 했지. 그 애 말이 맞았어. 내 엄마, 오빠와 동생 모두 그새 죽어버린 거야. 막사에 내 또래가 많지 않아서 우리는 함께 지내며 모든 걸 공유했어."

온 가족이 살해됐을 때 카티는 겨우 10대였다. 이들을 만나기 전 나는 가족 모두가 그 트라우마에 시달리는 모습을 보게 될 거라고 예상했다. 그리고 노련한 경청자로서 그들의 스토리를 이해하고 싶다는 마음으로 만남에 임했다. 그들이 자신들의 이야기를 들려주는 게 유용하다고 느끼기를 바라면서 말이다. 하지만 그 이야기를 듣는 게 나 자신에겐 얼마나 큰 충격으로 다가올지는 예상하지 못했다.

수많은 연구에 따르면 홀로코스트 생존자들이 자신의 경험에 대해 자주 이야기하지 않더라도 그 고통은 세대를 거쳐 대물림된다. 세대 간 트라우마가 존재하는 것이다. 연구는 고통이 생존자에게서 자녀에게 전달되는 패턴 두 가지를 기록한다. 첫 번째는 정신분열증, 우울증, 불안, 편집증 등 생존자들이 홀로코스트의 결과로 겪는 정신 질환으로 구체화된다. 이는 모든 부모의 정신 장애가 다음 세대에 영향을 미치는 방식으로 자녀에게 직접 전염된다. 가령 부모가 정서적으로 불안정하고, 자녀에게 필요한 안정적이고 신뢰할 수 있는 사랑과 애정을 제공하지 않으며, 정기적으로 불화나 위협을 일으키는 것이다. 2차 전염의 또 다른 패턴은 부모의 지속적인 고통으로 인해 '충분히 좋은' 부모 역할을 효과적으로 수행하지 못하는 경우다. 예를 들어 자녀는 고통에 시달리는데 부모가 인내와 공감을 발휘할 수 없어 자녀의 필요를 충족해 주지 못하는 경우가 여기 해당된다. 이와 같은 상황이 계속 반복되면 자녀는 이를 방치나 박탈감으로 느끼게 된다.

일부 연구는 트라우마가 자궁 안에서 후성적으로epigenetically 전달된다는 점을 지적하기도 한다. 이 분야의 선구적 연구자인 레이철 예후다Rachel Yehuda 박사는 2016년 이렇게 말했다. "이 연구는 우리가 환경에 반응할 때 세대 간의 영향력이 오랫동안 다양한 방식으로 변형되어 지속될 수 있다는 걸 보여줘요. 부모, 심지어 조부모나 이전 세대에게 일어난 일이 우리 정체성에 세포 수준의 근본적 영향을 미쳐 우리의 행동과 신념, 강점 및 취약성을 결정한다는 거죠." 이는 '유대인'에 관한 연구나 문제에만 국한되지 않는다. 그 여파는 9·11 테러 생존자와 분쟁에서 돌아온 참전용사 가족 또한 마찬가지로 상당한 영향을 끼친다.

나는 버거 가족에게 현재 진행형인 문제는 없더라도 수십 년 전의 끔찍한 사건이 오늘날 그들 안에서 다양한 형태로 살아 숨 쉬는 것을 볼 수 있을 거라고 상상했다. 그들을 만나기 전에는 아우슈비츠에서의 경험에 대해 이야기하면 트라우마의 상처가 다시 떠오르지 않을까 걱정돼 바짝 긴장했다. 카티가 내게 들려줄 이야기, 그 견디기 힘든 본질적 성격에 대한 두려움 역시 나를 곤혹스럽게 만들었다.

하지만 스크린 속 카티는 환하게 미소 지으며 무엇이든 물어봐도 된다고 나를 안심시켰다. 카티의 남편을 포함한 일부 생존자들은 홀로코스트에 대해 한 번도 이야기한 적이 없었다. 그녀는 당시의 공포스러운 상황을 묘사하면서도 놀라운 평정심을 유지했다. 카티가 이야기하는 동안 딸 안나와 손녀 레베카는 휴지로 눈물을 훔쳤다. 카티는 이들보다 체구는 작았지만 실재하는 것보다 훨씬 큰 존재감을 발휘했다. 흔들림 없이 나를 정면으로 바라보는 그녀의 눈빛이 강렬했다.

그녀가 말을 이어갔다. "아버지는 화장터에서 일하셨어. 그들은 항상 사람들을 죽였지. 아버지는 아주 용감해서 화장터 폭발을 계획하는 집단에 가입했어. 결국 총살당하셨지만."

나는 가족 전체가 살해당한 어린 소녀가 자신이 속한 인종 전체를 제거하는 것이 유일한 임무인 곳에서 어떻게 버텨냈는지 선명하게 떠올릴 수 있었다. 살아갈 힘을 대체 어디서 찾을 수 있었는지 질문하니 카티가 짧게 답했다. "기적이야. 만약 내가 결혼해서 아이가 있는 처지였다면 감당하지 못했을 거야. 자식이 살해당하면 살 이유가 없지. 그래도 젊으면 살고 싶게 돼 있어."

나는 망연자실했다. 생명의 위협을 경험해 본 적이라고는 없이 따뜻한 사무실에 앉아 있는 나로서는 그녀의 말을 들을 수는 있어도, 그녀가 겪은 일을 결코 이해할 순 없었다. 놀랍게도 그녀는 아우슈비츠에서 살아남았을 뿐 아니라 그곳에서 달아나는 동안에도 상상할 수 없는 고초를 겪었다. "러시아군이 와서 우리를 폭격했어. 나치는 러시아인들이 우리를 풀어줄까 봐 6주씩 행군하게 만들었지." 그녀가 설명했다. "그게 사람들이 말하는 죽음의 행진이었어. 정말 수도 없이 죽었지. 우리는 헛간에서 잤어. 나는 아주 쇠약했지만 이따금 조금씩 나오는 감자와 물로 버틸 수 있었어. 내가 수류탄을 채우는 일을 했던 공장에 체코 여자아이가 있었는데 그 애가 먹을 걸 주기도 했어. 그때가 크리스마스였지. 우리를 담당했던 사람들은 나치 유니폼이 아닌 민간인 옷을 입고 있었고 우리한테 작은 케이크를 주기도 했어. 나는 아주 어렸고 사소한 것

하나하나가 도움이 됐지. 끝을 봐야 한다고 생각했어. 그래서 계속 살아남을 수 있었지."

안나가 불쑥 끼어들었다. "폴란드에 여행 갔을 때 유대인 유적지를 방문했었는데 예전에 그곳 수감자들이 무거운 바퀴를 돌렸어야 했대요. 계속 열심히 일하다 어느 순간 그 바퀴를 아무 이유도 없이 돌려왔다는 걸 알게 됐죠. 목적도 없는 일을 계속했다는 걸 알고 얼마 지나지 않아 다들 죽었대요. 막다른 길에서도 바라볼 뭔가가 있다는 건 심지어 강제수용소에서도 살아갈 목적이 되지만, 아무 의미 없는 일을 하는 건 말 그대로 영혼을 파괴해요. 엄마한테는 수류탄을 채우는 것조차 살아갈 이유가 됐던 것처럼요."

목적과 더불어 아무리 작더라도 희망을 갖는 게 카티에겐 생존의 열쇠였던 듯했다. 나는 안나가 이야기하면서 엄마의 고통을 마주하고 있다는 것도 알 수 있었다. 이제 그녀는 증조할머니가 됐지만 그녀 안의 핵심에는 카티의 딸이라는 정체성이 있었다. 그녀는 엄마를 보호하고 싶고 엄마가 누구인지 이해하고 싶었을 것이다.

카티는 비극적 가족사에 대한 이야기를 불안한 기색 없이 침착하게 이어갔다. "나는 영국군 덕분에 강제수용소에서 풀려날 수 있었어. 기억은 선명하진 않지만 말이야. 그들은 내 맥박을 쟀어. 날 씻겨준 뒤로 의식을 잃었던 기억이 나. 깨어보니 하얀 시트 위에 있었지. 얼마나 오래 의식을 잃었는지, 얼마나 오래 병원에 있었던 건지는 모르겠어. 그래도 그들이 짠맛의 우유를 줬던 건 기억나. 처음부터 씹어 먹는 음식 같은 건 없었어. [잔혹하게도 수백 명의 사람들이 풀려난 뒤 말 그대로 위장이 텅 빈 상태에서 음식물을 섭취했다가 사망했다.] 회복한 뒤에는 집에 가고 싶었어. 삼촌 중에도 살아남은 분이 계셔서 그분이 날 찾아 헝가리로 다시 데려가 주셨지. 내가 살던 마을로 갔지만 집은 완전히 파괴돼 있었어. 다행히 영국에 사는 또 다른 삼촌 해리Harry가 강제수용소 생존자 명단에서 내 이름을 발견하고 자신의 동생에게 연락해 날 찾은 거지. 그때가 1946년이었는데 나는 열여섯 살이었고 삼촌은 나를 맨체스터로 데려왔어. 어제 일처럼 기억나."

집으로 돌아간 일에 대해 더 알고 싶었지만 묻지 않았다. 카티로서는 아우슈비츠에서 겪어야 했던 그 끔찍한 경험을 모두 털어놓은 참이었기 때문이다. 만약 하고 싶은 얘기가 더 있었다면 먼저 꺼내주었을 것이다. 그 정도로 충분했다.

안나와 레베카는 자신들이 알고 있던 이야기를 다시 들으면서도 울컥한 마음에 얼굴을 붉혔다. 그들도 나처럼 카티를 경외감으로 바라보았다. 자신에게 일어났던 일의 공포를 돌아보고, 그 공포를 인지하면서도 휘둘리지 않는 91세 할머니의 활력이 도무지 이해가 되지 않을 정도였다. 나는 이후 어떻게 됐는지 물었다.

카티 옆에 앉은 안나는 어린 시절 부모님이 그들이 겪은 일들에 대해 화내거나 음식과 옷에 감사하라고 훈계하는 등 "잔소리"를 전혀 하지 않으셨다고 강조했다. 그녀의 부모님은 십대 시절 영어도 못 하고 "가진 건 아무것도 없이" 이 나라에 왔지만 행복했다. 좋은 가정을 꾸리고 그 안을 사랑으로 가득 채웠다. 화면 속 카티를 바라보며 자신이 느낀 모든 것을 빠르게 말하는 레베카의 모습은 마치 안나 같았다. 레베카는 조부모님과 함께 지내며 받았던 큰 사랑과 보살핌을 지금도 여전히 간직하고 있었다. 갈등이나 스트레스, 긴장감은 전혀 느껴지지 않았다. 그녀는 자신의 손주들에게도 똑같이 해줄 수 있기를 바랐다.

그들은 카티를 따뜻하게 바라보며 카티가 살아남아 얼마나 자랑스러운지 모른다고 말했다. 서로 마주 보며 미소 짓다 다시 카티를 보았고, 자신들이 일상에 항상 완벽하게 대처하지는 못했지만 힘든 상황에서도 긍정적인 면을 찾고 계속 나아갈 힘을 가졌다는 데 동의했다. 그들이 이야기하는 동안 나는 카티가 조용히 기뻐하는 모습을 보았고 그들의 사랑과 자부심이 그녀를 지탱하고 있음을 알 수 있었다. 방금 내가 목격한 것처럼 집안 어른에 대한 사랑과 존경을 공개적으로 표현하는 가정은 거의 없을 것이다. 난 이게 우리가 본받아야 할 행동이라는 생각도 들었다. 그런데 혹시 이렇게 특별한 사람의 자녀나 손자가 되기엔 자신이 부족하다고 느낀 사람은 없었을까? 내가 느끼기엔 없었지만 이 부분은 더 깊이 탐구해보고 싶었다.

나는 카티에게 어떻게 그런 공포를 딛고 성장해 신뢰와 사랑에 이를 수 있었는지 물었다. 그녀는 남편인 아이작의 사랑 덕분이었다고 답했다. "남편은 대단한 사람이었어, 정말 강인했지…" 회상하는 그녀의 얼굴이 환해졌다.

"나는 몇 달간 해리 삼촌과 함께 지내며 학교에 다녔어. 그러다 낮에는 옷에 자수 놓는 일을 하고 저녁엔 수업을 들으며 생활했지. 난 항상 뭔가 하는 걸 좋아하고 손재주도 좋았어. 그때 내 남편을 만난 거야. 전쟁 전부터 알고 지낸 사이였는데 그를 다시 만난 건 행운이었지." 카티가 아이작을 만났을 때의 느낌이 떠오르는 듯 내 눈을 들여다보며 강렬한 어조로 말했다.

"내 남편은 2년 후 영국으로 왔어. 그가 나와 결혼할 거라고는 생각하지 않았지만 청혼해 주길 바랐지. 그런데 실제로 청혼한 거야." 이 말을 할 때 카티의 얼굴에 함박웃음이 떠올랐다. 나는 그녀가 '내 남편'이라고 강조할 때마다 배우자를 소중하게 여기는 마음이 지금까지 계속되고 있는 게 느껴져 감동받지 않을 수 없었다. 정말이지 생생한 감정이었다. "결혼하고 나서는 쭉 행복했어. 가정을 꾸리고 아이를 낳고… 힘들 게 하나도 없었지. 아이들을 위해서라면 무엇이든 할 수 있었어."

카티가 혼잣말하듯 말했다. "그래, 우리한테는 삶의 목적이 있어야 했어. 나는 내 아이들과 손주들을 사랑해. 내 남편은 너무 일찍 세상을 떠났어. 다른 무엇보다 끔찍한 일이었지만, 내겐 이미 가족이 있었고 그들이 날 많이 지지해 줬지." 이때 나는 그녀에게서 처음으로 슬픔을 목격할 수 있었다. 눈물을 흘리지는 않았지만 30년 전 죽은 남편을 그리워하는 마음이 살아 있었다. 안나는 아빠가 돌아가신 후 엄마와 결혼하고 싶어 하는 사람이 많았지만, 엄마는 온종일 아빠 얘기를 할 수 있는 사람이어야 재혼했을 거라고 농담했다. 아이작에 대한 카티의 사랑은 아이작의 죽음 이후에도 사그라들기는커녕 활활 타오르는 불꽃과 같았다. 나는 얼마든지 이해할 수 있었다. 그토록 취약했던 시기에 아이작이 카티에게 살아갈 힘을 주었으니 카티로서는 아이작 이외에 다른 남자는 사랑할 수 없었던 것이다.

가족을 지킨다는 목적과 더불어 사랑받고 안전하다고 느끼는 감각이 카티를 의식적인 생각에서 보호해 줬을지 모른다. 그럼에도 나는 수용소의 기억이 무의식 속에서 되살아나는 순간은 없었는지 물었다. 카티는 불을 켜고 문을 열어둔 채 잠자리에 들었고 아이들이 어렸을 때는 독일군이 와서 아이들을 데려가는 꿈을 꾸기도 했다고 말했다.

그녀는 지금도 어머니와 아버지가 너무나 보고 싶다며 이렇게 덧붙였다. "문을 열면 아버지가 들어오고 동생이 뒤따라 들어오는 상상을 많이 해. 동생은 나보다 세 살 어렸는데 우리가 자유로워진 후에도 살아 있었다면 내가 돌봐줬겠지. 방법은 몰랐어도 나는 그랬을 거야."

나는 열한 살짜리 소녀를 죽인 자에게 살인적인 분노를 느꼈고 그런 내 감정에 관해 말했다. 이번에도 안나가 불쑥 끼어들어 마치 "내가 처리할게, 엄마"라고 말하는 것처럼 카티의 손에 자신의 손을 포갰다. 안나는 엄마가 누구에게도 나쁜 말을 한 적이 없다고 거듭 강조했다. 누군가 짜증을 내면 그럴 만한 이유가 있을 거라거나 안 좋은 날을 보냈을 거라는 식으로 감싸줬다는 것이다.

카티가 답했다. "나는 불평하는 스타일이 아니야. 집이 있는 것만으로 얼마나 행복한지… 다들 상상 못할 거야."

그게 핵심이었다. 우리는 카티의 경험이 그녀의 세계관에 얼마나 영향을 미쳤는지 알 수 없었다. 생생한 경험은 이론적 통찰력으로 대체할 수 없다. 안나와 레베카는 아이들이 음식을 먹지 않을 때면 "할머니는 편식하지 않으실 텐데."라고 말하고는 했다. 심지어 카티의 손주들도 추운 날에는 할머니를 생각하며 소란 피우지 않으려고 노력한다고 말했다.

이 같은 인지적인 관점은 도움이 될 수 있겠지만 스스로에게 걱정하지 말라고 타이르기만 하는 건 별 효과가 없다. 역경을 겪어본 사람만이 인생에서 진정 중요한 게 무엇인지 진심으로 깨닫고 그만큼 성장할 수 있다.

이들 가족을 만난 지 얼마 안 됐을 때 분노를 삭이기 힘들었던 나는 이 같은 분노가 다음 세대에서 어떤 식으로든 발현됐을 거라고 생각하지 않을 수 없었다. 자신의 삶을 통제하고 질서를 유지하려는 욕구가 후손들에게서 분명 나타날 것이라고 생각했다.

그래서 뒤이은 몇 주간 그런 모습을 찾아보려 했지만 결국 성공하지 못했다. 이들은 카티만큼 훌륭해지고 싶은 욕구가 상당히 강했고, 그럴 것 같지는 않았지만 어두운 면이 있더라도 나는커녕 자신에게 드러내는 것조차 상상하지 못하는 듯했다.

기록에 따르면 아사餓死 직전까지 갔던 수많은 생존자들은 음식을 대하는 태도가 완전히 달라졌다. 유대인은 대개 음식에 집중하는 경향이 있다. 음식을 쉽게 구할 수 없을 때 불안해하거나 과도하게 저장하려고 하거나 음식을 버리지 못하는 게 그들의 일반적인 성향이다. 하지만 카티는 달랐다. "음식은 내게 아무 영향도 미치지 않아. 이 나라에 왔을 때 나는 오렌지를 좋아했지. 집에는 오렌지가 없어서 계속 오렌지를 사와야 했어. 그렇지만 다른 음식엔 별로 연연하지 않아."

안나가 엄마의 말은 반만 진실이라며 끼어들었다. "엄마한테는 외할머니가 만들어준 음식이 유일하게 소중한 기억이잖아요. 엄마가 어렸을 때 먹던 음식 레시피 말이에요." 그러더니 내게로 몸을 돌리며 말했다. "엄마는 늘 가정식 요리를 하세요. 엄마한테 음식이 얼마나 중요한데요.. 항상 어떤 요리를 할지 말씀하시고 함께 먹으면서 그걸 평가하고 그래요."

카티가 고개를 힘차게 끄덕였다. "난 요리가 좋아. 요리하는 게 재밌고, 내 새끼들도 내 요리를 좋아하지…. 그런데 몇 달 전엔 레시피 책을 찾으려고 의자에 올라갔다 떨어졌어!" 그녀는 엉덩이뼈가 골절됐지만 한 마디 말도 하지 않고 조용히 침대로 갔다. 소란을 피우고 싶지 않았기 때문이다.

이 시점에서 나는 여러 가지를 생각해 볼 수 있었다. 모두에게 음식을 제공하는 건 얼마든지 복잡한 문제가 될 수 있다. 우리는 음식에 감정을 불어넣는다. 위로받거나 이 순간의 부정적 느낌을 불식시키기 위해 '우리의 감정을 먹는다.' 음식을 대하는 태도는 가정에서 부모로부터 배우게 되며 이는 다시 자녀를 통해 대물림되는 경향이 있다. 카티의 경우 트라우마가 음식을 통해 전달되지는 않았지만 음식과의 관계는 안전과 생존을 상징할 만큼 그녀에게 상당히 중요한 의미가 있었다.

음식은 특정 기억이 떠오르게 하는 매개체이기도 하다. 음식의 외양과 냄새, 맛과 질감은 우리 몸에 새겨진 기억을 소환해 우리를 그 순간의 감정으로 직접 데려간다. 카티에게 어린 시절의 음식은 헝가리 집의 부엌에 계시던 부모님과 그들을 향한 사랑을 떠올리게 했다.

레베카는 고개 숙인 채 음식으로 자신의 불완전함을 통제하려 했던 고통스러운 시절에 대해 천천히 말했다. 다행히 전문가의 도움을 받아 극복할 수 있었지만 여전히 작게 읊조렸다. "훨씬 나아지기는 했는데 지금도 과식은 할 수 있어요."

레베카는 자신을 느끼고 표현하는 데 열려 있는 것처럼 보였다. 내가 이에 대해 묻자 그녀는 잠시 생각하더니 고개를 끄덕였다. 뭔가 떠올랐는지 갑자기 얼굴이 밝아졌다. 수용소에서 사람들이 아파 보이면 죽임을 당했다는 메시지가 내면화된 것일지 모른다는 이야기였다. 그녀의 기억에 따르면 엄마는 늘 "활기차 보이도록" 독려했다. 생각의 흐름을 따라가던 그녀는 그 말로 인해 자신의 내면에 통제와 완벽을 원하는 욕구가 자리 잡았음을 깨달았다. 그녀가 날 바라보며 미소 지었다. 자신 안에 떠돌던 작은 퍼즐 조각이 이제 제자리를 찾았다.

나는 격리 때문에 힘들었다는 카티의 이야기에 놀라지 않을 수 없었다. 곰곰이 생각하다 다른 이들과 함께하고 그들을 도움으로써 자신이 가치 있는 존재라고 느끼는 것이야말로 카티에게 핵심적인 대처 메커니즘이었다는 걸 알 수 있었다. 그녀는 수용소 안에서조차 늘 다른 사람들과 연결되어 있었다. 카티는 정통 헝가리 음식을 만들고 손주들이 맛있게 먹는 모습을 지켜보며 삶의 목적을 다지고는 했다. 그런데 팬데믹이 너그럽고 관대한 그녀의 능력을 난데없이 빼앗아간 것이다. 회복탄력성은 어떤 일이 일어나기만 기다리는 것이 아니라 직접 기회를 만들고 자신이 유용한 존재가 되어 타인을 도울 수 있을 때 구축된다. 카티가 아직도 버스를 타고 마트에 다녀서, 이웃들이 차로 그녀를 모셔다드리지 않는 '끔찍한 자녀들'에게 충격받는다는 이야기를 안나가 해줘서 우리는 모두 웃음을 터뜨렸다. 하지만 그녀는 혼자 가겠다고 고집했다. 밖에 나가서 사람들을 만나고 직접 식료품을 구입하며 임무를 완수하는 만족감을 느끼고 싶었기 때문이다. 그녀가 당당하게 말했다. "나는 나 자신을 돌볼 수 있어."

다른 이들에게 베풀기 위해 임무를 설정하고 또 완수해 온 결연한 의지가 그녀의 놀라운 회복력을 완성한 것이다.

카티와 그녀의 가족을 알게 된 후 나는 레베카의 말처럼 카티가 왜 '나쁜 일이 생겨도 놀라울 정도로 회복력이 강한지'에 대한 답을 찾기 시작했다. 나는 우울하거나 의기소침한 카티의 모습을 본

적이 없었다. 그녀가 아파했던 기억도 전혀 없다.

카티가 참혹했던 과거에도 불구하고 풍요로운 삶을 누리고 90대에도 계속 훌륭한 삶을 살아갈 수 있는 비결은 무엇이었을까? 우리 모두 그녀에게서 배울 수 있는 점이 분명히 있을 것이다.

나는 선구적 임상 심리학자이자 발달 신경과학 및 정신병리학 교수와 이야기를 나누었다. 그는 이에 관한 해답이 양육, 유전자, 환경이라는 세 가지의 익숙한 범주에 속한다고 설명했다. 카티는 부모로부터 사랑받고 소중한 존재로 보살핌을 받는 감각을 알고 있던 만큼 트라우마에 확고하게 대응할 자원을 풍부하게 갖추고 있었다. 전쟁 전 어린 시절의 안정적 경험으로 인해 유연하게 대응하는 능력이 발달한 것이다. 정신적 외상을 처리하고 대응하는 능력은 트라우마가 뇌의 신경망에 고착되지 않도록 방지해 주는 역할을 한다.

유전자는 내가 생각했던 것보다 훨씬 큰 영향을 미친다. 개인이 위협에 어떻게 대응하고 또 어떻게 적응할지는 유전자에 일정 부분 기록돼 있다. 아직 어느 정도인지 정확히 알 수 없지만 일부 집단에서 다양한 유전적인 변이가 더 널리 퍼져 있다는 사실은 알려져 있다. 카티는 우리 모두와 마찬가지로 IQ, 신체적 특징, 성격이 암호로 봉인된 유전적 청사진을 가지고 태어났다. 유전자가 그녀의 잠재력을 결정하지만 카티의 인격이라는 결과를 만들어낸 건 유전자와 그녀의 환경이 상호작용한 방식이었다. 타고난 유전자는 주변 환경에 반응하는 방식에도 영향을 미친다. 이제 91세가 된 카티는 총명하고 밝은 소녀였던 게 분명하다.

이처럼 유전자와 환경 간의 상호작용이 반복되면서 우리가 형성된다. 우리는 단순히 수동적 수용자가 아닌 능동적 주체가 되어 사회적 세계를 만들어간다. 카티는 긍정적이고 잘 웃고 친근하며 호기심 많은 성격을 지녔기 때문에 만나는 사람들과 안전한 관계를 구축할 수 있었을 것이다. 그녀의 성격 자체가 심리적 보호 기제로 작용한 것이다. 이는 공장에서 카티에게 감자를 준 체코 소녀에게도 해당되는 이야기다. 카티는 아이작과 사랑에 빠진 것이 행운이라고 생각했지만 이는 그녀가 어린 시절 받았던 사랑, 그리고 유전자가 환경과 상호작용하는 방식에 의해 도출된 결과다.

우리가 다룰 수 있는 건 우리에게 주어진 카드뿐이지만 그 카드를 어떻게 플레이하느냐에 따라 결과는 달라진다. 카티의 경우 주어진 패에서 가장 좋은 카드를 선택했다. 바로 아이작을 선택한 것이다. 이후 새로운 카드인 자녀를 얻었고 그렇게 선순환이 계속되었다.

앞서 언급한 세 가지 핵심 요소와 함께 카티의 회복탄력성을 완성한 건 그녀가 자신의 경험에서 찾은 의미였다. 우리는 트라우마는 저절로 치유되지 않는다는 사실을 알고 있다. 카티는 자신의 생존을 '기적'이라고 표현했지만, 가령 그녀가 생존자의 죄책감으로 고통에 시달렸다면 전혀 다른 경험에 맞닥뜨렸을 것이다. 그녀는 살아남은 이유를 묻는 자녀들에게 이렇게 답했다. "그래야 네가 엄마를 가질 수 있고 엄마도 널 가질 수 있으니까." 아이들은 그

우리가 다룰 수 있는 건
우리에게 주어진 카드뿐이지만
그 카드를 어떻게 플레이하느냐에 따라
결과는 달라진다.
카티의 경우 주어진 패에서
가장 좋은 카드를 선택했다.
바로 아이작을 선택한 것이다.
이후 새로운 카드인 자녀를 얻었고
그렇게 선순환이 계속되었다.

녀에게 생존의 의미를 부여했다. 가족을 꾸린다는 목적이 없었다면 그녀는 이 정도의 회복탄력성을 가질 수 없었을 것이다.

세션이 끝날 무렵 카티는 여전히 밝게 빛났지만 안나, 레베카와 나는 감정적으로 지쳐있었다. 가족 간의 갈등은 어떻게 해결했느냐는 나의 질문에 그들은 싸우지 않았다고 답했다. 나는 자세를 고쳐 앉았다. 싸우지 않는 가족은 상상할 수 없었기 때문이다. 하지만 다들 고개를 끄덕였고 안나가 덧붙였다. "모두가 협력해요. 누군가 양보해야 할 상황이 되면 항상 양보하죠. 문제가 생길 때까지 절대 내버려 두는 법이 없어요. 그만한 가치도 없고요. 차라리 잊는 게 낫죠. 우리도 이게 누구 거네 하면서 일상적으로 수없이 싸우기도 했어요. 하지만 이제 아무 말 않고 그냥 지나치죠." 레베카는 이어서 자신이 형제자매들과 아주 잘 지냈고, 함께 자란 사촌들과도 여전히 친하며, 가족으로서 다들 하던 일을 멈추고 서로를 돕는다고 설명했다. 이들은 카티 덕분에 항상 감사한 마음을 느낄 수 있는 자신들이 얼마나 축복받은 존재인지 인정했다.

이들은 마틴 셀리그만Martin Seligman을 비롯한 전문가들의 긍정심리학을 입증해 주었다. 나쁜 것, 부족한 것보다 좋은 것에 집중하고 감사한 마음을 가질수록 더 큰 행복감을 느끼게 된다는 것이다. 레베카가 자랑스러운 듯 말했다. "우리는 여기 없는 사람들에 대해 생각하고 그들이 여기 있으면 얼마나 좋을까 생각해요. 물론 짜증도 나고 싸울 일도 많고 아이들과 사소하게 다투기도 하지만 절대 멀어질 일은 없죠."

절대 멀어지지 않는 가족도 마찰을 겪을 수는 있다. 안나는 오빠 데이비드와 데면데면하다는 사실이 점점 더 분명해졌다. "우리는 잘 지내기는 하지만 서로 너무 달라요. 그렇다고 싸우는 건 또 아니지만요." 안나는 엄마가 얼굴을 돌리는 걸 보고 말을 멈추더니 서둘러 수습에 나섰다. "그래도 저희가 서로 사랑한다는 건 엄마도 알잖아요. 게다가 새언니 에디스하고는 아주 친하다고요."

하지만 카티는 감정이 격해졌다. "내가 말은 안 해도 얼마나 속상한지 몰라. 좋은 일이 아니어서 모른 체하고는 있지만 내 남편도 무척 속상할 거야. 내가 두 사람 사이에 끼어들지 않으려고 노력하는 거 외에 뭘 할 수 있겠니? 정말 속상해…." 순간 안나와 레베카가 달려들어 아무것도 걱정할 것 없다며 카티를 달래주었다.

심지어 싸우지도 않는 형제라니, 그 사이에 놓인 갈등의 골은 두말할 필요 없이 깊어 보였다. 실제로 코넬 대학교 심리학자 칼 필레머Karl Pillemer는 형제자매의 5%가 완전히 남남처럼 지내는가 하면 대화를 거의 하지 않는 이들도 23%나 된다는 연구 결과를 내놓은 바 있다. 하지만 내게 더 놀라웠던 건 카티가 조금의 불화도 참지 못하고 얼굴을 돌리자 안나와 레베카가 달려와 카티를 안심시키고 보호하려고 전전긍긍하는 모습이었다.

가족 안의 이 같은 역학은 다양하게 해석될 수 있다. 버거 가족의 경우 긴장이나 갈등이 없었다기보다는 허용되지 않거나 공개적으로 논의되지 않은 데 가까웠다. 이 같은 종류의 가족적 차단 familial blocking[그리고 개인적 차단individual blocking과의 연관성]은 흥미롭

가족 간의 갈등은 어떻게 해결했느냐는
나의 질문에 그들은
싸우지 않았다고 답했다.
나는 자세를 고쳐 앉았다.
싸우지 않는 가족은 상상할 수
없었기 때문이다.

다. 모든 가족에는 말할 수 있는 것과 표현할 수 있는 것, 혹은 거부할 수 있는 것을 둘러싼 규칙이 존재한다. 규칙은 그 자체로 나쁜 게 아니지만 가정 내에 어떤 규칙이 있고 그로 인해 어떤 심리적 비용이 발생하는지는 살펴볼 가치가 있다. 규칙은 언제든 변할 수 있기 때문이다.

카티를 온갖 종류의 걱정에서 보호하기 위한 패턴이 일상적으로 일어난다는 사실을 알게 되면서 나는 이 역학에 더 큰 관심을 갖게 되었다. 카티는 어떤 걱정도 감당하지 못했고 가족 역시 그녀를 위해 모든 게 완벽하기를 원했다. 당연한 말이지만 이는 불가능한 일이었다. 안나가 말했다. "우리는 자기 생각을 표현하지만 그걸 비판적으로 받아들이지는 않으려고 노력해요. 그래서 가족 간에 분쟁이 생기는 경우가 거의 없죠." 나는 버거 가족이 공격당하는 걸 두려워하지 않았기 때문에 구성원 간의 조화와 신뢰를 구축하는 데 성공했음을 알 수 있었다. 하지만 자신의 견해를 내세울 수 없었던 대가는 무엇이었을지 궁금했다. 분노를 억누르면 통제력을 상실하고 고정된 관점에 갇히거나 상호 의존적인 성향만 강해질 수 있기 때문이다.

상호 의존의 형태와 스펙트럼은 다양하다. 상호 의존적이라는 건 한마디로 자신의 가치를 타인의 인정에 따라 결정하는 성향을 말한다. 본인의 욕구를 충족하는 데 관심을 끊어버린 상태이기도 하다. 이런 상태에서는 갈등이 두려워 거절이나 이견을 표현할 수 없다. 그 결과 힘든 감정이 그대로 묻혀 평소 갑갑함에 시달리는

가 하면 때론 이를 다른 방식으로 표출하기도 한다. 나는 아직 버거 가족이 상호 의존적인지 판단할 수 없었지만 가족이 함께 지내는 방식을 살펴보는 건 언제나 유용한 일이라는 걸 알고 있었다.

세션을 계속 진행하는 동안 이 가족은 걱정을 한다는 것, 그것도 매우 많이 한다는 사실이 분명해졌다. 카티가 인정했다. "난 항상 가족 걱정을 해. 끔찍하지. 내 가족이 잘 지내야 하고 고통받는 일이 없어야 하니까 말이야." 안나가 평소보다 더 머뭇대더니 안정을 찾으려는 듯 양손을 포개며 자신은 걱정에 어떻게 대응했는지 설명했다. "저는 걱정은 도움이 안 된다고 되뇌는 법을 배웠어요. 그래도 통제하는 건 불가능하죠…. 걱정하지 않으려 하고… 드러내지 않으려고 해요…." 하지만 벤이 화나거나 레베카가 불행할 때는 "마음이 무너지고 몸도 아파서 먹거나 자지 못했다."고 인정했다. 그녀는 불안이 계속되는 것처럼 느꼈다.

흥미롭다는 듯 턱에 손을 얹고 곧은 자세로 앉아있던 레베카는 잠시 생각하다 자신도 비슷한 것 같다고 말했다. 그녀는 불안감을 목록으로 작성해 관리했고 이 때문에 엄마의 놀림을 받았다. 하지만 달라지기 위한 노력도 기울이고 있었다. "저는 쓸모있는 사람이 되고 싶고 가족에서 적절히 분리될 필요도 있어요. 아마 직업이 없었다면 그 안에서 온갖 오지랖을 다 부리고 다녔을 거예요. 가족들의 욕구를 채워주고 싶지만 지나치게 소모되지는 않으려고 해요…. 쉬운 일은 아니죠."

이들의 걱정은 다양한 방식으로 펼쳐졌다. 언제나 지나친 걱정이 되돌아오기 때문에 다른 가족에겐 얘기하지 않거나, '민폐'가 되기 싫어 아예 도움을 요청하지 않기도 했다. 부모를 보호하고 예의 바르게 행동하며 가족의 종교를 따라야 한다는 건 세대별 불문율로 받아들여졌다. 가족 간에 밀고 당기기가 존재하는 듯했다. 서로 마음을 열고 애정 어린 지원을 받으면서도 한편으로는 각자 감당할 수 있는 범위에 한계가 있음을 인정하는 것이다.

나는 이를 더 넓은 맥락에서 이해하고 싶었다. 펜실베이니아 주립대학교 요크 캠퍼스의 가족 노인학자 앰버 세이델Amber Seidel 박사의 연구에 따르면, 우리는 모두 특히 성인 자녀에 대해 이전 세대보다 더 많은 걱정을 하고 있다. 이는 부모 세대와 비교했을 때 우리가 자녀와 더 가깝고 자녀의 삶에도 더 많이 관여하기 때문일 것이다. 스마트폰 덕분에 우리는 자녀의 지극히 사소한 일상까지 실시간으로 알게 되는데, 이는 불안만 가중하는 결과를 낳을 수 있다. 눈에 보이지 않으면 마음에서도 멀어진다는 말은 진리일 것이다. 걱정은 나쁜 결과가 펼쳐진 미래만 떠올리게 만들고 최악의 시나리오를 상상하게 함으로써 두려움을 증폭시킨다. 이는 걱정이 우리를 불미스러운 일로부터 보호해 주며, 걱정을 하지 않으면 반대로 우리가 병들게 된다는 믿음에서 비롯된다.

심리학자 폴 길버트Paul Gilbert는 진화론적 관점에서 걱정에 대한 흥미로운 견해를 가지고 있다. 그는 걱정을 담당하는 뇌 영역이 어떻게 위협에 대처하고 미래의 사건(진화론적 관점에서 이는 먹거리가 바닥나거나 포식자에게 잡아먹히는 상황을 의미한다)에 대비하는지 설명한다. 그런데 우리 뇌의 걱정 시스템은 현대의 위협과 두려움의 본질에 대처할 만큼 충분히 진화하지 않았다. 이런 상황에선 뇌가 오작동을 일으켜 결국 영구적 걱정 상태로 전환될 수 있다.

우리 중에는 이렇게 높은 경계 태세를 유지하는 이들이 많다. 하지만 좋은 습관을 기르면 이를 안정시키는 데 도움이 될 수 있다. 『마인드 메딕The Mind Medic』의 저자 사라 보흐라Sarah Vohra 박사는 요가, 명상 등 스트레스 완화 요법을 사용하는 것과 더불어 걱정을 분류하는 것도 좋은 방법이라고 말한다. "이 걱정이 내가 해결할 수 있는 문제인가?"라고 자문할 수 있어야 한다는 것이다. 예를 들어 내일 회의가 있는지 확실하지 않아 드는 걱정은 동료에게 확인함으로써 해결할 수 있다.

아니면 실제로는 일어날 가능성이 거의 없는 일에 관한 걱정, 즉 당신과 당신의 일상을 완전히 집어삼키는 수준의 걱정인가? 자녀의 안전에 대한 걱정처럼 말이다. 이 경우 보흐라 박사는 종이에 적어서 '걱정 자유 시간worry-curfew' 목록으로 옮기라고 조언한다. 목록을 보며 마음껏 걱정할 수 있는 시간을 하루 30분씩 정해놓으라는 것이다. 만약 자유 시간이 아닌데 걱정이 떠오른다면 친구와 수다를 떨거나 다른 일을 처리하는 식으로 긍정적 활동에 몰두하는 게 좋다. 마지막으로 걱정 자유 시간이 되면 더 이상 걱정되지 않는 일은 지우고 이전 목록을 찢어버린 뒤 다음 날에도 계속 걱정될 사항들을 새 종이에 적도록 한다. 복잡하게 들리지만 실천은 간단하다. 이렇게 하면 걱정 모드에서 자동으로 전환돼 하루를 더 온전히 보낼 수 있게 된다. 인간은 습관대로 움직이는 존재이기 때문이다. 나는 레베카에게 이 유용한 도구를 알려주고 싶었다.

버거 가족 2세대와 3세대의 걱정은 '카티에 비하면 자신들은 걱정할 게 전혀 없기 때문에' 그러면 안 된다는 믿음에서 비롯되었다. 내가 보기에 이 가족은 모두에게 힘든 방식으로 걱정을 순환시키는 것 같았다. 그 뿌리에는 카티의 과거에 대한 두려움과 거기에서 변질된 걱정하는 습관, 그리고 안전에 대한 끊임없는 욕구가 있었다. 이는 트라우마의 결과였다. 악영향이 훨씬 덜하기는 했지만 성가시기는 마찬가지였다.

레베카는 걱정과 진정한 연결감의 균형을 맞추는 방법을 알고 싶어 했다. 엄마한테 무슨 일이 일어나고 있는지 이야기하고 조언을 구한 뒤 분리된 경계를 유지하는 방법에 대해 궁금해했다. 반면 안나는 모든 게 제 기능을 하고 있으니 레베카가 굳이 바꾸려 들 필요가 없다고 생각했다. 하지만 레베카는 지속적으로 자기 인식을 높여서 무의미한 나쁜 습관을 조정하고 버리려는 중이었다. 나와 대화하는 건 자신을 다스리는 과정의 일부로, 제삼자와 솔직하게 이야기하는 것이 도움이 된다고 생각하는 듯했다.

예를 들어 레베카는 음식을 잔뜩 쌓아놓는 스타일이었다. 이는 여러 가정에서 흔히 볼 수 있지만 특히 홀로코스트 생존자들에게 많이 나타나는 현상이었다. 최근 그녀는 자신이 별것도 아닌 일로 재난이라도 닥친 것처럼 군다는 사실을 깨달았고 따라서 머릿속에서 펼쳐지는 온갖 걱정의 사실관계를 확인해보는 게 도움이 된다고 생각했다. 가령 집에 달걀이 떨어져도 하늘이 무너지지 않으며 옆집에서 얻어올 수 있다고 생각하는 것이다. 그녀는 교수이자 방송인인 브렌 브라운Brené Brown으로부터 유용한 조언을 배웠으니 바로 '탁월해지도록 노력하되 완벽해지려고 하지는 말라.'였다.

안나는 때때로 '네가 생존자 같다'고 레베카를 놀렸다. 나는 세션이 끝난 뒤에야 이 말의 의미를 깨달을 수 있었다. 할머니인 카티의 트라우마를 레베카가 자신의 내면에 품고 있었는데 정작 당사자인 할머니가 '한마디 불평도 하지 않으니' 자신도 감히 표현할 수 없는 것이었다.

이를 심리학적 관점에서 바라보기 위해서는 모녀 관계에 대한 나의 지식을 동원해야 했다. 그렇다고 아버지의 중요성을 부정하는 건 아니지만 나는 모계 혈통에 주목했다. 신경과학에 따르면 엄마와 딸은 감정을 매개하는 뇌 영역이 비슷하게 형성돼 있다. 엄마와 딸의 유대감은 둘 사이의 안정적 관계를 구축하고 아이의 자존감을 발달시키는 근간이다.

딸에게 가장 큰 본보기는 엄마의 말이 아닌 행동이다. 따라서 '내가 행동하는 대로 하지 말고 말한 대로 하라.'라는 지침만큼 틀린 말도 없다. 버거 가족에서 엄마는 딸에게 안정적 사랑을 물려주었다. 이들은 카티와 아이작을 통해 부부가 서로 사랑하고 자신들만의 가족을 꾸리는 게 얼마나 중요한지 직접 목격했다. 카티는 트라우마를 스스로 처리했지만 안나와 레베카는 그러면 안 된다고 믿으면서도 그 트라우마에서 벗어나지 못하고 있었다.

이들이 서로에게 의존하는 법, 즉 가깝지만 일정한 거리를 유지하는 법을 배우는 데 오랜 세월이 걸렸으며 지금도 계속 노력 중이라는 사실이 분명해졌다. 서로 의지하지 못하면 배우자와 유대감을 형성하는 능력도 갖출 수 없음을 이들은 알고 있었다.

새롭게 알게 된 정보에 따르면 레베카는 너무 이른 나이에 결혼했다. 그녀는 매일 아침 엄마한테 그날의 계획을 문자로 보낼 만큼 부모님께 지나치게 의지했지만 시간이 흐르면서 그 정도가 덜해졌다. 안나는 그게 건강하다는 걸 알면서도 슬픈 목소리로 인정했다. "레베카의 사소한 일들을 알지 못하면 왜 말해주지 않는지 궁금해하면서 다소 소외감을 느꼈어요." 하지만 이내 레베카를 자랑스러운 듯 바라보며 말했다. "지금처럼 하렴." 엄마와 딸이 가까우면서도 분리돼 있는 게 얼마나 어려운 일인지 보여주는 사랑스러운 순간이었다. 그리고 이때의 열쇠는 언제나 그렇듯 솔직하고 진솔한 대화를 나누는 것이다.

엄마인 레베카와 한 화면에 나란히 앉은 디나는 이 같은 적응 과정의 시작 단계에 있었다. 검은색의 커다란 헤어밴드로 머리를 고정해 앳된 얼굴과 반짝이는 눈이 도드라졌고 에너지가 넘쳤다. 디나는 엄마를 매일 만나 모든 걸 이야기했는데 딸 옆에서 더 부드럽고 상냥해진 레베카는 자신이 엄마와 거쳐야 했던 패턴을 반복하고 싶지 않은 마음에 이렇게 물었다. "나 때문에 부담되니?" 레베카가 자신은 아이를 절대 숨 막히게 하고 싶지 않다고 설명했다.

디나가 웃으며 엄마의 걱정을 해소해 주었다. "난 엄마한테 솔직할 수 있어…. 만약 부담되면 그렇다고 얘기할게." 두 사람이 몸을 숙여 포옹을 나눴다.

버거 가족의 모든 여성은 그야말로 트라우마 속에 살았다. 매일같이 고통의 기억에 시달렸다. 줄무늬 옷은 수용소가 떠올라 입지 못했고, 연기 나는 굴뚝을 지나가면 가스실이 생각났으며, 개를 보면 덜컥 겁부터 났다. 그나마 증상이 가벼운 건 4세대인 디나였다. 그녀는 나지막이 말했고 많이 웃었으며 엄마를 자주 놀렸다. 이따금 엄마와 다투기도 했지만 항상 애정 어린 태도로 대했다. 과거를 반추하는 일의 부담에서 자유로운 듯한 디나를 보면 행복에 대한 카티의 긍정적 관점이 대를 거듭할수록 가족 구성원들에게 강하게 스며들었다는 걸 알 수 있었다. 디나는 평화롭게 살아온 두 세대의 산물인 만큼 과거의 공포에 강렬하게 사로잡혀 있지는 않았다. 나는 그들을 바라보며 후대로 갈수록 안전과 안정감이 커지면서 신뢰도 커졌다는 결론을 내릴 수 있었다.

디나와 이야기를 나누면서 나는 그녀가 시간의 손길이 거의 닿지 않은 듯한 비눗방울 속에 살고 있다는 사실을 깨달았다. 스물다섯 살인 그녀는 불과 몇 마일 거리에 사는 동시대인조차 상상하기 어려운 환경 속에 살아가고 있었다.

디나는 발랄하게 웃으며 자기 삶의 방식을 온전히 받아들이는 태도로 말했다. "이게 내가 알아 온 전부"라는 것이었다. 그녀는 늘

치마만 고집했고, 수수한 차림이었으며, 자신이 속한 공동체의 여느 젊은 여성처럼 교육은 열여덟 살까지만 받았다. 대학교에 진학하는 사람은 거의 없었는데 디나의 설명은 이랬다. "제가 스물두 살에 결혼했는데 그때 벌써 나이가 많은 축이었어요. 보통은 열아홉, 스무 살이면 하거든요. 출산도 스물넷에 처음 했는데 그것도 늦은 거고요."

여자아이들은 학교를 졸업하고 1년간 이스라엘의 신학교에 다닌 뒤 맞선을 본다. 중매로 만난 두 사람은 너덧 번쯤 데이트를 하고 서로 마음에 들면 약혼을 한다. 결혼 상대는 선택할 수 있지만 너무 늦게까지 싱글로 지내는 건 허용되지 않는다. 게다가 그들에겐 모든 면에서 좋은 배우자감으로 보여야 한다는 압박도 있었다. 매력적이고 독실하며 좋은 집안 출신이어야 하는 것이다. 불량하게 행동하거나 반항하는 건 이들 가족엔 혐오스러운 일이었다. 시간이 흐를수록 괜찮은 남편감이 줄면서 압박은 더 커진다. 결혼하면 (바라건대) 엄마로서의 역할이 가장 중요해지며, 일부는 조산사, 간호사, 치과 조무사 등 여성에게 기대되는 직업을 갖기도 한다. 초정통파 유대인 커뮤니티에서 고소득 직업을 가진 여성은 거의 없다.

디나의 말에 비춰봤을 때 그녀는 자신의 삶의 방식에 저항하지 않았다. 나는 겉으로는 잘 드러나지 않는 걸 그들의 내면에서 발견하고 싶은 마음이 간절했다. 얼핏 그와 같은 과거를 살아온 이들은 안전을 위해 자유를 상당 부분 포기할 준비가 돼 있을 거라고 생각했다. 하지만 디나는 스스로의 삶을 그런 식으로 바라보지 않았다. 오히려 그녀는 유대인이라는 사실, 그리고 지금의 삶의 방식에 감사해했다. 심지어 그들의 삶의 방식이 주는 혜택을 누리지 못한다는 이유로 나를 안쓰럽게까지 여기는 듯했다.

  버거 가족은 나를 용감하고 관대하게 그들의 세계에 들어올 수 있게 해주었고 가족생활의 내밀한 모습을 볼 수 있도록 허락해 주었다. 유대인 공동체는 일이 필요했기 때문에 현대 사회로 들어왔지만 나 같은 사람을 초대해서 가족의 정신세계를 뒤적거리게 하지는 않았다. 공정하게 말하자면 대부분의 사람들이 이와 마찬가지겠지만, 그들은 더욱 그러했다. 버거 가족 중 누구도 코셔 kosher[2]가 아닌 식당에서 식사를 해본 적이 없을 정도로 그들의 삶은 지역사회의 지리와 관습에 얽매여 있었다.

  그랬기에 다른 문화권에서 온 완전히 낯선 사람인 내게 말을 거는 것은 꽤 큰일이었다. 나는 그들의 경계를 존중해야 한다는 것을 알고 있었지만 그들의 문제를 분류하고 해결하지 않으려 노력하는 일은 여전히 어려웠다. 그들은 그것을 필요로 하지 않았기 때문이다. 나는 종종 자전거를 타면서 스스로를 다독이며 많은 사

---

[2] 식재료 선정부터 조리 과정까지 전통적인 유대교 율법에 따라 만들어진 음식. 되새김질을 하고 발굽이 갈라진 동물만 식용 가능, 육류는 유제품과 함께 섭취 불가 등의 엄격한 규정을 따른다. 코셔 인증을 받기 위해서는 이스라엘 랍비청의 승인을 받아야 한다.

색의 시간을 보냈다. 나는 내게 주체성과 목적을 부여한 나의 기술을 사용하지 않는 것이 어렵다는 것을 알게 되었다. 사람들을 연결하고 그들의 관점을 새롭게 전환하거나 그들이 오래된 두려움에서 벗어날 수 있도록 지원하는 데 내 능력을 쓰고 싶었다. 그리고 이것이 내가 해결해야 할 통제 문제라는 것을 깨달았다.

내가 선을 넘는 것을 멈출 수 없었던 지점은 직업과 관련된 영역이었다. 나는 안나에게 자신만의 정체성, 즉 일이라는 정체성을 놓치고 있는 것 같다고 말했다. 자원 봉사를 하든 멘토를 하든 상관없지만 나는 그녀가 집 밖으로 나와서 다른 사람이 되기를 바랐다. 안나가 내게 따뜻하게 미소 지으며 다음과 같이 말했을 때 나는 그녀의 자기방어가 그리 강하지 않다는 사실에 놀랐다. "뭔가 연결고리가 빠진 것 같아요. 적절한 균형을 찾아야 하지만 저를 위한 게 무엇인지도 찾아야 해요."

나는 그녀가 자신을 위해 무언가 필요하다는 것을 인정하는 것이 마음에 들었다. 디나도 마찬가지로 지금은 전업주부였지만 앞으로 일하는 것을 배제하지 않겠다는 데 동의했다.

많은 사람에게 일은 선택사항이 아니라는 것을 알고 있다. 하지만 버거 가족에게는 선택의 문제였다. 내 나름의 선입견이 있었으므로 난 그들에게 일이 나를 여러 번 구해줬다고 말했다. 나는 인생에서 일을 보류하거나 뒷전으로 미뤄야 하는 단계가 있고 파트너이자 엄마로서 중요한 가치가 있다는 것을 인정하지만, 여성이 세상에 훨씬 더 많이 기여할 수 있고 또 일을 통해 추가적인 목적,

의미 체계, 자존감을 찾는 것이 가족과 여성에게 건강하다는 것을 깊이 믿는다. 반면에 버거 가족에게는 그들만의 강력한 힘이 있었다. 바로 신앙이었다.

    카티의 부모님은 독실한 유대인이었다. 그녀를 데려온 삼촌은 초정통주의 공동체의 일원이었다. 카티는 '사람들이 불타는 것을 보고' 다른 이들이 신앙을 포기한 이유를 이해했지만, 자신에게는 가족과의 관계를 이어가기 위한 방법이었다고 회상했다. 그녀에게 종교의 전통은 '엄청난' 것이었다. 그 힘은 많은 것이 파괴된 상황에서도 그녀를 지탱해 주었다. 그녀는 지상에서 지옥을 겪었지만, 신앙은 그녀보다 더 크고 위대한 무언가가 있다는 믿음을 심어주며 용기를 주었다. 그래도 그녀와 같은 여성 신자들은 성스러운 날과 명절에만 회당에 갔으며 그녀는 "그저 필요할 때마다 조금씩 기도할 뿐"이라고 말했다. 나는 미소 지었다. 카티는 기도를 과하게 하는 사람이 아니었던 것이다.

    안나는 종교의 실천적인 영역에 속하는 신앙의 측면과 그들의 종교가 지닌 소속감의 측면 사이에는 차이가 있다고 설명했다. "우리 종교는 아주 포괄적이에요. 우리에게는 기본적으로 살아 숨 쉬는 실체죠. 매주 금요일 밤마다 같은 노래, 같은 곡조, 같은 기도를 불러요. 그러면 더 큰 규모의 커뮤니티의 일부가 된 듯한 느낌을 받아서 절대 외롭지 않죠. 전 세계 어디에서든 커뮤니티에 참여할 수 있어요."

유대교가 살아있는 실체라는 생각에 나 또한 매료되었다. 나도 교회와 회당에서 이뤄지는 의식을 좋아하지만 내가 방문하는 공간을 하나의 존재가 아니라 고정적이고 객관적인 건물로 생각한다. 외로움을 종식하기 위한 한 캠페인 조사에서 20명 중 1명은 "자주 또는 항상" 외롭고, 성인의 45%는 "가끔, 또는 자주" 외로움을 느낀다고 답한 영국의 상황이 생각나는 대목이다. 유대인이라는 완전한 소속감과 동료 유대인들과 연결될 수 있다는 자신감은 매우 강력한 힘을 가졌다. 안나는 힘찬 목소리와 밝은 눈빛으로 계속해서 이렇게 말했다. "종교적 측면에서 저는 힘들 때면 「시편 Psalms」에 의지해요. 누군가 몸이 좋지 않을 때마다 저는 즉시 「시편」을 찾죠. 우리는 모두 팬데믹 시기에 공동체로서 기도 드렸어요. 그것이 우리 신앙의 진리예요. 매 순간 느끼지 못할 수도 있지만 거기에는 그 진리가 있죠."

레베카가 더욱 열정적으로 말했다. "하나님은 현존하는 영령이세요. 비극이나 슬픈 일, 어려운 일이 닥쳤을 때 도대체 어떻게 믿음 없이 계속 살아갈 수 있을까요?

하나님은 무슨 일이 일어날지, 우리에게 무엇이 옳은지 알고 계세요. 그래서 우리가 어떤 지점에 있든 우리가 있는 곳이 무척 암울하고, 어둡고, 무섭게 보일지라도 우리 위에는 더 큰 계획이 있다고 믿어요. 세상을 운영하는 하나님이 있으시지만 우리는 그 모든 것을 알지 못합니다. 비극이 닥쳤을 때 우리는 하나님께 항복하고 '당신에게 맡기겠습니다.'라고 말할 수 있는 능력이 있습니다."

나는 안나가 자부심과 사랑으로 딸을 바라보는 모습을 지켜볼 수 있었다. 자신이 키워낸 그녀가 그토록 확신에 찬 목소리로 믿음을 증언하고 있었던 것이다. 레베카가 이어갔다. "제가 말하는 것을 실제로 시험받는 일은 없기를 바라지만, 제가 붙잡으려고 노력하는 것은 바로 이 말이에요. 어머니는 종교에 대해 이렇게 말씀하시죠. 우리에게는 질서가 있고 그래서 우린 한 해를 예측할 수 있다고요. 우리는 특정한 달이나 축제들이 무엇에 관한 것인지 알고 있어요. 그것은 우리의 1년이라는 시간에 구조를 부여하지요. 각기 다른 축제에는 저마다 필수적인 장소와 노래, 음식이 있습니다. 이는 전 세계적으로 보편적이죠. 세상 어디에 나가더라도 당신은 무언가의 일부이고 거기 소속되어 있어요."

디나는 어머니의 말을 되새겼다. 그녀는 매일 아침과 아기가 허락하는 다른 시간에도 기도를 드렸다. 그녀는 가족이 유대인 정체성의 필수적인 부분이며 유대 민족의 연속이라고 믿었다. 그래서 그들의 가족은 종교와 밀접하게 얽혀 있었다. 그들은 모두 유대인인 것에 대해 깊은 감사함을 느끼고 있었다.

흥미롭게도 신앙을 가진 사람들과 높은 수준의 행복 지수 사이에 유의미한 상관관계가 있다는 것이 여러 연구에 의해 나타났다. 디나처럼 젊은 청년에게 신앙을 기반으로 하는 가정에서 자란다는 것은 정신 건강을 보호하는 요소로 작용한다. 물론 영적 수행과 신앙에 정확한 가치를 부여하는 것은 불가능하다. 그것은 지극히 개인적인 문제이기 때문이다. 하지만 버거 가족의 경우 그들의 신앙이 많은 어려운 구멍을 메워주는 것이 분명했다.

　나는 죽음의 존재가 어떻게 그들의 삶의 배경이 되었는지를 살펴볼 필요가 있었다. 안나는 안식일에는 전기나 교통수단을 사용할 수 없었다고 설명했다. 안식일은 항상 조용했다. 어렸을 때 그녀는 오후가 되면 형제자매들과 함께 앉아 가족사진 상자를 뒤지곤 했다. 이 사진들은 가족의 행복한 휴가를 찍은 사진이 아니라 죽은 가족들의 사진이었으며, 수용소에서 시체로 가득 찬 손수레의 사진도 포함되어 있었다. 그녀는 그 사진들을 먼저 살펴본 다음 다른 가족사진을 찾는다고 설명했다.

　많은 가정에서 죽음에 대한 논의는 금기시되지만 이 가족의 경우엔 그렇지 않았다. 안나는 아버지와 형제들이 이스라엘에서의 매장 계획에 대해 이야기하는 것을 앉아서 들었고, 이들은 마치 저녁 식사 자리에서 좌석 배치 계획을 논의하듯 누가 누구 옆에 묻힐지를 계획했다. 카티는 이스라엘이 안전하다고 느꼈고 자신이 아이작과 그의 가족 옆에 묻힐 것이라는 사실에 위안을 받았다. 그녀의 가족 중 상당수는 묘지에 묻힐 수도 없었고 삶을 기념할 비석도 없었기 때문에 더욱 가슴 아팠다. 아이작은 가까운 가족들의 이름을 비석에 새겨 넣어 그들에게 자리를 마련해 주었다. 나는 죽음을 논의하는 일이 많은 사람이 상상하는 것처럼 우울한 게 아니라 그 반대라는 사실에 주목하곤 한다. 죽음의 필연성을 인정하고 공개적으로 논의하면서 살아 있음에 감사함을 느끼는 것이 그들에게 생명과 활력을 주었다.

나는 버거 가족이 우리의 대화가 도움이 되었다고 생각해서 기뻤다. 내가 그들의 견해와 존재 방식을 목격함으로써 그들은 서로 다른 방식으로 삶의 여러 측면을 더욱 명확하게 볼 수 있게 된 것이다. 걱정을 많이 하는 가족이지만 2차 트라우마가 있는 가족은 아니라는 나의 솔직한 평가를 듣고 그들의 얼굴에 안도의 미소가 번졌다. 다른 사람에게서 이미 알고 있는 사실을 듣는다는 것은 언제나 가슴 벅찬 일이다. 그들의 소감 중 가장 기억에 남는 건 안나의 말이었다. "저는 우리 세션이 너무 좋았고 선생님을 만나서 생각과 감정을 나누는 것이 즐거웠어요. 우리의 대화는 가족을 하나로 모아주고 아이들을 더 깊이 이해하게 이끌어주는 매우 카타르시스적인 경험으로 제 기억에 남았습니다."

아이와 함께 있는 것뿐만 아니라 아이에 대해 생각하고 이야기하면서 우리 아이를 더 잘 알 수 있다는 점이 흥미롭지 않은가?

레베카는 이렇게 말했다. "우리가 함께 나눈 대화는 생각과 느낌 모두에서 통찰력을 주었고 자극이 됐어요…. 저희 가족의 역사와 역학 관계는 워낙 친숙해서 지금껏 다 알고 있는 것처럼 느껴졌지만, 그것을 탐구하는 일은 동시에 더 깊은 차원의 성찰과 아직 발견되지 않은 영역에 대한 도전을 가능하게 해주었어요. 항상 알고 있었지만 어쩌면 당연하게 여겼던 것에 대한 인식이 높아진 것 같아요."

우리는 자신과 가족의 미지의 영역을 탐구하는 시간을 보냄으로써 우리가 알고 있던 것을 더 잘 이해하고 지금까지와는 다르게 알아갈 수 있다. 나는 그러한 탐험의 성격이 계시적이라고 생각한다. 우리는 종종 다른 방식으로 주의를 돌리기 전까지 자기 눈앞에 있는 것을 보지 못한다.

카티는 조용하고 깊은 사랑의 능력과 생존을 위한 용기를 지닌 최고의 여장부였다. 그녀의 삶은 누구도 따르기 힘든 것이었고, 사랑할 수 있는 능력은 대대로 이어져 내려온 그녀의 진정한 유산이었다. 그리고 그녀의 믿음도 마찬가지였다. 랍비 조나단 색스 Jonathan Sacks는 이렇게 말했다. "성경을 보면 행복에 대한 이야기가 가장 먼저 떠오르지 않는다. 우리는 비참한 학위, 대학원 졸업 후의 불안, 그리고 그 모든 것이 끝났을 때 축하한다…. 유대인의 정의는 신과 인간과 씨름하여 승리하는 사람이다. 나쁜 일이 생기면 그 안에서 축복을 찾을 때까지 그것을 놓지 않는다."

그것은 내게 근본적으로 의미 있는 삶의 태도를 요약한 것 같다. 고통이 없는 삶은 없고 불안과 혼란이 없는 삶도 상상하기 힘들지만, 모든 것을 하나님께 맡기고 궁극적으로 축복을 느끼는 방법을 찾는 건 긍정적인 삶의 방식이 될 수 있는 것이다.

세션을 마친 지 몇 달 후, 정체성과 가족에 대해 고민하던 나는 버거 가족을 떠올렸다. 그들은 낯선 방식으로 내 머릿속에 들어와 자리를 잡았다. 나는 강한 믿음을 갖는 것이 우리를 얼마나 다르게 만드는지 알아내려고 노력했다. 결국 나는 우리의 삶이 겉으로는 다르게 보이지만 궁극적으로 사랑, 가족, 소속감, 생존, 안전, 목적 등 모두가 안고 있는 고민과 어려움은 하나라는 결론을 내렸다.

카티의 이야기를 들은 후 나는 세대를 뛰어넘는 트라우마의 증거, 즉 과거의 공포가 그녀의 가족에 어떤 방식으로 내재해 있는지를 찾아보게 되었다. 그간 알고 있던 것과 다른 사실 역시 발견했다. 버거 가족의 구성원에게 가장 강력하게 작용하는 힘은 새로운 종류의 것이었다. 카티의 놀라운 회복력과 용서, 그리고 악에 맞서 사랑할 수 있는 능력은 그녀가 자녀와 손주들에게 존경을 받는다는 것을 의미했다. 카티는 여성의 강인함, 사랑, 감사, 믿음, 인내의 시금석이 되어 주었다.

하지만 이는 어려움의 가능성도 제기했다. 뛰어난 가족 구성원은 그 뒤를 잇는 세대에 특별한 도전 과제를 제시한다. 이들은 스스로 부족함을 느낄 수 있으며 지극히 정상적인 인간의 취약성을 터무니없이 높은 기준으로 판단할 수 있다. 카티의 자손이라는 경험은 정치인, 사업가, 록스타, 작가 등 유명하거나 성공한 사람의 자녀에게도 동일하게 적용될 수 있다. 당신은 항상 누군가의 자녀, 즉 X의 아들 또는 Y의 딸이다. 가족의 전설적인 인물을 숭배하는 것은 억압된 감정, 완벽주의, 상호 의존성, 그리고 가족 구성원이 숭배하는 것만큼 의미 있는 정체성을 찾기 위한 투쟁으로 이어질 수 있다.

이러한 다이내믹함을 이해하고 그들 자신의 고유한 상황과 시간 속에서 스스로를 바라보는 법을 배운다면, 그리고 더 큰 연민으로 자신을 바라볼 수 있다면, 가족 구성원들은 내면의 비판자를 진정시키는 동시에 가족 안의 놀라운 인물로부터 힘을 얻을 수 있게 된다. 각자의 이야기가 연결되면서도 분리되도록 이끌어갈 수 있는 것이다.

크레이그와 부토스키 가족
The Craig and Butowski Family

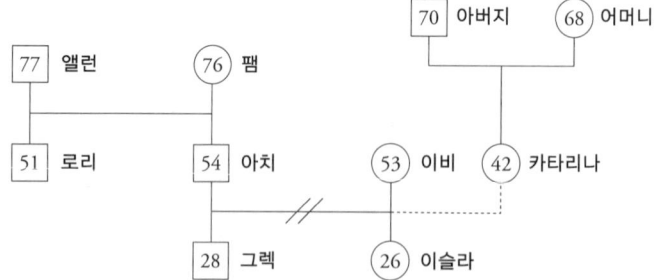

크레이그와 부토스키 가족

The Craig and Butowski Family

이별에 관하여

죽음의 문턱에서
살아가는 방법

|사례개요| 아치 크레이그Archie Craig는 54세의 스코틀랜드인으로 폴란드인 약혼녀 카타리나Katharina, 28세 아들 그렉Greg과 함께 하이랜드Highlands에 살고 있다. 26세 딸 이슬라Isla는 보더스Borders에 산다. 아치는 아이들의 엄마와는 이혼한 상태다. 그는 12년 전 신장 제거 수술을 받으면서 처음 암 진단을 받았다. 4년 동안은 모든 게 순조로웠지만 이후 정기 검사를 통해 폐와 가슴에 암이 전이된 걸 발견했다. 내가 그를 만나기 4개월 전, 그는 뇌에 종양이 생겼으며 앞으로 1년 정도 더 살 수 있을 거라는 충격적인 소식을 들었다. 우리는 투병 기간 동안 그와 그의 가족을 지원하는 작업을 함께했는데 시간이 지날수록 더 많은 영역에 관심을 쏟아야 한다는 사실이 명확해졌다. 아치는 정신적, 신체적 건강을 지키기 위해 부모와의 연을 끊어야 했고, 방사선 치료, 화학 치료와 스테로이드의 끔찍한 부작용에도 대처해야 했다. 가족 모두는 팬데믹 상황 속에서도 그가 죽음에 가까워지는 동안 어떻게 하면 최선의 방법으로 삶을 살아갈 수 있을지에 관한 도전에 직면했다.

나는 영국 암 연구소에 가서 아치의 병에 대한 통계 정보를 알아보았다. 통계는 특정 질병에 대한 관점을 얻는 데 유용할 수 있지만 위기 상황에서는 두려움이나 분노를 불러일으키기도 한다. 나는 이 수치를 통해 말기 희귀암에 시달리기에는 아치가 아직 너무 젊다는 사실을 깨달았다. 아치와 가족 모두 인생이 불공평하다는 것을 알고 있었지만, 이번엔 특히 더 잔인했다.

- 영국에서는 매년 16만 6천 명 이상이 암으로 사망한다.
- 영국 남성의 경우 신장암은 10번째로 흔한 암 사망 원인으로, 2018년에 약 2천 9백 명이 사망했다.
- 매년 영국에서 암으로 인한 사망자의 절반 이상(54%)이 75세 이상(2016-2018년)이다.
- 잉글랜드와 웨일즈에서 암 진단을 받은 사람의 절반(50%)이 10년 이상 생존한다(2010-2011년).

한 발 물러나 수십 년간의 클라이언트 사례를 검토하다가 어느 한 순간을 정지시켜 보면, 언제나 내게 깊은 연민과 때로는 걱정을 불러일으키는 이가 한 명씩 있는 듯하다. 지금으로서는 아치 크레이그가 바로 그런 클라이언트다.

스크린 속 아치는 눈부실 만큼 창백했고, 대머리에 눈썹도 다 빠져 있었다. 그는 자신에게 너무 커 보이는 무거운 뿔테 안경을 쓰고 있었다. 나는 몇 분이 지나서야 아치가 어지간해서는 움직이지 않는다는 사실을 깨달았다. 그는 깔끔한 칼라 셔츠를 입고 침대에 똑바로 앉아 있었으며 말할 때 손동작이나 시각적 제스처를 동반하지 않았다. 말을 하기 위해 다른 모든 에너지는 극도로 아끼는 것처럼 느껴졌다. 아치가 내게 던진 첫마디는 다음과 같았다. "암은 모든 걸 뒤집어놓을 뿐 아니라 흰색을 검은색으로 바꾸기도 해요. 몸의 조각조각을 하나도 빠짐없이 훔쳐 가죠."

실제로 그렇다.

54세의 아치는 40대 초반에 신장암 진단을 받았다. 신장 제거 수술을 성공적으로 마쳤고 4년간은 암 없이 살아왔다. 암의 재발 가능성이 높다는 5년이 무사히 지나가는 청신호가 보이는 듯했다. 하지만 잔인하게도 암이 재발했다는 사실을 알게 되었고, 최근 두통을 겪은 뒤에는 검사를 통해 뇌에 종양이 생겼다는 충격적인 소식까지 들었다. 컨설턴트에 따르면 그가 나을 수 있는 방법은 없었다. 치료로 생명을 연장할 수는 있겠지만 그래 봐야 기대 수명도 12개월에 불과했다. 물론 가장 크게 영향받은 사람은 아치였지만 이는 그의 가족 모두에게 부정적 영향을 미칠 수밖에 없었다.

2013년 미국 국립생명공학정보센터 연구(골릭스Golics 등, 2013)에 따르면 만성 질환을 앓고 있는 가족의 경우 인터뷰에 응한 가족 중 92%가 환자의 질병으로 인해 정서적인 영향을 받고 있었으며, 거기서 비롯되는 감정으로 걱정(35%), 좌절(27%), 분노(25%), 죄책감(14%) 등을 언급했다. 겉보기와 달리 그들의 내면에서는 온갖 감정이 뒤섞여 소용돌이치고 있는 것이다. 이는 슬픔의 감정이자 질병에 대한 자연스러운 반응이다. 나는 그들을 이토록 강렬한 감정에서 해방시킬 수는 없다는 것을 알았지만 그 안에서 내가 든든한 버팀목이 될 수 있기를 진심으로 바랐다. 그들은 돌연 태도를 바꿔서 서로를 이해할 수 있는 관계가 아니었다. 그래서 나는 가족 구성원들이 계속되는 어려움에 직면하고 또 대처해 나갈 수 있도록 안정시키는 데 집중했다. 향후 후회를 남기지 않으려면 어떻게 행동하고 또 말해야 하는지 제안해 줄 수도 있었다.

나는 가족 구성원은 아니지만 그들이 자신을 보호하거나 걱정할 필요 없이 완전히 마음을 터놓을 수 있는 존재가 되길 바랐으며, 그런 역할이 도움이 될 것이라고 믿었다. 별것 아니라고 해도 분명 가치는 있었다. 나는 온전히 경청하는 것의 중요성을 결코 과소평가하지 않는다. 뛰어난 경청은 내가 제공하고 싶은 귀중한 자원이었다.

아치 역시 내 책에 참여할 수 있는 기회를 소중히 여기면서 이렇게 말했다. "제 경험이 누군가에게는 반드시 도움이 될 거예요." 자신의 이야기가 세상에 알려질 수 있다는 사실이 그에게는 아마 작은 위안이 되었을 것이다.

우리는 아치를 중심으로 치료를 진행했지만 약혼녀인 카타리나가 함께할 때도 많았다. 아치의 아들이자 생물학자인 그렉은 아치와 함께 살고 있었고, 딸인 이슬라는 NHS의 핵심 인력으로 아치의 집에서 몇 시간 떨어진 곳에 살았다. 나는 그렉과 이슬라를 따로 만나곤 했다. 이들의 고통을 아치가 목격하는 것이 부담스러울 수 있다고 판단했기 때문이다. 아치는 이 책을 통해 이들이 생각하고 느낀 것을 자신의 속도에 맞게 읽을 수 있을 것이다.

"폐와 흉부에 암이 재발했다."라는 이야기를 들었을 때 나는 불안감이 치솟는 것을 느꼈다. 나 역시 암 가족력이 있는 만큼 이 같은 말에 동요하지 않을 수 없었다. 그간 암이라는 질병을 부정하며 살아왔고 그와 같은 방어기제를 허문다고 해서 달라질 건 없겠지만 멀지 않은 곳에서 암 재발에 대한 경고장이 날아든 것이다. 그래도 내 가족 중 한 사람이 암에 걸린 지 2년이라는 시간이 흘렀기에 나 역시 다시 암 환자와 함께 일할 수 있을 만큼 회복되었다.

내 일은 이 같은 이유에서 강렬하기도 하지만, 보람차고 의미 있기도 하다. 나는 덕분에 이 가족의 경험을 더 큰 통찰력으로 들여다볼 수 있길 바랐다. 하지만 불리한 지점도 있었는데, 평소보다 더 바짝 긴장하고 주의해야 이들의 욕구를 충족하는 데 집중할 수 있었던 것이다. 어쨌든 이 관계는 그들을 위해 시작되었고 나는 그들을 지지하기 위해 심리적 강인함을 유지해야 했다. 여기서 중요한 건 내가 아니었다.

내가 아치의 사례를 포함한 건 우리 치료사들 모두 상실과 상처, 오류와 결함은 물론 그 기폭제로 가득한 자신만의 역사를 가지고 있음을 짚고 넘어가야 한다고 생각했기 때문이다. 나는 "치료사치곤 화가 많이 났네요."라는 말을 자주 듣는다. 마치 심리치료사는 사랑과 평화로만 삶을 채울 수 있는 마법 같은 힘을 지녀야 한다는 식이다. 그럴 수 있다면 얼마나 좋을까. 하지만 천만에. 나 역시 사랑, 연결, 호기심, 개방성을 유지하기 위해 지속적으로 노력해야 한다. 그리고 실패하고 넘어지며 대처하지 못하는 것도 그와 같은 노력의 일부분이다.

아치와 같은 상황의 다른 이들도 마찬가지겠지만 그가 시한부 진단을 받은 위기 상황에서 병의 고통을 견딜 수 있었던 건 가족으로부터 지지와 사랑을 받고 또 연결감을 느꼈기 때문이다. 단 여기서 복잡한 문제는 가족의 각 구성원마다 반응이 다르고, 어려움에 대처하는 방식이 다르며, 그것이 또 서로에게 영향을 미친다는 사실에서 비롯된다.

슬픔은 진단을 받는 순간부터 시작된다. 새로운 진단을 받을 때마다 충격, 슬픔, 불안, 분노, 두려움, 심지어 절망감에 이르기까지 비통한 모든 감정이 추가로 밀려온다. 가족 구성원 모두가 이러한 감정을 경험하면 지나치게 힘들어질 수 있다. 나쁜 소식은 우리의 위협 체계를 높은 경보 수준으로 활성화한다. 감정은 전염성이 있으므로 우리는 서로에게 본능적으로 영향을 미칠 수밖에 없다. 힘든 시기엔 모든 사람이 솔직하고 개방적으로 의사소통하고, 자신의 감정을 명명하고 표현할 수 있어야 한다. 이때 두려움과 희망에 대해서도 이야기하는 것이 최대한 안정을 유지하는 길이다.

이는 가족 시스템 내의 모든 개인이 자신의 행동에 책임을 져야 한다는 의미이기도 하다. 다른 사람의 필요에 민감하게 반응하고, 함께 힘을 모으며, 자신이 주변 사람들에게 부정적 영향을 미치고 있음을 인식하고 받아들여야 하는 것이다. 아치의 부모님은 그러지 못했다.

첫 번째 세션에서 나는 아치로부터 이런 얘기를 들었다. "부모님은 살아 계시지만 저는 부모님과 말을 섞지 않아요…. 괴롭지만 어머니가 저뿐 아니라 약혼자와 제 아이들에게도 이상한 말씀을 하시거든요. 암이 뇌로 전이됐다는 절망적 소식을 들었을 때 어머니는 카트리나에게 '아치는 항상 힘든 아이였어. 성장기 내내 날 괴롭혔지.'라고 하셨어요. 20분이나 그런 말씀을 계속하시더니 '암환자는 요양원에 들어가는 걸 더 좋아할 거야.'라는 말로 마무리하셨죠."

아치는 주먹을 불끈 쥐고 말하고 있었다. 나는 그에게 에너지가 조금만 더 있었어도 그 이상의 분노를 표현했을 것이라고 상상했다. 어머니의 무감각한 말에 나 또한 뱃속이 찔리는 듯한 충격을 느꼈다.

아치가 말을 이었다. "처음 그 말을 들었을 때 완전히 분노했어요.. 저는 뇌에 병이 있기 때문에 화내거나 속상해해서는 안 돼요. 뇌졸중이나 발작의 위험이 높아지거든요. 저 자신을 그런 위험에 노출시킬 순 없어서 부모님 뵙는 걸 그만둬야 했어요."

이후 카타리나는 아치가 어머니의 발언으로 받은 상처를 회복하는 데 두 달이 걸렸다고 귀띔해 주었다. 슬프게 고개를 끄덕이던 아치의 눈에 처연한 상처가 어려있던 게 아직도 내 눈에 선하다. "네, 정리하는 데 시간이 오래 걸렸어요. 저는 고통에 갇혀있었죠. 제게 선택권이 있다는 걸 깨닫기까지 시간이 좀 걸렸어요. 엄마의 변덕에 휘둘리며 상처받은 십 대가 될 수도 있었고, 더 이상 엄마가 필요 없는 쉰네 살의 제가 될 수도 있었죠. 어머니의 말은 여전히 저를 찌르지만 지금은 그렇게 날카롭지는 않은 것 같아요. 있는 그대로 받아들이는 수밖에요."

나는 그와 그의 어머니 사이에는 큰 차이가 있다고 말했다. 그에게는 관점을 바꿀 수 있는 통찰력, 공감 능력과 자기 연민이 있던 것이다. 하지만 이 같은 요소에는 대가가 따랐다. 어머니에 대한 기억이 주기적으로 떠오를 때마다 이런 생각이 꼬리를 물었다. '내게 좀 더 연민을 보여줄 수도 있었을 텐데…. 연민하고픈 마음과 복수하고픈 마음 중에 어머니는 복수하고픈 마음을 선택한 거야.' 부모님이 이렇게 부적절하고 심지어 잔인하기까지 한데도 아치는 부모님을 볼 수 없다는 생각에 마음이 무겁기만 했다. 아무리 그래도 그의 부모님이라는 사실에는 변함이 없고 그들을 사랑하고 보고 싶은 마음 역시 여전했지만, 그는 경계를 지켜야 한다는 사실을 알고 있었다. 나로서는 아치가 이 같은 짐까지 짊어지지는 않기를 바랐지만 어쩔 도리가 없었다.

몇 주에 걸쳐 아치를 알아가면서 그의 가족이 갖고 있는 역기능이 얼마나 중대했는지가 점점 더 뚜렷해졌다. 특히 어머니에 대해 이야기하지 않은 세션은 단 한 번도 없었고, 아버지에 관한 이야기도 자주 나왔다. 그는 그에 관해 대처하는 방법을 배웠지만 그렇다고 잊을 수 있는 것은 아니었다. 우리 모두가 그렇듯 부모로부터 받은 상처는 한없이 깊다. 그것을 관리하는 방법을 배울 수는 있지만, 슬프게도 아예 지울 수는 없다. 그는 어머니에 대해 이야기할 때면 종종 어머니의 목소리를 냈는데 대체로 그를 괴롭히는 목소리였고 때론 위협적이기까지 했다.

아치는 그 뿌리를 이해했다. 그의 어머니는 어렸을 때 자신의 아버지에게 성추행을 당한 적이 있었고 그 트라우마를 결코 극복하지 못했다. 처리되지 않은 트라우마로 인해 그녀의 감정은 일상적으로 고조돼 있었다. 그녀는 주로 허리 통증, 당뇨병, 경미한 뇌졸중 등 자신의 질병을 과장해 끊임없이 관심을 요구했다. "모든 동정심을 쏟아부어야 해요. 어머니는 그야말로 드라마 퀸이죠." 아치가 말했다. 그녀는 아들의 시한부 판정까지도 자신의 것으로 승화시킬 만큼 타인의 슬픔을 무차별적으로 가로채곤 했다. 아치의 부모님은 '격렬한 싸움'을 하긴 했지만 기본적으로는 어머니가 아버지를 통제했다. 아치가 말할 때 나는 그의 눈빛과 목소리의 톤을 통해서 그가 이를 얼마나 명확하게 이해하고 있는지, 그가 얼마나 큰 상처를 안고 있는지 알 수 있었다.

그는 자신이 자란 환경을 이렇게 요약했다. "부모의 보살핌이나 돌봄 같은 건 없었어요. 사랑은 있었는지 몰라도 다정함은 없었죠."

우리 모두가 그렇듯
부모로부터 받은 상처는 한없이 깊다.
그것을 관리하는 방법을
배울 수는 있지만,
슬프게도 아예 지울 수는 없다.

문제는 아치의 부모님이 여호와의 증인으로 자란 데 비해 아치는 여호와의 증인을 사이비 종교라고 믿는다는 사실로 인해 더욱 복잡해졌다. 이는 그들이 극도로 독단적인 가정에서 살았다는 것을 의미했다. 누구든 의문을 제기하거나 어떤 식으로든 자신만의 개성을 드러내는 것이 허용되지 않았다. 아치는 물론 그런 엄격한 체제에서 자란 아이들은 무조건 뛰어나야 가치를 인정받는다고 여기기 때문에 불안증이 있거나 적어도 자신감이 부족할 확률이 높다. 이는 아치가 치료를 받기 전까지 삶의 모든 면에 영향을 미쳤다. 그때까지 아치는 자신의 세계가 자신을 비롯한 누군가의 책임이라고 여겼는데, 이는 일상적 두려움을 낳아 평소의 그를 경직되도록 했고 스스로 자책하도록 만들었다. 여기서 슬픈 건 이 같은 태도가 그의 자녀에게까지 영향을 미쳤다는 사실이었다. 하지만 이들이 지금에라도 그 결과에 대처하고 있어 다행이었다.

내 친절한 동료인 메리 러셀Mary Russell은 「전체주의자 모집의 경고 신호Totalist Recruitment Warning Signs」라는 제목의 논문을 내게 보내주었다. 이는 사이비 종교 집단을 식별할 때 살펴봐야 할 위험 신호를 연구한 것으로, 그 내용이 아치가 여호와의 증인의 세계에 대해 묘사한 것과 모두 일치했다. 이 논문은 사이비 집단 구성원이 가까운 지인들로부터 어떻게 고립되고 입막음을 당하는지, 그리고 그들이 부과한 규칙과 공동체의 지침이 어떻게 모든 문제에 대한 유일한 해답으로 제시되는지 강조한다.

오래 전부터 내가 깨달은 것 중 하나는 인생에서 흑과 백, 선과 악으로 뚜렷이 구분할 수 있는 건 거의 존재하지 않는다는 사실이다. 통제의 필요성은 두려움에서 비롯되며, 종종 개인과 가족 간의 가장 격렬한 분쟁의 원인이 되기도 한다. 따라서 개인이나 조직이 자신의 절대적인 옳음을 믿을 때 가장 먼저 던져야 할 질문은 '그들이 무엇을 두려워하는가?'이다. 다양한 견해나 더 많은 자유를 허용하는 것이 그들에게 어떤 위험을 초래할까? 그에 관해서 답을 구하는 것은 앞으로 나아갈 토대가 된다.

아치는 스물여덟 살에 여호와의 증인 신도를 그만두었지만, 그의 말이나 반사적으로 나오는 반응에는 여전히 여호와의 증인 코드가 잠재돼 있었다. 결혼 생활이 끝나고 사업이 파산한 사십 대가 되어서야 그는 치료를 통해 소위 "새로운 운영체제"를 알게 되어 더 나은 결정을 내릴 수 있게 되었다.

아치가 많은 세션에서 자신의 치료사 나이젤Nigel G의 이름을 계속해서 자랑스럽게 언급했다. 그래서 나는 효과적인 치료는 그것이 끝난 뒤에도 오래 지속된다는 생각을 하게 되었다. 나이젤의 목소리는 어떤 어려운 상황에서도 정기적으로 아치의 마음에 떠올라 그에게 답을 주곤 했다. 아치가 말했다. "그는 제 감정 시스템이 생각보다 빠르게 작동하고, 제가 거기에 반응하며 살고 있다는 걸 알려줬어요. 제 안에 있는 신호와 그 신호를 식별하는 방법도 배웠어요. 가령 내가 어떤 감정을 느끼고 있는데 이런 반응은 도움이 되지 않는다고 했을 때 그렇다면 올바른 반응은 무엇일지 생각해 보는 거예요. 일단 멈추고 뇌를 사용하기 전의 반응에 대해 고민해 보는 거죠. 저는 예전에는 화를 무척 잘 냈어요. 하지만 지금은 속도를 늦춥니다. 좀 더 인내심이 생겼고… 훨씬 좋은 결정을 내릴 수 있어요. 카타리나를 만난 것처럼요.. 만약 몇 년 전에 그런 일이 일어났다면 저는 기회를 잡지 못했을 겁니다. 그녀에게 전화를 한 건 아주, 아주, 아주, 아주 [그는 웃으면서 '아주'를 몇 번이고 반복했다.] 잘한 결정이었죠."

그가 말하는 동안 나는 이렇게 덧붙이고 싶었다. "맞아요! 인생을 바꾸기엔 아직 늦지 않았어요. 나쁜 패턴은 고정되어 있는 게 아닙니다. 우리는 달라질 수 있어요." 하지만 아치는 약혼자와 나누는 따뜻한 교감의 흐름 속에 있었으므로 내가 치료의 가치를 거창하게 말할 타이밍은 아니었다.

카타리나는 늘 그랬던 것처럼 아치의 침대 옆에 누워 그의 팔을 쓰다듬고 있었다. 얼굴빛은 아치와 마찬가지로 창백했지만 윤기 나는 금발 머리와 밤색 눈이 빛났다. 그녀는 키가 컸고 커뮤니케이션 담당 임원이라는 직위에 걸맞은 지적인 분위기의 맞춤 정장 차림으로 강렬한 존재감을 드러냈다.

두 사람은 카타리나가 스코틀랜드에 왔을 때 처음 만나 연애를 시작했던 시절을 떠올리며 환하게 웃었다. 나는 그 이야기를 듣는 것이 정말 좋았다. 그들은 서로의 말을 끊고 킥킥 웃으며 생기를 띠었다. 첫 데이트 당시 아치는 카타리나가 약속 시간에 늦어 기분이 좋지 않았지만, 그녀의 번호를 따냈고 그녀에게 키스까지 했다. 그야말로 찬란한 시절이었다. 두 사람은 각자 다른 나라에 살았지만 온라인에서나마 최대한 자주 만나며 서로를 알아갔고 금세 연인이 되었다. 이후 불과 2년 만에 카타리나는 스코틀랜드로 이사했다.

좋은 기억은 나쁜 기억만큼이나 강력하게 우리 안에 살아 있으며, 그 기억에 집중하기로 선택함으로써 우리의 기분과 삶에 대한 태도를 바꿀 수 있다는 사실을 나는 다시 한번 깨달았다. 아치는 영구적인 육체의 고통 속에서 자신의 삶이 제한되어 있다는 것을 알고 있었지만, 카타리나와 연결되자 그런 고통과 좌절은 모두 사라지고 활력을 되찾았다. 사랑이 우리를 치료해 줄 수 있는 건 아니지만 우리가 심한 고통을 겪을 때에도 온전히 살아갈 수 있게 해주는 것만큼은 분명하다.

아치가 말했다. "지금처럼 행복하고 만족스러웠던 적은 없어요. 카타리나는 특별한 여자예요. 그녀가 왜 여기 있는지 궁금할 정도로요."

카타리나가 웃었다. "우리는 서로를 정말 사랑해요. 행복하고요. 가장 도전적인 일이지만 세상 무엇과도 바꿀 수 없는 행복이에요. 저는 다른 사람이 될 필요 없이 그냥 저 자신인 채로 그가 저를 바라보게 할 수 있어요. 그는 언제나처럼 미치도록 저를 사랑해요. 그가 힘들어하는 모습을 보면서 할 수 있는 게 아무것도 없다는 건 정말 끔찍하죠."

그녀의 이야기를 들으며 사랑은 우리의 가면 속 본모습을 과감히 드러내게 만들고, 우리를 자유롭게 해 애정을 온전히 주고받을 수 있게 해준다는 생각이 들었다. 안타깝게도 카타리나는 가장 사랑하는 대상으로부터 가장 큰 상처를 받았다. 그의 고통을 덜어줄 수 없는 데서 오는 고통이 컸기 때문이다.

아치가 말했다. "나는 지금 필요한 것 이상으로 갖고 있어요. 내게 남은 시간은 기쁨과 평화로 채워갈 거예요. 상처와 원한은 필요 없어요[이는 어머니를 지칭하는 말이었다]." 그리고는 체념에 찬 어조로 덧붙였다. "기적이 필요해요."

나는 카타리나가 실제로 그를 치료할 수 없다고 해서 그녀의 사랑이 지닌 가치를 무시하는 쪽이 아니라, 얼마나 중요한지 인식하도록 돕는 데 초점을 맞추고 싶었다.

아치는 카타리나와의 사랑스러운 관계 덕분에 병의 고통을 견뎌낼 힘을 얻었고 사랑은 그 과정에서 더욱 빛을 발했다. 그는 지금보다 더 행복했던 적은 없다고 거듭 말하며 현재 자기 삶의 가치와 의미를 확인했다. 아치는 자신의 커리어를 즐겼지만, 죽음을 앞둔 자신의 행복은 가장 가까운 사람들의 사랑과 행복에 따라 결정된다는 사실을 알고 있었다. "인간에게서 모든 것을 빼앗을 수 있다 하더라도 예외는 있다. 주어진 상황에서 자신의 태도를 결정하고, 자신의 길을 선택하는 마지막 자유만큼은 결코 빼앗을 수 없다."라는 빅터 프랭클Victor Frankl의 실존적 메시지처럼 아치는 깊은 고통 속에서도 스스로에게 힘을 주었다. 그의 회복력의 핵심에는 카타리나, 그리고 자녀들과 함께 나눈 사랑이 있었다. 나는 타인의 사랑 없이는 이렇게 압도적인 경험에 대처하기가 사실상 불가능하다고 믿는다.

아치에 대해, 그리고 아치가 부모의 부정적인 대처로부터 자신을 보호해야 하는 필요성에 대해 생각하던 중 나는 부모를 보지 않겠다는 아치의 말이 내 마음속에서 메아리치는 것을 들을 수 있었다. "그런 저 자신이 너무 싫어요." 아치의 어머니가 어린 시절 겪은 학대와 그의 아버지의 나약함으로 인한 비극은 세대를 이어 가고 있었다. 아치는 이를 완벽하게 표현했다. "저는 어머니와 아버지가 당신들의 문제를 우리에게 떠넘기는 데 반대예요. 그분들 자신에게 일어난 일에 대해 나름의 감정을 가질 권리는 있지만 그 감정을 우리에게 떠넘기는 것은 옳지 않아요."

아치의 병에 대해 부모님은 방어적 태도만을 내세웠고 그간의 습관대로 대처했다. 어머니는 자신에게만 관심을 쏟았고 아버지는 아들을 외면한 것이다. 두 사람 모두 자신의 방어기제로 인해 아들을, 그것도 가장 사랑하는 아들을 지원하지 못했다. 이 같은 인식 부족과 고질적 가족 패턴에서 비롯되는 고통은 상당히 광범위하게 퍼져 있다.

하지만 아치는 잘 극복해냈다. "첫 번째 결혼 생활 당시엔 기본적으로 제가 어렸을 때 겪었던 일을 아이들과 똑같이 반복했다는 사실을 깨달았어요. 하지만 제 치료사인 나이젤을 만나고 나선 변화를 꾀할 수 있었죠. 아이들에게 사과했어요. 내가 얼마나 나쁜 사람인지 몰랐다고, 이제 바꾸고 싶다고 이야기했죠. 어떤 일이 잘못되었다면 그건 네가 아닌 나의 잘못일 수도 있다는 걸 알아줬으면 좋겠다고, 넌 그냥 어린애였다고, 책임이 있는 사람은 나였다고 말이에요." 그 대화는 자녀와의 관계를 완전히 재설정했다. 이제 이들은 무척 친밀하게 잘 지내고 있다.

물론 치료가 누군가에겐 도움이 되겠지만 그렇다고 해서 모든 이에게 권하는 것은 아니다. 나는 다만 가족이 제 기능을 하려면 자녀가 성인이 될 때까지 충실한 부모가 잘 이끌어야 한다고 촉구할 뿐이다. 나는 부모들이 자신을 돌아보고, 자신의 행동이 미치는 영향을 인식하며, 그에 대한 책임을 지고 필요하다면 반드시 변화할 수 있기를 바란다. 아치처럼 진심을 담아 사과하는 일은 과거의 상처를 치유하는 데 큰 도움이 될 수 있다.

아치는 자신의 감정에 이름을 붙이고 자신의 생각을 돌아보며 자신의 마음 상태에 대한 통찰력을 갖는 한편, 타인의 감정에 대해 상상력을 펼쳤다. 이를 통해 나는 저명한 정신분석학자이자 심리학자인 피터 포나기Peter Fonagy 교수와 그의 동료들이 인간 발달에 관한 이론에 추가한 중요한 내용을 떠올릴 수 있었다. 바로 '정신화mentalization'이다.

포나기는 '자신과 다른 사람의 기분에 이름을 붙일 수 있는 능력, 즉 정신 상태에 기인하여 자신과 다른 사람의 행동을 해석하는 능력'이 안전한 관계를 구축하는 데 중요하다고 말한다. 아치는 그 방법을 배운 후 다른 사람들에게 더 차분하게 공감하며, 배려하는 방식으로 반응할 수 있게 되었다. 그 결과 그의 인간관계는 훨씬 더 풍성해졌다. 이 같은 효과를 목격하는 것은 내게는 그야말로 기적적인 일이었다. 아치도 상황을 잘 파악하고 있었다. "나이젤과 작업한 뒤 우리 가족이 서로 평화롭게 잘 지낸다는 사실을 알았어요. 우리는 좋은 팀이에요. 거기서 많은 힘을 얻습니다." 나는 나이젤에게 조용히 박수를 보냈다. 두 사람이 함께 얼마나 대단한 일을 해낸 것인가. 말 그대로 한 사람의 인생이 바뀌는 순간이었다.

아치는 일상을 제외한 다른 데 집중할 수 있는 능력이 제한되어 있었다. 18개월 전 일을 그만둬야 했기 때문에 나는 그의 일에 대해 듣지 못했다. 난 그가 골프와 축구, 자동차를 좋아했다는 사실을 알고 있었고 그는 더 이상 운전을 할 수 없다는 사실에 슬퍼했다. 그것은 아치가 자유를 상실했다는 것, 즉 그의 진정한 '이동성의 박탈'을 상징하는 것이기 때문이다.

그가 말한 다른 중요한 인물은 남동생 로리Rory뿐이었다. 그는 분명 동생을 좋아했지만 이렇게 말했다. "로리는 약간 이상하다고도 할 수 있어요. 결국엔 형제로서 저와 같은 부모님 밑에서 자란 거니까요. 제가 진단을 받았을 때 로리는 제 곁에 있어 주겠다고 했어요. 저는 감동해서 얼마나 절망스러운지 털어놨죠. 그런데 몇 분도 채 지나지 않아 동생이 이러더군요. '그만해, 형이 스스로를 나락으로 떨어뜨리고 있잖아.' 어머니가 하신 말씀이었죠. 동생의 말이 '무슨 일이 벌어졌든 상관없어. 그냥 다 괜찮은 척하자.'라는 뜻이라는 건 저희 둘 다 알고 있었어요. 로리는 제 곁에 있어 주겠다고 했지만 실제로 어떻게 해야 하는지는 몰랐던 거죠. 제가 뇌종양 때문에 많이 아파서 병원에 입원해 있을 때도 동생은 '형 차례가 온 거야.'라고 했어요. 차례라니! 물론 진짜 차례라는 뜻이 아니에요. 정신 바짝 차리라는 뜻이죠. 로리의 말은 실제 의미가 뭔지 항상 해석해야 하지만 선한 의도로 하는 말이라는 건 믿어 의심치 않아요. 얼마든지 허용할 수 있긴 해도 지치는 건 어쩔 수 없죠."

아치는 이후에도 비슷한 어조로 동생에 대해 언급했고 동생과의 관계를 계속 이어가고 싶다는 의사를 분명히 했다. 동생과의 유대감은 그에게 의미가 컸기 때문에 그는 그 관계를 단절하고 싶지 않았다. 하지만 침착함을 유지하기 위해서는 정신력이 필요했던 만큼 로리를 얼마나 많이 자주 만날지는 조절해야 했다.

나는 형제 관계가 깊은 지지 기반이 되기도 하고 큰 고통의 근원이 되기도 한다는 사실을 떠올렸다. 이렇게 삶의 초기부터 정립된 역학 관계는 우리 안에 본능처럼 내재돼 있어 새로 습득한 안정화 메커니즘을 차단하고 예전의 상처를 다시 끄집어내는 역할을 한다. 아치의 경우 어머니의 말이 로리의 목소리로 되살아나면서 고통스러웠던 유년의 기억을 떠올렸다. 익숙하지만 오랜 두려움이 일어난 것이다. 아치가 최근의 차분한 모습을 되찾기 위해서는 많은 에너지가 필요했다. 그는 한입 크기bite-size라고 할 만큼 소소한 상호작용만 관리할 수 있었다.

세션을 시작하며 내가 "잘 지내세요?"라고 무심코 질문하자 아치는 부드럽게 나의 무감각을 일깨워 주었다. "어려운 질문이네요. 답변이 꽤 복잡할 텐데요." 내 실수였다. "친구들과 지인들이 저에게 '잘 지내세요?'라고 물으면 '도대체 나를 어떤 사람이라고 생각하느냐'고 소리치고 싶을 때가 한두 번이 아니에요."

나는 셰릴 샌드버그Sheryl Sandberg의 "오늘은 어떠세요?"라는 제안을 떠올리며[1] 아치에게 더 좋은 질문이 없는지 물었다.

그가 답했다. "사람들은 정말로 대답을 듣고 싶어 하진 않는 것 같아요. 그들은 당신이 괜찮다는 말을 듣고 싶을 뿐이고, 그래서 그 일에 많은 노력을 기울이지 않죠. 저는 이제 사람들이 저를 멀리하는 경향이 있다는 사실을 알아요. 제 소셜 네트워크 방문자 수도 확 줄었고요. 사람들이 의도적으로 그러는 건 아니고 저에 대한 무력감을 느끼는 거겠죠…. 그들이 여러 가지 질문을 해도 저는 겉도는 얘기만 하니까요."

나는 그의 말에 담긴 진실을, 그리고 고통이 얼마나 고독한지를 절감했다. 그래서 그가 어떻게 지내는지 정말로 알고 싶었다고 말했다.

---

[1] 미국의 기업인이자 메타의 전 최고 운영 책임자(COO) 셰릴 샌드버그가 저서 『옵션 B』에서 제안한 것이다. 그녀는 책에서 남편이 죽은 후 '잘 지내세요(How are you)?'라는 질문에 답하기가 어려워졌다고 밝히면서 잘 지내기 어려운 상황에 놓인 사람들에게는 이 질문에 답하는 것이 고통스러울 수 있다는 점을 지적했다. 샌드버그는 '잘 지내세요(How are you)?' 대신 '오늘 하루는 어떠세요(How are you today)?'라고 안부를 묻는 방법을 제안했고, 이 방법이 널리 알려지면서 많은 사람들의 호응을 얻었다.

그는 숨을 고르며 여느 때처럼 가만히 있었다. "마치 늙은이가 된 것 같아요. 80세 노인처럼요. 매일 비명을 지르고 싶어요.. 계단을 내려갈 때 통증이 너무 심하거든요. 그 고통에 매몰되고 싶지는 않아요. 치료 때문이라는 걸 아니깐요. 화학요법, 스테로이드, 방사선 치료 말이에요. 의사들은 부작용이 그리 오래 지속되진 않을 것이라고 했는데 끝이 안 보여요…. 카타리나와 함께 있어도 좀 외롭고요…" 그는 눈물을 흘리며 고개를 떨구었고, 뺨을 붉히면서 말을 끝냈다.

나는 그의 얼굴에서 슬픔이 읽힌다고 말했다. 그는 더 울다가 코를 풀더니 말을 이어갔다. "우린 휴가를 보내려고 했어요. 8월경이 될 텐데, 아직 멀었잖아요. 저 혼자 시간 가기만 기다리고 있는데 그다지 유쾌한 기분은 아니죠. 그런 얘기를 듣고 싶어 하는 사람은 없으니까요. 그런 얘기를 하지 않아도 계속 머릿속에서 맴돌아요…. 저는 이 상황에 화가 나고 암에 걸렸다는 사실에 화가 나요. 저만 그런 게 아니라 더 고통받는 사람들이 있다는 걸 알지만 여전히 화가 나요."

나는 그가 내게 마음을 열어 주었다는 데 감동했고, 적어도 이제 그가 비명은 지를 수 있겠다고 느꼈다. 그가 날 보호할 필요는 전혀 없는 것이다. 난 이것이 단순한 긍정적 사고와는 전혀 다른 차원의 건강한 대처법이라는 것을 알고 있었다. 그런 방식은 희망을 가지면서도 걱정, 두려움, 고통을 표현할 수 있는 자유를 준다.

아치는 상담할 때마다 짧지만 중요한 시간을 할애해 두통, 무언가를 먹는 일의 어려움, 메스꺼움과 설사, 자리에서 일어나기 힘든 육체적 고통, 영구적으로 쇠약해지는 피로감, 입이 아프고 미각을 잃는 등의 증상에 대해 평소와 같은 담담한 목소리로 설명하곤 했다. "인류가 상상할 수 있는 모든 사악한 치료법을 다 써봤어요." 유일하게 반가운 그의 소식은 "지구상에서 가장 편안한 침대"에서 잘 잤다는 것이었다. 천만다행이었다.

그는 그런 말을 한 뒤에는 대개 주의를 다른 곳으로 돌리려고 했다. "저는 종결closure이 아니라 수용acceptance 상태예요. 어떤 상황인지 알고 있고, 그 상황과 함께 살고 있죠. 그래도 저는 행복해요. 행복을 유지하기 위해 많은 노력이 필요하지만 지금은 그럴 만한 가치가 있어요. 얼마 남지 않은 시간이더라도 제 안에는 저를 괜찮게 만드는 무언가가 있어요. 전 해야 할 일을 할 거예요. 병이 올 거라는 건 인정하지만 그 병이 나를 덮치게 내버려 둘 준비는 아직 안 됐어요." 함께 작업하는 동안 그는 꽤 자주 단호하게 말했다. "전 아직 죽지 않았어요." 그의 생명력은 놀라웠다.

아치는 말기 암과 함께 살아가는 것, 그리고 희망을 갖는 것 사이에서 거의 불가능할 정도로 어려운 줄타기를 하고 있었다. 가족의 사랑이 그런 것처럼, 희망은 그가 매일 최선을 다해 하루하루를 살아갈 수 있게 만들어주는 중요한 요소였다. 나는 그의 용기에 경외심을 가질 수밖에 없었다. 그는 죽음의 그림자 속에서도 좋은 삶을 사는 방법에 대한 영감을 주었다.

희망은 매혹적인 개념이다. 희망은 삶을 변화시키는 연금술이며 가장 어두운 시기를 헤쳐나가는 데 필수적인 요소다. 하지만 잘못된 희망은 해롭다. 심리학자 찰스 스나이더Charles Snyder 박사의 희망에 관한 이론이 이를 명확히 설명해 준다. 그는 희망은 단순한 감정이 아니라 현실적 계획, 즉 플랜 A와 플랜 B를 세우고 그것을 실현할 수 있다는 자기 신념을 갖는다는 면에서 인지적cognitive이기도 하다고 말한다. 그렇기에 희망을 느끼는 것과 그것을 계획으로 전환하는 것이 합쳐지면 그것이 실현될 가능성도 더 높아진다.

나는 죽음에 직면한 다른 가족들과 함께 일한 경험을 통해 죽음에 관한 영적인 것뿐만 아니라 현실적인 것들에 대해서도 이야기하는 것이 중요하다는 것을 알았다. 아치는 정서적 솔직함과 균형을 이루는 강력한 실용주의자였기 때문에 이 주제를 제기하는 것이 어렵지 않았다. 언제나처럼 영리하게도 그는 침대에 앉아 이렇게 말했다. "저는 공인된 신념 체계를 믿지 않아요. 제겐 저만의 신념 체계가 있어요. 너무 멀리 생각하진 않습니다. 유언장, 생명 보험, 모든 법적 절차 등 사후에 대한 모든 계획을 세웠어요. 장례식은 어떻게 하든 상관없어요."

나는 잠시 그의 장례식을 상상해 보았다. 숨이 쉬어지지 않았다. 이런 대화는 어려웠다.

아치가 계속했다. "그들은 제게 물어보지 않았어요. 제 생각에 조촐하게 치를 듯한데 그들이 무슨 짓을 하든 다시 돌아와서 괴롭히는 일은 없을 거예요."

　나는 가만히 듣고 있었다. 그 밖에 다른 뭔가를 할 필요는 없었다. 자신의 장례식을 떠올리는 긴장감을 관리하기 위해 그는 익숙한 자기 조절 장치를 활용했다. 숨을 들이마시고 그 일과 관련 있는 무언가로, 전혀 동떨어져 있진 않더라도 그에게 버틸 힘을 주는 무엇인가로 주의를 돌렸다. 바로 그의 가족이다. 그는 가장 중요한 건 자녀들과 카타리나의 사이가 틀어지지 않는 사실이라고 했다. 그들은 서로 사랑했고 믿을 수 없을 정도로 잘 지냈다. 그는 당연히 그 사실을 매우 자랑스러워했다.

　아치는 딸 이슬라를 몇 달 만에 처음 본 지난 주말을 떠올리며 얼굴이 환해졌다. 코로나19가 끔찍하도록 잔인한 건 그가 사랑하는 딸과 함께할 수 없고, 컨디션이 회복되더라도 외출해 기분 좋은 경험을 하며 행복한 추억을 만들 수 없기 때문이었다. 그가 말했다. "딸을 만난 건 정말 멋진 일이었어요. 너무 보고 싶어서 딸을 꼭 껴안았어요." 그녀를 포옹하며 고통을 해소하고 본능적 연결감을 느낄 수 있던 그의 눈에 눈물이 흘렀다. "이슬라를 안아주기 전까지는 그녀를 향한 그리움이 얼마나 깊었는지 완전히 깨닫지 못했어요. 아이가 제게 달려들었죠. 너무 특별했던 일이라 우리 둘 다 울었어요." 나도 그와 함께 눈물 흘렸다.

　완화 의료 컨설턴트이자 작가인 캐서린 매닉스Kathryn Mannix의 중요한 연구를 통해 나는 우리가 죽기 훨씬 전부터 죽음의 과정, 즉 각성, 호흡, 의식의 변화에 대한 지식을 갖는 것이 심리적으로 어떤 이점을 지니는지에 관해 잘 알 수 있었다. 그녀는 이와 같은 복잡한 문제엔 신중한 생각과 논의가 필요하다고 조언한다. 대부분의 일이 그렇듯이 모르는 것은 상상력을 자극하고 두려움을 불러일으키지만, 사실에 근거해 잘 알고 있으면 우리 안에 두려움이 줄어들고 자신감이 생겨 결국 평화로운 죽음으로 이어질 수 있다.

매닉스는 죽어가는 사람과 그에게 무엇이 가장 중요한지에 대해 이야기할 것을 제안하며, 이러한 일이 바로 그 순간의 지침을 제공하고 소중한 에너지를 신중하게 사용하게 만들어 줄 수 있다고 말한다. 또한 카드나 편지에 의미가 담긴 메시지를 적는 등 중요한 대화를 모두 나눴다는 사실을 인식함으로써 미래에 후회하거나 슬픔의 원인을 만들지 않게끔 예방할 수 있다. 함께 시간을 보내고, 아치가 남긴 기쁨의 원천 중 하나인 음악을 듣고, 목소리를 녹음하고, 함께 보낸 시간을 일기로 쓰는 것은 영원히 소중하게 남을 것이다. 행복하고 사랑했던 기억을 떠올리는 것은 슬픔을 극복하는 데 중요한 위안이 된다.

나는 함께 시간을 보내는 내내 이 점을 염두에 두고 적절한 순간을 기다렸다. 내가 해야 할 일은 가족의 경험과 이러한 대화를 둘러싼 개방성에 민감하게 반응하는 것이었다. 우리 대화의 속도는 미리 정해지지 않았고 가족의 페이스에 맞춰 진행되었다. 나는 정서적으로 글과 말의 힘을 믿는 누구에게든 이러한 기회가 생길 수 있음을 믿었다.

　이런 대화를 절대 하지 않으려는 가족도 많이 있다. 우리가 소중한 사람과 아무리 대화를 나누고 싶더라도 이를 거부할 수 있는 그들의 권리를 존중해야 한다. 그것은 그들이 어릴 때 배운 죽음에 직면하는 유일한 대처 방법이었을 것이며, 어쩌면 유일한 보호 수단이었을 수도 있다. 그들에게는 그 어느 때보다 이러한 수단에 강력하게 의지할 권리가 있다.

　종종 카타리나가 아치와 함께 있는 모습을 보곤 했는데 그녀는 자신의 상황이 얼마나 어려운지 솔직하게 말하곤 했다. 나는 아치 앞에서 그녀가 필요하다면 나와 두 사람만의 시간을 갖자고 제안했던 적이 있다. 그녀가 나에게 문자를 보냈다. 그녀가 내게 통화하고 싶다고 요청하진 않은 게 흥미로웠다. 문자의 내용은 이랬다. "아치의 약혼자 카타리나예요." 우리는 대화하기로 했다.
　나는 그녀의 얼굴에 괴로움이 묻어나는 것을 볼 수 있었다. "지난 6개월 동안 아치가 이렇게 허무하게 죽어가는 모습을 보니 정말 끔찍해요." 문제는 아치가 음식을 먹지 못하거나 하루에 몇 숟가락밖에 먹지 못한다는 것이었다. 입안에서는 음식이 역겹게 달거나 금속 맛이 났다. 나는 그의 얼굴에서 혐오감을 볼 수 있었다. 두 사람 모두에게 끔찍한 일이었다. 아치는 음식을 좋아했고 그것은 그의 몇 남지 않은 즐거움 중 하나였는데, 이제 그 즐거움이 사라졌다.

카타리나가 힘들어하는 것은 아치를 위해 요리하는 것이 약혼자를 사랑하는 방법이자 그를 돕고 그의 하루를 더 낫게 만들 수 있는 몇 안 되는 명백한 방법 중 하나였다는 점이다. 하지만 이제 그마저도 사라졌다. 그녀가 말했다. "당황스러워요. 저는 그를 잃을까 봐 겁이 나서 스스로에게 벌을 주고 있어요." 그녀는 아치가 적게 먹으면 더 많이 먹는 나쁜 패턴에 빠졌고 이제 병적으로 비만이 된 상태였다. 그 말을 듣고 이를 전혀 눈치채지 못하고 있던 나는 충격을 받았다. "저는 키가 커서 잘 감추고 있어요." 우리는 둘 다 그녀가 그를 위해 먹는 일이 어쩌면 그를 살릴 수 있을지도 모른다는 그녀의 무의식적인 반응 때문이라는 걸 알아차렸다. 사랑하는 사람의 죽음에 직면했을 때 우리가 그들을 충분히 사랑하고 가능한 모든 방법으로 그들에게 잘해주면 죽음을 막을 수 있다는 마술 같은 생각도 들 수 있다. 카타리나는 복잡한 무의식적 역학 관계뿐만 아니라 자신의 행동에 담긴 본질적인 측면, 즉 자신이 스스로의 좌절감, 심지어는 분노의 감정을 마취시키고 있다는 사실을 인식했다. 그렇지만 아치가 밥을 먹지 않는 것에 대한 두려움이 제일 컸다. 그녀는 절대 그를 탓하지 않았다. 그녀는 이 문제를 풀어야 한다는 것을 알고 있었다.

극단적인 상황에서는 우리 모두 어떤 종류의 출구를 찾아야 했다. 그녀가 아치에게 화풀이를 하지 않았다는 사실은 긍정적이었다. 그녀는 내 말에 동의했고 이 점에 관한 통찰력도 있었다. 자신의 감정 또한 고통에 사로잡힌 오래된 반사적 반응이라는 것을 알고 있었다. 어렸을 때부터 자신에 대해 터무니없이 높은 기대치를 가지고 착하고 완벽해야 한다는 메시지를 들어왔기 때문에 이제 그녀는 '무력감'을 느꼈다. 그녀는 스스로를 통제하기 위해 과자나 비스킷 세 봉지를 먹는 것에 의지했다. 그것은 그녀를 무감각하게 만들고 일시적인 안도감을 주었지만 결국에는 끔찍한 자기 공격의 악순환으로 이어졌다. 우리는 모든 문제에 대해 논의하고 그녀의 행동을 천천히 개선할 수 있는 현실적이고 사소한 습관의 가능성을 모색했다. 그녀가 과자가 담긴 그릇이나 비스킷 봉지에 끌릴 땐 숨을 고르고 물 한 잔을 마시고, 다시 숨을 고른 다음 몇 분 동안 집안을 돌아다닐 수 있을 것이다. 그러면 집요한 충동이 사라질지도 모른다.

미국의 저명한 사회과학자 B. J. 포그Fogg는 그의 저서 『작은 습관Tiny Habits』에서 변화를 가져오는 것은 의지력이 아니라 변화에 대한 자부심과 자신에 대한 좋은 느낌이라고 말했다. 카타리나와 나는 추가적인 도움을 줄 수 있고 그녀가 스스로 만족할 수 있는 현실적인 작은 변화를 생각해내야 했다. 우리는 길이에 상관없이 일주일에 세 번 산책하고, 산책을 마친 후에는 아치와 큰 포옹을 하는 것으로 보상하기로 합의했다.

다음 주에 이야기를 나눴을 때 나는 그녀의 기분이 좋아진 것을 보고 기뻤다. 카타리나는 웃는 얼굴로 활기차게 방 안을 돌아다니며 이야기를 나누고 있었다. 그녀는 주말에 '정말 즐거운 하루', '신경 쓰지 않는 하루'를 보냈고 식사량도 줄였다고 했다. '안정되기 시작'한 것이다. 그녀에겐 나와 나눈 대화가 도움이 되었고, 아치 역시 에너지를 찾아 더 많은 일을 하고 있었다. 두 사람은 함께 정원에서 화분을 가꾸며 삶의 긍정성을 느낄 수 있었다. 사랑하는 사람이 건강하면 우리도 기분이 좋아지고 그 반대의 경우도 마찬가지다. 그 상호 의존성은 우리 모두에게도 적용되는 이야기다. 카타리나가 말했듯, 희망과 즐거움으로 가득한 시간과 '사랑하는 사람이 눈앞에서 쇠약해지는 것을 보는 가혹한 현실' 사이에는 '정말 아슬아슬한 줄타기'가 존재한다.

　　　　　　　　　　🌿 🌿 🌿

　카타리나와 아치는 거실 소파에 나란히 앉아 있었다. 카타리나가 아치를 만났을 때 그녀는 정신적으로 힘든 시점이었다. "저는 누구를 만나는 것을 포기하고 있었어요. 마음속으로 원하기는 했지만 얻을 수 있을 거라고는 생각하지 못했어요." 두 사람은 서로를 만나기 전에는 자살을 고려할 정도로 인생의 바닥을 쳤다고 했다. 서로를 만난 후 둘의 삶은 완전히 바뀌었다.

　카타리나는 7년 동안 그와 함께 지내면서 단 한 번도 다툰 적이 없었다고 말했다. 각자 의견이 다를 수 있음을 인정하고 다름을 존중했다는 것이다. 아치의 얼굴이 환해졌다. 두 사람은 나를 향해 미소 지었다. 카타리나가 말을 이어갔다. "저는 아치의 아이들과 사랑스러운 관계를 유지하고 있어요. 처음부터 아이들과 잘 지내지 못하면 우리 관계에 의미가 없다는 것을 알았어요." 의붓아버지나 의붓어머니가 되는 것은 어려운 역할이기 때문에 추가적인 압박이 가해지면 더욱 힘들어질 것이다. 더욱이 카타리나는 팬데믹 기간에 자기 의붓자녀들의 부모가 죽어가고 있다는 이중고를 겪어야 했다. 나는 그녀와 아이들이 잘 지낸다는 것이 얼마나 대단한 일인지 인정했다. 아치는 자랑스러워하며 힘차게 고개를 끄덕였다. 마침 어머니 날 Mother's Day이 지나고 그들이 카타리나에게 새어머니 날 Stepmother's Day 카드를 보낸 참이었다. 그는 마치 오스카상이라도 받은 것처럼 자랑스러워했다. 그는 그녀에게 카드를 가져다 달라고 부탁했다. 카타리나의 몸집만큼이나 큰 카드였는데 두 사람의 얼굴에서 자부심과 기쁨이 느껴졌다. 아치는 카타리나에게 메시지를 읽어달라고 부탁했다. "엄마가 우리 가족, 특히 아빠의 삶에 와서 정말 기뻐요. 아빠가 가장 힘들 때 매일 아빠를 행복하게 해주셔서 정말 감사해요. 저희도 도움이 필요한데 엄마는 늘 저희를 지지해 주시고 도와주세요. 함께 해주셔서 정말 감사해요. 사랑합니다."

아치의 자부심은 옳았다. 가족에 주어지는 상이 있다면, 그런 카드를 받는다는 것은 오스카상과 같은 것이었다.

나는 가족 간의 편지와 카드에서 오래도록 간직되는 가치에 주목했다. 문자는 수명이 짧고 우린 디지털 환경의 흐름 속에서 그것을 쉽게 놓쳐버리곤 한다. 하지만 가족 간의 사랑의 메시지는 한 번 보내놓으면 몇 년이 지나도 계속 살아 있는 자원으로 활용될 수 있다.

다음 세션에서 두 사람은 18개월 전 약혼하던 날의 사진을 보여주었다. 참으로 근사한 시간이었다. 행복한 기억은 건강과 힘을 위한 지속적인 원천이 되어 주지만, 아치와 카타리나는 결혼식을 두 번이나 취소해야 했고 끝내 식을 올릴 수 없었다. 코로나19는 그들의 삶을 또다시 엉망으로 만들었다.

결혼식은 서로에 대한 사랑을 공개적으로 인정하는 매우 중요한 기념일이자 축하 행사가 되었을 것이다. 그 의례엔 어렵게 찾은 사랑과 서로에 대한 헌신을 기리는 동시에 한 가족으로서 그들을 축하하는 여러 겹의 의미가 담겨있었다. 정직과 신뢰, 사랑을 바탕으로 한 이들은 그들이 예전에 알던 그 어떤 가족과도 다른 종류의 가족이었다. 그들은 아치가 건강이 좋지 않았던 시련을 겪은 후 친구들과 함께 '즐거운 하루'를 보내고 싶었다. 아치는 훗날 이 순간을 되돌아보면 '환상적인 추억'이 될 것임을 알고 있었다. 카타리나의 첫 결혼이라는 점도 중요하게 고려했다. 두 사람은 웨딩드레스, 예식, 그리고 그녀가 가장 사랑하는 사람들과 그중에서도 카타리나의 부모님이 참여하는 축하 행사 등 카타리나가 항상 꿈꿔왔던 대로 하루가 되기를 원했다. 그녀는 그들의 외동딸이자 그들과 가장 가까운 사이였다. 그들은 아치가 투병하는 동안 수많은 방법으로 큰 힘이 되어 주었다. 카타리나는 어렸을 때부터 상상했던 대로 아버지가 자신을 보내주기를 원했다.

물론 아치의 건강에 대한 근본적인 걱정도 있었다. 그는 결혼식

날 몸이 약해지거나 아프고 싶지 않았고 '결혼식이 장례식이 되어서는 안 된다'고 생각했다. 그에 반해 카타리나가 아내라는 법적 지위를 갖게 되고 그에 따른 법적 권리까지 누리게 된다는 건 사소한 문제가 아니었다. 시간적 압박이 매우 컸다. 우리는 아치의 말로 이번 세션을 마쳤다. "앞으로는 카타리나가 알아서 할 거예요. 오늘과 내일은 제가 할 수 있어요." 결혼에 대한 희망은 그들에게 힘을 실어주었지만 불확실성의 그림자는 항상 존재했다. 가까운 미래를 생각하는 것만이 두 사람이 직면한 모든 상황에 대처할 수 있는 유일한 방법이었다.

나는 아치의 아들 그렉과 이야기를 나누었다. 그는 실험실에서 일하기 때문에 매일 집에 있지 않아도 된다는 사실에 안도하고 있었다. 팬데믹이 발생하기 전에는 혼자 살았지만 그렉의 근본적인 정신 건강 문제를 고려할 때 그가 아버지, 카타리나와 함께 지내는 것이 더 낫다고 판단했다. 그렇지만 내가 실제로는 듣지 못했어도, 나는 그렉과 아버지 두 사람 사이에 긴장감이 있었을 것이라고 생각했다. 부모의 집으로 돌아가는 성인 자녀는 집안일과 공간 공유에 대해 정신적, 육체적으로 문제를 제기할 가능성이 높다.

가정으로 돌아오는 청년은 그렉뿐만이 아니다. ONS 통계에 따르면 나이가 들 때까지 집을 떠나지 않거나 몇 년 후에 돌아오는 청년은 지난 10년간 증가 추세에 있으며, 2015년에는 330만 명에 달했다. 2020년 11월에 실시한 비교 시장 조사에 따르면 18~34세

젊은이 중 43%가 팬데믹 발발 이후 경제적, 정신적 건강상의 이유 때문에 집으로 돌아온 경험이 있다고 답했다. 본래 일시적이었던 흐름은 점점 더 영구화되고 있으며 젊은이와 부모들은 이로 인한 스트레스를 받는 중이다. 이러한 어려움을 관리하기 위한 핵심은 자녀들이 처한 상황을 고려할 때 그들이 느끼는 것이 정상임을 인식하고, 누가 무엇을 할 것인지와 같은 기본 규칙을 만들고, 서로의 말을 적극적으로 경청하는 것이다.

그렉은 아버지를 꼭 닮았다. 티셔츠 아래로 근육질 몸매가 선명하게 드러나 강인해 보였다. 붉은 머리에 짧은 수염을 기른 그의 날카로운 개암색 눈동자는 완전히 낯선 이에게 자신의 인생에서 가장 고통스러운 일을 이야기하는 것에 불안해하는 기색을 비쳤다. 우리는 시작부터 병에 대해 언급하진 않았다. 나는 먼저 우리 사이에 안전한 관계를 구축하기 위해 더 부드러운 길로 출발하는 것을 선택했다. 그렉은 손짓을 하며 빠르게 말했고 그의 스코틀랜드 억양은 그가 느끼는 강렬함과 아버지에 대한 사랑을 내게 더 강하게 전달해 주는 듯했다.

그렉은 아치가 자신과 이슬라를 저녁 식사에 데려가서 과거에 저지른 모든 실수에 대해 사과했던 이야기를 들려주었다. 그 진심 어린 사과는 그렉에게 깊은 치유가 되었다. 그 이후 두 사람은 더욱 가까워졌고 그렉은 연약했던 아치를 새로운 시각으로 바라보게 되었다. 아치는 아버지로부터 패러다임의 전환을 배웠다. '모든 것을 혼자 짊어질 필요 없다, 도움을 받을 수 있다, 괜찮지 않아도 괜찮다'는 것이었다. 자신의 연약함을 인정함으로써 그는 자신과 아버지의 좋은 점과 나쁜 점을 모두 포용할 수 있었다.

아치의 최근 진단 소식을 듣고 그가 말했다. "제가 헤드라이트에 포착된 사슴 같았어요. 그러다가 전 완전히 마비 상태가 되어 버렸죠. 이걸 어떻게 처리해야 할지 모르겠어요." 그가 이야기하는 동안 나는 암 진단에 적합한 오쿤Okun과 노윈스키Nowinski의 이론이 떠올랐다. 상실에 대한 새로운 슬픔 이론이었다. 이들은 위기crisis, 통합unity, 격변upheaval, 해결resolution, 재생renewal를 나눈다. 오쿤과 노윈스키는 이러한 단계를 선형적인 것으로 보지 않는다. 대신 시간이 지남에 따라 아픈 사람이나 가족이 여러 단계 사이를 동시에 이동할 수 있는 과정으로 바라본다.

나는 그렉이 위기, 통합, 격변 사이에서 갈등하고 있다는 것을 알 수 있었다. 그가 말했다. "내년에 아버지가 여기 계실지 알 수 없지만 그 사실은 다들 외면하고 있죠. 아버지의 죽음을 생각하면 힘들어요. 제가 도울 수 있는 모든 일을 하고 싶고 아버지와 함께 시간을 보내고 싶어요…. 시간이 최대한 많이 남아 있기를 바랄 뿐이에요." 그가 고개를 숙이고 눈물을 흘리며 말했다. "아버지가 급격히 살이 빠지고 노인처럼 걸으실 때, 손주들을 만나지 못할 거라는 사실이 느껴져 너무, 너무 슬퍼요. 불공평해요…. 아버지는 지나치게 많은 걸 견뎌왔고 여전히 견디고 있어요. 암이 아버지를 데려가려고 하는데 제가 할 수 있는 일은 아무것도 없어요. 우리에게 주어진 시간에 최선을 다하는 수밖에요."

나는 이러한 감정의 심리적 상흔이 우울증, 불안, 죄책감으로 이어질 수 있다는 것을 알고 있었다. 그렉의 병력을 고려해서 이 같은 증상이 보이는지 눈을 크게 뜨고 살폈다. 그렉은 무감각해졌다고 했지만 내가 목격한 바는 달랐다. 말하는 동안 그는 자신과 가족이 직면한 견딜 수 없는 현실에 적응하고 있었다. 그렉은 말로 표현하면서 그 현실에 직면했는데, 스스로 괜찮다고 느끼기 위해서가 아니라 경험의 모든 강도를 파악하고 그것을 허용할 방법을 찾기 위해서였다.

우울증과 불안이라는 부작용에서 그렉을 근본적으로 보호하는 요소는 아빠와의 관계였다. 두 사람 사이에는 치료사들이 효과적인 대처와 적응이라고 부르는 역동성이 있었다. 즉 상실과 희망의 양극 사이에서 서로의 감정이 시시각각 강도를 달리하며 끊임없이 움직였다는 뜻이다. 그리고 그 움직임 속에서 그들은 새로운 환경에 점진적으로 적응해 나갔다.

가장 중요한 건 그들이 공유한 사랑이 있었기에 그 모든 걸 견딜 수 있었다는 사실이다. 먼 곳을 바라보며 그가 내게 말했다. "우리가 가진 시간을 특별하게 만들고 싶어요…. 미래를 준비할 수 없다는 데서 제 무력감이 비롯되고 있어요. 그래서 전 제가 느끼는 것과 제가 아는 것을 분리하고 있고요. 그저 오늘이 중요하고, 내일이 중요할 뿐이죠." 내가 지금 아버지의 말을 그가 거의 그대로 옮겼다고 말하자 그는 웃었다. "자랑스러워해야 할지 모르겠어요." 그렉은 머리를 빗으며 미소를 지었고 목소리에 부드러움이 묻어났다. "이것만 봐도 우리가 얼마나 닮았는지 알 수 있죠. 저는 아버지에게서 지성을 배웠다고 생각하고 싶어요. 아버지는 제가 아는 사람 중 가장 똑똑하고 재치 있고 사랑스러운 사람이에요. 제가 그의 반이라도 따라갈 수 있다면 정말 자랑스러울 것 같아요."

그는 가장 직접적인 진실과 연결되기 위해 자신의 주의를 내면으로 돌리며 천천히 말을 이어갔다. "저는 완벽한 사람이 아니라 괜찮은 사람이 되고 싶어요. 아버지는 누구나 실수를 할 수 있고 그에 대한 책임을 져야 한다고 가르쳐 주셨어요." 우리는 아버지가 현재 그에게 얼마나 큰 영향을 미치고 있으며 앞으로도 평생 그럴 거라는 데 따뜻하게 동의했다.

세션을 마치면서 그렉에게 그가 얼마나 훌륭한 아들로 느껴졌는지 이야기했다. 그가 잠시 생각에 잠겼다가 고개를 절레절레 흔들고 소년처럼 미소 지으며 대답했다. "그렇군요."

몇 주 후 나는 아치의 딸인 이슬라를 만났다. 칠흑같이 검은 머리카락을 높게 묶은 이슬라는 자주 하던 대로 앞머리를 쓸어 넘겼다. 그녀는 손가락마다 반지를 하고 있었고 오렌지색과 검은색으로 칠해진 투톤의 손톱이 눈에 들어왔다. 그 손톱은 이슬라의 조용한 목소리와 대조를 이루었고, 그녀의 갈색 눈동자는 그녀가 말할 때 내 눈을 피했다. 아마도 그녀는 부끄러움을 느끼거나 그렉으로부터 나와 감정적인 대화를 나눌 것이라는 말을 들었기 때문에 스스로 균형을 잡으려는 것 같았다. 하지만 그녀는 곧바로 마음을 열었다. "저는 아빠를 사랑하고, 이런 일이 아빠에게 일어나는 게 싫어요. 너무 슬퍼요. 아빠를 거의 볼 수 없어서 힘들었어요. 지난 주말에 아빠를 뵈었을 때 저희 둘 다 울었어요. 울지 않으려고 노력했어요. 용기를 내고 싶었어요. 걱정을 끼치고 싶지 않으니까요." 그녀의 말에선 걱정과 보살핌이라는 상충되는 감정, 즉 서로 편안하게 함께할 수 없는 감정이 솟구쳤다. 나는 그녀가 아버지를 슬픔으로부터 보호할 수 없으며, 그러려고 했다간 둘 사이에 원치 않는 거리가 생길 수도 있다는 것을 상기시켜 주었다. 솔직하게 다가가면 언제나 그만큼 적절하게 연결된다.

이슬라는 그와 더 많은 시간을 보내고 싶었지만 그녀는 매일 수백 명의 사람과 상호작용하는 NHS의 핵심 직원이었다. 그녀가 규칙을 어기고 싶더라도 어쩔 수 없었다. "아빠한테 코로나 바이러스를 옮길까 봐 무서웠어요. 아빠한테 전염시키면 나 자신을 견딜 수 없을 것 같았어요." 마지막으로 그녀가 강한 어조로 덧붙였다. "저는 아빠를 죽이고 싶지 않았지만 후회하고 싶지도 않아요."

그녀는 아버지와 화해한 그 날 저녁 식사 이후 둘의 관계가 어떻게 변했는지, 지금 아버지와 얼마나 가까워졌는지에 대해 더 자세히 이야기했다. "저는 항상 아빠를 위해 곁에 있을 거예요. 아빠를 위해 모든 것을 내려놓을 거예요." 고개를 돌리고 눈물 흘리며 말했다. "아빠에게 무슨 일이 생겼는데 제가 곁에 없을까 봐 걱정돼요…" 그녀의 목소리는 떨렸고 나는 그녀의 몸에서 두려움을 느낄 수 있었다. 그녀의 눈은 날카롭게 빛났다. 그녀가 안정을 찾는 동안 몇 분간 침묵이 흘렀다. 나는 이것이 얼마나 고통스러운 일인지 부드럽게 인정했다.

그녀가 말을 이어갔다. 자신의 모든 걱정을 털어놓는 일은 그녀에게 중요했다. 그 걱정은 몇 달 동안 손도 대지 못한 채로 그녀 안에 고여 있었다. "크리스마스에 우리는 대화를 나눴어요. 힘들었죠. 저는 제가 얼마나 아빠를 사랑하는지 말씀드렸어요. 우리는 마음을 열고 가족으로서 이 일을 이겨내야 한다는 데 동의했어요…." 그녀의 목소리가 점점 높아졌다. "정말 힘들다는 생각이 들었어요! 아빠한테는 어땠을지 상상도 안 돼요. 그는 용기가 있어요. 우리는 모두 울었어요. 그는 정말 대단하고 오랫동안 싸워왔어요."

그리고 아버지가 그랬던 것처럼 숨을 고르며 그 크리스마스의 행복을 떠올렸다. "크리스마스 때 정말 즐거웠어요. 아빠한테 회중시계를 사드리면서 '난 항상 아빠 딸이 될 거야, 아빠를 항상 사랑할 거야'라고 했어요…. 그를 울리고 싶지 않았지만 울게 만들어서 기쁘기도 해요. 아빠한테 재미있는 머그잔을 사드렸더니 아빠가 보답을 해줬어요! 제가 좋은 사람이라고 이야기해서 저를 울게 만들었죠. 아빠가 이긴 거예요. 전 아빠를 정말 사랑해요." 그녀는 두 사람이 나눴던 사랑과 유머를 기억하며 웃었다. 그녀는 카타리나가 만든 비프 웰링턴 beef Wellington이 얼마나 맛있었는지, 함께 식탁에 둘러앉아서 얼마나 즐거웠는지 이야기했다. 그들은 웃었고 사랑을 나누었다. 그녀는 그 기억을 아버지와 평생 동안 함께할 사랑과 유대감의 중요한 자원으로 되새길 것이다.

이들이 아치의 건강과 싸우며 지내 온 세월을 새롭게 인식하면서 나는 이들의 용기, 이들을 계속 나아가게 할 뿐만 아니라 함께 있게 해주는 특별한 인간의 정신에 다시 한번 감탄했다. 나 같으면 이렇게 할 수 있었을지 확신할 수 없었다. 이슬라는 말하지 못한 것들로 후회할 일은 없을 것이라고 자신했지만 앞으로의 미래가 걱정이었다. 그녀가 한숨을 쉴 때마다 좁은 어깨가 오르락내리락했고 그녀의 목소리에는 슬픔이 가득했다. "그냥 멈췄으면 좋겠어요…. 대비하려고 노력해도 준비되지는 않을 거라는 걸 알아요…. 희망을 가졌지만 치료가 효과가 없을 때마다 그랬던 것처럼 항상 혼란스러울 거예요."

사실 그녀는 나쁜 소식을 들었을 때 자신의 감정을 통제할 수 없었다. 그것은 그녀에게 깊은 충격을 주었다. 그녀가 말했다. "저는 너무 감정적이에요."

나는 강하게 부인했다. 나는 그 표현이 금지되어야 한다고 생각했다. 지나치게 감정적인 사람은 아무도 없다. 다른 사람들은 단지 '지나치게 감정적인' 사람이 느끼는 감정의 정도가 마음에 들지 않아서 그들을 비난하는 것인지도 모른다. 내가 그녀에게 말했다. "당신의 감정은 당신이 아빠를 얼마나 사랑하는지를 나타내는 거예요. 당신은 자신을 잘 알고 있는 감정적 존재예요. 얼마나 다행이에요?"

이슬라가 수줍게 웃었다. "전 항상 제가 너무 많이 우는 것 같지만 괜찮을지도 몰라요."

다른 세션에서 이슬라는 아버지의 치료 결과에 관심을 돌렸다. "방사선 치료가 어느 정도 도움이 됐다는 확인을 받고 싶어요. 아빠는 그게 암을 다 없애버린 것 같다고 하셨지만…. 저는 기다리는 게 불안해요…. 아빠는 만약 효과가 없으면 어딘가 뚫어봐야 할 것 같다고 농담하셨는데… 정말 여전하시다니까요!" 그녀의 생각은 익숙한 궤도를 따라 아버지가 없는 미지의 두려운 미래로 향했다. "아빠에게 이런 말을 했는지는 모르겠지만 카타리나에게 한 적이 있어요. 아빠가 없으면 저는 어떻게 해야 할까요?" 그녀가 손으로 머리를 감싼 채 말했다. "저는 항상 아빠에게 의지해요." 그녀가 크게 흐느끼더니 눈물 흘리며 나를 올려다 봤다. "카타리나가 '내가 곁에 있을게. 나한테 말해도 돼.'라고 말해 주어서 순간 행복해졌어요…. 아버지가 돌아가실 거라는 사실을 아는 것은 현실이고, 그렇게 될 거예요. 아빠는 제게 의사가 암이 제거됐다고 말하는 꿈을 꿨다고 하셨어요." 나는 그녀가 스스로를 달랠 시간을 주기 위해 조용히 듣기만 했다. 우리는 시각과 감정, 청각과 움직임은 물론 관계적인 요소까지 포함된 다양한 채널의 정보에 집중함으로써 우리 자신을 더 깊이 이해할 수 있다. 그녀의 경우에는 자신의 감정과 아버지와의 관계, 그리고 인지적인 이해가 잘 조정될 수 있어야 했다. 몇 분이 지났다. 좀 더 가볍게 숨을 쉬고 활력을 되찾은 이슬라가 말했다. "모든 것을 잊는 하루를 보내고 싶을 뿐이에요. 단 하루만이라도 암을 잊고 행복한 하루를 보내고 싶어요." 나는 그녀가 말하는 동안 감정의 파도가 나를 관통하는 것을 느낄 수 있었다. 아름답고 강렬했다. 나도 동의했고, 코로나19 제한 조치가 해제되면 그렇게 될 수 있기를 간절히 바랐다.

나는 아치가 이슬라라는 딸을 둔 것이 행운이라는 사실을 알려주고 싶었다. 그녀는 훌륭한 딸이었다. 때때로 바깥 세계의 사람으로부터 듣는 그런 말은 평소의 반사적인 방어를 거치지 않은 채 누군가에게 가닿을 수도 있다. 나는 조용히 기뻐하는 이슬라의 눈빛에서 그녀가 내 말을 받아들였다는 것을 알 수 있었다. 우리는 이슬라가 자신의 마음을 통제할 수 없다는 결론을 내렸다. "내가 아빠를 얼마나 사랑하는지 보여주고 싶어요. 아빠가 그걸 알았으면 좋겠어요." 나는 아치가 그녀의 마음을 알 것이라는 데 의심의 여지가 없다고 거듭 강조했다. 그녀의 사랑 덕분에 그는 하루하루를 살아갈 가치가 있었던 것이다.

나는 아치의 기분이 좋아진 날 만날 수 있어서 기뻤다. "오늘은 모든 고통이 덜하네요. 기분이 좋아요." 아치는 자신이 더 활기차고 덜 아프면 항상 다른 사람들에게 그걸 말하는 것을 중요하게 생각했다고, 예전에 내게 말해준 적이 있었다. 그 반대로 행동하던 어머니와는 중요한 차이가 있었다.

우리는 그의 멋진 자녀들에 대해 이야기했고 그는 자랑스러워하며 내게 이렇게 말했다. "아이들이 걱정이에요. 괜찮았으면 좋겠는데요. 제가 어떻게 하면 그 애들이 괜찮아질 수 있을까요?" 무력감과 슬픔이 덮쳐오자 그의 눈에선 눈물이 쏟아졌다. 그는 걸

혼식 날이나 다른 특별한 날에 필요한 선물을 그들에게 사주고 싶었다. 그렉에게는 시계를, 이슬라에게는 귀걸이를 선물하고 싶었다. "어떤 식으로든 그들과 함께할 수 있을 테니까요." 그러고는 진심으로 흐느꼈다. 나는 화면 너머로 손을 뻗어 그의 어깨에 팔을 얹고 말없이 그저 손길로 위로해 주고 싶었다. 하지만 최대한 따뜻한 어조로 말을 건네는 수밖에 없었다.

그는 숨을 죽이며 지금 자신이 얼마나 끔찍한 심경인지 내뱉었다. 그리곤 잠시 진정할 시간을 가진 다음, 아치답게 의식적으로 다른 방향으로 주의를 돌리며 말했다. "됐어요. 너무 멀리 내다보면 너무 고통스러워요. 오늘로 돌아오는 게 낫죠. 나는 계획을 세우는 걸 좋아하거든요."

나머지 세션 동안 우리는 그가 매기 센터Maggie Centre[암으로 고통받는 사람들을 위한 지원과 정보를 제공하는 자선 단체]에서 받았던 도움을 감사해한다는 것에 대해, 또 그의 결혼식과 동생에 대해 가벼운 어조로 이야기했다. 마지막에 아치는 농담을 던지며 밝게 웃었다. 나중에 우리의 대화와 내 안에 남아있던 아치의 깊은 슬픔이 생각날 때면 나는 두려움에 직면하고, 그 감정을 느끼고, 그것이 표현되도록 내버려 둔 다음 그 정도면 충분하다는 것을 알고 마침내 희망을 바라봄으로써 회복력을 찾는 인간의 능력에 경이로움을 느꼈다. 나는 아치가 괴로운 만큼 힘을 주는 그 과정을 단 몇 분 만에 통과하는 것을 목격할 수 있었다.

이는 우리가 그의 깊은 통찰로 대화를 마무리했다는 걸 의미했다. "저는 긍정적이고 희망이 있어요. 결과가 나쁘더라도 저는 그것을 막기 위해 제 온 힘을 다했어요. 그 안에는 약간의 평화, 그리고 엄청난 슬픔이 존재해요."

책이 인쇄되어야 하는 시간적 압박 때문에 나는 이 가족에 대한 글쓰기를 중단할 수밖에 없었다. 난 그들이 나와 나눈 이야기를 담은 글을 전달하면서, 그들에게 이 글이 정부의 건강 경고와 함께 제공된다고 말해주었다. 가장 강렬하고 고통스럽고 힘든 경험에 관해 이야기하는 것과 그것을 흰 종이 위의 검은 글자로 읽는 것은 또 다른 문제다. 서로의 감정, 생각, 걱정을 바라보는 경험은 압도적일 수 있다. 나는 카타리나에게 먼저 읽어보고 아치에게 너무 부담스럽지 않은지 확인해 보자고 제안했다. 아치는 평소처럼 굳은 표정으로 자신도 읽어 보겠다고 말했다. 나는 책이 그들의 감정에 깊은 흔적을 남길 뿐만 아니라 이 책을 읽고 두 사람이 서로의 눈을 바라보며 삶과 죽음 사이의 불가능한 길을 발견했음을 알게 되길 바란다.

온 가족이 결혼식을 올리고 '암 망각의 날forget cancer day'을 보내길 바란다. 그날은 분명 휴일이 될 것이다.

나는 확실성이 끝나는 곳에서 희망이 시작된다는 믿음, 즉 희망과 가능성은 함께 걷는다는 믿음을 가지고 있다. 아치는 자신의 유한한 삶을 인정하면서도 희망의 빛으로 눈을 돌려 가족을 그 방향으로 이끌고 있을 것이다.

지금까지 이 가족의 여정에 함께할 수 있어 나는 깊은 감동을 받을 수밖에 없었다. 나는 그들로부터 평생 기억에 남을 중요한 교훈을 배웠다. 그 점에 대해 매우 감사하게 생각한다.

무엇보다도 나는 성인이 된 후에도 부모님의 존재는 매우 중요하다는 것을 깨달았고, 이 같은 사실이 간과되는 경우가 너무 많다고 생각했다. 부모님과의 갈등 관계는 우리에게 엄청난 대가를 치르게 한다. 부모는 우리의 일부다. 어렸을 때처럼 생존을 위해 그들이 필요하지는 않지만 어른이 된 우리 안에도 항상 어린아이가 존재한다. 사랑받고 싶고, 부모님과 가까워지길 원하며, 단지 생존을 위해서만이 아니라 자신의 좋은 삶을 위하여 어떤 식으로든 부모님이 필요하다고 느끼는 어린아이가.

우리는 모두 행복한 결말을 바란다. 하지만 때로는 치유를 위해 그들과의 유대를 끊어야 할 때도 있다. 누구도 선택하지 않을 일이지만, 가족 구성원과 멀어질 때를 알기 위해서는 용기와 힘, 자기 인식이 필요하다. 호혜적이고 긍정적인 사람을 우선시하는 일도 중요하다.

사십 대에 이른바 '자신의 도구'를 바꾸고, 사랑을 찾고, 자녀와의 관계를 회복하고, 불치병의 육체적, 정신적 고통에 사랑과 정직으로 맞서며 삶을 변화시킬 수 있었던 아치의 능력은 정말이지 놀라웠다. 카타리나, 그렉, 이슬라가 그와 사랑을 나누고, 연결되고, 고통받고, 눈물을 흘리며 같이 아파할 수 있었던 것은 그들이 끔찍한 고통으로부터 서로를 보호할 필요 없이 그저 솔직함을 통해 부모는 우리의 일부다.
어렸을 때처럼 생존을 위해
그들이 필요하지는 않지만,
어른이 된 우리 안에도
항상 어린아이가 존재한다.
사랑받고 싶고,
부모님과 가까워지길 원하며,
단지 생존을 위해서만이 아니라
자신의 좋은 삶을 위하여
어떤 식으로든 부모님이 필요하다고
느끼는 어린아이가.

서 하루하루 벌어지는 일을 함께 마주할 수 있는 역량을 갖추었기 때문이다.

  사랑은 만만한 기술이 아니다. 가족에겐 이보다 더 중요한 일도, 이보다 더 어려운 일도 없다.

결론

인간의 가장 큰 배움은 이야기를 통해서 이루어진다.

나는 당신이 여덟 개의 사례 연구를 읽으며 그 안에서 당신과 가족의 모습을 발견하고, 그 역학을 변화시킬 통찰과 방법을 얻어 당신의 성장 기반을 다질 수 있기를 바란다.

이들 경험의 보편성을 통해 내가 가장 보여주고 싶었던 건 바로 우리가 혼자가 아니라는 사실이었을지도 모른다. 나는 이들 삶의 다양한 층위를 통해 우리가 겉으로 드러나는 양상만 다를 뿐 모두 비슷한 문제로 씨름하고 있다는 것도 보여주고 싶었다. 정답 따위는 존재하지 않는다. 또 어려운 문제와 씨름하고 있다고 해서 당신에게 잘못이 있는 것도 아니다. 오히려 그 모든 것이 삶을 이루는 요소이며 우리 생의 기쁨이자 아름다움이기도 하다. 나는 당신이 일련의 과정들을 겪으면서 도전을 즐기고 자신과 가족의 새로운 면을 발견하며, 자신의 강인함과 기쁨을 축복하는 방법을 발견하길 바란다. 가혹한 진실을 마주하는 과정에서 사랑과 연결감을 더 크게 키워나갈 수 있었으면 좋겠다. 그러면 당신은 친절, 사랑과 새로운 잠재력의 한가운데에 자리할 수 있을 것이다. 이 같은 진실을 발견하면 모든 관계에서 새로운 의미를 찾게 돼 행동의 새로운 지평을 발견하게 될 것이다.

가족 안에서 일어나는 일의 대부분은 수면 아래 숨겨져 있다. 개인으로서, 그리고 가족 구성원으로서 우리는 다양한 방식과 강도로 고통을 겪을 수밖에 없다. 나는 우리가 늘 최선을 다하려 한다고 믿어 의심치 않는다. 하지만 고통과 상처에 대한 두려움으로 마음의 문을 닫거나 공격을 일삼아 끝내 고립되고 상처받는 경우도 많다는 것은 끔찍한 역설이라고 할 수 있다. 그런 상처의 스펙트럼은 위태롭게 대응하는 수준부터 완전히 무너지는 수준까지 다양할 것이다. 이때 문제에 직면해야만 해결이 가능하다는 것은 가혹한 진실이다.

내가 제시한 각 스토리에서 클라이언트들은 자신의 고통에 대해 털어놓고 이를 누군가 연민을 갖고 들어주는 것만으로 변화를 경험했으며 그 변화가 회복으로 이어진다는 사실을 발견했다. 이들이 자신과 타인을 솔직하게 대했을 땐 반드시 공감과 치유가 뒤따랐다. 본능적으로 존재하는 사랑의 끈이 다시 연결된 것이다.

고통이라는 요소는 복잡하다. 가족 안에서는 고통의 강도가 두 배로 커지는데, 이전 세대의 처리되지 않은 트라우마가 영향을 미치는 데다 인간의 상호작용에서 으레 일어나는 밀고 당기기도 존재하기 때문이다. 즉 사랑받고 싶고 관심받고 싶으며 완전히 이해받고 싶다는 욕구, 버려지거나 '덜' 사랑받을 수도 있다는 두려움, 혼자 상처받는 일로 인한 고통과 그에 따르는 혼란과 비난, 죄책감과 분노가 모두 우리에게 내재돼 있다. 이따금 우리는 우리 안에 존재하는지도 몰랐고 바람직하지도 않은 게 분명한 모습의 자신과 맞닥뜨릴 수밖에 없다. 한편으로는 가족과 함께 일상을 헤쳐나가면서 최고의 자신을 발견하기도 한다.

이들 가족과 함께 작업하는 동안 나는 반드시 밝혀져야 하는 다양한 층위의 오해를 목격했다. 모든 가족 구성원은 꼭 한 번씩 들어봐야 마땅한, 상반된 서사를 갖고 있었다. 키이스와 페이션스의 갈등은 여호와의 증인이 되는 데서 시작된 게 아니다. 각자가 겪은 경험의 진실을 인정받을 공간이 필요하다는 게 핵심이었다. 마찬가지로 애슐리가 아빠인 폴과 함께 피자를 먹고 싶어 했던 건 아빠의 관심과 사랑을 향한 치열한 경쟁을 고려했을 때 자신의 특별함을 느끼고 싶은 욕구에서 비롯된 것이었다.

각 가족 내 모든 구성원의 삶은 개인의 성격, 그리고 자신에게 일어난 일의 상처를 어떻게 간직하고 있는지와 같은 뒷이야기로부터 많은 영향을 받았다. 또한 세대를 초월한 깊은 역사도 보이지 않는 곳에서 이들의 반응을 구축하고 있었다. 이렇게 여러 층위가 얽혀 있는 상황에서도 이들이 일단 각자의 서사를 온전히 들려주고 나면 빠르게 회복할 수 있었다는 사실은 놀랍다. 나와 함께했던 치료는 경직된 패턴이 반복되고 목소리를 낼 수 없는 가족 안에서 일반적으로 표현되는 것보다 더 많은 감정을 표출할 수 있는 공간을 제공했다.

고통스럽지만 반드시 필요한 결정을 통해 관계를 끊어야 하는 경우도 있었다. 회복이 모두에게 가능한 건 아니다. 사람들 중에는 말하지 못한 고통의 무게에 짓눌려 온전히 사랑하고 또 사랑받는 능력이 지하 깊은 곳에 숨겨진 이도 있었다. 하지만 이 능력이 표면 위로 올라오면 그들은 자유로워지면서 재연결될 수 있었다.

자신의 가족을 들여다보려는 이는 누구나 가족이 과거에 물려받은 패턴과 행동을 관찰하고 또 무엇을 조정해야 하는지 살펴봄으로써 도움을 받을 수 있다. 가령 우리는 어린 시절 먹었던 브랜드의 식품을 지금도 먹는다는 걸 안다. 같은 이유로 다른 브랜드를 아예 안 먹기도 한다. 어느 축구 클럽을 좋아하거나 특정 스포츠를 싫어하는 것도 많은 경우 우리 엄마나 아빠가 그렇게 만들었기 때문이다. 우리의 경험은 우리 안에 뿌리내려 우리가 어떤 결정을 내리고 어떤 선택을 할지 구성한다.

이 일을 하면서 나는 가족 구성원과 문제가 있을 때 일대일 상담 치료를 받으면 더 잘 대처할 방법을 찾을 수 있다는 관점을 갖게 되었다. 하지만 우리가 단순한 겉핥기에서 벗어나 체계적 변화를 원한다면, 더 많은 정보가 있어야 한다. 모든 이가 참여하는 게 가능만 하다면 가족 치료가 정답이다. 가족 체계에 대한 훈련이 되지 않은 치료사에게는 부담스러울 수 있지만 나는 진심으로 가족 치료의 힘을 믿는다.

이 책에서 소개한 가족들을 돌아봤을 때 이들이 건강한 삶을 되찾을 수 있도록 해준 근본 요소는 안전하다는 믿음, 사랑과 소속감이었다. 이는 우리 삶의 전제 조건이기도 하다. 안전하다고 느껴야 서로 연결될 수 있기 때문이다. 정서적 연결은 인간의 기본 욕구다. 우리가 적응하고 성장하려면 연결감이 있어야 하고 관계 속에서 편안해야 하며 가족이라고 부르는 사람들 사이에서 진정한 자신이 될 수 있어야 한다. 각 개인은 집 안, 식탁 주변, 그리고 자신의 몸 안에서 안전함을 느껴야 한다. 싸움이나 더 큰 상처로 고통에 무뎌지는 게 아니라 자신, 그리고 상대방과 조화를 이룰 수 있는 새로운 방법을 찾아야 한다. 이를 통해 각 가족 구성원은 서로를 경청하고 소중하게 여길 수 있다. 또 서로 존중하고, 다르다는 것을 허용하며, 나아가 서로에게 사랑받을 수 있을 것이다.

결과적으로 우리는 영원한 질문에 맞닥뜨리게 된다. 대체 부모 노릇은 언제 끝나는 것인가? 나는 이 책을 통해 당신이 정답에 좀 더 가까워졌기를 바란다. 끝이란 존재하지 않는다는 정답 말이다. 부모의 역할은 변화하고 재구성되기는 해도 부모와의 연결감은 영원히 지속되기 때문에 정기적이고 의식적인 업데이트가 필요하다.

🌲 🌲 🌲

이들의 사례 연구를 작성하는 동안 내 가족과 나의 관계도 발전했다. 타인의 가족에 대해 배운 경험은 과거와 미래의 내 가족과의 관계를 다뤄가는 일에도 큰 도움이 되었다. 내 시야가 넓어졌고 나는 좀 더 연민 어린 시선으로 조부모님과 부모님을 바라보게 되었다. 내가 아이들에게 저지른 온갖 실수를 생각하면 책임감이 사라질 순 없었지만, 아마도 내 안의 죄책감은 조금 누그러진 듯하다. 내 가족과 중요한 대화를 나누었고 이를 통해 좋고 나쁘고를 떠나서 놀라운 진실을 알게 됐다는 의미다. 알려지지 않았던 중대한 사실들이 드러났음에도 나는 나의 기반을 더 단단하게 다질 수 있었고 나라는 사람에게 더 큰 자신감을 갖게 되었다. 이상하고 역설적인 일이 아닐 수 없다. 탐험하는 정신과 활짝 열린 마음은 결과만큼이나 중요하다.

"한 아이를 키우려면 온 마을이 필요하다."라는 속담은 이번 책의 이야기에서 반복되는 주제였다. 여러 이유로 이 명제는 나의 가치관에서 가족과 사회 전체를 훌륭하게 지탱하는 기초로서 더 큰 중요성을 띠게 되었다. 가족 안에서 협조하고 협력한 경험이 공동체로 확장되면 강력한 무기로 거듭날 수 있다. 우리가 역경과 위기에 맞서 어느 정도 회복력을 갖출 수 있을지는 이러한 네트워크와 주위의 사람들에 의해 좌우된다.

관계 안의 호혜성은 자신감을 강화한다. 누군가가 사회 안에서 바람직한 상호작용을 누린다면 말 그대로 그의 두뇌 네트워크가 성장해 우리의 정신 건강을 보호해 준다. 인간인 우리는 포옹하고, 만지고, 안아주고, 유혹하고, 성관계를 하고, 수다 떨고, 토론하고,

싸우고, 웃고, 울고, 함께 춤추도록 진화해 왔다. 집단 내 상호작용은 건강한 삶을 구축하는 데 핵심 요소다. 어렸을 때, 심지어 성인이 된 뒤에도 우리 뇌는 가소성을 갖고 있기에 사회적 상호작용이 많을수록 우리를 보호해 주는 힘도 커진다. 우리는 적극적 주체로서 사회적 세계를 창조하고 있는 것이다. 반면 신경과학자 이몬 맥크로리Eamon McCrory 교수는 우리의 건강한 삶에 부정적 영향을 미치는 '사회적 위축social thinning'이라는 개념을 제시했다. 그에 따르면 예전에는 한 아이의 삶에 직접 관여하고 관심을 갖는 이가 9명 이상이었지만 지금은 2명으로 줄었다는 것이다.

우리만의 마을을 만든다는 개념과 관련해 나는 싱·켈리Singh·Kelly의 발상에 끌렸다. 자녀와 한 가족이 꾸려가는 삶의 모든 요소에 대해 조언과 지지를 구하는 대상으로 8명(선택에 따라 인원은 얼마든지 달라질 수 있다)의 팀을 만든다는 것이다. 이때 가장 중요한 건 가족이 평가가 아닌 존중받는다는 느낌을 받아야 한다는 것이다. 나는 이게 목적이 다른 버전의 대부代父와 같다고 생각한다. 사람에겐 사람이 필요하고, 건강한 가족으로 성장해 나가기 위해서도 타인의 도움이 필요하다.

정부는 가족이 상당히 중요하다고 말하지만 대개 정부의 정책은 그에 부합하지 않는다. 보통 경제적 이유와 정책의 가용성, 문화적 선입견 때문에 정부의 지원이 가장 필요한 이들이 실제 혜택을 누릴 확률은 가장 낮다. 그리고 이와 같은 한계는 다시 사회의 문제가 되어 돌아온다. 우리 정부와 공동체는 물론 우리 자신부터 가족을 삶의 최우선 순위에 놓아야 한다.

우리는 운이 좋게도 가족의 개별적, 집단적 지침이 될 수 있는 연구와 지식과 정보를 풍부하게 갖추고 있다. 이 책을 집필할 때 나의 목표는 강한 자신감과 회복력으로 무장한 가족을 구축하게끔 도와주는 지혜를 갖는 것이었다. 나를 포함한 우리 모두는 자신에게 이런 질문을 던지고는 한다. 내가 정상인가? 내가 다 망친 건가? 이들 가족과 함께한 나의 연구와 작업에 비춰볼 때 나는 이 같은 질문이 틀렸다고 생각한다. 오히려 이렇게 질문하는 게 맞다. 우리는 어디서 왔는가? 우리 가족의 가치와 신념, 그리고 그 안에서 서로 공존하는 방식은 무엇인가? 나는 내 안의 어떤 측면을 부인하고 있는가? 행복한 무지 속에 사는 일은 오히려 삶에 악영향을 주는 요인이 될 것이다. 우리는 잊고 있던 무언가를 발견하고 때로는 다시 발견함으로써 현명하게 성장할 수 있다.

이를 위해 나는 자신의 몸속에서, 마음속에서 반복되는 메시지에 갇힌 채 스스로와 가족에게 상처 주고 있는 이들을 향해 다음과 같이 큰 소리로 외치고 싶다. "그 잘못은 당신에서부터 시작된 게 아니고, 심지어 당신 부모에게서 시작된 것도 아닙니다." 과거의 유령이 전해준 말하지 못한 이야기, 처리되지 않은 상처와 상실을 들여다보고 다음 세대에까지 전달되는 일이 없도록 지금 당장 해결 방법을 찾아보라. 두려움을 떨치고 일어나서 그 이야기가 어디서 시작됐는지 알아내도록 하라. 기록을 시작하는 것도 좋고, 직접 심리학적 가계도를 그려보는 것도 좋다.

그런 탐험을 통해 당신은 정보와 새로운 관점을 획득할 수 있을 것이다. 우리 안에서, 또 우리 바깥에서 무슨 일이 벌어지고 있는지에 관한 관점을 바꾸면 우리의 행동이 달라질 수 있고 결과 또한 바뀔 수 있다. 우리는 삶을 획기적으로 바꿔놓을 해결책을 찾기보단 작은 것부터 개선해 나갈 때 비로소 성장할 수 있다. 주기적으로 함께 산책하기로 한다거나 미술관 혹은 공연장에 가서 문화적 감수성을 채우는 일처럼 말이다. 우리를 가로막던 것은 이제 새로운 연결과 새로운 존재 방식, 그리고 활력이 넘치고 성장을 지향하는 가족으로 나아가는 새로운 경로가 될 수 있다.

가족의 이야기를 바꾸는 힘은 당신의 마음속에서 시작된다. 이를 현실로 만들기 위한 첫 단계는 당신이 원하는 가족을 머릿속으로 그려보는 것이다.

가족의 건강한 삶을 위한 12가지 토대

"모든 가족에게 행복은 하나같이 비슷한 형태를 띠고 불행은 각양각색으로 나타난다."라는 톨스토이의 말에 나는 전적으로 반대한다. 모든 가족은 상황에 따라 잘 지내거나 그렇지 않은 스펙트럼을 오가며 살아간다. 항상 잘 지내는 건 불가능한 일이다. 효과적으로 기능하는 가족은 그렇지 못한 가족보다 개인의 감정과 외부 사건에 대해 더 긍정적이고 지지하는 방식으로 반응하곤 한다. 따라서 가족에 고정된 규칙이란 존재할 수 없다. 우리는 모두 너무나 다르기 때문이다.

나는 가족 때문에 막막하거나 힘들 때 우리가 참고하고 평가할 수 있는 기준표를 만들면 도움이 될 것이라고 생각했다. 각자의 해석은 주관적일 수밖에 없으며 이는 지극히 건강한 현상이다. 세상의 모든 것이 서로 얽혀 있는 것처럼 이 열두 개의 기준도 연결돼 있어 상호 간에 영향을 주고받으며 서로를 구축한다. 이 기준을 하나하나 들여다보고 다른 기준에 어떤 영향을 미치는지 파악하며 당신과 당신의 가족과의 관계에 어떤 영향을 주는지 살펴보는 일은 유용할 수 있다.

내가 제시하는 사항이 규칙이 아닌 기준이라는 사실을 명심하라. 자신에 대한 연민을 갖고 융통성 있게 적용하는 게 좋다. 이 기준을 채찍으로 써서는 안 된다는 얘기다. 이것들은 내가 소중히 여기는 가치다. 저마다 이 중에서 일부는 지키고, 일부는 거부하며, 다른 것들은 추가하고 싶을 수 있다. 당신의 가족을 위한 당신만의 기준표를 만드는 것도 좋다.

기준들을 검토할 때 거창하고 혁신적인 해결책보다 사소한 걸 개선하는 데 초점을 맞춰보라. 작은 일을 바꿔나가는 게 확장으로 이어진다는 점을 기억하라.

가족을 둘러싼 환경이 진공 상태가 아님을 인정하는 것도 중요하다. 우리의 사고와 행동 방식은 더 넓은 차원의 재정적, 문화적, 민족적 환경은 물론 다양한 정체성과 신체적, 정신적 건강, 그리고 세대적인 환경과 기대에 상당히 심오한 영향을 받기 때문이다.

1. 자기 연민 갖기

자신에 대한 연민은 필수다. 우리는 가장 사랑하고 아끼는 대상에게 가장 크게 상처받는다. 자신의 가장 취약한 상태에 놓이는 것이다. 이는 우리가 불가피하게 실수했을 때조차 자신을 가장 가혹하게 비판할 수밖에 없다는 의미와 같다. 우리가 가족 안에서 수행하는 모든 역할(그게 부모든, 배우자든, 자식이든, 형제자매든)에 완벽할 순 없다는 걸 인정하라. '웬만한' 정도도 충분하다. 운 나쁜 날에는 자신을 용서할 줄 알아야 한다.

사랑하는 사람들에게 그러려고 하는 것처럼 우리는 자기 자신한테도 연민을 가지려고 노력해야 한다. 이를 통해서 사랑하는 이들에게 자신에 대한 친절이 얼마나 중요한지를 보여줄 수 있다. 그러면 실수하더라도 마음을 열고 회복할 수 있다. 우리와 가까운 이들에게 솔직한 태도를 유지하고 가면 뒤의 진실한 모습을 보여주면 결국 더 큰 연결감과 신뢰를 느낄 수 있다.

자기 연민은 우리가 흔히 오해하는 것처럼 어려움에 처했을 때 외면하는 것이 아니다. 그것은 앞에 나서서 자신이 해야 할 바를 책임지는 것이다.

2. 효과적이고 열린 태도로 소통하기

연결감은 모든 기준을 관통하는 가치이다. 이 가치는 소통을 통해 가장 뚜렷하게 드러난다. 우리는 언어적, 비언어적 신호를 통해 사랑과 연결감을 주고받는다. 사랑이 깃든 연결감은 우리가 충분한 사람이라고 느끼는 데 타인의 인정만큼이나 핵심적인 요소다. 자신이 중요한 존재라고 여기는 일 또한 필수적이다. 모든 게 이어진 세계 안에서 연결과 단절이 자연스러운 일부임을 인식해보라. 더 많이 연결될 때가 있으면 덜 연결될 때도 있는 게 자연의 이치다.

열린 태도로 소통한다는 것은 듣기가 말하기만큼 중요하게 여겨지고, 대화에서 모든 감정과 발상과 관점과 의견이 허용되는 것을 말한다. 금지된 주제, 숨겨진 의제나 규칙 같은 게 없어야 서로 간에 무엇이든 전달하고 논의할 수 있다.

가족 안에서 언제 화를 내도 되는지 언제 그래서는 안 되는지에 관한 규칙 같은 건 존재하지 않는다. 아이를 양육하는 경우라면, 그들에게 속상한 일이 있을 때 직접 해결하지 않고 부모에게 이야기해도 된다는 걸 알려주는 것이 중요하다.

어린아이들에게는 언제 뭘 할지 알려주는 좀 더 지시적인 소통도 필요하겠지만 대체로 논리적이고 공통적인 어조를 사용하는 게 가장 효과적이다. ('7. 힘의 역학 인지하기'를 참조하라.) 어른들은 아이와 다른 두뇌를 가지고 있으며 자녀를 도울 수 있다.

목소리 톤, 눈빛, 몸짓, 집중과 공감은 모두 소통의 중요한 요소다. 침묵은 다른 사람이 말할 수 있는 공간을 제공하거나 원하는 걸 얻어내는 도구로 사용될 수 있다. 우리는 사람들의 몸짓을 해석하기도 하지만 듣지 못한 이야기를 꾸며낼 때도 많다. 존중하고 배려하는 태도로 자신의 생각과 감정을 표현하는 게 더 깔끔하고 명확하다.

힘을 합쳐 현재 상황을 알아내고 싶을 때는 열린 질문이 도움이 된다. "만약 네가…"처럼 가정하는 질문을 통해 누군가의 숨겨진 희망, 두려움과 열망을 발견할 수 있다. 혹은 "할아버지가 뭐라고 말씀하실 것 같아?"처럼 마음을 읽는 질문을 활용해 서로가 가진 생각의 범위를 드러낼 수도 있다.

서로 솔직한 피드백을 나누는 관계가 군더더기를 없애고 분노가 커지는 걸 막을 수 있다. 피드백을 주는 한 가지 방법은 자신의 감정을 있는 그대로 전달하는 것이다. 아이, 부모, 형제자매, 혹은 배우자 때문에 거슬리거나 힘든 일이 있었다면 "일전에 네가…"로 시작한 뒤 해당 행동이나 습관에 대해 설명해 주자. 그런 다음 당신의 감정을 표현하도록 한다. 이는 판단하거나 가정하지 않고 당신이 느끼는 감정과 그 이유를 솔직하게 소통하는 방식이다. 따라서 상대방이 편안하게 들을 수 있고, 방어적으로 나오지 않을 수 있으며, 모든 이의 자존감을 지킬 수 있다.

이 같은 종류의 소통을 통해 가족으로서 함께, 또 개별적으로 성찰할 수 있다는 건 가족의 심각한 문제와 어려움, 혹은 기쁨의 원천을 논의하고 조율하는 일이 쉬워졌다는 것을 뜻한다. 그럼 그들은 중요한 결정을 내릴 수 있고 소중한 순간을 축하할 수 있다.

3. 생산적으로 싸우는 법 배우기

서로 다르다는 게 느껴지는 솔직한 대화는 갈등, 심지어 파열을 일으킬 수 있다.

의견이 충돌하지 않는 친밀한 관계란 불가능하다. 우리는 차이와 오해를 견디고 관리할 수 있는 강단을 기름으로써 자신과 타인에 대해 배울 수 있다.

어떻게 싸우는지가 중요하다. 상대방을 이름으로 부르거나, 비하하거나, 말을 무기처럼 휘둘러선 안 된다. 미움, 분노, 질투와 어려운 감정을 기꺼이 표현하라. 이런 감정은 억누를수록 커지고 변형돼 신체적, 감정적 문제를 일으킨다. 어려운 감정이 가득한 방에 불을 켜보라. 좋은 감정을 고집할수록 나쁜 감정이 고개를 들고, 나쁜 감정을 허용하면 좋은 감정이 생겨난다. 이는 결코 쉬운 일이 아니다. 아이러니하게 들리겠지만 상대방을 악마로 만들거나 모욕하지 않고도 얼마든지 강렬한 감정을 표현할 수 있다.

싸움의 뜨거운 열기가 식고 난 뒤 함께 대화하면서 더 큰 친밀감을 느끼고, 색다른 모습을 발견하며, 깊은 신뢰를 구축하는 경우가 많다. 단, 이는 준비가 됐을 때 시도해야 한다. 화가 나서 분노가 아직 가라앉지도 않았는데 화해하는 시늉만 해봐야 아무런 효과도 없다.

싸운 뒤 화해하고 회복하는 일련의 과정을 습관 모형으로 만들어보자. 여기에는 당연히 미안하다고 말하는 일이 포함될 것이다. 상대방과 나의 의견이 다름을 인정하고 그래도 아무렇지 않은 시점이 온다는 것 역시 염두에 두자.

적절한 회복이란 누군가 털어놓은 진실이 상대방을 해치는 무기로 사용되지 않는 걸 뜻한다. 상처가 잘 봉합되어 이번 싸움이 또다시 거론되는 일이 없다는 의미이기도 하다. 가족 안에서 반복되는 끔찍한 패턴은 오래전 싸움을 번번이 다시 끄집어내 "네가 그때…"라며 비난하는 것이다.

우리는 싸움의 스트레스에 시달리고 나서 다시 진정하고 위로받으며 안전함을 느낄 방법을 찾아야 한다. 심리학자 댄 시겔Dan Siegel 박사는 이를 '피스PEACE', 즉 현존 Presence, 몰두 Engagement, 애정Affection, 평온 Calm, 공감 Empathy으로 제시했다.

4. 차이 허용하기

사람마다 갖고 있는 관점은 제각각이다. 개인의 신념, 혹은 저마다 이슈를 바라보고 문제를 해결하는 방식은 셀 수 없이 다양하다.

가족 안에서 당신만 다르게 느껴지면 외로운 감정이 들 수 있다. 다른 성인들과 달리 혼자만 싱글이거나 다른 아이들과 달리 혼자만 스포츠를 싫어하는 것과도 비슷할 것이다. 하지만 설사 그렇더라도 인정과 존중을 누리고 소중하게 여겨지는 방법을 찾는 게 중요하다. 또한 스스로 연결감을 느낄 수 있도록 노력해야 한다.

호기심을 갖고 서로를 충분히 알 수 있는 시간과 공간을 만들어보자. 다 함께 시간을 보낼 수도 있지만 부모 한 명과 자녀 중 한 명이 단란한 데이트를 즐기거나 형제자매끼리만 뭉치는 등 개별적인 시간을 가질 수도 있다.

단 하나의 '옳은' 방식이 아닌 가족 구성원의 폭넓은 의견을 허용하는 가정의 경우 더 깊이 있는 기반이 확립돼 늘 그렇듯 난관에 봉착했을 때 서로의 지지를 끌어낼 수 있다. 시야가 좁으면 지지의 깊이도 얕을 수밖에 없다.

동일한 경험을 두고도 가족 구성원마다 해석은 제각각이라는 사실을 이해하는 것도 도움이 된다. 가령 아빠가 던졌던 농담이 누군가에게는 아주 재밌더라도 다른 누군가에게는 바보 같은 얘기일 뿐이며, 또 다른 이에게는 상처로 기억될 수 있다.

과거의 '진실'을 소환하다 보면 가족 간에 싸움이 날 수 있다. 진실이 하나일 리가 없기 때문이다. 장소나 날짜 등 객관적 사실에는 하나의 진실이 존재할 수 있지만 해당 경험의 기억은 천차만별이다. 모든 가족 구성원에게는 주관적 진실이 있을 뿐이다.

어떻게 되어야 한다는 선입견이나 당신이 설정한 성공의 조건에 가족 구성원을 맞추려 하지 마라. 대신 있는 그대로 지지하고 격려해 주어라.

5. 부정보다 긍정의 소통을 5배 더 많이 하기

부정적 소통보다 긍정적 소통을 다섯 배 더 많이 하겠다고 다짐해 보라. 긍정적으로 소통하면 가족 구성원이 자신은 충분히 존중받는, 소중한 존재라고 느끼게 된다. 물론, 다섯 배라는 건 점검표를 만들어 정확히 맞춰야 하는 수치가 아닌 하나의 지침일 뿐이다. 만약 상황이 부정적으로 흘러가는 것 같다면 자신을 돌아보라. 혹시 당신은 긍정적이기보단 비판적 경향이 더 강한 사람인가? 그렇다면 가족 중에서도 유독 한 사람에게 비판의 화살을 겨눴을 확률이 높다. 그 이유가 무엇일지 생각해 보라. 어쩌면 해당 구성원에게 싫은 점이 바로 나 자신에게 싫은 점이어서 그럴 수도 있다. 아는 것이 힘이다.

6. 경계 설정하기

신체적, 정신적으로 경계를 설정해 놓는 건 결국 가족의 정신 건강과 신체 건강을 위해 중요하다.

받아들일 수 있는 행동과 기대치의 범위를 설정하는 경계는 어린이는 물론 성인에게도 필요하다. 이는 가족이 살아가는 동안 조정되고 달라질 것이다. 각 구성원은 가족 시스템이 안전하고 균형 있게 유지될 수 있도록 자신의 역할을 책임 있게 수행하고 또 존중해야 한다. 가령 부적절한 질문으로 다른 사람의 정서적 경계를 침범해선 안 된다. 신체적 경계 역시 마찬가지다. 예컨대 "동생을 때리면 안 돼!" 같은 말로 침해를 막을 수 있다. 혹은 자녀의 침실에 들어가지 않는 것도 물리적 공간의 경계를 지키는 일이다. 이런 경계를 설정할 때는 일관성과 신뢰가 필요하다.

규칙은 적을수록 좋다. 혼란스러운 규칙이 많은 것보다 몇 가지 명확한 원칙을 지키는 것이 낫다.

실망과 분노를 방지하기 위해 현실적인 기대치를 설정하는 것도 좋은 경계 설정 방법이 될 수 있다. 가령 제시간에 도착하거나

'빌린' 옷을 반납하는 것 등을 규칙으로 정할 수 있다.

"좋은 울타리가 좋은 이웃을 만든다."라는 속담이 있다. 이는 집안일, 프라이버시와 소유물에 이르기까지 가족생활의 여러 요소에 적용될 수 있다.

7. 권력 역학 인지하기

모든 가족에는 힘의 역학 관계가 있으며 가족 내 권력은 시기별로 다르거나 시간의 흐름과 함께 변화한다. 결정을 내리거나 막는 건 권력을 가진 사람의 역할이다.

가족은 각자 고유한 방식으로 권력과 의사 결정 과정을 관리한다. 이를 통해 돈, 주택, 학교, 휴일 등과 관련된 삶의 중요한 결정을 내릴 수 있다. 가족을 기능하게 하는 요소인 것이다.

가족이 성공적으로 기능하려면 각각의 가족 구성원이 연령과 관계없이 자신의 삶에서 주체성을 느끼는 일이 필요하다. 또 가족 안에서 어떤 결정이 내려질 때 자신의 감정과 생각이 중요하게 고려된다고 체감할 수 있어야 한다.

가족 구성원 간에 동등한 힘을 공유하는 협력적인 권력 구도는 흔히 가족의 기능적 모델이라고 불린다. 누가 권력을 쥐고 있는지에 대한 패턴은 다소 혼란스러운 협력적 방식 또는 대칭적(수직적) 방식으로 뒤바뀔 수 있으며, 만약 후자의 패턴이 고착화되면 가족에 어려움을 초래할 수 있다. 두려움에 기반한 강압적인 권력은 가족이 제 기능을 할 수 없게 만든다.

권력은 복잡한 문제다. 어린 자녀도 자신의 목소리를 낼 수 있어야 하지만 부모가 자신의 삶과 결정에 대한 책임이 있다는 것도 알아야 한다. 너무 어린 아이에게 지나치게 많은 권한을 부여하면 부담으로 작용해 오히려 역효과를 낼 수 있다. 이것은 경계와도 관련이 있다. 부모는 스스로 '더 크고, 더 강하고, 더 현명하고, 더 친절한 사람'이 되는 것을 목표로 하라. 이는 자녀에게 압도적이거나 무서운 힘을 보여주는 것이 아니라 자녀의 감정과 말을 존중하는 것을 의미한다.

8. 즐거운 시간 갖기

즐거운 시간을 만들라. 집안일과 업무를 제쳐두고 구성원이 함께 모여 노는 것은 가족에 매우 중요하다. 가족 영화를 함께 보거나, 게임을 하거나, 케이크를 만드는 것처럼 아주 간단한 일부터 시작할 수 있다. 이를 통해 자발적인 창의력과 상상력을 발휘할 수 있다.

이는 경계를 확장하고 일상에 숨겨져 있는 우리 자신의 모습을 드러낸다. 우리의 긴장을 풀어주는 단순한 놀이에서 기쁨이 솟아날 수 있다.

명절이나 휴일은 가족 구성원 모두가 휴식을 취하고 함께 무언가를 하기보단 그저 함께하는 것 자체에 집중할 때 가족 재충전의 기능을 온전히 수행할 수 있다. 크리스마스와 같은 휴일은 즐거울 수도 있지만, '즐거움'에 대한 기대가 너무 높을 때는 엄청난 스트레스를 가져오기도 한다. 일상적으로 신경전을 벌이고 있던 가족이 크리스마스에 함께 모였다가 구성원 간 해결되지 않은 여러 문제와 단층선이 노출되면 폭발하는 경우도 있다.

9. 습관을 의식으로 승화시키기

인간은 습관적 존재다. 습관은 머릿속을 차지하는 많은 의사 결정을 줄여주고 가족이 제대로 기능할 수 있게 해준다. 그래서 우린 습관을 좋아한다.

가족 습관을 의미 있는 의식으로 발전시키는 것은 가족의 삶에 영혼을 불어넣을 수 있다. 특정 기념일을 위한 음악 재생 목록을 만드는 것처럼, 호기심과 창의력을 발휘하면 가족 간의 유대감이 더욱 강해지고 구성원에게 기쁨의 원천이자 치료제가 될 수 있는 강력한 감정을 심어줄 수 있다.

생일, 작명, 결혼식, 장례식 등 가족의 삶을 기념하는 의식은 새로운 단계를 인정하면서 전환의 과정을 부드럽게 만들어준다. 가령 성인 자녀의 결혼이나 가족 구성원의 죽음 같은 낯선 현실에 직면했을 때 저항감으로 정체돼 있던 과정을 해소해 줄 수 있다.

의식을 통해 중요한 사건과 전환점을 표시하면 과거엔 보이지 않던 것들이 눈에 보이고 의미를 지니게 될 수 있다. 기도를 담은 특별한 촛불이나 의미와 목적이 있는 산책 등이 그 예가 될 것이다. 우린 이처럼 무수히 많은 방법으로 삶을 기념할 수 있으며, 이를 통해 가족생활을 더욱 풍요롭게 만들 수 있다.

우리는 의식을 수행할 때마다 마음속에 새로운 의미를 품는다. 우리는 현재 삶에서 어떤 일이 벌어지고 있느냐에 따라 활기를 띠기도 무기력해지기도 하는 존재이며, 그래서 매 순간 다른 사람이라고 해도 과언이 아니다. 우린 의식 덕분에 설사 원치 않더라도 우리의 관계를 재설정하고 재편성해서 다시 모일 수 있다.

의식은 가족에 대한 추억과 이야기의 원천이 되고 즐거움으로 회상할 수 있을 뿐만 아니라 기대감을 불러일으키기도 한다. 또한 우리가 소중한 존재라는 신체적 기억을 심어주며 심리적인 의미뿐만 아니라 육체적인 의미에서도 우리가 어딘가에 소속되어 있다는 것을 느끼게 해준다.

10. 가족 내 변화 허용하기

지속적이고 혼란스러운 변화가 너무 많이 일어나면 안 되겠지만, 새로운 환경에 대응하여 점진적으로 변화해 가면 개인과 가족이 번영할 수 있다. 변화의 시점을 맞았을 때 우리는 쉽지 않더라도 안전지대에서 벗어나 그 변화가 우리를 바꿀 수 있도록 허용해야 한다. 그럴 때 우리는 훨씬 더 풍요로워질 수 있다.

경직성은 가족을 약하게 만들고 이는 곧 분열로 이어진다. 가족 구성원 각자의 역할이 당연히 존재하겠지만, 그 역할은 상황에 따라 달라지고 조절되어야 한다. 예를 들어 항상 '어린 동생'이었던 손아랫사람도 특정 분야에 대한 전문성을 바탕으로 형을 도울 수 있다. 상대방에게 내주는 것보다 받는 게 더 많은 구성원이 존재할 수 있고 그 반대의 경우도 얼마든지 가능하다.

이는 자녀가 성인이 되고 부모가 나이가 들어감에 따라 특히 중요해질 것이다.

11. 자신과 가족의 패턴 성찰하기

가족 구성원 모두가 내면과 외면을 성찰적으로 바라보고, 자신의 사고에 대해 생각할 수 있는 통찰력을 갖는 것은 건강한 가족을 위해 중요한 요소다.

감정이 나를 통제하기 전에 내가 먼저 감정을 통제할 줄 알아야 한다. 감정 시스템은 논리적으로 작동하지 않는다는 점을 기억하고, 자신이 강하게 느끼는 감정을 파악하는 방법을 찾아보라. 자신에게 중요한 것을 다른 이와 나누기 전에 자신의 중심부터 잡아야 한다. 자신의 강한 면과 취약한 면을 파악해 보라. 미처 인식하기도 전에 당신을 폭주하게 만드는 신호를 알아두어라. 이것은 쉽지 않은 일이며 평생에 걸친 과업이다.

이를 위해 마음속의 잡음, 즉 내가 '엉망 위원회shitty committee'라고 부르는 것을 알아차리는 일부터 시작할 수 있다. 먼저 스스로에게 무슨 말을 하고 있는지 적어보라. 자신을 고도로 예민하게 만드는 촉발제를 알아차릴 수 있을 것이다. 특정한 표정, 소리 또는 느낌인가? 그것들에 이름을 붙여보라. 아마도 그것을 표현할 방법을 찾을 수 있을 것이다.

시간이나 장소가 적절하지 않고 어떻게 대응할지 선택할 수도 없다면 일단은 중단하라. 숨을 고르라. 알맞은 타이밍에 자제력을 발휘하는 것이 중요하다. 자신을 위한 시간을 갖는 것은 자녀, 형제자매, 파트너 또는 부모가 그렇게 해주기를 기대하는 것보다 훨씬 더 나은 메커니즘이다. 스스로 속도를 늦추고 내 안에서 무슨 일이 일어나고 있는지 이해할수록 다른 가족 구성원이 진정하도록 도울 수 있는 가능성이 훨씬 커진다.

12. 타인에게 바라는 행동 제시하기

가족 구성원은 서로의 행동, 소통, 선택과 삶의 방식을 통해 개인, 배우자, 부모와 조부모의 본보기를 정립해 나간다. 우리 주위의 사람들은 우리가 하는 말이 아닌 행동을 통해 배운다. 우리는 종종 가족에게 "나는 네가 행복해지기만 바라."라고 말하지만 어떤 게 행복한 건지 보고 배우지 못한다면 실제로 행복하게 살 수 없고 주변 사람들에게 행복을 권할 수도 없다.

우리는 말은 사랑한다고 하면서도 행동은 정반대로 할 수 있다. 가족 간의 사랑은 존재뿐만 아니라 행동을 통해서도 나타난다.

성인으로서 자신의 행동에 대한 책임을 진다는 것은 자신의 행동에 따른 결과를 인정하는 것을 의미한다. 과거야 어찌 됐든 이제 성인으로서 자신의 행동과 신념에 대한 책임이 자신에게 있음을 인정하라. 때때로 어린아이 같은 상태가 되더라도 감정 관리를 잘해서('11. 자신과 가족의 패턴 성찰하기'를 참조하라.) 성숙한 부모 혹은 배우자로 돌아와야 한다.

　종종 우리는 자신에게는 없는 자질과 성격을 다른 사람이 보여주기를 바란다. 혹은 자신 역시 그와 같은 면모를 갖고 있어서 상대방을 싫어하기도 한다. 이는 자신에 대해 알고 조절하는 능력이라는 다른 지표와도 연결된다. 우리가 제시하는 본보기가 부정적이라는 사실을 인식한다면 그걸 겸허하게 인정하고 바꾸기 위해 노력해야 한다. 그러면 가족은 더 큰 풍요를 누릴 수 있을 것이다.

가족의 간략한 역사

 가족을 이루는 사람들이 그렇듯, 가족은 어떤 맥락에 놓여 있는가에 따라 다양한 방식으로 구축되고 변화한다. 가족과 정치와 문화는 늘 상호 간에 영향을 주고받는 관계를 유지해 왔고 앞으로도 그럴 것이다. 가족은 사회라는 거대한 우주 안에서 소우주와 같은 역할을 한다. 전통적으로 '가족'이라고 하면 아빠, 엄마와 두 자녀로 구성된 이른바 '핵가족'의 형태가 떠오른다. 이 같은 고정관념은 구조적인 측면에서 어머니를 가족과 가정의 보호자로, 아버지를 가정의 대장이자 생계를 책임지는 가장으로 설정한다. 하지만 시간이 흐르면서 이 같은 이미지는 더 이상 가족을 대표하지 못하게 되었다.
 산업혁명 이전까지 수 세기 동안 영국의 가족은 사회 공동체와 노동력의 대규모 단위로 존재했다. 우리는 의붓 가구나 확대 가족

등 복합적 형태의 가구가 등장한 게 최근의 새로운 현상이라고 간주한다. 하지만 18세기 후반과 19세기에는 확대 가족과 고용인으로 구성된 대규모 가구가 적지 않았다. 결혼은 사랑해서 하는 게 아닌 경제적 계약이었다. 왕족은 국가 간 동맹을 위해 결혼했다. 신념과 재산의 공유를 위해 중매 결혼을 하는 이도 있었고, 소작농들은 땅을 함께 일구는 데 동의한 이들과 결혼했다. 농촌 생활은 고단했다. 자급자족하고 살아갈 돈을 벌려면 상품을 생산해야 했기 때문에 가족은 집과 땅에서 함께 생활하고 일했다. 자녀들은 태어나 가족 노동력의 일부가 되었고 부모님이 돌아가시면 그 일을 떠맡았다. 이들 가족 간의 사랑은 가족에 대한 봉사를 통해 드러났을 것이다. '가족'의 정의가 '집안의 하인', 즉 '가족을 위해 봉사하는 존재'에서 유래했음을 기억하라. 이는 가족생활에서 정서 발달과 보살핌보다는 실용성이 더 중요하게 여겨졌음을 의미한다.

가족 내에는 늘 명확한 위계질서가 존재했으며 이는 막강한 영향력을 가진 교회의 지지를 받았다. 가족은 결혼과 출산에 대한 성경의 견해에 따라 형성되었다. 간통이나 혼외자 등 가정을 지배하는 규칙과 법은 이 같은 종교적 가르침에 뿌리를 두고 있었다. 그런데 이 영역에 변화가 일어나 가족 역사상 최대의 변화를 겪었다. 사람들이 어떤 모습이어야 하는지, 어떻게 행동하고 어떤 가치를 추구해야 하는지 규정해 온 종교의 역할이 위축되기 시작한 것이다. 종교는 지금도 일부 사람들의 삶에 영향을 미치기는 하지만 그 기세가 훨씬 수그러들었고, 종교가 정해두었던 고정된 의무와 규칙 중 많은 부분이 유명무실해졌다.

산업화는 농촌의 가족생활에 격변을 일으켰다. 18세기와 19세기는 거대한 변화의 시기였던 만큼 이때 가족의 형태와 라이프스타일도 크게 달라졌다. 흔히 가정과 직장의 분리가 영국 산업혁명의 핵심으로 손꼽히는데, 이는 사회와 가족에 큰 변화를 가져왔다. 나아가 두 차례의 세계대전은 장단기적으로 가족생활의 지형을 바꾸어 놓았다. 제1차 세계대전 이후 많은 여성이 과부가 되는 한편 미혼 남성도 부족해졌다. 제2차 세계대전에서 여성은 남성 대신 노동력을 제공해야 했다. 이로 인해 여성은 가정에서 노동시장으로 진출하는 중요한 전환기를 맞이하게 되었다. 오늘날에는 여성의 사회 진출이 더욱 늘어 남녀 인력의 비율이 거의 비슷해졌을 정도다. 물론 파트타임 인력은 여성이 더 많지만 말이다.

가족이 시간을 보내는 방식도 크게 바뀌었다. 교육, 의료, 복지 등 가족이 책임져야 했던 서비스가 국가의 관할로 옮겨졌다. 1908년 영국의 자유당은 「아동 및 청소년법」과 함께 복지 국가의 시작을 알렸고 이후 「탄광 규제법」을 통해 노동 환경을 조성하기 시작했다. 1945년에는 「가족수당법」과 「교육법」이 법제화되었다. 발전된 기술이 가정 안팎으로 도입되면서 가족생활 역시 크게 달라졌다. 식기세척기, 세탁기, 현대식 밥솥은 엄마들에게 더 많은 시간을 허락해 주었다. 라디오와 레코드플레이어는 새로운 삶과 사운드, 그리고 새로운 아이디어를 선사해 주었다. 텔레비전은 각 가정에 현대 가족의 정의를 제시했고 광고는 이상적 라이프스타일을 판매했다. 본래 생존을 위한 임무 완수에만 집중하던 가족이 친밀감을 추구하고 함께 여가를 즐기는 등 강력하게 연결된 집단으로 진화했다. 청년들에게는 외출하고 즐길 자유가 생겼다.

더디지만 중요한 전환도 있었다. 남성 가장에 모든 책임과 권한이 집중돼 있던 가족 내의 권력 구도가 남녀 간의 평등으로 나아가기 시작한 것이다. 여성들이 집 밖에서 직업을 갖게 되면서 경제적으로 남성에게 덜 의존하게 되었고 덕분에 여성은 한층 자유롭게 관계를 시작하거나 끝낼 수 있었다. 부부가 함께 살아가는 시간은 여전히 꽤 길지만, 경제적인 독립이 가능할 때까지 어딘가 얹혀사는 바람에 여러 세대의 가족이 함께 사는 경우도 쉽게 찾아볼 수 있다.

오늘날 우리는 엄청난 변화의 한가운데 있으나 그 변화는 이전 세대가 닦아 놓은 길의 연장선상에 있다는 점에 주목해야 한다. 가족은 더 큰 유동성을 띠게 되었다. 전통적 가족관이 여전히 '표준'으로 받아들여지지만 커다란 흐름이 바뀌는 경향도 목격된다. 한부모 가족, 계부모 가족, 다자녀 가족, 확대 가족, 부부가 함께 낳은 자녀 및 이전 관계의 자녀로 구성된 혼합 가족 등이 새로운 형태의 가족이라 할 것이다. 사람들의 수명이 길어짐에 따라 가족의 형태가 다양해지고 또 그 폭도 점차 넓어지고 있다. 우리는 또다시 대규모의 다세대 혼합 가족을 더 자주 보게 되었다. 이들은 지난 20년 동안 가장 빠르게 성장한 가족 유형으로, 통계청에 따르면 2019년에는 75%가량 증가한 29만 7천 가구에 달했다. 다세대 가족은 노부모가 자녀 및 손주들과 함께 살거나, 친구 집단이 공동 숙소에서 함께 사는 가족으로 구성된다. 산업화 이전 시대와 마찬가지로 가족은 생물학적으로 관련이 없는 사람들로 구성될 수 있다. 호칭과 달리 피가 섞이지 않은 이모와 삼촌, 공동의 터전에서 태어난 도시 가족, 형제자매나 다름없는 어린 시절의 친구들이 그 예다. 이처럼 특별하고 선택된, 사회적으로 구성된 가족 관계도 현대의 가족을 이룰 수 있는 것이다.

'빈폴 가족beanpole families'[1]이라는 용어는 오늘날 가족이 어떻게 구성되는지를 표현하는 용어로 자주 사용된다. 부부의 자녀 수가 줄어들고(편부모와 동거 부부 약 50%의 자녀가 오직 한 명이다) 기대 수명이 길어지면서 조부모와 증조부모가 손자, 증손자의 삶에 관여하는 경우가 많아지고 있다. 오늘날의 성인들은 자신의 자녀를 양육하는 기간보다 성인 자녀의 정체성을 갖고 더 많은 시간을 보내게 될 것이다. 이는 부모가 여전히 살아있는 성인의 비율이 5명 중 1명이 채 되지 않았던 1960년대와는 상당히 대조적인 모습이다. 이처럼 성인 자녀가 여전히 부모의 보살핌을 받을 경우 가족의 역학 관계에는 흥미로운 역전이 발생한다. 윗세대의 경우 지시받는 것을 싫어해 화내거나 완고하게 굴 때가 많지만 나이 들수록 취약해

---

1 서던캘리포니아대학교 노인학과의 베른 벵스턴(Vern L. Bengston) 교수가 1990년대에 처음 제시했던 가족 형태 개념이다. 고령화와 자녀 수의 감소로 인해 살아있는 가족 세대는 많아지고, 각 세대의 구성원은 줄어들어 위아래로 길게 늘어진 구조를 보인다.

지면서 권력 균형이 역전되는 것이다.

가족은 전반적으로 이전보다 덜 위계적이고, 정서적으로 개방적이며, 덜 교훈적으로 변하고 있다. 이러한 변화는 어머니가 아버지와 동등한 권한을 갖게 되었기 때문이라는 주장도 존재한다. 가족은 예전보다 월등히 많은 심리학적 지식을 이용할 수 있게 된 만큼 자녀에게 자율성에 대해 가르치는 것이 중요하다는 사실을 인식하기 시작했다. 그래야 가정이라는 제한된 환경에서 자녀가 자신감을 키울 수 있기 때문이다.

디지털 시대가 가족의 형태와 가치관에 어떤 영향을 미칠지는 알 수 없지만 그 파급력은 상당할 것이다. 과거의 정치적 결정이나 산업혁명이 미래의 가족을 재구성하는 데 미친 영향만큼이나 강력할 수 있다. 아마도 이는 가족의 세분화로 이어질 것이다. 즉 함께 드라마를 보는 것과 같은 공동의 가족 경험이 감소하고 자녀와 어른이 각자의 침실에서 별도의 디지털 상호작용에 몰두하는 것이다. 그 과정에서 자녀가 스마트폰에만 매달리는 것에 대한 논쟁과 싸움도 계속될 수 있다. 가장 큰 변화는 매일 사무실에 출근하지 않고 재택근무를 할 수 있는 유연성과 맞물려 펼쳐질 것이다. 이런 추세는 지금도 이미 명백하지만 팬데믹으로 인해 더욱 가속화되고 있다.

'선택'은 여성과 남성의 삶, 가족의 형태가 진보적으로 나아가는 데 중요한 요소였다. 여기에는 이혼하거나 결혼 생활을 그만둘 수 있는 자유도 포함된다. 통계에 따르면 이혼율은 1993년에 정점을 찍은 후 지난 10년 동안 34% 이상 감소했다. 하지만 이 통계는 결혼 대신 동거를 선택하는 커플이 증가하면서 결혼 자체가 감소해 나타난 현상이기도 하다. 최근의 통계에 따르면 부부의 45%가 이혼하고, 동거하는 부부의 가정 둘 중 하나는 자녀의 다섯 번째 생일 전에 헤어지는 것으로 나타났다. 오늘날 어린 자녀에게 영향을 미치는 가족 해체의 4분의 3은 미혼 가정에서 일어나는데, 이는 자녀가 성장하는 동안 가족 구조가 여러 번 바뀔 수 있음을 의미한다. 오늘날 아이들은 형제자매의 구성, 가족 내 역학 관계, 집의 위치, 규칙과 가치관 등이 끊임없이 변화하는 가족 안에서 성장했을 수 있다. 또한 그들은 어머니의 집, 아버지의 집, 조부모의 집 등 여러 곳에 흩어져 살고 있을 수도 있다. 그 결과 회복탄력성이 높아질 수도 있지만, 더 취약해질 가능성도 충분하다. 어느 쪽이든 이는 과거와 현재의 가족, 특히 어린이들이 겪는 가장 두드러진 차이점 중 하나다.

수 세기에 걸쳐 여성은 가족 내에서 간병인, 청소부, 요리사, 관리자의 일을 떠맡는 한편 직장에서도 책임을 다해왔다. 여성이 그처럼 다면적 역할을 수행해 온 게 가족을 하나로 묶는 연결고리가 되었다는 점은 부정할 수 없다. 페미니스트 사회학자 크리스틴 델피Christine Delphy와 다이애나 레너드Diana Leonard의 연구는 가족 내 여성의 역할이 가부장적 제도와 억압을 어떻게 유지했는지를 보여준다. 실제로 남성과 여성의 역할은 우리가 상상하는 것만큼 빠르게 변화하지 않는 듯하다. 여전히 가정에서 무급 노동의 대부분은 여성이 하고 있다. 바라건대, 앞으로는 이와 같이 성별에 따라 나뉘는 업무가 더 평등하게 분담되어야 할 것이다. 적어도 그에 관한 논의는 끊임없이 이루어지고 있다. 또한 이성애에 기반하지 않은 가족의 새로운 파트너십은 우리의 새로운 존재 방식에 빛을 비춰줄 것이다.

이성애 가족에 대한 전통적 관점은 재구축되고 있으며 이는 우리가 사는 세상을 더욱 가변적으로 만들고 있다. 수치는 이 같은 변화를 잘 보여준다. 2007년부터 2008년 사이에 아이를 입양한 이성애 커플은 2,840쌍이었고 게이 커플은 80쌍에 불과했다. 하지만 2020년의 연구에 따르면, "동성 가족의 유형 가운데는 동성 결혼 커플이 가장 빠르게 성장하고 있는 것으로 나타났다. 2019년 양성애자, 게이, 성전환자, 레즈비언 커플이 입양한 자녀의 수는 전년 대비 증가했으며, 2020년 입양 5건 중 1건은 성소수자 가정에서 이루어졌다. 영국에서는 2015년 이후 동성 가족이 40% 증가해 현재 그 가정의 수는 21만 2천 개 가정에 달한다."

현대의 가족은 사회적 변화와 정서적 변화를 동시에 반영한다. 가족 구성 방식에서 생물학적 성별과 성 정체성의 유동성이 커질수록 우리의 감정적 삶의 요소 역시 확장되는 경향이 존재하는 것이다. 이는 우리가 다양한 존재 방식을 인정하게 될수록 감정 세계에 대한 이해 역시 커지는 것과 마찬가지다. 젠더와 섹슈얼리티, 독신과 기혼에 대한 이분법적 관점은 현재 근본적인 도전에 직면해 있다.

영국에서 이뤄지는 가족 연구와 관련해 여기서 짚고 넘어가야 할 것은 거기에선 여전히 서구 백인의 관점이 지배적이며, 그것이 하나의 기본적인 프레임처럼 작동되고 있다는 사실이다. 이런 프레임은 가족의 '모습'이 '어떠해야 하고', 가족의 가치가 '무엇이 되어야 하는지'에 대한 자기실현적 예언을 만들어낸다. 가족에 대한 우리의 관점이 문화적, 인종적, 민족적으로 더 다양한 가치와 신념을 포용하는 방식으로 확장되는 것은 매우 중요하다.

우리는 가족의 상당 부분을 우리 자신 안에 구현하고 있다. 우리 각자의 성격, 존재 방식, 가치, 신념, 그리고 무엇보다도 우리의 안전감과 소속감이 가족에 의해 결정된다. 중요한 건 가족이 어떤 형태를 하고 있든 어떻게 기능하든, 미래의 우리 관계와 가족을 빚어낼 것이라는 점이다. 우리는 자기 가족의 기원을 되짚음으로써, 또 가족이 현재 우리에게 어떤 영향을 미치는지 이해함으로써 저마다의 역할에 충실할 수 있다.

| 부록 | **유년기의 부정적 경험에 대한 설문지**
Adverse Childhood Experiences Questionnaire

이 설문지ACE Questionnaire를 부록으로 넣어두는 건, 자신이 심리적으로 어떻게 기능하는지 더 깊이 있게 이해하고 깨달음을 얻도록 하기 위함이다.

유년기의 부정적 경험에 관한 연구에 따르면, 어린 시절에 힘들거나 불리한 사건을 경험한 사람은 성인이 되어 신체적, 정신적 건강 문제가 발생할 위험이 더 큰 것으로 나타났다.

어린 시절에 부정적인 경험을 많이 했던 사람일수록 위험이 크게 증가한다. 부정적 경험에는 트라우마와 학대뿐 아니라 부모의 이혼이나 가정 기능 장애와 같은 비외상성 스트레스도 포함된다.

유년기의 부정적 경험 연구 지침은 다음과 같다. 질문은 10개로 이루어져 있으며 각 질문에 예 혹은 아니오로 답하도록 한다. 예인 경우 1점을 기록하면 된다.

질문은 영어로 되어있으며 성인(18세 이상)을 대상으로 작성되었다. 경고: 질문이 스트레스를 유발할 수도 있다. 일부는 아동 학대 경험에 대한 노골적인 내용을 포함한다.

설문을 시작하기 전 도움을 줄 수 있는 관계자 혹은 연락처가 있는지 확인하라.

ACE 점수 찾기

18년의 첫 성장기를 보내는 동안:

① 부모나 집안의 다른 어른이 당신에게 욕설을 하거나 모욕, 모멸감, 혹은 수치심을 준 적이 빈번하게 있었는가?

혹은

당신에게 상해를 가할 수 있는 방식으로 위협한 적이 있는가?

예/아니요, 예인 경우 1점

② 부모나 집안의 다른 어른이 밀거나 붙잡거나 뺨을 때리거나 물건을 던진 적이 빈번하게 있었는가?

혹은

너무 세게 때려서 자국이 남거나 부상을 입은 적이 있는가?

예/아니요, 예인 경우 1점

③ 성인 또는 당신보다 5살 이상 많은 사람이 당신을 만지거나 애무한 적이 있는가? 혹은 당신이 그들의 몸을 성적인 방식으로 만진 적 있는가?

혹은

당신과 구강, 항문, 또는 질 성교를 시도하거나 실제로 성교한 적이 있는가?

예/아니요, 예인 경우 1점

④ 가족 중 당신을 사랑하거나 중요하고 특별한 존재로 여기는 사람이 아무도 없다고 느낀 적이 빈번하게 있는가?

혹은

당신의 가족이 서로를 돌보지 않고 친밀감을 느끼거나 지지하지 않는가?

예/아니요, 예인 경우 1점

⑤ 먹을 것이 부족하고 더러운 옷을 입어야 하며 보호해 줄 사람이 없다고 느낀 적이 빈번하게 있는가?

혹은

부모님이 술이나 약에 너무 취해서 당신을 제대로 돌보지 못하고 아플 때 병원에 가지 못한 적이 있는가?

예/아니요, 예인 경우 1점

⑥ 부모님이 별거나 이혼을 했는가?

예/아니요, 예인 경우 1점

⑦ 엄마나 계모가 당신을 밀치거나 움켜쥐거나 뺨을 때리거나 무언가를 던진 적이 빈번하게 있는가?

예/아니요, 예인 경우 1점

혹은

발로 차거나 깨물거나 주먹질하거나 단단한 뭔가로 때린 적 있는가?

혹은

당신은 수 분에 걸쳐 반복적으로 맞거나 총 또는 칼로 위협받은 적이 있는가?

예/아니요, 예인 경우 1점

⑧ 알코올중독자나 마약 복용자와 함께 살았는가?

예/아니요, 예인 경우 1점

⑨ 가족 중 우울증이나 정신 질환을 앓은 사람이 있는가? 혹은 자살을 시도한 이가 있는가?
예/아니요, 예인 경우 1점

⑩ 가족 중 감옥에 간 사람이 있는가?
예/아니요, 예인 경우 1점

이제 '예'의 점수를 합산하라. 이것이 당신의 ACE 점수다.

출처: http://www.acestudy.org/files/ACE_Score_Calcu092406RA4CR

알고 있는가 척도 The Do You Know Scale

마샬 듀크 박사와 로빈 피부시 박사는 2001년, 가족에 대해 많이 아는 아이일수록 가족을 잘 모르는 아이보다 회복력이 강하고 어려움을 더 잘 극복한다는 가설을 테스트하기 위해 '알고 있는가?' 척도를 만들었다. 가족에 대해 아이가 알지 못하는 것을 직접적으로 물어보도록 고안된 질문은 다음과 같다.

① 부모님이 어떻게 만났는지 아는가?
② 어머니가 어디서 자랐는지 아는가?
③ 아버지가 어디서 자랐는지 아는가?
④ 조부모님이 어디에서 자랐는지 아는가?
⑤ 조부모님이 어디서 만났는지 아는가?
⑥ 부모님이 어디서 결혼했는지 아는가?
⑦ 당신이 태어날 때 무슨 일이 있었는지 아는가?
⑧ 당신의 이름이 어디서 유래했는지 아는가?
⑨ 형제나 자매가 태어났을 때 어떤 일이 있었는지 아는가?
⑩ 외모가 가족 중 누구와 가장 많이 닮았는지 아는가?
⑪ 행동 방식이 가족 중 누구와 가장 많이 닮았는지 아는가?
⑫ 부모님이 어렸을 때 어떤 질병과 부상을 겪었는지 아는가?
⑬ 부모님이 좋은 경험이나 나쁜 경험에서 어떤 교훈을 얻었는지 아는가?
⑭ 엄마나 아빠가 학교에 다닐 때 어떤 일이 있었는지 아는가?
⑮ 가족이 어느 나라 출신(영국, 독일, 러시아 등)인지 아는가?
⑯ 부모님이 젊은 시절 어떤 직업을 가졌는지 아는가?
⑰ 부모님이 어렸을 때 어떤 상을 받았는지 아는가?

⑱ 엄마가 다녔던 학교의 이름을 아는가?
⑲ 아빠가 다녔던 학교의 이름을 아는가?
⑳ 잘 웃지 않아서 얼굴이 험상궂게 '굳어버린' 친척에 대해 아는가?

10가지 중요한 질문

(진지하고 장기적인 관계를 맺을 계획인지 확인하기 위한 질문)

이들 질문은 엑서터 대학교의 앤 발로우Anne Barlow 교수의 연구에서 발췌했다.

- 파트너와 나는 '잘 맞는' 사이인가?
- 우정의 기반이 탄탄한가?
- 우리는 관계와 삶에서 원하는 바가 같은가?
- 우리의 기대가 현실적인가?
- 우리는 대개 서로에게서 최고의 모습을 보는가?
- 우리는 관계를 활기차게 유지하기 위해 노력하는가?
- 우리 두 사람 다 무엇이든 자유롭게 논의하고 문제 제기도 할 수 있다고 생각하는가?
- 우리 두 사람 다 힘든 시기를 극복하기 위해 노력하는가?
- 스트레스 상황에 직면했을 때 우리는 함께 힘을 모아 극복할 수 있는가?
- 주위에 우리를 지지해 주는 사람이 있는가?

EMDR

안구 운동 둔감화 및 재처리EMDR, Eye movement desensitization and reprocessing는 트라우마를 유발한 사건에서 회복하는 걸 돕기 위해 고안된 강력한 치료법이다. 세계보건기구WHO와 영국 국립보건임상연구원NICE에서도 승인한 바 있다. 나는 이 심리치료 방식을 종종 추천하는데 더 자세히 알고 싶다면 https://emdrassociation.org.uk을 참조하라.

감사의 말

    클라이언트분들이 이번 프로젝트에 기꺼이 참여해 주시지 않았다면 이 책은 결코 탄생할 수 없었을 것이다. 자기 삶에서 가장 내밀하고도 고통스러운 경험에 대해 그토록 낱낱이 이야기하고, 이를 세상에 끄집어내서 타인과 공유하기까지는 상당한 용기와 자애로운 정신이 필요하다. 이들은 오직 모든 사람이 스스로를 이해할 수 있도록 돕고 싶다는 일념으로 나와 함께해 주었으며 이제 그 목표를 달성했다는 사실에 자부심을 가졌으면 한다. 나는 이들의 신상 정보가 드러나지 않는 일에 가장 큰 주안점을 두고 작업했다. 개인적으로 이에 관해 한 번 더 언급한다면, 나는 실제 인물과 사건의 익명성을 보장하면서도 이 작업의 취지에 걸맞은 진정성을 유지하고자 최선을 다했다.

    글의 흐름을 위해 본문에는 참고문헌을 삽입하지 않았다. 대신

463쪽~482쪽에 걸쳐 따로 목록화해 두었다. 혹시 누락된 항목이나 오류가 있다면 사과드린다. 모든 책임은 전적으로 나에게 있다.

언제나 그랬듯 펭귄 라이프 팀은 나와 이 책에 남다른 지원을 아끼지 않았다. 나의 탁월한 편집자 베네티아 버터필드는 감사하게도 이번 작업을 내게 의뢰해 주었으며, 펭귄의 다른 계열사로 옮겨갈 때까지 나와 긴밀한 협업을 지속했다. 그녀에게서 편집자 바통을 넘겨받은 다니엘 크루는 뛰어난 감각으로 내가 이 책에 최고의 역량을 쏟아부을 수 있도록 도와주었다. 줄리아 머데이, 카일라 풀러와 앨리스 고지 역시 이 책을 세상에 선보이기 위한 작업에 놀라울 정도의 열정, 시간과 기술을 투입했다. 헤이즐 오르메는 탁월한 교열자로서 정확성과 지성과 통찰력이 빛나는 작업을 진행하면서도 내 글의 정수를 끝까지 지켜주었다.

나의 문학 에이전트인 펠리시티 루빈슈타인, 그녀의 동료 프랜 데이비스와 하나 그리젠트와이트는 이 책을 최대한 광범위한 지역에 선보일 수 있도록 노력하는 한편 내 이익 역시 최대한 보호하기 위하여 치열하게 싸워주었다. 그들의 따뜻함, 친절함과 지식에 감사한 마음을 영원히 간직할 것이다.

『상담직 종사자를 위한 윤리적 프레임워크The Ethical Framework for the Counselling Professions』를 집필한 팀 본드 교수는 클라이언트와의 작업을 책으로 출간하는 데 있어 중요하게 고려할 지점과 잠재적 우려 요소를 언제나처럼 함께 적극적으로 논의해 주었다. 그는 살아있는 윤리의 현현이라고 해도 과언이 아니다. 그래서 나로서는 그에게 감사한 마음을 품지 않을 수 없다.

나의 수련감독자 제럴딘 톰슨은 헤아릴 수 없을 만큼 값진 지원을 누구보다도 많이 보내주었다. 그녀의 흔들림 없는 공감 능력, 경험과 기술은 보기 드문 재능이다. 또 그녀는 책의 구상 단계에서 내가 가족들의 참여를 어떻게 끌어낼지 풀어가는 데도 많은 도움을 주었다.

책의 내용을 더욱 풍성하게 하고 정확성을 기할 수 있도록 하는 데 수많은 이들이 도와주었다. 아드리안 케이포드, 카이 다운햄, 라파엘라 바커, 메리 러셀, 소피 포드, 조이 블라스키, 에이몬 맥크로리 교수, 르네 싱 박사, 라훌 제이콥과 마리안 타테포 등이 그들이다. 줄리엣 니콜슨은 언제나 그렇듯 프로젝트 내내 든든한 친구이자 조언자가 되어주었다. 더불어 클라라 웨더럴과 매기 센터의 팀원들, 앤드류 앤더슨과 조지 버스틴의 도움에 감사드린다.

프리실라 쇼트 박사와 르셀 도슨 박사는 이 책에 경이로울 만큼의 시간과 지식과 통찰을 쏟아주었다. 그들은 내가 완전히 놓쳤던 주제, 지혜, 이론 혹은 사고방식을 언제나 친절하고 자애로운 태도로 포착해 주었다. 이들 동료의 선의가 내게 얼마나 소중한지 말로는 감히 표현할 수 없을 것이다.

틸리 세인트 오빈은 참고문헌 수집이라는 고된 작업을 신속하고 정확하며 유쾌하게 해냈다. 메이지 애쉬는 탁월한 능력으로 가족의 역사를 조사하고 정리함으로써 내가 이 책의 서사를 일관되게 가져갈 수 있도록 해주었다.

나의 소중한 아이들인 나타샤, 에밀리, 소피와 벤자민은 가족이 무엇인지에 관해 다른 누구보다 많은 가르침을 주었다. 이들은 책에 넣을 만한 여러 아이디어를 떠올리게 해주었을 뿐 아니라 책의 각 부분에 대해서도 다정한 조언을 아끼지 않았다. 이들이 각자의 파트너인 리치, 키넌, 제이크, 드루지와 함께 있는 모습은 언제나 내게 영감을 준다.

마지막으로 사랑하는 남편 마이클에게 감사의 마음을 전하고 싶다. 그는 언제나 현명하고 인내심으로 가득하며, 내게 끊임없는 확신과 사랑을 준다. 내가 책을 쓰는 과정에서 자주 요동치더라도 곧고 좁은 길에서 벗어나는 일은 없도록 그는 특유의 다정함과 유머 감각으로 나를 지켜주었다.

내게 연락하거나 지원 기관에 대한 자세한 정보를 얻고 싶으면 www.juliasamuel.co.uk를 방문하거나 @juliasamuelmbe를 팔로우 하면 된다.

참고문헌

들어가며

- Abel, J., et al. (2018), 'Reducing Emergency Hospital Admissions: A Population Health Complex Intervention of an Enhanced Model ofPrimary Care and Compassionate Communities', *British Journal of General Practice*, 68(676), e803-e810
- Allen, K. R., et al. (1999), 'Older Adults and Their Children: Family Patterns of Structural Diversity', *Family Relations*, 48(2), 151-7
- Birkjaer, M., et al. (2019), 'The Good Home Report 2019: What Makes a Happy Home?', Happiness Research Institute/Kingfisher Plc
- Bowlby, J. (2005), *The Making and Breaking of Affectional Bonds*, 1st edn,(London: Routledge)
- British Association for Psychotherapy and Counselling (2014), 'Men and Counselling: The Changing Relationship Between Men in the UKand Therapy', www.bacp.co.uk/news/news-from-bacp/archive/28-april2014-men-and-counselling/
- Britton, R. (1989), 'The Missing Link: Parental Sexuality in the Oedipus Complex', in J. Steiner (ed.), *The Oedipus Complex Today* (London:Routledge), 83-91
- Burnham, J. (1986), *Family Therapy: First Steps Towards a Systematic Approach* (London: Routledge)
- Cagen, S. (2006), *Quirkyalone: A Manifesto for Uncompromising Romantics* (New York: HarperCollins)
- Carter, E. A., and McGoldrick, M. (eds.) (1988), *The Changing Family Life Cycle: A Framework for Family Therapy*, 2nd edn (London: Psychology Press)
- Copeland, W. (2014), 'Longitudinal Patterns of Anxiety from Childhood to Adulthood: The Great Smoky Mountains Study', *Journal of the American Academy of Child and Adolescent Psychiatry*, 53(1), 1527-48

- Cryle, P., and Stephens, E. (2018), *Normality: A Critical Genealogy* (Chicago: University of Chicago Press)
- Donath, O. (2017), *Regretting Motherhood: A Study* (California: North Atlantic Books US)
- Dunning, A. (2006), 'Grandparents - An Intergenerational Resource for Families: A UK Perspective', *Journal of Intergenerational Relationships*, 4(1), 127-35
- Fingerman, K., et al. (2012), 'In-Law Relationships Before and After Marriage: Husbands, Wives and Their Mothers-In-Law', *Research in Human Development*, 9(2), 106-25
- Fivush, R. (2011), 'The Development of Autobiographical Memory', *Annual Review of Psychology*, 62(1), 559-82
- Fuentes, A. (2020), 'This Species Moment', interviewed by Krista Tippett for On Being, onbeing.org
- Galindo, I., Boomer, E., and Reagan, D. (2006), *A Family Genogram Workbook* (Virginia: Educational Consultants)
- Golombok, S. (2020), *We Are Family: The Modern Transformation of Parents and Children* (New York: PublicAffairs Books)
- Lippa, R. A. (2005), *Gender, Nature and Nurture* (Philadelphia: Routledge)
- Mayes, L., Fonagy, P., and Target, M. (2007), *Development Science and Psychoanalysis: Integration and Innovation* (London: Routledge)
- McCrory, E., et al. (2019), 'Neurocognitive Adaptation and Mental Health Vulnerability Following Maltreatment: The Role of Social Functioning', *Child Maltreatment*, 24(4), 1-17
- McGoldrick, M. (2006), 'Monica McGoldrick on Family Therapy', interviewed by Randall C. Wyatt and Victor Yalom, psychotherapy.net
- Messinger, L., and Walker, K. N. (1981), 'From Marriage Breakdown to Remarriage: Parental Tasks and Therapeutic Guidelines', *American Journal of Orthopsychiatry*, 51(3), 429-38
- Patel, V. (2018), 'Acting Early: The Key to Preventing Mental Health Problems', *Journal of the Royal Society of Medicine*, 111(5), 153-7
- Siegel, D. J. (2013), *Parenting from the Inside Out* (New York: TarcherPerigee)
- Singer, J. A., et al. (2012), 'Self-Defining Memories, Scripts, and the Life Story:

Narrative Identity in Personality and Psychotherapy', *Journal of Psychotherapy*, 81(6), 569-82
- Waldinger, R. (2016), 'What Makes a Good Life? Lessons from the Longest Study on Happiness', TED Conferences
- Watters, E. (2003), *Urban Tribes: A Generation Redefines Friendship, Family and Commitment* (New York: Bloomsbury)
- Winnicott, D. (1960), 'The Theory of the Parent-Infant Relationship', *International Journal of PsychoAnalysis* 41, 585-95
- Wolynn, M. (2016), *It Didn't Start With You* (New York: Viking)
- Yehuda, R. (2015), 'How Trauma and Resilience Cross Generations', onbeing.org

원 가족 The Wynne Family

- Bradford, D., and Robin, C. (2021), Connect: *Building Exceptional Relationships with Family, Friends and Colleagues* (New York: Currency)
- Duffell, N. (2000), *The Making of Them: The British Attitude to Children and the Boarding School System*, (London: Lone Arrow Press)
- Feiler, B. (2013), 'The Stories That Bind Us', *New York Times*, 17 May
- Fry, R. (2017), 'Richard Beckhard: The Formulator of Organizational Change', in Szabla, D. B. et al. (eds.), *The Palgrave Handbook of Organizational Change Thinkers* (Cham: Palgrave Macmillan), 91-105
- genesinlife.org, Genetics 101: *Main Inheritance Patterns*
- Hicks, B. M., Schalet, B. D., Malone, S. M., Iacono, W. G., and McGue, M. (2011), 'Psychometric and Genetic Architecture of Substance Use Disorder and Behavioral Disinhibition Measures for Gene Association Studies', *Behavior Genetics*, 41, 459-75
- Liu, M., Jiang, Y., Wedow, R., et al. (2019), 'Association Studies of Up to 1.2 Million Individuals Yield New Insights Into the Genetic Etiology of Tobacco and Alcohol Use', *Nature Genetics*, 51, 237-44
- Martin, A. J., et al. (2016), 'Effects of Boarding School', *Psychologist*, 29, 412-19

- McCrory, E., De Brito, S. A., Sebastian, C. L., Mechelli, A., Bird, G., Kelly, P., and Viding, E. (2011), 'Heightened Neural Reactivity to Threat in Child Victims of Family Violence', *Current Biology*, 21, R947-8
- McCrory, E. J., De Brito, S., Kelly, P.A., Bird, G., Sebastian, C., and Viding, E. (2013), 'Amygdala Activation in Maltreated Children During Pre-Attentive Emotional Processing', *British Journal of Psychiatry*, 202 (4), 269-76
- McCrory, E., et al. (2019), 'Neurocognitive Adaptation and Mental Health Vulnerability Following Maltreatment: The Role of Social Functioning', *Child Maltreatment*, 24(4), 1-17
- Plomin, R. (2018), *Blueprint: How DNA Makes Us Who We Are* (Cambridge, MA: MIT Press)
- Prochaska, J., DiClemente, C., and Norcross, J. (1992), 'In Search of How People Change: Applications to Addictive Behaviors', *American Psychologist*, 47(9), 1102-14
- strategies-for-managing-change.com, 'Beckhard Change Equation'
- UK Trauma Council, 'How Latent Vulnerability Plays Out Over a Child's Life,' https://uktraumacouncil.org/resource/how-latentvulnerability-plays-out-over-a-childs-life

싱과 켈리 가족 The Singh and Kelly Family

- adoptionUK.org, It Takes a Village to Raise a Child
- Anon. (2012), 'Overwhelming Majority Support Gay Marriage in Ireland', *Gay Community News*, https://web.archive.org/web/20120302153735/http://www.gcn.ie/Overwhelming_Majority_Support_Gay_Marriage_In_Ireland
- Anon. (2015), 'Ireland is Ninth Most Gay-friendly Nation in the World, Says New Poll', *Gay Community News*, 22 July
- Anon. (2017), 'Understanding the Difference Between Adoption and Mental Health Issues', Vertava Health Massachusetts, online article
- Aryan, A. (2012), 'Why Hinduism is the most Liberal Religion', *Apna Bhaarat*, https://apnabhaarat.wordpress.com/2012/03/10/why-hinduismis-the-most-liberal-

religion/
- BBC Bitesize, *What Does Hinduism Say about Homosexuality?* www.bbc.co.uk/bitesize/guides/zw8qn39/revision/5
- Beauman, N. (2016), 'Do Different Generations of Immigrants Think Differently?', *Aljazeera America*, online article
- Borba, M. (2021), *Thrivers: The Surprising Reasons Why Some Kids Struggle While Others Shine* (London: Putnam)
- Chopra, D. (2016), 'Are You Where You Thought You Would Be?', https://chopra.com/articles/life-expectations-are-you-where-youthought-you-would-be
- Colage.org
- Coramadoption.org.uk, 'Five Facts about LGBT Fostering and Adoption' Gayparentmag.com
- First 4 Adoption (2017), 'The Great Behaviour Breakdown', training programme run by First 4 adoption, www.first4adoption.org.uk
- Hakim, D., and Dalby, D. (2015), 'Ireland Votes to Approve Gay Marriage, Putting Country in Vanguard', *New York Times*, 23 May, A(1), Section A, page 1
- Iqbal, H., and Golombok, S. (2018), 'The Generation Game: Parenting and Child Outcomes in Second-Generation South Asian Immigrant Families in Britain', *Journal of Cross-Cultural Psychology*, 49(1), 25-43
- Kendrick, J., Lindsey, C., and Tollemache, L. (2006), Creating New Families, 1st edn (London: Routledge)
- Maisal, E. (2011), 'What Do We Mean by Normal?', *Psychology Today*, https://www.psychologytoday.com/ca/blog/rethinking-mental-health/201111/what-do-we-mean-normal
- Rudd Adoption Research Program (1994), Outcomes for Adoptive Parents, https://www.umass.edu/ruddchair/research/mtarp/key-findings/outcomes-adoptive-parents
- Sanders, S. (2019), 'Families and Households in the UK: 2019', Office for National Statistics, online article
- Solomon, A. (2014), *Far from the Tree* (London: Vintage)
- Winterman, D. (2010), 'When Adoption Breaks Down', www. 123helpme.com

- Woolgar, M., and Simmonds, J. (2019), 'The Impact of Neurobiological Sciences on Family Placement Policy and Practice', *Adoption and Fostering*, 43(3), 241-351
- Ziai, R. (2017), 'The Evolutionary Roots of Identity Politics', *Areo Magazine*, online article

톰슨 가족 The Thompson Family

- Anon. (2018), 'The Declining State of Student Mental Health in Universities and What Can Be Done', Mental Health Foundation, https://www.mentalhealth.org.uk/blog/declining-state-student-mental- healthuniversities-and-what-can-be-done
- Armstrong J. (2017), 'Higher Stakes: Generational Differences in Mothers' and Daughters' Feelings about Combining Motherhood with a Career', *Studies in the Maternal*, 9(1)
- Arnett, J. J. (2006), *Emerging Adulthood: The Winding Road From the Late Teens Through the Twenties* (New York: Oxford University Press)
- Badiani, F., and Desousa, A. (2016), 'The Empty Nest Syndrome: Critical Clinical Considerations', *Indian Journal of Mental Health*, 3(2), 135-42
- Barber, C. E. (1989), 'Transition to the Empty Nest', in S. J. Bahr and E. T. Peterson (eds.), *Aging and the Family* (Washington: Lexington Books), 15-32
- Borelli, J. L., et al. (2017), 'Gender Differences in Work-Family Guilt in Parents of Young Children', *Sex Roles*, 76 (5-6), 356-68
- Bouchard, G. (2014), 'How Do Parents React When Their Children Leave Home? An Integrative Review', *Journal of Adult Development*, 21(2), 69-79
- Brown, S. L., and Lin, I. (2012), 'The Gray Divorce Revolution: Rising Divorce among Middle Aged and Older Adults, 1990-2010', *Journal of Gerontology*: Series B, 67(6), 731-41
- Bukodi, E., and Dex, S. (2010), 'Bad Start: Is There a Way Up? Gender Differences in the Effect of Initial Occupation on Early Career Mobilityin Britain', *European Sociological Review*, 26 (4), 431-46
- Dunning, A. (2006), 'Grandparents - An Intergenerational Resource for Families: A

UK Perspective', *Journal of Intergenerational Relationships*, 4(1), 127-35
- Gottman, J., and Gottman, J. (2017), 'The Natural Principles of Love', *Journal of Family Theory and Review*, 9(1), 7-26
- Gottman, J. M., and Levenson, R. W. (1999), 'What Predicts Change in Marital Interaction Over Time? A Study of Alternative Models', *Family Process*, 38(2), 143-58
- Harkins, E. B. (1978), 'Effects of Empty Nest Transition on Self-Report of Psychological and Physical Wellbeing', *Journal of Marriage and the Family*, 40(3), 549-56
- Hendrix, H., and LaKelly Hunt, H. (2021), *Doing Imago Relationship Therapy: In the Space-Between* (New York: W. W. Norton & Co.)
- Hunt, J., and Eisenberg, D. (2010), 'Mental Health Problems and HelpSeeking Behaviour among College Students', *Journal of Adolescent Health*, 46(1), 3-10
- Joel, S., et al. (2020), 'Machine Learning Uncovers the Most Robust SelfReport Predictors of Relationship Quality Across 43 Longitudinal Couples Studies', Proceedings of the National Academy of Sciences of the United States of America, 117(32), 19061-71
- Jungmeen, E. K., and Moen, P. (2002), 'Retirement Transitions, Gender, and Psychological Well-Being: A Life-Course, Ecological Model', *Journals of Gerontology*: Series B, 57(3), 212-22
- Maté, G., and Neufeld, G. (2013), *Hold On to Your Kids: Why Parents Need to Matter More Than Peers* (London: Ebury Digital)
- McKinlay, S. M., and Jefferys, M. (1974), 'The Menopausal Syndrome',
- British Journal of Preventive and Social Medicine, 28(2), 108-15
- Mitchell, B. A., and Lovegreen, L. D. (2009), 'The Empty Nest Syndrome in Midlife Families: A Multimethod Exploration of Parental Gender Differences and Cultural Dynamics', *Journal of Family Issues*, 30(12), 1651-70
- Mount, S. D., and Moas, S. (2015), 'Re-Purposing the "Empty Nest" ', *Journal of Family Psychotherapy*, 26(3), 247-52
- NUK.co.uk (2013), 'Simply Not Being Good Enough', www.nuk.co.uk
- Parker, J., Summerfeldt, L., Hogan, M., and Majeski, S. (2004), 'Emotional

Intelligence and Academic Success: Examining the Transition from High School to University', *Personality and Individual Differences*, 36(1), 163-72
- Radloff, L. S. (1980), 'Depression and the Empty Nest', *Sex Roles*, 6(6), 775-81
- Rubin, L. B. (1979), *Women of a Certain Age: The Midlife Search for Self* (New York: HarperCollins)
- Sartori, A. C., and Zilberman, M. L. (2009), 'Revisiting the Empty Nest Syndrome Concept', *Revista de Psiquiatria Clinica*, 36(3), 112-22

테일러와 스미스 가족 The Taylor and Smith Family

- Bray, J. H., and Hetherington, E. M. (1993), 'Families in Transition: Introduction and Overview', *Journal of Family Psychology*, 7(1), 3-8
- Bray, J. H., and Kelly, J. (1998), *Stepfamilies: Love, Marriage and Parenting in the First Decade* (New York: Broadway Books)
- Fosha, D., Siegel, D. J., and Solomon, M. F. (2009), *The Healing Power of Emotion: Affective Neuroscience, Development and Clinical Practice* (New York: W. W. Norton & Co.)
- gingerbread.org.uk
- Gordon, D., et al. (2000), 'Poverty and Social Exclusion in Britain', Joseph Rowntree Foundation
- Gottman, J. M. (1993), 'A Theory of Marital Dissolution and Stability', *Journal of Family Psychology*, 7(11), 57-75
- gov.uk, 'Financial Help if You Have Children', https://www.gov.uk/browse/childcare-parenting/financial-help-children
- Guinart, M., and Grau, M. (2014), 'Qualitative Analysis of the ShortTerm and Long-Term Impact of Family Breakdown on Children: Case Study', *Journal of Divorce and Remarriage*, 55(5), 408-22
- Guy, P. (2021), 'Households by Type of Household and Family, Regions of England and UK Constituent Countries', Office for National Statistics
- Hall, R., and Batty, D. (2020), 'I Can't Get Motivated: The Students Struggling with Online Learning', *Guardian*, 4 May

- Hetherington, E. M. (1987), 'Family Relations Six Years After Divorce', in K. Pasley and M. Ihinger-Tallman (eds.), *Remarriage and Stepparenting: Current Research and Theory* (New York: Guilford), 185-205
- Hetherington, E. M., and Arasteh, J. (1988), *The Impact of Divorce, Single Parenting and Stepparenting on Children* (New Jersey: Lawrence Erlbaum), 279-98
- Inman, P. (2020), 'Number of People in Poverty in Working Families Hits Record High', *Guardian*, 6 February
- Joel, S., et al. (2020), 'Machine Learning Uncovers the Most Robust SelfReport Predictors of Relationship Quality across 43 Longitudinal Couples Studies', *Proceedings of the National Academy of Sciences of the United States of America*, 117(32), 19061-71
- Joseph Rowntree Foundation, Impact of Poverty on Relationships, https://www.jrf.org.uk/data/impact-poverty-relationships
- mother.ly (2019), *Motherly's 2019 State of Motherhood Survey Report*
- O'Neill, O. (2015), 'How Students and Young Entrepreneurs Can Start Their Own Business While at University', *Independent*, 27 November
- Papernow, P. (2006), 'Stepfamilies Clinical Update', *Family Therapy Magazine*, 5(3), 34-42
- Papernow, P. (2012), 'A Clinician's View on "Stepfamily Architecture"', in J. Pryor (ed.), *The International Handbook of Stepfamilies: Policy and Practice in Legal, Research, and Clinical Environments* (Hoboken, NJ: Wiley), 422-54
- phys.org (2019), 'Female Mammals Kill the Offspring of Their Competitors When Resources Are Scarce'
- Pill, C. (1990), 'Stepfamilies: Redefining The Family', *Family Relations*, 39(2), 186-93
- Poverty and Social Exclusion UK (2011), 'A Single Parent', www.poverty.ac.uk
- Reis, S. (2018), 'The Female Face of Poverty', Women's Budget Group, www.wbg.org.uk
- Richter, D., and Lemola, S. (2017), 'Growing Up with a Single Mother and Life Satisfaction in Adulthood: A Test of Mediating and Moderating Factors', *PLOS One*, 12(6), 1-15
- Rutter, V. (1994), 'Lessons from Stepfamilies', *Psychology Today*, online article, May

- Stock, L. et al. (2014), 'Personal Relationships and Poverty: An Evidence and Policy Review', Tavistock Institute of Human Relations
- Tominay, C. (2021), 'Five Children in Every Class Likely to Need Mental Health Support as Lockdown Bites', *Daily Telegraph*, 30 January
- Vaillant, G. E. (2000), 'Adaptive Mental Mechanisms: Their Role in Positive Psychology', *American Psychologist*, 55(1), 89-98
- Verity, A. (2020), 'Coronavirus: One Million Under-25s Face Un-employment, Study Warns', BBC News, 6 May
- Wittman, J. P. (2001), *Custody Chaos, Personal Peace: Sharing Custody with an Ex Who Drives You Crazy* (New York: Penguin)
- Woodall, K. (2020), 'Parental Alienation and the Domestic Abuse Bill UK', https://karenwoodall.blogz

브라운과 프란시스 가족 The Browne and Francis Famiy

- Adler-Baeder, F., et al. (2010), 'Thriving in Stepfamilies: Exploring Competence and Well-Being among African American Youth', *Journal of Adolescent Health*, 46(4), 396-8
- Bethune, S. (2019), 'Gen Z More Likely to Report Mental Health Concerns', *American Psychological Association*, 50(1), 19-20
- *British Medical Journal* (2020), 'It's Time to Act on Racism in the NHS', February
- Faust, K., and Manning, S. (2020), 'To Truly Reduce Racial Disparities, We Must Acknowledge Black Fathers Matter', *The Federalist*, 12 June
- Gonzalez, M., et al. (2014), 'Coparenting Experiences in African American Families: An Examination of Single Mothers and Their Non-Marital Coparents', *Family Process*, 53(1), 33-54
- Heald, A. et al. (2018), 'The LEAVE Vote and Racial Abuse Towards Black and Minority Ethnic Communities Across the UK: The Impact on Mental Health', *Journal of the Royal Society of Medicine*, 111(5), 158-61
- Kinouani, G. (2021), *Living While Black: The Essential Guide to Overcoming*

Racial Trauma (London: Ebury)
- Klass, D., Silverman, P. R., and Nickman, S. L. (1996), *Continuing Bonds: New Understandings of Grief* (London: Taylor & Francis)
- Knight, M., et al. (2020), 'Saving Lives, Improving Mothers' Care: Lessons Learned to Inform Maternity Care from the UK and Ireland; Confidential Enquiries into Maternal Deaths and Morbidity 2016-18', www.npeu.ox.ac.uk
- Massiah, J. (1982), 'Women Who Head Households', *in Women and the Family* (Barbados: Institute of Social and Economic Policy)
- Plummer, K. (2021), 'David Lammy Makes Another Powerful Point about Racism Following Viral Clip about "Being English"', *Independent*, 31 March
- Sharpe, J. (1997), 'Mental Health Issues and Family Socialization in the Caribbean', in Roopnarine, J., et al., *Advances in Applied Developmental Psychology-Caribbean Families: Diversity among Ethnic Groups* (New York: Ablex Publishing)

로시 가족 The Rossi Family

- Beck, A. and Steer, R. (1989), 'Clinical Predictors of Eventual Suicide: A 5- to 10-year Prospective Study of Suicide Attempters', *Journal of Affective Disorders*, 17(3), 203-9
- Borba, M. (2021), *Thrivers: The Surprising Reasons Why Some Kids Struggle and Others Shine* (New York: Putnam)
- Bowlby, J. (1982), *Attachment* (New York: Basic Books)
- Erlangsen, A., Runeson, J., et al. (2017) 'Association Between Spousal Suicide and Mental, Physical, and Social Health Outcomes: A Longitudinaland Nationwide Register-based Study', *JAMA Psychiatry*, 74(5), 456-64
- Ilgen, M., and Kleinberg, F. (2011), 'The Link Between Substance Abuse, Violence and Suicide', *Psychiatric Times*, 28(1), 25-7
- Klass, D., Silverman, P., and Nickman, S. L. (1996), *Continuing Bonds: New Understandings of Grief* (London: Routledge)
- Pitman, A., Osborn, D., King, M., and Erlangsen, A. (2014), 'Effects of Suicide

Bereavement on Mental Health and Suicide Risk', *Lancet Psychiatry*, 1(1), 86-94
- Ross, C. (2014), 'Suicide: One of Addiction's Hidden Risks', *Psychology Today*, blog
- Scutti, S. (2016), 'Committing Suicide Increases Family, Friends' Risk of Attempting Suicide By 65%', *Medical Daily*, https://www.medicaldaily.com/suicide-bereaved-self-destruct-371022
- Shapiro, F. (1995/2001), *Eye Movement Desensitization and Reprocessing: Basic Principles, Protocols and Procedures*, 1st/2nd edns (New York: Guilford Press)
- Shapiro, F. (2002), 'Paradigms, Processing, and Personality Development', in F. Shapiro (ed.), *EMDR as an Integrative Psychotherapy Approach: Experts of Diverse Orientations Explore the Paradigm Prism* (Washington, DC: American Psychological Association Books), 3-26
- Shapiro, F. (2007), 'EMDR, Adaptive Information Processing, and Case Conceptualization', *Journal of EMDR Practice and Research*, 1, 68-87
- Shapiro, F., Kaslow, F., and Maxfield, L. (eds.) (2007), *Handbook of EMDR and Family Therapy Processes* (New York: Wiley)
- Shellenberger, S. (2007), 'Using the Genogram with Families for Assessment and Treatment', in Shapiro, F., Kaslow, F., and Maxfield, L. (eds.), *Handbook of EMDR and Family Therapy Processes* (New York: Wiley), 76-94
- Van der Kolk, B. A. (2014), *The Body Keeps the Score: Brain, Mind, and Body in the Healing of Trauma* (New York: Viking)
- Worden, J. W. (2009), *Grief Counselling and Grief Therapy: A Handbook for the Mental Health Practitioner* (New York: Springer)

버거 가족 The Berger Family

- Behere, P. (2013), 'Religion and Mental Health', *Indian Journal of Psychiatry*, 55(2), 187-94
- Bierer, L. M., Schmeidler, J., Aferiat, D. H., Breslau, I., and Dolan, S. (2000) 'Low Cortisol and Risk for PTSD in Adult Offspring of Holocaust Survivors', *American Journal of Psychiatry*, 157, 1252-9

- Borkovec, T. D., et al. (1983), 'Preliminary Exploration of Worry: Some Characteristics and Processes', *Behaviour Research and Therapy*, 21(1), 9-16
- Campaigntoendloneliness.org, 'The Facts on Loneliness'
- Chen, Y., Kim, E. S., and Van derWeele, J. (2020), 'Religious-Service Attendance and Subsequent Health and Well-Being Throughout Adulthood: Evidence from Three Prospective Cohorts', *International Journal of Epidemiology*, 49(6), 2030-40
- Cooley, E., et al. (2008), 'Maternal Effects on Daughters' Eating Pathology and Body Image', *Eating Behaviours*, 9(1), 52-61
- Currin, L., et al. (2005), 'Time Trends in Eating Disorder Incidence', *British Journal of Psychiatry*, 186(2), 132-5
- Danieli, Y., Norris, F. H., and Engdahl, B. (2017), 'A Question of Who, Not If: Psychological Disorders in Holocaust Survivors' Children', *Psychological Trauma*, 9(Suppl 1), 98-106
- Eckel, S. (2015), 'Why Siblings Sever Ties', *Psychology Today*, https://www.psychologytoday.com/gb/articles/201503/why-siblings-sever-ties
- Epstein, H. (1988), *Children of the Holocaust* (New York: Penguin)
- Gilbert, P. (2010), *The Compassionate Mind: A New Approach to Life's Challenges* (Oakland: New Harbinger Publications)
- Grossman, D. (1986), *See Under: Love*, trans. Betsy Rosenberg (London: Vintage Classics)
- Halik, V., Rosenthal, D. A., and Pattison, P. E. (1990), 'Intergenerational Effects of the Holocaust: Patterns of Engagement in the Mother-Daughter Relationship', *Family Process*, 29(3), 325-39
- helpguide.org, 'How to Stop Worrying'
- Hogman, F. (1998), 'Trauma and Identity Through Two Generations of the Holocaust', *Psychoanalytic Review*, 85(4), 551-78
- Kellermann, N. (1999), 'Bibliography: Children of Holocaust Survivors', AMCHA, the National Israeli Centre for Psychosocial Support of Holocaust Survivors and the Second Generation
- Kellermann, N. (2001a), 'Psychopathology in Children of Holocaust Survivors: A Review of the Research Literature', *Israel Journal of Psychiatry and Related Sciences*, 38(1), 36-46

- Kellermann, N. (2001b), 'Transmission of Holocaust Trauma - an Integrative View', *Psychiatry Interpersonal and Biological Processes*, 64(3), 256-67
- Kellermann, N. (2008), 'Transmitted Holocaust Trauma: Curse or Legacy? The Aggravating and Mitigating Factors of Holocaust Transmission', *Israel Journal of Psychiatry and Related Sciences*, 45(4), 263-71
- Lebrecht, N. (2019), *Genius and Anxiety: How Jews Changed the World* (London:Oneworld Publications)
- Lorenzi, N. (2019), 'What to Know about Older, Younger, and Middle Child Personalities', *Parents*, https://www.parents.com/baby/development/sibling-issues/how-birth-order-shapes-personality/
- May, R. (1994), *The Discovery of Being: Writings in Existential Psychology* (New York: W. W. Norton & Co.)
- Neo, P. (2018), 'What Codependent Behaviour Looks Like These Days (and How to Change It)', interviewed by Angela Melero, *Perpetuaneo*
- Nir, B. (2018), 'Transgenerational Transmission of Holocaust Trauma and Its Expressions in Literature', *Genealogy*, 2(4), 1-18
- Pillemer, K. (2020), *Fault Lines: Fractured Families and How to Mend Them* (London: Hodder & Stoughton)
- Rakoff, V., Sigal, J., and Epstein, N. (1966), 'Children and Families of Concentration Camp Survivors', *Canada's Mental Health*, 14(4), 24-6
- Robichaud, M., Koerner, N., and Dugas, M. (2019), *Cognitive Behavioral Treatment for Generalized Anxiety Disorder* (New York: Routledge)
- Rowland-Klein, D., and Dunlop, R. (1998), 'The Transmission of Trauma Across Generations: Identification with Parental Trauma in Children of Holocaust Survivors', *Australian and New Zealand Journal of Psychiatry*, 32(3), 358-69
- Sacks, J. (2010), podcast with Krista Tippett onbeing.org
- Scharf, M. (2007), 'Long-Term Effects of Trauma: Psychosocial Functioning of the Second and Third Generation of Holocaust Survivors', *Development and Psychopathology*, 19(2), 603-22
- Seidel, A., Majeske, K., and Marshall, M. (2020), 'Factors Associated with Support Provided by Middle-Aged Children to Their Parents', *Family Relations*, 69(2),

262-75

- Seligman, M. (2011), *Flourish: A New Understanding of Happiness and Well-Being- and How to Achieve Them* (Boston: Nicholas Brealey)
- Shrira, A. (2017), 'Does the Holocaust Trauma Affect the Aging of the Second Generation?', paper presented at the Annual Seminar on Innovations and Challenges in the Fields of Gerontology and Geriatrics, Beer-Sheva, Israel
- Villani, D., et al. (2019), 'The Role of Spirituality and Religiosity in Subjective Well-Being of Individuals with Different Religious Status', *Frontiers in Psychology*, 10(1525), https://www.frontiersin.org/articles/10.3389/fpsyg.2019.01525/full
- Vohra, S. (2020), *The Mind Medic: Your 5 Senses Guide to Leading a Calmer, Happier Life* (London: Penguin Life)
- Welch, A. (2017), 'Parents Still Lose Sleep Worrying about Grown Children' www.pubmed.ncbi.nlm.nih.gov
- Yamagata, B., et al. (2016), 'Female-Specific Intergenerational Transmission Patterns of the Human Corticolimbic Circuitry', *Journal of Neuroscience*, 36(4), 1254-60
- Yehuda, R., Daskalakis, N. P., Bierer, L. M., Bader, H. N., Klengel, T., Holsboer, F., and Binder, E. B. (2016), 'Holocaust Exposure Induced Intergenerational Effects on FKBP5 Methylation', *Biological Psychiatry*, 80(5), 372-80

크레이그와 부토스키 가족 The Craig and Butowski Family

- Abel, J., and Clarke, L. (2020), *The Compassion Project: A Case for Hope & Humankindness from the Town That Beat Loneliness* (London: Octopus)
- Allen, J., Fonagy, P., and Bateman, A. (2008), *Mentalizing in Clinical Practice* (Washington, DC: American Psychiatric Press)
- Berkman, L. F., Leo-Summers, L., and Horwitz, R. I. (1992), 'Emotional Support and Survival After Myocardial Infarction', *Annals of Internal Medicine*, 117(2), 1003-9
- Bloomer, A. (2020), 'New Research into Biological Interplay Between Covid-19 and

Cancer', *GM Journal*, 26 October

- Cancer.net, 'How Cancer Affects Family Life'
- CancerresearchUK.org
- Cole, M. A. (1978), 'Sex and Marital Status Differences in Death Anxiety', *OMEGA: Journal of Death and Dying*, 9(2), 139-47
- Cook Gotay, C. (1997), comment on C. G. Blanchard et al., 'The Crisis of Cancer: Psychological Impact on Family Caregivers', *Oncology*, 11(2)
- Esnaashari, F., and Kargar, F. R. (2015), 'The Relation Between Death Attitude and Distress: Tolerance, Aggression and Anger', *OMEGA: Journal of Death and Dying*, 77(2), 1-19
- Evans, J. W., Walters, A. S., and Hatch-Woodruff, M. L. (1999), 'DeathBed Scene Narratives: A Construct and Linguistic Analysis', *Death Studies*, 23(8), 715-33
- Florian, V., and Kravetz, S. (1983), 'Fear of Personal Death: Attribution, Structure and Relation to Religious Belief', *Journal of Personality and Social Psychology*, 44(3), 600-607
- Fogg, B. J. (2019), *Tiny Habits: The Small Changes That Change Everything* (Boston: Houghton Mifflin Harcourt)
- Fonagy, P. et al. (1997), *Reflective-Functioning Manual, Version 4.1, For Application to Adult Attachment Interviews* (London: University College London)
- Golics, C., et al. (2013), 'The Impact of Patients' Chronic Disease on Family Quality of Life: An Experience from 26 Specialties', *International Journal of General Medicine*, 2013(6), 787-98
- Maggies.org, 'Advanced Cancer and Emotions'
- Mannix, K. (2017), *With the End in Mind* (Glasgow: William Collins)
- Medicalxpress.com (2015), 'Emotional Health of Men with Cancer Often Unaddressed'
- Mikulincer, M. (1997), 'Fear of Personal Death in Adulthood: The Impact of Early and Recent Losses', *Death Studies*, 21(1), 1-24
- Morasso, G. (1999), 'Psychological and Symptom Distress in Terminal Cancer Patients with Met and Unmet Needs', *Journal of Pain and Symptom Management*, 17(6), 402-9

- Okun, B., and Nowinski, J. (2011), *Saying Goodbye: How Families Can Find Renewal Through Loss* (New York: Berkley)
- Rabkin, J. G. et al. (1993), 'Resilience in Adversity among Long-Term Survivors of Aids', *Hospital and Community Psychiatry*, 44(2), 162-7
- Samuel, J. (2017), *Grief Works: Stories of Life, Death and Surviving* (London: Penguin Life)
- Sandberg, S., and Grant. A. (eds.) (2017), *Option B: Facing Adversity, Building Resilience and Finding Joy* (London: W. H. Allen)
- Smith, Y. (2019), 'The Effects of Cancer on Family Life', *News Medical Life Sciences*, online publication, February
- Snyder, C. R. (2002), *Hope Theory: Rainbows in the Mind* (Lawrence: University of Kansas Press), 249-75
- Stein, A., and Russell, M. (2016), 'Attachment Theory and Post-Cult Recovery', *Therapy Today*, 27(7), 18-21
- Timmerman, C., and Uhrenfeldt, L. (2014), 'Room for Caring: Patients' Experiences of Well-Being, Relief and Hope During Serious Illness', *Scandinavian Journal of Caring Sciences*, 29(3), 426-34
- Tomer, A. (2000), *Death Attitudes and the Older Adult: Theories, Concepts and Applications* (New York: Brunner-Routledge)
- Wall, D. P. (2013), 'Responding to a Diagnosis of Localized Prostate Cancer: Men's Experiences of Normal Distress During the First 3 Postdiagnostic Months', *PubMed*, 36(6), E44-50, www.pubmed.ncbi.nlm.nih.gov

결론

- Goemans, A., Viding, E., and McCrory, E. (2021), 'Child Maltreatment, Peer Victimization, and Mental Health: Neorocognitive Perspectiveson the Cycle of Victimization', *PubMed*, DOI: 10.1177/15248380211036393
- Yehuda, R., Daskalakis, N., and Lehrner, A. L. (2021), 'Intergenerational Trauma is Associated with Expression Alterations in Glucocorticoidand Immune-Related Genes', *Neuropsychopharmacology*, 46(4), 763-73

가족의 건강한 삶을 위한 12가지 토대

- Bettelheim, B. (1995), *A Good Enough Parent*, 2nd edn (London: Thames & Hudson)
- Bowlby, J. (1982), *Attachment* (New York: Basic Books)
- Bradford, D., and Robin, C. (2021), *Connect: Building Exceptional Relationships with Family, Friends and Colleagues* (New York: Penguin)
- Faber, A., and Mazlish, E. (2012), *Siblings Without Rivalry: Help Your Children to Live Together So You Can Live Too* (London: Piccadilly Press)
- Gendlin, E. T. (2003), *Focusing: How to Gain Direct Access to Your Body's Knowledge* (London: Rider)
- Gibson, L. C. (2015) *Adult Children of Emotionally Immature Parents* (Oakland: New Harbinger)
- Jory, B., and Yodanis, C. L., 'Power: Family Relationships, Marital Relationships', *Marriage and Family Encyclopedi*a, https://family.jrank.org
- Neff, K. (2011), *Self Compassion: The Proven Power of Being Kind to Yourself* (New York: HarperCollins)
- Neufeld, G., and Mate, G. (2019), *Hold On to Your Kids: Why Parents Need to Matter More Than Peers* (London: Vermilion)
- Siegel, D. J., and Bryson, T. P. (2020), *The Power of Showing Up* (London: Scribe UK)
- Siegel, D. J. and Bryson, T. P. (2012), *The Whole-Brain Child: 12 Proven Strategies to Nurture Your Child's Developing Mind* (London: Robinson)
- UKEssays.com (2018), 'The Role of Family Power Structure'

가족의 간략한 역사

- Barker, H., and Hamlett, J. (2010), 'Living Above the Shop: Home, Business, and Family in the English "Industrial Revolution"', *Journal of Family History*, 35(4), 311-28
- Bengtson, V. (2001), 'The Burgess Award Lecture: Beyond the Nuclear Family: The Increasing Importance of Multigenerational Bonds', *Journal of Marriage and Family*, 63(1), 1-16

- Berrington, A., Stone, J., and Falkingham, J. (2009), 'The Changing Living Arrangements of Young Adults in the UK', *Popular Trends*, 138, 27-37
- Burgess, E. (1930), 'The New Community and Its Future' *Annals of the American Academy of Political and Social Science*, 149, 157-64
- Burgess, E. W. (1931), 'Family Tradition and Personality', in K. Young (ed.), *Social Attitudes* (New York: Henry Holt), 188-207
- Chambers, D. (2012), *A Sociology of Family Life: Change and Diversity in Intimate Relations* (Cambridge: Polity Press), 1-25
- Clulow, C. (1993), 'New Families? Changes in Societies and Family Relationships', *Sexual and Marital Therapy*, 8(3), 269-73
- Delphy, C., and Leonard, D. (1992), *Familiar Exploitation: A New Analysis of Marriage in Contemporary Western Societies* (Cambridge: Polity Press)
- Dunlop Young, M., and Willmott, P. (1957), *Family and Kinship in East London* (London: Routledge)
- Edgar, D. (2004), 'Globalization and Western Bias in Family Sociology', in Treas, J., Scott, J., and Richards, M. (eds.), *The Wiley Blackwell Companion to the Sociology of Families* (Oxford: Blackwell), 1-16
- Hantrais, L., Brannen, J., and Bennett, F. (2020), 'Family Change, Intergenerational Relations and Policy Implications', *Contemporary Social Science*, 15(3), 275-90
- Howard, S. (2020), 'Is It Ever Acceptable for a Feminist to Hire a Cleaner?', *Guardian*, 8 March
- Ives, L. (2018), 'Family Size Shrinks to Record Low of 1.89 Children', BBC Health, 22 November
- Jenkins, S., Pereira, I., and Evans, N. (2009), *Families in Britain: The Impact of Changing Family Structures and What the Public Think*, Ipsos MORI Policy Exchange
- Mabry, J. B., Giarrusso, R., and Bengtson, V. L. (2004), 'Generations, the Life Course, and Family Change', in Treas, J., Scott, J., and Richards, M. (eds.), *The Wiley Blackwell Companion to the Sociology of Families* (Oxford: Blackwell Publishing), 85-108
- McCartan, C., Bunting, L., Bywaters, P., Davidson, G., Elliott, M., and Hooper, J. (2018), 'A Four-Nation Comparison of Kinship Care in the UK: The Relationship

between Formal Kinship Care and Deprivation', *Social Policy and Society*, 17(4), 619-35
- Schwartz Cowan, R. (1976), 'The "Industrial Revolution" in the Home: Household Technology and Social Change in the 20th Century', *Technology and Culture*, 17(1), 1-23
- Smart, C. (2004), 'Retheorizing Families', *Sociology*, 38(5), 1043-8.
- Tadmor, N. (1996), 'The Concept of the Household-Family in EighteenthCentury England', *Past and Present*, 151, 111-40.
- Turner., Bryan S. (2004), 'Religion, Romantic Love, and the Family', in Treas, J., Scott, J., and Richards, M. (eds.), *The Wiley Blackwell Companion to the Sociology of Families* (Oxford: Blackwell)
- Wallis, L. (2012), 'Servants: A Life Below Stairs', BBC News, 22 September
- Weeks, J., Heaphy, B., and Donovan, C. (2004), 'The Lesbian and Gay Family', in Treas, J., Scott, J., Richards, M. (eds.), *The Wiley Blackwell Companion to the Sociology of Families* (Oxford: Blackwell), 340-55

부록

- acesaware.org, 'Adverse Childhood Experience Questionnaire for Adults'
- Barlow, A., Ewing, J., Janssens, A., and Blake, S. (2018), 'The Shackleton Relationships Project Summary Report', University of Exeter
- cdc.gov (2020), 'Adverse Childhood Experiences (ACEs)'
- emdrassociation.org.uk
- Felitti, V. J., et al. (1998), 'Relationship of Childhood Abuse and Household Dysfunction to Many of the Leading Causes of Death in Adults: The Adverse Childhood Experiences (ACE) Study', *American Journal of Preventive Medicine*, 14(4), 245-58
- myrootsfoundation.com, 'The "Do You Know?" Scale?'

모든 가족엔 이야기가 있다
사랑과 상실, 치유와 성장의 드라마

발행일　　　2025년 5월 22일 초판 1쇄

지은이　　　줄리아 새뮤얼
옮긴이　　　이정민
편집　　　　박성열, 신수빈, 배선화, 김선미
디자인　　　박은정
인쇄　　　　민언프린텍
제본　　　　라정문화사

발행인　　　박성열
발행처　　　도서출판 사이드웨이
출판등록　　2017년 4월 4일 제406-2017-000041호
주소　　　　서울시 영등포구 선유로 114, 양평자이비즈타워 705호
전화　　　　031)935-4027　팩스　031)935-4028
이메일　　　sideway.books@gmail.com

ISBN　　　979-11-91998-47-4 (03300)

· 잘못 만들어진 책은 구입처에서 바꾸어 드립니다.
· 이 책의 전부 또는 일부 내용을 재사용하려면 사전에 도서출판 사이드웨이의 동의를 받아야 합니다.